高等院校旅游管理专业系列教材

中外民俗

第二版

杨英杰　祁向文　编著

南开大学出版社
天　津

图书在版编目(CIP)数据

中外民俗 / 杨英杰，祁向文编著. —2版. —天津：南开大学出版社，2013.10(2022.6重印)
高等院校旅游管理专业系列教材
ISBN 978-7-310-04316-3

Ⅰ.①中… Ⅱ.①杨…②祁… Ⅲ.①风俗习惯—世界—高等学校—教材 Ⅳ.①K891

中国版本图书馆 CIP 数据核字(2013)第 225719 号

版权所有　侵权必究

中外民俗（第二版）
ZHONGWAI MINSU (DI-ER BAN)

南开大学出版社出版发行
出版人：陈　敬
地址：天津市南开区卫津路 94 号　邮政编码：300071
营销部电话：(022)23508339　营销部传真：(022)23508542
https://nkup.nankai.edu.cn

天津市蓟县宏图印务有限公司印刷　全国各地新华书店经销
2013 年 10 月第 2 版　2022 年 6 月第 12 次印刷
230×170 毫米　16 开本　21.875 印张　412 千字
定价：65.00 元

如遇图书印装质量问题，请与本社营销部联系调换，电话：(022)23508339

再版前言

南开大学出版社组织编写的高等院校旅游专业系列教材，是一套高水平、高质量的教材，多年来一直被全国许多高等院校所选用，久获盛誉。2006年，有幸加盟南开大学出版社高等院校旅游专业系列教材的编写工作，完成了《中外民俗》一书的编写。此书自2006年9月出版以来，得到了广大院校师生和业界的普遍好评，曾多次印刷发行。作为编著者，深受鼓舞，也由此萌生再版《中外民俗》之意。今受南开大学出版社之邀，应广大读者之需，重新修订再版《中外民俗》，承蒙信重，深表谢意。

再版《中外民俗》一书，结构上基本保持不变，仍包括两个部分。一是关于民俗与民俗文化的基本理论部分，主要是集中在第一章、第二章和其他每章的第一节，此外，在叙述各具体民俗事象中，也时有论及。文中吸收了民俗专家及其他方面前贤们的优秀成果，但在一些问题上编著者也提出了一些自己的观点，差异之处权且作为一种学术探讨和对学生散发思维的一种启发。二是关于各个国家、各个民族具体民俗事象的叙述。这一部分的分量较多，重在扩大学生的知识面和培养掌握知识的方法。本着突出重点、体现实用的原则，在选材方面，国内侧重主要客源地，国外侧重主要客源国，选材的大面尽可能窄些，具体民俗内容尽可能详些。不仅叙述民俗事象的现状，还要追本溯源，讲清其历史发展演变的过程及其成因。此次再版，对原书中的各章内容做了进一步的修改与完善，并在此基础上增补了两个章节的内容：姓名的民俗（第三章）、交通的民俗（第九章），使该书所涵盖的民俗事象更加系统而全面。在教材内容的叙述中，适当地引用了一些历史文献的原文，一方面是为了使所论述的民俗事象有源有证，同时也是为学生提供读书线索，进一步去涉猎更广阔的知识领域。因为是供大专院校学生使用的教科书，就不能浅白如通俗读物。所以本教材选题虽少，但知识含量较大，并有一定的学术品位。这样既为教师的讲授提供充分阐释发挥的余地，也有利于学生扩大知识视野、提高理论水平和培养钻研思考问题的能力。民俗事象是不能创作的，因此，本教材所选择的各类民俗事象，都是搜寻于各种相关著作。有些作者多年生活和工作在国外，所著内容，许多是他们亲身搜集整理所得；还有些是民俗专家多年的研究成果。对这些著者提供的宝贵资料和其中的真知灼见表示诚挚的感谢，受教材体裁的限制，未能在文中一一注明，一并列于书后的主要参考文献中。由于教材的选材内容广泛，编写任务又比较紧迫，忙乱中或许因仓促而遗漏某种原著者，果如是敬请见谅，于此先行致歉。

辽宁师范大学的沙宪如同志、李虹同志、苑朋栋同志，辽宁对外经贸学院的鲍彩莲同志参加了本教材的编写工作，对他们的合作与支持，表示感谢。这里要特别感谢孙淑兰先生对《中外民俗》一书一直以来的关心和支持，感谢南开大学出版社谢方舟先生对此次再版工作的支持和帮助。

由于笔者水平有限，书中如有谬误纰漏之处，敬请批评指正。

编著者
2012年11月于辽宁师范大学欣然斋

目 录

第一章 民俗概论 ·· 1
　第一节 民俗与民俗的形成 ·· 1
　第二节 民俗的基本特点 ·· 4
　第三节 民俗的分类与社会功能 ·· 6
第二章 民俗与旅游文化 ·· 10
　第一节 民俗与旅游 ·· 10
　第二节 民俗文化旅游资源的开发与利用 ·· 14
第三章 姓名的民俗 ·· 18
　第一节 姓名民俗概述 ·· 18
　第二节 中国的姓名民俗 ·· 21
　第三节 亚洲其他各国的姓名民俗 ·· 30
　第四节 欧洲各国的姓名民俗 ·· 35
　第五节 美洲各国的姓名民俗 ·· 42
　第六节 非洲及大洋洲各国的姓名民俗 ·· 46
第四章 婚姻的民俗 ·· 50
　第一节 婚姻民俗概述 ·· 50
　第二节 中国的婚姻民俗 ·· 52
　第三节 亚洲其他各国的婚姻民俗 ·· 63
　第四节 欧洲各国的婚姻民俗 ·· 66
　第五节 美洲各国的婚姻民俗 ·· 70
　第六节 非洲及大洋洲各国的婚姻民俗 ·· 73
第五章 丧葬的民俗 ·· 77
　第一节 丧葬民俗概述 ·· 77
　第二节 中国的丧葬民俗 ·· 80
　第三节 亚洲其他各国的丧葬民俗 ·· 89
　第四节 欧洲各国的丧葬民俗 ·· 92
　第五节 美洲各国的丧葬民俗 ·· 95

第六节　非洲及大洋洲各国的丧葬民俗……………………………97
第六章　服饰的民俗…………………………………………………………101
　　第一节　服饰民俗概述………………………………………………101
　　第二节　中国的服饰民俗……………………………………………104
　　第三节　亚洲其他各国的服饰民俗…………………………………114
　　第四节　欧洲各国的服饰民俗………………………………………118
　　第五节　美洲各国的服饰民俗………………………………………122
　　第六节　非洲及大洋洲各国的服饰民俗……………………………124
第七章　饮食的民俗…………………………………………………………128
　　第一节　饮食民俗概述………………………………………………128
　　第二节　中国的饮食民俗……………………………………………131
　　第三节　亚洲其他各国的饮食民俗…………………………………140
　　第四节　欧洲各国的饮食民俗………………………………………144
　　第五节　美洲各国的饮食民俗………………………………………147
　　第六节　非洲及大洋洲各国的饮食民俗……………………………150
第八章　居住的民俗…………………………………………………………155
　　第一节　居住民俗概述………………………………………………155
　　第二节　中国的居住民俗……………………………………………159
　　第三节　亚洲其他各国的居住民俗…………………………………166
　　第四节　欧洲各国的居住民俗………………………………………169
　　第五节　美洲各国的居住民俗………………………………………172
　　第六节　非洲及大洋洲各国的居住民俗……………………………174
第九章　交通的民俗…………………………………………………………177
　　第一节　交通民俗概述………………………………………………177
　　第二节　中国的交通民俗……………………………………………179
　　第三节　亚洲其他各国的交通民俗…………………………………187
　　第四节　欧洲各国的交通民俗………………………………………190
　　第五节　美洲各国的交通民俗………………………………………192
　　第六节　非洲及大洋洲各国的交通民俗……………………………194
第十章　信仰禁忌的民俗……………………………………………………197
　　第一节　信仰禁忌民俗概论…………………………………………197
　　第二节　中国的信仰禁忌民俗………………………………………201
　　第三节　亚洲其他各国的信仰禁忌民俗……………………………214
　　第四节　欧洲各国的信仰禁忌民俗…………………………………218

第五节　美洲各国的信仰禁忌民俗 221
　　第六节　非洲及大洋洲各国的信仰禁忌民俗 224
第十一章　人际礼仪的民俗 228
　　第一节　人际礼仪民俗概述 228
　　第二节　中国的人际礼仪民俗 231
　　第三节　亚洲其他各国人际礼仪民俗 239
　　第四节　欧洲各国的人际礼仪民俗 242
　　第五节　美洲各国的人际礼仪民俗 245
　　第六节　非洲及大洋洲各国的人际礼仪民俗 248
第十二章　岁时节庆的民俗 252
　　第一节　岁时节庆民俗概述 252
　　第二节　中国的岁时节庆民俗 256
　　第三节　亚洲其他各国的岁时节庆民俗 268
　　第四节　欧洲各国的岁时节庆民俗 272
　　第五节　美洲各国的岁时节庆民俗 277
　　第六节　非洲及大洋洲各国的岁时节庆民俗 281
第十三章　工艺美术的民俗 285
　　第一节　工艺美术民俗概述 285
　　第二节　中国的工艺美术民俗 287
　　第三节　亚洲其他各国的工艺美术民俗 296
　　第四节　欧洲各国的工艺美术民俗 299
　　第五节　美洲各国的工艺美术民俗 301
　　第六节　非洲及大洋洲各国的工艺美术民俗 303
第十四章　游艺的民俗 307
　　第一节　游艺民俗概述 307
　　第二节　中国的游艺民俗 311
　　第三节　亚洲其他各国的游艺民俗 321
　　第四节　欧洲各国的游艺民俗 324
　　第五节　美洲各国的游艺民俗 328
　　第六节　非洲及大洋洲各国的游艺民俗 332
主要参考文献 337

第一章　民俗概论

【学习目的】
　　通过本章的学习，了解民俗的内涵，民俗的特点，及其形成、发展、演变的历史，正确认识其社会功能，从而对民俗有一个较为系统而清晰的认识。

【主要内容】
　　1. 民俗的概念
　　2. 民俗的形成与传播
　　3. 民俗的特点及其社会功能

　　世界各国都非常重视对本国和其他国家民俗的观察与研究。它是时代的镜子、社会的窗口，一个国家、一个民族、一个地区的情况，几乎都可以借助"民俗"这面镜子反映出来。其次，要想深入地认识一个国家、一个民族、一个地区的状况，只凭官方的文献是远远不够的，还必须了解和掌握它的民俗，知其衣食住行的方式、喜怒哀乐的心理。《荀子·强国》说"入境观其风俗"；《礼记·曲礼》也说"入竟（境）而问禁，入国而问俗，入门而问讳"。许多禁忌与避讳其实也是俗，问俗就是了解民俗。掌握民俗风情，顺应和发扬光大民众之所喜，避免广大民众之所恶，对内是治国的方略，对外是友好交流的前提。

第一节　民俗与民俗的形成

一、民俗

　　什么是民俗？"民"是指相对于官府而言的民间和广大的民众，"俗"是指相对于国家制度而言的自发形成而又被长久共同遵循的生活习惯。概括而言之，所谓的民俗就是在广大民众中自发形成、世代相因、共同遵循的各种生活和信仰的习惯与规范。

民俗的历史是非常古老的，应该说自从有了人类社会就有了人类的习俗。习俗是人类社会最早的生活模式，最早的行为规范。在我国，民俗一词最早见于先秦时期的古文献，如《礼记·缁衣》中的"故君民者，章好以示民俗"、《管子·正世》中的"料事务，察民俗"。其后的典籍提及"民俗"者多不胜数，如《史记·孙叔敖传》中的"楚民俗，好庳车"、《汉书·董仲舒传》中的"变民风，化民俗"，等等。

民俗又称为"风俗"，民俗与风俗是从不同侧面对"俗"的概述。民俗强调的是"俗"的性质，是流行于民间的、人民大众中的，是非官方的；风俗是强调"俗"的通行、流行的状态，是人们所普遍遵循的。古人曾对"风俗"作过详细的析解。《汉书·地理志》说："凡民含五常之性，而其刚柔缓急，音声不同，系水土之风气，故谓之风；好取舍，动静亡（无）常，随君上之情欲，故谓之俗。"汉代学者应劭在其《风俗通义·序》中也说："风者，天气有寒暖，地形有险易，水泉有美恶，草木有刚柔也。俗者，含血之类，像之而生，故言语歌讴异声，鼓舞动作殊形，或直或邪，或善或淫也。"也就是说，由于自然条件的不同而形成的不同习惯叫做"风"；由于社会环境的不同而形成的不同习惯称为"俗"。古人对"风俗"的解释，虽然未必准确，但它有助于我们全面理解民俗的内涵。

与民俗、风俗相关联的还有"礼俗"，礼俗即礼仪习俗。礼俗之名也多见于我国古代的文献中，如《周礼·天官·太宰》："以八则治都鄙。一曰祭祀，以驭其神……六曰礼俗，以驭其民。"什么是礼仪呢？简而言之，礼是体现等级尊卑的制度，仪是通过语言、动作等表达礼的外在表现形式。在我国古代，许多礼来源于民俗，在阶级社会中，有些民俗被统治阶级加以改造，使之固定化、程式化、权威化、神秘化，成为体现等级尊卑的行为规范，称之为"礼俗"。如中国古代婚俗中的"六礼"，据说即是周代统治者根据民间古老的婚俗改造而成，即所谓的"制礼作乐"。

二、民俗的形成与传播

民俗形成的原因是多方面的，主要有地域、经济、政治、宗教等几个方面的因素。这些因素都有可能决定和影响民俗的产生、演变与传播。

（一）地域的原因

民俗是与人类社会相始终的，自从有了人类社会，就产生了最原始的民俗。任何人类社会都是在一定的地理环境中的社会，任何人在任何时候都是生活在某一具体的地域中的人。人类所受的影响，第一个就是自然界的影响。社会发展阶段越古老，人类对地理环境的依赖就越大，受其影响就越深。因此，人类最古老的风俗，首先是受自然环境的影响而形成的。远古时代的先民们，由于所处的山川地理环境不同、气候不同，因而就逐渐形成了不同的生活方式和生产方式，世代相承袭，久而成俗。这就是古人所说的"百里不同风，千里不同俗"（应劭：《风俗通义·序》），不同的地域，不同的自然环境，造成不同的民俗。如生活在严寒地区的人喜尚毛皮，爱穿长袍；居住在热带地区的人们则喜尚薄纱，爱穿短裙。居住在山林地区的人们，喜食鸟兽之肉；居住在江河湖海地区的人们则喜食鱼虾。居住在山林地区的人们多是崇拜山神、树神、禽兽之神；居住在江河湖海地区的人们则多是信奉河神、龙王、妈祖等等。

（二）**经济的原因**

经济基础决定上层建筑。民俗作为一种文化现象，属于社会的上层建筑，它的产生、形成、演变、消亡，归根到底是受经济基础的影响。社会生产力愈发展，对民俗的形成和演变的影响力、决定力就愈大。如居住在山林地区的人们多从事射猎经济，形成崇拜山神、树神、禽兽之神的民俗；居住在江河湖海地区从事捕捞经济的人们则形成崇拜水神、龙王、妈祖等民俗。随着社会生产的发展，山林地区被开发成现代化的矿区，人们对山神、树神、禽兽之神崇拜的民俗则逐渐消失；沿海地区发展成为新兴的商业都市，祭祀水神、龙王的民俗也逐渐消失，代之而起的是崇拜财神的民俗。

（三）**政治的原因**

最原始的民俗主要是受自然环境、经济生产方式的影响，是自发形成的。进入阶级社会以后，统治阶级为巩固其统治的需要，常常是通过各种途径和手段，对旧的民俗加以改造，并且引导创造出一些新的民俗。如三国时期的关羽，本是蜀国的一员战将，历代统治者将他塑造成一个忠义的化身，加以大力提倡，于是在民间逐渐形成崇拜"关老爷"的风俗。

（四）**宗教的原因**

宗教是人类社会发展到一定历史阶段的产物。随着宗教意识的产生，人类最初的许多古老的习俗，逐渐成为宗教的内容，正如拉法格所说，宗教是"古代风俗的储藏库"（拉法格：《财产及其起源》）。而宗教产生后，它的某些教义和宗教仪式，在世代的传授中又转变成为民俗事象。如汉族求雨的民俗，要祭祀龙王、雨师，是源于对自然神的崇拜；祭祀祖宗，重视葬礼的民俗，是源于对祖先灵魂的崇拜。回族的古尔邦节，是源于古代伊斯兰教先知易卜拉欣杀子祭祀真主安拉的传说等等。可见，许多民俗事象的产生、发展、演变，都是与宗教相关联的。

第二节 民俗的基本特点

民俗是世界范围的文化事象，各个国家、各个民族都有各自不同的民俗，同一个国家、同一个民族的不同地区也有各自不同的民俗，而不同国家、不同民族、不同地区有时还有共同的民俗。民俗事象是丰富多彩的，又是极其复杂的，从不同的立场、不同的角度，可以概括出许多不同的特点。今从世界民俗的客观立场出发，综合诸家之说，归纳以下几个主要特点：

一、地域性

讨论民俗的特点，首先是它的空间特点，地域性是民俗最原始、最根本的特点。任何民俗都是在具体的地域中，受其气候条件、自然资源、生产方式、社会生活的影响而产生、发展、演变的，都要表现出厚重的地方色彩、浓郁的乡土气息。当我们谈到民俗时，首先要说明的就是哪一个国家、哪一个地区的民俗，如俄罗斯民俗、日本民俗，我国的黑龙江民俗、广东民俗等等。而具体的民俗特点，也是以地域而言的，比如我国的食俗，民间常说的"南甜，北咸，东辣，西酸"，虽然不大准确，但大体上反映出了我国饮食习俗的地域特点。北极地区，常年都是冰天雪地，是世界上最寒冷的地区之一，这里各民族的各类风俗事象，都体现出鲜明的地域特点。如因纽特人（即爱斯基摩人）主要从事的是捕杀海豹及各种鱼类的渔猎经济，穿的是海豹皮，喜吃海豹肉，住的是用冰块砌成的圆形房屋或用海豹皮搭成的帐篷，外出时乘坐狗拉的雪橇，这些风俗事象的特点在炎热的非洲各国、各地区是绝不会有的。在我国古代，北方地区的交通习俗是骑马乘车，而在江南水乡则是"家家临水荡小舟"，这也是由于地域的差别而形成的不同民俗的特点。

二、民族性

民俗，总是要受到民族地域、民族经济生活、民族社会结构、民族心理、民族语言等多方面的制约，形成民俗的民族特点。各个民族大多是有共同的居住地域、共同的生产生活方式、共同的语言、共同的心理、共同的历史等等，因此形成大体相同的民俗。然而民族不同，其民俗也往往呈现出种种差异，民族实体的存在，对本民族的民俗有绝对的制约性。如我国古代，汉族的婚俗主要有纳彩、问名、纳吉、纳征、请期、亲迎等六项内容，体现出严格的封建伦理，称为"六礼"；其葬俗主要是土葬，并建造陵墓，体现了农耕民族的特点。而古代的蒙古族婚俗则是更多地保留了原始社会的古老遗风，盛行抢婚、收继婚；其葬俗则盛行火葬和野葬，不保留尸体，不建坟墓，体现了游牧民族的特点。

三、社会性

民俗是世世代代社会群体共同创造、共同践行的。各种民俗事象都是群体智慧的结晶，个别人的习惯性的生活方式，无论多么长久、多么美好，如果不被广大的民众所认同并共同践行，都不能称为民俗。某些民俗事象或许是肇始于某一个人，例如上古时期曾有巢居之俗，传说是由有巢氏发明，但他的发明，首先是集中了前人和他人的相关智慧与经验并加以升华而成的；其次，他所发明、倡导的巢居，得到广大先民们的认同和实行，才成为一种居住风俗。民俗不但其创始是集体的、社会性的，它的传承、传播与演变也是集体的、社会性的。流传至今的民间故事、节庆习俗等，完全是靠一代又一代集体心理、语言、行为而传承下来的。各种各类民俗的产生、发展、演变及其消亡，永远是人民大众集体参与的结果。民俗的社会性，是民俗事象的生命力所在，同时决定了民俗的价值取向。

四、共通性

民俗虽然由于地域的不同、民族的不同而存在差异，但另一方面，不同地域的不同民族，如果都生活在相似的自然环境中（如都处于大海之滨或山林之中或草原之上，气候也大体相近），或处于相同的历史发展阶段，有相近似的生产方式，那么就可能产生大体相同的民俗。另外人类心理上的共性，也是产生共同民俗的因素。如四周环海的日本的大和族和东临大海的中国的汉族，虽然民族不同、地域不同，但因都同临大海，所以在饮食上都有喜食海鲜之俗；再如同处在原始社会发展阶段，无论是哪个国家、哪个地区的先民们，由于对周围的自然现象和本身的自然现象的不理解、不认识，都产生过崇拜日、月、水、火等自然神的习俗和灵魂崇拜的习俗，也都产生过图腾崇拜的习俗。两性的交配，是人类自身延续的第一要素，因此，不论是哪个国家、哪个民族，其婚俗都丰富多彩、非常隆重，在其婚礼上祝愿新人幸福、多子多孙、家庭美满几乎是人类共通的意愿。这就是民俗的共通性。

五、稳定性与传承性

民俗事象是自然环境和社会存在（社会制度、生产方式、生活方式等）的产物。一般说来，一个国家、一个地区的自然环境和社会存在是较为长期稳定的，所以由此而产生的民俗也是长期稳定的。我国自周秦以来，虽然屡有朝代更替，但自然环境基本上没有太大的变化，封建生产关系、社会制度也没有发生根本性变化。因此，自周秦以来所形成的各种民俗，如婚姻民俗、丧葬民俗、节庆民俗等等，也基本上没有发生根本性的变化，保留着许许多多的原始的风貌。故此，有人把民俗作为探讨历史文化原貌的"活化石"。因为民俗是相对稳定的，所以先民们把它作为一种当然的生活方式、生产方式予以接受，世代相因相习。这就是民俗的传承性。民俗是相对稳定的、因循的、保守的。

六、扩布性与变异性

某一种民俗虽然是在某一具体的自然环境和特定的社会条件下产生的，但其传播往往不仅仅是超越时间的限制，而且也会突破地域的范围。随着人类各种交往范围的扩大，或者人口的迁徙，或者战争征服等原因，人们必然会把他们原来的风俗习惯带到另外一个地区，逐渐被另外一个地区的其他民族所接受。如我国汉民族过春节的民俗，即被朝鲜、越南等周边国家的人民所接受；再如圣诞节本是基督教纪念耶稣诞生日的节日，最初只是流行于欧洲，但随着西方文明的传播，现在世界许多国家和地区的人们都有过圣诞节的习俗。它不但突破了地域的范围，也突破了宗教的隔阂。

民俗事象，在时间上是传承的，空间内是不断扩布的。其在传承和扩布的过程中，一方面是保留了它的某些原始风貌，体现了它相对的稳定性；而另一方面它也是随着时代的更迭、地域的变化、民族的不同等而发生或大或小的变化的，即所谓的变异性。例如我国古代汉族过春节有拜年叩头的习俗，而现在拜年多是鞠躬、握手或电话、手机短信问候，这是由于时代的变迁、社会制度的变化而导致的民俗的变化。再如在我国南方的水乡，过端午节有赛龙舟的习俗；而在北方的各地，过端午节则无赛龙舟之俗。变异是民俗的自身调适，是它的生命力所在，没有变异的民俗是不存在的。

第三节 民俗的分类与社会功能

一、民俗的大体分类

民俗包罗万象，它的内容与存在形式也在随着时代、地域、传承、扩布等的变化而演变。因此，它的分类也是多种多样的，人们可以根据不同的需要、从不同的角度对它进行不同的分类。民俗就是人民大众的人生、生活、生产等各类活动的习俗，它的核心是人。因此，我们关于民俗的分类，主要是围绕人的这三个基本方面进行，其大体分类如下：

（一）**人生民俗**

所谓的人生民俗就是人的生命过程各个发展阶段的礼仪习俗。一位日本民俗学家说："人生如竹。"无论是世界上哪一个国家，也无论是古今中外，每个人的生命过程，都是被分为若干发展阶段的。这些发展阶段，以人的自然发育、成长状况为基础，通常是以"年"、"岁"为计算单位；以社会的承认为"人生之竹"的"节日"，即前后两个阶段的分界点。它通常是以各种独特的、世代传承的礼仪形式标志出来，这种承认和标志人生各个发展阶段的礼仪形式就是人生民俗。国家不同、民族不同、地域不同、时代不同，人生民俗"节日"的多少、标志形式的特点也必然不尽相同，但大体说来一般多是分为孕育、诞生、成年、结婚、死亡等几个阶段。与之相应的社会承认的标志形式就是孕育仪礼、诞生仪礼、成年仪礼、结婚仪礼、丧葬仪礼等等。

（二）**生活民俗**

生活民俗是指人类生存形式的习俗。人类生存的形式是多方面的，首先是物质生活。人类是依赖和利用各种物质资料而生存的，诸如衣、食、住、行等，这就构成了饮食民俗、服饰民俗、居住民俗、交通民俗等等。第二是社会生活。人是依靠群体而生活的，是社会中的一员，长久沿袭的种种社会生活的形式就构成了诸多的社会民俗，如家族民俗、村落民俗、职业集团民俗、道德民俗、岁时节庆民俗等等；人类与其他动物的主要区别，就在于人类具有和能够从事高级的精神活动，这就构成了精神民俗，诸如信仰民俗、禁忌民俗、娱乐游艺民俗等等。

（三）**生产民俗**

人类的生存，离不开物质资料的生产。人在世世代代的物质资料生产过程中所形成的各种民俗，就是生产民俗，诸如农耕民俗、射猎民俗、畜牧民俗、运输民俗、器皿制造民俗、市商贸易民俗等等。

人类的生存、生活、生产是一个紧密联系在一起的整体，因此各种习俗之间并不是截然分开的，而是相互关联、甚至是相互搀杂的、相互影响的，也是相互制约的，并且是随着时代的发展而不断变化的。

二、民俗的社会功能

民俗的功能是指它在人类社会生活中的作用。民俗事象之所以能够千百年地延续、世代传承、不断扩布，为人民大众所接受，为社会所容纳，其根本原因就在于它的功能，这是它存在的价值所在。总的说来，民俗的基本功能主要有以下几个方面：

（一）教化功能

民俗的教化功能，是指民俗在使每个人从自然人向社会人的变化中所起的教育作用。刚刚降生的婴儿是一个自然的人，虽有人形，尚无人性，但也就在他降生的那一刻起，他就开始生活在一种特定的民俗中，受到各种民俗事象的熏陶，受到前辈和他人的指教。如从语言习俗中，掌握了语言这种人类区别于其他动物的、人际之间的思想交流工具；从称谓和人际交往的习俗中，明确了自己在家庭和社会群体中的位置、责任、义务；在衣食住行的各种生活生产习俗中，学会了得以生存的生活方式；从各种道德和信仰的习俗中，懂得了什么是是非善恶和应该遵循的生活准则，逐渐地从一个自然人转化为社会人，成为某一社会群体中的一员。

（二）规范功能

民俗的规范功能，是指民俗对社会成员行为方式所具有的约束作用。作为社会群体中的一员，每个人在生活与生产方式上，必须要与社会保持总体上的一致；否则就会被视为异类，无法生存。这种最古老的、产生于人类社会之初的束约力，就是民俗。遵循古老的世代相承的习俗，既是自觉的，也是被强迫的。民俗的束约作用，是借助于人们的良心、负罪感、内疚感等一系列心理活动和强大的社会舆论、社会公约来实现的。民俗就像一只无形的巨手，无声地支配和调节人们的行动。可以说，人类社会中的一切，都在不知不觉中受到民俗文化的影响和制约。

（三）维系功能

民俗的维系功能，是指民俗统一个体的行为与思想，使之保持使群体巩固和社会稳定的向心力和凝聚力。生活在共同的地域和同一社会条件下的人们形成共同的民俗，而这种共同的民俗一旦形成，就会使遵循这种习俗的人们形成一种认同心理，久而久之，形成相同的或者相似的思维方式、价值观念和行为准则，继而产生一种亲和感，从而凝聚成一个稳定的共同体。民俗在共同体内是一种凝聚力，对外则是一种共同体的标志，共同民俗的世代传承，就使得共同体更加巩固，由这样的许多共同体而组成的社会也就愈加稳定。因此，历代统治者都非常重视民俗的这种维系功能，常常把它作为巩固统治的手段。

（四）调节功能

民俗的调节功能，是指通过民俗事象中的各种娱乐活动，使社会成员产生快乐和愉悦的心理，调节生活节律。各种娱乐活动，有的是在节日中举行，如南方一些地区端午节赛龙舟，北方广大地区春节期间扭秧歌，苗族芦笙节中的吹笙、跳舞、对歌，蒙古族那达慕大会中的赛马、摔跤、弹奏马头琴等等；有的是在各种宗教活动中举行，如满族萨满教中的跳神、汉族求雨祭祀龙王的演奏等；有的即是在日常的闲暇之时，如满族妇女、儿童的抓嘎拉哈，各个民族都盛行的讲故事等等。人们在紧张劳累的工作之余,通过民俗中的这些娱乐活动,得到放松、休息,同时也增进了相互间的感情。

思考题
    1. 什么是民俗、风俗、礼俗?
    2. 民俗形成的主要原因是什么?
    3. 简述民俗的基本特点。
    4. 试举例说明民俗的社会功能。

第二章　民俗与旅游文化

【学习目的】
通过本章的学习，掌握民俗与旅游文化的关系，从而正确认识民俗在旅游活动中的重要作用，以及民俗文化旅游资源的开发与利用。

【主要内容】
1. 民俗与旅游文化的关系
2. 民俗文化旅游资源的开发与利用

民俗与旅游是两个不同范畴的社会事象，民俗是人们生产、生活方式的传承模式，而旅游则是非定居性的外出旅行游览。从表面上看，两者风马牛不相及，但实际上两者却有着十分密切的联系，而将两者联系起来的就是"文化"。

第一节　民俗与旅游

一、民俗与旅游的关系

从文化学的角度看，民俗与旅游都是一种文化形态。前面我们已经对民俗的特点进行了概括：民俗的国别性、地域性、民族性，对另外一个国家、地区和民族的人们来说，是一种具有重大差异的异质文化。异质文化对另一种文化群体的人们来说，具有神秘的新奇感和强烈的吸引力；民俗的稳定性使它成为古代甚至上古、远古时代社会生活的活化石，它的传承性使它成为可以看得见、摸得着的"历史"。也就是说，民俗是一种明显的历史文化与现实文化相结合的传承文化。传承文化，对生活在现代的人们来说，当然会产生一种探古发幽的浓厚兴趣。民俗既是历史的，又是现实的，这种现存的古代文化形态，对于另一异质文化的人们来说，它既是可以观看的，又是可以参与其中的。这种对异质文化的参与，是一种扩大知识视野的学习，也是一种悦目赏心的娱乐，因此，它是异质文化群的追求。

我们再看旅游，所谓的旅游是人们有意识、有目的地离开常居地，去异地旅行游览的行为。这种旅行游览是一种文化，即旅游文化。从旅游活动的全过程来看，旅游文化包括旅游主体（旅游者）、旅游客体（旅游对象）、旅游中介体（旅游制度与旅游企业）和旅游社会环境等四个主要环节的文化。旅游客体即旅游者所游览的对象，包括自然景观与人文景观。自然景观主要指旅游地的自然造物，如各种气候：四季如春的天气、白雪皑皑的寒冬等等；地貌风光：奇山秀水、辽阔沙漠、海滨沙滩及各类罕见的地质结构等等；动物植物：可爱的熊猫、猴子、美丽的孔雀，以及原始森林、奇花异草、一望无际的草原等等。而人文景观则主要是指由人类活动而创造的各类景物，如历史文化古迹，以及体现地域文化、民族文化的各种社会事物、各类场所及各类相关的活动。民俗文化正是人文景观的重要方面，从这个意义上说，民俗文化是旅游文化的重要组成部分。在旅游活动中，旅游者对异质文化有着更为强烈的求新、求异、求奇的心理。而绚丽缤纷、多姿多彩的民俗文化，正为旅游者提供了探讨、参与、娱乐和满足心理需求的良机。因此，民俗旅游风靡一时，流行各地。民俗文化对旅游文化中的旅游中介体来说，更是不可缺少的。民俗是旅游中介体赖以生存的、大力开发的旅游资源，即使是旅游的自然资源，有许多也离不开民俗的内涵。例如辽宁的医巫闾山，因为有"歪脖老母"的民间传说，就成了一座"灵山"，人们蜂拥而至；华山的一座悬崖，因为民间传说宋太祖与土地爷曾在那里下棋，一下子就成为数百年来著名的景观。正所谓"山不在高，有仙则名"，普通的山水有了民俗的内涵往往就会成为名山名水。反之，旅游对民俗文化的存在、发展与传播也起着重要的推动作用，如川菜饮食民俗，因为大批中外的旅游者，使其兴旺发达；苗族的蜡染民俗，也是因旅游业的发展而传播。

综上所述，概而言之：民俗与旅游作为文化形态，两者是紧密联系在一起的，民俗文化是旅游文化的重要组成部分。民俗文化吸引了大批的旅游者，振兴了旅游业，同时旅游业又促进了民俗文化的发展与繁荣。

二、参观体验民俗是旅游活动的重要内容

旅游活动包括食、住、行、游、购、娱等六个大的方面，可以说每一个方面几乎都是与民俗文化联系在一起的。这种联系有的是有意识的，如通过直接搞"民俗游"，到"民俗村"之类的地方去参观、参与民俗事象与民俗活动而体现出来的；有的则是无意识地沐浴在某种民俗之中，如外国旅游者到我国的普通饭店吃饭，吃中餐（川菜、鲁菜、粤菜等），用筷子，这本身就是参与和体验了中国的民俗，

只不过旅游者没意识到或导游没有点破而已。

(一) 饮食民俗与旅游

人离不开饮食，它是生活所必需的。但旅游活动中，饮食对旅游者来说，不仅仅为了解决饥饿，多是有目的地品尝一地、一国、一族的饮食风味。如到北京要吃全聚德的烤鸭，到延吉要吃朝鲜族的狗肉冷面和辣白菜，到日本要吃"寿司"（日本饭团）与生鱼片等等。品尝这些饮食，不仅是口感上的满足，还有对其烹饪技术、饮食器具、食品色形、进餐方式等的体验与欣赏。从而使感官和精神上得到极大满足，即或是离开了旅游地，也会留下久久难忘的印象。

(二) 居住民俗与旅游

对于居住，人们通常的要求是舒适，但在旅游活动中，旅游者往往追求新奇的感受。如到内蒙古大草原，能够住一宿蒙古包；到西双版纳傣族村寨，能在竹楼中住上一宿，恐怕都是终生难忘的。

(三) 交通民俗与旅游

交通工具是旅游活动中不可缺少的，如飞机、汽车、轮船之类，但民俗交通工具对旅游者来说，是别有情趣的。如泰山、黄山的滑竿，杭州西湖中的划桨木船，敦煌的骆驼等等，对那些坐惯了飞机、汽车、轮船的人们来说，不仅是新鲜的，还是一种享受，有一种返古归朴的感觉。

(四) 民俗工艺品与旅游

在异地购物，是每一个旅游者必不可少的。所购之物，主要是地方的土特产品，其中尤其是具有民族性、地方性的民俗工艺品更是备受垂青。如拉萨藏族的小刀、新疆维吾尔族的小花帽、景德镇的瓷器、苏州的苏绣，以及俄罗斯的套娃、日本的偶人等等，样式新奇、技艺精湛，具有很高的艺术性、观赏性和纪念性，并具有收藏价值。民俗工艺品，既繁荣了旅游业，又发展了自身。

(五) 民俗娱乐与旅游

娱乐是旅游者贯穿于旅游活动始终的主要内容，它是旅游者所追求的旅游目的，体现在旅游活动的每一个环节中。民俗文化中的节日习俗、歌舞、游艺、竞技等习俗，非常富有异质文化的吸引性和参与性，是旅游者在旅游活动中追求娱乐、愉悦身心的重要项目。如汉族的元宵节、蒙古族的那达慕大会、苗族与壮族的"三月三"歌圩节、毛南族的婚姻习俗及待客习俗等等，旅游者不仅可以观赏，还可亲身参与其中，与之同歌同舞，还可以体验古老的婚姻风情，皆可各尽其乐，乐在其中，甚至乐而忘返。

至于游山玩水的"游"与民俗文化的关系已经在前面有所述说，不再另论。可见，旅游活动如果没有民俗文化，那将是大煞风景、黯然失色、枯燥无味的。

三、旅游对民俗文化的积极作用与消极影响

前面我们已经着重谈了民俗文化对旅游活动的重要意义,但两者关系不是单向的,而是双向互动的,旅游活动对民俗文化同样也起着重要作用:

第一,旅游活动促进了民俗文化的弘扬与传播。民俗就其原始形态而言是封闭的,各种民俗事象只是低层次的重复与传承,往往呈现出某种蒙昧与落后状态。当民俗事象成为旅游客体之后,打破了区域民俗千百年来的封闭状态,使它成为旅游产品而走向市场。民俗变成了旅游产品,形势迫使民俗主体对千百年来知其然不知其所以然的多类民俗事象进行深入地研究与探讨,作出科学的解释,并使之去陋存精,发扬光大,在旅游者参观、访问时,予以正确的宣传和广泛的文化交流。以往的民俗工艺,由于封闭性,只能是低层次传承,民俗工艺品质地粗糙低劣。当民俗工艺品成为旅游商品之后,促进了民俗工艺水平的提高、产品类型的增多,创造出了充分体现民俗文化的精品,使之深受中外旅游者的喜爱。民俗文化的提炼、提高,弘扬光大及广泛传播,使民俗文化更加富有生命力。

第二,促进了民俗文化的保护与发展。任何民俗都是随着时代的不断发展而不断变化的。旧的民俗消失了,新的民俗产生了,这是历史的进步。但是有些旧有的民俗是宝贵的历史遗产,它的消失是人类文化的重要损失。可是当它成为旅游产品的时候,势必引起人们的关注,从而积极地对民俗文化遗产进行整理。如对各种民间故事、民俗传说、民间歌舞音乐、民间游戏竞技、各类民俗工艺等等进行整理、保护,使许许多多濒于消亡的民俗得以挽救,甚至已经消亡的民俗被重新挖掘出来。这不是恢复旧俗,而是使它们作为一种历史瑰宝得以永世流芳。许多地区、国家,对民俗文化都采取了保护、开发、利用一体化的一系列科学措施,使古老的民俗文化由此而得到新生与发展。

同任何事物都具有两重性一样,旅游活动对民俗文化也有一定的消极影响:

第一,使原质的民俗被同化。旅游活动打破了地域民俗的封闭性,在古朴的民俗走向市场的同时,异质文化势必随着开放而涌进,使原质的民俗文化与异质文化逐渐融合,而失去本来的面貌。

第二,使纯朴的民俗文化庸俗化、虚假化。当民俗文化被推向市场时,它就必然与其他商品一样被包装,甚至被弄虚作假,去迎合一部分旅游者的心理需要,从而使古朴纯洁的民俗文化被肢解、被歪曲、被虚构,庸俗而虚假。这样的现象,虽然不是全部,但也不是个别。

消极影响的出现,是民俗文化市场化中的必然产物,也不必大惊小怪,只要认真对待,积极引导,努力克服,问题会逐步解决。

第二节　民俗文化旅游资源的开发与利用

民俗文化在旅游业蓬勃发展的今天，早已经成为重要的旅游资源，我国各地乃至世界其他许多国家的旅游活动，几乎都在打"民俗"牌，诸如民俗主题游、民俗村、民俗园、民俗风情节等等，不一而足。在一定意义上说，民俗文化已经成为旅游活动中的一个热点。可见，民俗文化是宝贵的旅游资源，如何更好地开发和利用民俗文化这一旅游资源，是发展旅游业所必须要正确认识、妥善解决的问题。

一、民俗文化与旅游资源

什么是文化？这是一个众说纷纭、莫衷一是的问题，据说其定义多达数百种。概括而言，文化即是人类在其发展的历史过程中，所创造的物质文明与精神文明的总和。它大体包括三个方面：第一，意识形态。即人们的世界观、思维方式、宗教信仰、心理特征、价值观念、道德准则、认识能力等等。第二，生产生活方式。即人们对各种生产活动（如农、牧、渔、猎、工等）、各种生活活动（如衣、食、住、行、婚、丧、病、老、人际关系等）及各种社会活动等等的态度，以及在这些方面的活动所采取的形式。第三，精神的物化产品。它是人在精神的支配下所创造的一切产品，它是人类智慧的物化，如石器、青铜器、书画、工艺品、各种土木建筑、飞机、汽车、原子弹等等。文化是包括人类一切的创造能力及其成果。显而易见，民俗是文化中的一部分，既有精神的东西，也有物质的东西。由此可知，所谓的民俗文化，就是不同地域、不同民族的广大民众所传承的思想意识和生产、生活方式所表现出的文化形态。

民俗文化的范畴是比较广泛的，作为一种文化形态，它是可以被旅游业所开发利用的。能够被旅游业开发、利用的民俗文化即是旅游资源。那么哪些民俗文化才能够成为旅游资源呢？

第一，对旅游者具有吸引力的民俗。我们知道，旅游资源的核心是吸引力，没有吸引力的民俗事象，不能成为旅游资源。在旅游活动中，对于旅游者来说，吸引力来自于独、特、奇、新这四个方面。它是民俗文化能够成为旅游资源的四条标准。"独"，是指某一民俗事象在所有国家、地区和民族中，是独此一家的。如汉族婚俗中的"拜天地"——一拜天地，二拜高堂，三是夫妻对拜——的仪式，就体现了一个"独"字。"特"，是指某一民俗事象，虽然不是唯一的，但在同类民俗中它是特殊的。如使用碗吃饭是许多民族的共有习俗，但藏族的碗是揣在怀里的，即是特殊的习俗。"奇"，即怪异，是指某一民俗事象违背"常理"。如鄂温克族人之俗，称公熊为"合克"，即爷爷；称母熊为"那我"，即奶奶。在印度的一些地区，牛可以自由地在城里逛街，汽车、行人都必须为它让路等等。怪哉！奇也！"新"，是指某些民俗、事象，虽不独特，也不奇怪，但以新颖著称。它主要是体现在一些民俗工艺品上，如新工艺、新器物、新样式的玉雕、木雕、刺绣等等。

第二，具有历史性和丰厚文化内涵的民俗。多数旅游者对旅游客体有追根溯源的历史情结。因此，那些历史悠久，具有丰富文化内涵的民俗对旅游者来说，更加具有强烈的吸引力，如汉族的春节、元宵节、端午节习俗，满族的服饰习俗，西方诸国的圣诞节习俗等等。

第三，具有现存性和再现性的民俗。现存性是指某些民俗是现实存在的，即所谓的"古风犹存"，对旅游者来说，它是看得见、摸得着，能够参与其中，体验真情实味的民俗。再现性有两种情况：一是指有些民俗事象，虽然已经消失在历史的陈迹中，但它的具体内容尚保留在历史文献中或人们的记忆、传说中，可以通过现代手段，使它再现当年的旧貌；二是指有些地区的民俗或外国民俗，由于交通的原因或其他的原因，旅游者暂时不能亲临其地，于是将其移植过来，再现其原地的风貌，如现在中外盛行的"民俗村"、"民俗主题公园"等等。

第四，具有典型性的民俗。古今中外的民俗事象不下万千，不是所有的民俗事象都具有旅游开发的价值，都可以成为旅游资源。只有那些典型性的民俗，即具有鲜明民族特点、地域特点的民俗，那些具有特殊的教育意义、启迪意义、娱乐意义的民俗，才能成为旅游资源。

总之，民俗文化成为旅游资源是有条件的、有选择的。民俗只有成为旅游资源的时候，才是旅游文化的组成部分。

二、民俗文化旅游资源的开发原则

开发利用民俗文化旅游资源的目的，一是为了将封闭状态的民俗变成旅游产品及商品，推向旅游市场，向外界展示本地区、本民族民俗的风貌，弘扬民族文化，扩大社会影响；二是满足广大的中外旅游者追求异质文化兴趣的需要，发展旅游业；三是推动经济发展。为此，要开发、利用民俗文化旅游资源必须遵循以下几项基本原则：

（一）保持原貌的原则

任何一个地区、任何一个民族的风俗习惯，都是历史形成的，是当时、当地的广大民众真实生活的写照，具有鲜明、独特的时代特点，地域特点，民族特点。

因此，将某些民俗文化作为旅游资源开发的时候，必须保持其原貌，即"原汁原味"，不能为了迎合旅游者的新奇感而编造假民俗。编造假民俗事象，在民俗旅游中也并非极个别的现象。旅游者虽然追求新奇，但追求的是真实的、历史的新奇，是一种对历史的感悟。如果展现的是假民俗，是走了样、变了味的民俗，将会使旅游者产生受骗感，其结果必适得其反。

（二）有所选择的原则

保持民俗文化的原貌，并不意味着全盘端出，无所选择。民俗作为一种文化，受时代的局限、阶级的局限，必然有精华也有糟粕。对民俗文化要坚持"去伪存真，去粗取精"的原则，对于那些有损于国家、民族尊严的，美化阶级压迫、独裁专制的，宣扬封建迷信的，不利于国际关系、民族团结的等等陈规陋俗，是决不能作为旅游资源发展的。例如，某地为了追求奇特刺激，将民间传说中的"十八层地狱"捏造出来。其展馆内，阎王小鬼塑像面目狰狞，下油锅、斧劈、锯割等酷刑十分残忍，到处血腥淋漓，一片鬼哭狼嚎，使旅游者失魂落魄，胆战心惊。这种打着开发民俗旅游文化的幌子，宣扬封建迷信、宣扬恐怖暴力的旅游项目，效果恶劣，影响极坏，当引以为戒。

（三）获得效益的原则

获得效益是民俗文化旅游资源开发的铁原则，没有效益就无需开发。获得效益，一是指社会效益。民俗文化旅游资源的开发与利用，要有利于弘扬民族文化、振奋民族精神，有利于科学与民主的发展，有利于和谐社会的建设，有利于国内外文化的交流。二是经济效益。通过民俗文化旅游资源的开发与利用，繁荣旅游市场，使旅游企业、旅游客体所在地的经济得以发展。

（四）保护资源的原则

民俗文化作为旅游资源与其他旅游资源一样，如果开发、利用不当，也会遭到破坏，轻者会造成资源质量下降，影响对旅游者的吸引力，重者则会导致这些旅游资源的损灭。如某些有数百年历史的民俗大院，只顾赚钱，不加以修葺，已经造成了严重的损坏。此外，环境也是一种旅游资源。环境包括自然环境与社会环境两个方面。环境是民俗文化的产生地与发展地，是其赖以存在的空间。在开发与利用民俗文化旅游资源的过程中，也必须注意保护环境。比如不能为大力发展石雕、木雕等民俗工艺而破坏山林等自然资源；不能借某些民俗事象而败坏道德、违反法纪、破坏安定和谐的社会环境，如某地以陋俗进行淫乱活动，以所谓的婚俗游戏，榨取旅游者的钱财等等。

（五）综合开发的原则

旅游是一个综合性的经济、文化活动。对于一个地域较大的旅游区来说，往往存在着不同类型的旅游资源。各种旅游资源都是互相联系、互为发展条件的，因此，开发民俗文化旅游资源时，也要同时考虑到其他旅游资源的开发与发展。通过综合开发，使吸引力各异的不同旅游资源结成一个吸引群体，使旅游者可以从多个方面游览、体验、享受旅游客体，而开发者从中也会得到更多、更大的社会效益和经济效益。如开发民俗文化与开发旅游的自然景观相结合，就会使山山水水的自然景观赋有人文的内涵，从而更加吸引旅游者；开发民俗工艺、民俗竞技，与旅游商店、饭店、旅店相结合，同样会为它们带来更好的经济效益。反过来，这些旅游资源的开发与利用，又弘扬了旅游文化，对旅游资源的保护创造了条件，一荣俱荣。开发与保护是一种辩证的关系，虽然在某种意义上说，开发就是一种破坏，但是如果处理得好，不仅可以最大限度地减小破坏程度，而且还可以使原生态文化因为得到保护而更好地存在与发展。

三、民俗文化旅游资源开发的评估

民俗文化旅游资源的开发，是一项综合性的工程，必须要进行全面调查、综合评估、合理开发、充分利用。其主要评估内容有：

（一）对民俗文化旅游价值的评估

民俗事象形态万千，对于哪些内容值得开发，有什么样的价值、多大价值等，要以美学的标准、社会的标准及历史的标准等进行综合评估、分析，确定其发展价值。

（二）对民俗文化旅游市场的评估

即对游客的来源、客源的类型、市场的规模、游客的兴趣及消费水平、周围与之配套的旅游资源、国内外是否有相同类型的旅游项目等等进行分析、预测。市场的需求是民俗文化旅游资源开发的最根本的着眼点。

（三）对民俗文化旅游资源可进入性的评估

开发任何旅游资源都要重点考虑交通问题以及与其他旅游景点的配套问题。民俗文化旅游资源所在地，必须要"进得来，出得去，散得开"，与其他旅游景点、景区能够形成网络。再好的旅游资源，如果远在深山孤岛，并且只是一个孤零零的景点，也会使旅游者望而却步，从而缺乏开发的价值。

思考题

1. 为什么说体验民俗是旅游活动的重要内容？简要举例说明。
2. 试分析旅游活动对民俗文化的影响。
3. 什么是民俗文化？哪些民俗文化能够成为旅游资源？
4. 简要说明民俗文化旅游资源的开发原则。

第三章　姓名的民俗

【学习目的】
　　通过本章的学习，了解姓名民俗文化的社会功能和基本特征。知晓我国各民族及世界主要国家姓名民俗的特点，掌握各族姓名民俗的文化内涵，认识各族姓名文化在旅游文化中的价值。

【主要内容】
1. 姓名习俗的社会功能和文化特征
2. 我国各民族的姓名民俗概况
3. 世界各国的姓名民俗概况

第一节　姓名民俗概述

　　姓名是人们在日常生活中必不可少的标识。各个族群及其中的个体，为了互相区别、联系与交往，都有各自的代号。族群的代号便是姓、氏，个人的代号就是名、字。有了姓名，人类才能正常有序地交往，因此每个人都有属于自己的名字，各个民族也都有自己独特的命名习惯。

一、姓名民俗的起源

　　人类之初是无所谓姓名的，但随着族群人口的增长、活动空间的拓展，无论对族群还是对个体，都需要确定某一特定的社会代号来满足日益增长的交往的迫切需要。于是，作为族群符号的"姓氏"和个体符号的"名字"便应运而生。

　　原始人群的"社会化"，首先体现为族群内部人与人之间在劳动、生活中的密切合作。因此，个体之间的区别就成为第一需要。而作为个体标志符号的"名"，便是为了适应这一需要应运而生的。一般来说，最初的名字是都根据个人的外貌体征、性格特点等得来的。这些带有绰号色彩的名字，如矮子、秃头、漂亮的、急性子、勇敢者等，便成为人们最初辨别同一群体中不同个体的方法。

名字只能解决群体内部的辨别问题，却不能区别不同族群中相同名字的人。随着人口的繁衍和活动空间的拓展，人们相互之间交往的范围逐渐扩大，不同氏族、部落之间的联系日益紧密，相互区别的需求越来越突出，因此，具有"公名"意义的原始人群"图腾"便逐渐发展成为人类最初的姓氏，并作为人际交往中的标志以及规范婚姻关系的手段而稳定下来。

当人类步入阶级社会后，姓名又逐渐被赋予区别身份地位、表达美好期望等新的思想内涵，并更加明显地体现出各自的民族特色、地域特色和时代特色。

二、姓名民俗的社会功能

透过民俗文化的多棱镜，我们可以看出姓名承担着多方面的社会功能。

（一）代表群体个体

姓名首先是作为社会交往中群体或个体的代表符号出现的，这是姓名最基本和最原始的社会功能。随着生活范围的扩大和人口的增长，人与人之间、氏族与氏族之间、部落与部落之间、部落联盟与部落联盟之间发生交往的可能性、必要性都日益增长。为了使相互交往得以进行，参与交往的个人、氏族、部落、部落联盟之间就需要拥有一个自己专有的称呼。

（二）规范婚姻秩序

姓名的另一重要的社会功能是规范婚姻秩序。无论中外，很多民族都有"同姓不婚"的习俗。古人虽然不能科学理解和解释近亲通婚的危害，但是通过数千万年之久的经验教训，逐渐认识到了"男女同姓，其生不蕃"的道理。于是，禁止同姓即同族内部的婚姻，也就逐渐成为人们的共识。姓的出现并定型为巩固族外婚提供了必要的社会条件，使得氏族的健康繁衍和发展得以进行。

（三）标识等级身份

姓名还有一个重要的社会功能，即标识人们的等级身份。在人类早期历史阶段，有没有姓氏本身便是个体身份高低的标志。当平民也拥有姓氏之后，姓氏的不同便成为区别身份高低贵贱的标志。中国古代就通过编订官方姓氏书，如南北朝的《姓氏簿状》、唐代的《氏族志》《姓氏录》等，来实现别贵贱的作用。随着人类文明的发展，姓氏的这一功能逐渐消失。但在一些欧洲国家，有人依然在姓名中使用一些特殊的音节，如德国与荷兰人名中的 Von（译为冯或凡），法国与西班牙人名中的 de（德），来表明其出身于贵族世家。

三、姓名民俗的特征

（一）姓名的民族特征

不同民族的姓名习俗不尽相同，主要体现在姓名的语言构件和组合方式上。

不同民族的姓名语言构件因其经济、政治、宗教生活不同而异。以经济生活而论，英国人的姓氏多源于其祖先的职业，而日本人的姓氏多源于其家居环境；就政治生活而论，中国人有源于祖先官职的姓氏，而西班牙人姓氏多源于反抗摩尔人入侵的战斗口号；就宗教生活而论，基督徒的名字多源自基督教圣徒名和《圣经》中的人名，而穆斯林的名字主要来自先知名和《古兰经》中的人名。

不同民族的姓名组合方式因语言语法或思想观念的不同而异。就语言语法论，通行于众多民族的亲子连名制因其语言构词形式的不同可分两大类型：藏缅语系与阿尔泰语系民族多用亲名前连，即父名在前，子名在后。而欧洲诸族、近东诸族与非洲民族多习惯亲名后连，即子名在前，父名在后；就思想观念而论，在社会生活中，东方人以家族为中心，而西方人则强调个体。因此，从姓和名的排列顺序上看，西方民族多是名在前姓在后，而东方民族多是姓在前名在后。

（二）姓名的地域特征

同时代、同民族的人们，因生活的地域不同，其姓名也表现出各自特色。

首先，姓氏的频率分布有明显地域区别。如东印度三大姓为 Chatterjee 查特吉、Sen 森、Bose 波色，西印度三大姓为 Shah 阿、Mehta 梅塔、Patel 帕特尔，南印度三大姓为 Nayar 纳亚、Pillai 皮莱、Rao 饶，北印度三大姓为 Sharma 夏尔马、Verma 维尔马、Gupta 古普塔，中印度三大姓为 Singh 辛格、Yadav 亚达夫、Jhadav 贾达夫，五个地区各不相同。

其次，在用字的选择方面，各地也有自己的特点。从字意上看，北京人喜用"荣"，上海人喜用"旦"、"宝"、"妹"，辽宁人喜用"素"、"凤"，陕西人喜用"建"、"军"，四川人喜用"清"、"琼"、"德"、"成"，广东人喜用"球"、"帝"、"亚"，福建人喜用"治"、"美"、"水"；从字数上看，全国大部地区既有单字名也有双字名，但闽粤台地区则绝大部分是双字名。

（三）姓名的时代特征

姓名是一种历史现象，其形式和内容都会随着历史的变化而变化。不同时代的社会运动、社会思潮，都给予人们的思想、行为以深刻的影响，从而给人们的名字打上独特的时代烙印。

从姓名的功能上看，由原始社会的别个体，发展到阶级社会的别贵贱，再发展到今天的无等差；从姓名的使用范围上看，由最初只有贵族有姓，到人皆有姓（个别民族无姓）；从姓名的形式上看，南北朝之前盛行单名，其后盛行复名，而今则并行于世；从姓名的内容上看，魏晋六朝盛用"之"、"玄"、"真"等字，宋代流行"老"、"叟"、"翁"等字，明清习惯用"斋"、"堂"、"轩"等字，建国后则流行"建国"、"跃进"、"卫东"等名字。

第二节 中国的姓名民俗

一、汉族的姓名民俗

汉族人姓名构成为姓在前，名在后。姓有单姓、复姓，名有单名、复名。

（一）姓氏概况

汉族的姓与氏都是家族系统的标志与称号，其中姓是母体，氏是分支。人们最初有名无姓，母系氏族公社时期各族为标识自己、区别他族，开始以本族图腾为"姓"。后来，随着人口的增长和分支的增多，同一部落内部又逐渐出现了一些新的姓，即"氏"。夏商周时期，只有贵族有姓有氏。秦汉以后，平民开始称姓，姓、氏随之合而为一，通称为"姓"。

当今汉族姓氏以单姓为主，也有复姓（如欧阳、司马、尉迟、皇甫等），大部是代代相传而来。考其来历，大致可归纳为以下几类：①古姓。因产生于母系氏族公社时期，故多从"女"，如姒、姬、姜、姚、妫、姞、妘、偃等姓。②以居地为姓氏。如齐国公族住在城郭之东、南、西、北，便以东郭、西郭、南郭、北郭为姓；郑国大夫住在西门，便以西门为姓。③以国名为姓氏。如卫、燕、齐、鲁、宋等即是以诸侯国名为姓。④以邑名为姓氏。如周武王封司寇岔生采邑于苏，其后代便以苏为姓；公孙鞅（商鞅）被秦穆公封以商邑，便以商为姓。⑤以官职为姓氏。如周宣王时程伯休父为司马，其后以司马为姓；司徒、司空、师、史等姓也是如此。⑥以职业为姓氏。如屠、陶、巫、卜等姓。⑦以祖先之字或谥号为姓氏。宋国贵族公孙嘉字孔父，其后代以孔为姓，如孔子；姬昌谥号为文，其后人有以文为姓，如越国大夫文种；其他如武、穆、宣、庄、戴、景等也是以谥号为姓。⑧以排行为姓氏。如兄弟中老大、老二、老三、老四的后代分别以孟、仲、叔、季为姓。⑨少数民族姓氏音译。已经融合到汉族中的少数民族姓氏音译为汉姓，如鲜卑族步六孤氏、丘穆陵氏音译省减为陆姓和穆姓；再如契丹族的耶律、萧等姓。⑩因避讳或其他原因改姓。如因避讳孔子（名丘），丘姓改为"邱"姓；韩信被杀后，其子改姓为韦；徐敬业因功被唐太宗赐姓为李；山东诸县葛姓迁居河南后，为与当地葛姓相别而改姓诸葛。

以前，汉族女子婚后在原姓前冠夫姓。现今，大陆女子婚后使用原姓，而港澳台及部分华人华侨女子婚后需冠夫姓。子女一般承父姓。

目前，汉族姓氏约为3600个，常见的100个姓氏集中了全国人口的87%。占总人口1%以上的19个姓氏（王、李、张、刘、陈、杨、赵、黄、周、吴、徐、孙、胡、朱、高、林、何、郭、马）占汉族人口的55.6%；李、王、张三姓分别占汉族人口的7.9%、7.4%、7.1%，总人口达2.7亿，成为世界上最大的三个同姓人群。

（二）命名习俗

以前，汉族人既有名又有字，有人还有号。"名"是在婴儿出生三个月后，由父亲执其右手所取；"字"是在冠礼（男子20岁）或笄礼（女子15岁）上由最尊贵的来宾所取；"号"则是他人给予的评价或自己以表明心境的称呼。如李白，姓李名白，字太白，号青莲居士。

如今，大部分人只有"名"而无"字"、"号"。名（又称学名）有单名，也有复名，多体现父母对子女的美好期望或特殊的纪念意义。一般而言，男女命名有所不同，男名重在志大、刚毅，女名则要柔美秀静。具体的命名方法有：①取自成语，如成方圆之名取自"无规矩不成方圆"；②取自古籍，如毛泽东女儿李敏和李讷之名取自"君子欲讷于言而敏于行"（《论语·里仁》）；③取自诗词，张恨水之名取自"自是人生长恨水长东"（李煜词《乌夜啼》）；④比喻象征取名，如冯雪峰、范长江等；⑤谐音寓意取名，如闻鸣（文明）、邱收（秋收）；⑥姓名构意取名，如田汉、白桦；⑦名和姓同音，如袁媛、陆露；⑧叠音取名，如陈思思、李媛媛；⑨父母姓联合，如高杨、吴林；⑩父母籍贯联合，如郑辽吉、任鲁豫；⑪使用外来语，如陈彼得、赵珍妮；等等。

比较传统的家庭在给子女取名的时候，依然会按家谱规定的辈分序列"范"字。即同族同辈兄弟在取名时往往有一字或部首相同，双字名多同字，单字名多同偏旁。如梁启超子女分别名为思顺、思成、思永、思忠、思庄、思达、思懿、思宁、思礼。

此外，汉族人还习惯给子女起小名（乳名）。南方人喜用阿宝、阿贵、阿珍、海生、水生等字眼；北方人一般喜用铁蛋、石头、狗剩等结实好养的字眼。时至今日，乳名也渐趋文雅、新颖、意趣。

二、其他各民族的姓名民俗

（一）满族的姓名民俗

满族是源于东北地区的古老民族，现有人口1068万（2000年），是我国第二大少数民族。满族现今散居在全国各地，其中以辽宁、河北两省最多。

满族人的姓名，早期是继承女真人的风俗。统一全国后，多数满族人逐渐改从汉姓，名字也多用汉语。满族人姓名顺序与汉族相同，姓在前，名在后。如爱新觉罗·努尔哈赤，爱新觉罗是姓，努尔哈赤是名。

1. 姓氏概况

据清乾隆年间纂修的《八旗满洲氏族通谱》，满洲有著姓 151 个，中姓 144 个，希姓 353 个，计有 646 姓。满族称姓氏为"哈拉"，下分若干"穆昆"（即族）。满族风俗，有时哈拉和穆昆合称，如爱新觉罗中的"觉罗"为姓氏，"爱新"则为族称。

满族姓氏产生的缘由主要有以下几类：①沿用金代女真人旧姓。如钮祜禄氏即辽之敌烈氏，金之女奚烈氏，元之亦乞烈氏，明之钮钴禄氏；富察氏即金、元之蒲察氏，明之富车氏。②以居住地名为姓氏。如皇太极时的舒赛，即以世居地萨克达为姓；额驸萨克慎，世居精奇里江附近，即以精奇里为姓。③以部族名为姓氏。如黑龙江副都统多隆武，其先世属尼玛察部，即以尼玛察为姓；固山额真叶克书，其父属辉和部，即以辉和为姓。④大汗或皇帝赐予姓氏。如清初内大臣吴拜本姓瓜尔佳，努尔哈赤赐其姓觉罗；副都统布恕库本姓温彻亨，努尔哈赤赐其姓乌鲁。⑤以祖先名字为姓氏（随名姓）。一般以父祖名字第一字作为姓氏，如顾八代本姓伊尔根觉罗，但其子孙以顾为姓；万鲜丰本姓舒穆禄，其子孙即以万为姓。⑥因分居、承嗣、迁居等原因改姓。如伊尔根觉罗氏因族众繁多，分东西二寨居住，居东寨的改为巴雅喇氏，居西寨的改为蒙鄂罗氏。入主中原后，受汉族文化的影响，满族人开始冠汉姓。如辉和氏取汉姓何，完颜氏取汉姓王等。

目前，满族人数最多的有八大姓为佟佳氏（佟）、瓜尔佳氏（关）、马佳氏（马）、索绰罗氏（索）、齐佳氏（齐）、富察氏（富）、纳喇氏（那）、钮祜禄氏（郎）。

2. 命名习俗

满族人非常重视命名，一般是在婴儿满月后摆酒设宴，邀请宾朋而行。

满族人的传统取名原则有：①以出生顺序命名。如长子名阿吉或阿吉嘎，次子名扎琴或扎琴嘎，最末一个儿子名费扬古。②以出生时长辈年龄命名。如轻车都尉那丹珠（七十），即是其父硕岱七十岁时所生。③以希望、祝愿命名。如巴扬阿（富有）、哈丰阿（平安）、阿克敦（结实）、古尼音布（坚强）、莫尔根（神箭手）。④以动植物命名。男孩多采用勇猛的禽兽命名，如佳珲（鹰）、阿尔萨（狮子）、努尔哈赤（野猪皮）；女孩多采用美丽的花鸟命名，如噶卢岱（凤）、托津（孔雀）、丰克里宜尔哈（蕙兰花）。⑤以出生季节、时辰命名。如勇阿里（春季）、哈尔浑（夏季）、依汗（丑时）、梅赫（巳时）。

入关以后，随着汉族文化影响的加深，满族人逐渐使用汉语词汇取名，如永祥、富祥、代善、琦善、寿山、荣禄、裕禄等寓意吉祥的字眼成为人们的首选。

（二）蒙古族的姓名民俗

我国现有蒙古族人 598 万（2010 年），在少数民族人口中位列第九。蒙古族主要分布于内蒙古自治区、东北、新疆、青海等地，多数从事畜牧业，或兼营农业。

蒙古族人的姓名排列顺序类似汉族，也是姓在前，名在后。如成吉思汗的姓名是孛儿只斤·铁木真，其中孛儿只斤是姓，铁木真是名。

1. 姓氏概况

蒙古族人只有"族姓"，没有严格意义上的"家姓"。据宝玺所撰《蒙古姓氏》可知，蒙古族约有近 600 个古今姓氏。

蒙古姓氏的来源有以下几种：①源于部落名。如者勒蔑就是以所属部落兀良哈为姓，类似的有乞彦、鞑靼、乃曼等姓。②源于氏族名。如成吉思汗就是以所属氏族孛儿只斤（博尔济吉特）为姓，类似的有弘吉剌、泰赤乌、巴苏德等姓。③源于祖先名。如脱脱不花即是以其祖先蔑儿乞骀·脱脱的名字为姓，类似的有别勒古台、巴林、木华黎等姓。④源于山水名称。如乌珠穆沁源于其发源地阿尔泰山脉葡萄山，类似的有博通古德、爱日嘎德、温真等。⑤源于地名。如呼和那塔是指青海湖，类似额有海拉苏德、呼鲁苏太、夏日高勒等。⑥源于职业。如阿都沁（牧马人）、鄂尔多斯（守卫）等。⑦源于职位。如都达鲁花赤（镇守者）源于元代官职，类似的有台吉（爵位名）、答剌罕（武官职位）等。⑧源于历史上的特殊称呼。如奥鲁源于蒙古人出征时的留守部众的称呼，类似的有达尔扈特、豁尔臣（科尔沁）等。

清末民国以来，因汉族文化的影响，部分蒙古族人把姓氏改为单姓，并以汉字为载体。蒙姓汉译主要有两种方法：一是意译，即根据蒙姓的意思译成对应的汉字。如敏罕意为千，故以汉字谐音钱为姓；乌古纳意为羊，便以汉字谐音杨为姓；其他如查干译为白、哈塔靳译为石、吐木德译为万等。二是音译，即将蒙姓中的第一个音节音译成汉字。如兀良哈译为乌、吴、武等，孛儿只斤译为宝、包、鲍等，乞颜译为奇、齐、祁等，杜尔伯特译为杜、陶，伯颜译为白等等。

2. 命名习俗

蒙古族人一般在孩子出生后第七天，请受人尊敬的长者或藏传佛教僧侣来为其命名。

蒙古族男女所用命名词汇不尽相同。男子命名习惯于：①以古代公认的社会尊者命名。如巴特尔（英雄）、必勒格（智者）、莫日根（神箭手）、彻辰（贤者）。②以贵金属或坚硬金属命名。如阿勒坦（金）、孟恩（银）、特木尔（铁）、宝力道（钢）等。③以长辈的期望和祝愿命名。如巴图（结实）、那苏图（长寿）、白音（富足）、吉日嘎拉（幸福）等。④以出生时祖父的年龄命名。如塔宾（五十）、吉仁台（六十）、达楞（七十）、乃颜（八十）等。⑤以勇猛矫健的动物命名。如巴尔思（虎）、阿思兰（狮）、布日古德（鹰）、不花（牛）等。⑥以自然万物命名。如朝鲁（石头）、沐仁（河）、达赖（大海）、塔拉（原野）等。

女子命名则习惯于：①以日月星辰为名。如娜仁（太阳）、萨仁（月亮）、敖登（星星）等。②以花草树木为名。如萨日朗（山丹花）、琪琪格（花儿）、琪木格（花蕊）、娜布其（叶子）等。③以珠宝玉器为名，如：哈斯（玉石）、塔娜（珍珠）、阿拉坦高娃（金子般美丽）等。④以聪慧美丽为名。如斯琴（聪颖）、乌云（智慧）、高娃（美丽）等。

由于受藏传佛教的影响，蒙古族人的名字还有一些藏名或梵文名。如敖其尔（法器）、巴德玛（莲花）、尼玛（太阳）、道尔吉（月亮）、卓玛（仙女）等。

（三）维吾尔族的姓名民俗

维吾尔族是我国第五大少数民族，现有人口 987 万（2009 年），主要分布在新疆维吾尔族自治区。

维吾尔族人的祖先曾有过传统的姓名：其姓一般源于部落名、前辈名或居住地；其名或是源于月亮、星星等自然物名称，或是以菩萨、法渊、宝藏、小乘都、法轮等与佛教有关的称谓。伊斯兰教传入后，维吾尔族的命名习俗发生了变化。

现今维吾尔族人一般只有名而无姓，实行父子连名。其格式是本名在前，父名在后。如司马义·艾买提，司马义是本名，艾买提是父名。也有人在父亲去世后，改用母亲的父名。

维吾尔族人一般是在婴儿出生后的第七天，请阿訇到家里来为其命名。

维吾尔族人命名内容十分丰富，范围广泛而多样，具体方式和内容主要有：①以族名、部落名命名。如乌依古尔等。②以父祖名命名。如谢尔婉汗给其孙女起名为谢尔婉克孜。③以居住地命名。如古力热古丽（伊犁的花）等。④以美好愿望命名。如男名阿曼（平安）、沙拉买提（健康）、地里达尔（如意）；女名奴日汗（光芒）、古再丽（美丽）、帕里黛（仙女）、地里拜尔（如意）等。⑤以出生时间、季节或节日命名。如男名热介甫（七月），女名巴哈尔古丽（春天的花）；古尔邦节出生的男孩叫库尔班江，女孩叫库婉汗。⑥以自然界事物命名。以日月星辰命名的女名阿依汗（月亮）、尤里吐孜汗（星星）；以山川命名的男名博格达（博格达山），女名帕米尔克孜（帕米尔姑娘）；以动物命名的男名西日阿洪（狮子），女名托依汗（孔雀）；以植物命名的男名沙木沙克（大蒜）、帕沙阿訇（玉米叶子），女名阿娜尔汗（石榴）、塔吉古丽（鸡冠花）；以金属命名的男名铁木尔（铁），女名阿勒同汗（黄金）；以珠宝命名的女名买尔瓦依提汗（珍珠）、祖木来提汗（绿宝石）等；以器物命名的男名帕勒塔洪（斧子）、谢木谢尔（宝刀）。⑦与宗教文化相关的命名。如毛拉（知识分子）、艾沙（耶稣）、斯拉木（伊斯兰教）、胡达拜尔地（真主给的）。男名中最常见的买买提、买提、买木买提、买合买提都是穆罕默德的音译或变体。⑧以"王"或官职命名。如男名苏里唐（王）、阿克木（县长），女名帕夏汗（王）、汗克孜（皇姑）等。

维吾尔族人还喜欢在名字后面加注表明其社会地位、职业、威望的尊称，或是体现生理特征、人品评价的尾缀。如在男名后面加上"牙日"（幸福伴随你或安拉和你在一起）、"卡日"（能背诵《古兰经》的人）、"阿訇"（先生）、"江"（生命）等后缀都是表示尊重。同样是表示尊重或赞美，南疆地区喜欢在女名后面加上"汗"（国王），而北疆地区则喜欢在女名字后面加上"克孜"（姑娘）、"古丽"（花儿）。

（四）藏族的姓名民俗

藏族现有人口541万人（2000），是我国第十大少数民族。藏族主要分布在青藏高原上，以从事畜牧业为主，兼营农业。

藏族人的姓名排列顺序是姓在前，名在后。如阿沛·阿旺晋美，阿沛是姓，阿旺晋美是名。

1. 姓氏概况

并不是所有的藏族人都有姓氏。一般平民只有名，没有姓。只有少数祖先是贵族的人才有姓氏。公元7世纪，吐蕃赞普松赞干布分封有功之臣以领地。受封之人把领地名冠于名前以显示地位和官位，久而久之演化成姓氏，如涅、吞弥等。后来，贵族、土司、头人、巨商、大户及活佛的职务、封号、尊号等也逐渐演化成姓氏，如阿沛、班禅额尔德尼等。

2. 命名习俗

藏族人名以四个字居多，如多吉次旦、索朗旺堆等；也有一些人名只用两个字，如尼玛、次仁、达娃等。

藏族人一般是在婴儿快满月之时，由活佛、藏传佛教僧侣或本家族中德高望重的老人及父母来为其命名，也有在孕期就请活佛提前取名的。

藏族人命名范围甚广，除了"你"、"我"等代词外，皆可作为藏族人的名字。就命名时借用的事物而言，主要有以下类型：①以佛、菩萨、保护神的名号命名。如南色（天子）、先巴（弥勒）、卓玛（度母）等。②以佛教术语命名。如宗哲（精进）、散木旦（禅定）等。③以佛教法器等命名。如多杰（金刚）、坚参（法幢）等。④以吉祥语命名。如扎西（吉祥）、才让（长寿）、达杰（昌盛）等。⑤日月星辰命名。如南卡（天空）、达哇（月亮）、尼玛（太阳）等。⑥以动植物命名。如梅朵（鲜花）、白玛（莲花）等。⑦以出生日期命名。如朗嘎（三十日）、次松（初三）等，或米玛（星期二）、巴桑（星期五）等。

藏族男女名字区别较为明显。如果名字最后一字为"登"（如更登、扎登）、"让"（如泽让、路让），一般为男名；名字最后一字为"措"（如泽让措、尼么措、仁青措)、"姆"(如娜姆、让姆、泽让哈姆),则一般为女名。

由于同名现象较为普遍,人们常用被称呼者的籍贯、处所、年龄、外貌、生理特征、性别及职业来区分。如亚东旺堆、仁布旺堆中的"亚东"、"仁布"都是地名;尕让泽旦(铁匠泽旦)、拉若泽旦(画师泽旦)则是以职业区别人名。

出家为僧的藏族人不再使用俗名,而是在剃度后取个法名。上层僧人会将自己名字的一部分赐给小僧,如果堪布的名字是江白赤烈,则他给小僧起的名字便可能是江白多吉、江白平措或是江白格烈等。如果能晋升到上层僧职,其名字便要加上僧职或封号,如堪布·伦珠涛凯。而在活佛的名字前面,一般应加上寺院或家族名字,如东嘎寺的活佛洛桑赤烈,全称叫做"东嘎·洛桑赤烈"。

三、港澳台的姓名民俗

(一)香港、澳门的姓名民俗

1. 香港的姓名民俗

香港特别行政区位于珠江口东侧,与广东省深圳市为邻。香港现有人口712万(2012年),大部分原籍广东,也有部分外籍人口。

香港是个华洋相处百年的地方,有自己独特的姓名文化。

(1)姓氏概况

香港居民多来自中国内陆,且以广东人居多,故其姓氏情况与广东近似。在香港姓氏中,陈、黄、李、梁、张、林六大姓占香港总人口的36.75%。其中,陈姓人口占总人口的10.11%,是香港第一大姓。而在香港原住居民中,邓、文、廖、侯、彭五姓则以望族著称。

受英国人影响,香港女子婚后一般随夫姓。一些政府官员或名门望族女子会在本姓之前冠以夫姓,如世界卫生组织总干事陈冯富珍,特区立法会主席范徐丽泰等。时下也有女子婚后仍用原姓,以示独立。

(2)命名习俗

香港人取名称"改名"。"改名"一般会考虑家族里面排下来的名号,即同辈分的小孩要范字。除所范之字外,用字通常从儒家经典中选取,如男名多用"文、家、强、康、华"等;女名多用"颖、慧、紫、英、美、芝"等。香港人比较相信风水命理,"改名"还注重顺不顺口、吉不吉利,很多与平时俗语相像的字都会忌讳,故有"不怕生错命,最怕改错名"之说。而演艺界人士往往使用艺名而非本名,如刘德华的本名是刘福荣,张国荣的本名是张发宗,梅艳芳的本名为何加男。由于粤语发音短且快,香港人多用二字名,很少用单字名。

由于历史的原因,香港人会为自己取一个英文名字以便于社交。目前流行的英文名取法有两种:一种是按自己的喜好来取名,如谢霆锋额儿子叫 lucas;一种是用中文姓名的音译来取名。香港人讲粤语，所以其姓名的英文读音贴近粤语语音而与普通话语音相差较大，如刘德华的英文名字即是 Lau Tak Wah。

2. 澳门的姓名民俗

澳门特别行政区位于珠江三角洲，与广东省珠海市接壤。澳门现有人口55.8万（2011年），汉族居民占全区总人口的94.3%，葡萄牙裔即菲律宾裔居民占5.9%。澳门华人、葡萄牙后裔和土生葡人的姓名习俗各有特点。

澳门华人姓名习俗与香港人类似，且多复名而少单名。不同的是：女子婚后将夫姓冠于本姓之前，不改随夫姓；一般不使用英文名。陈姓依然为第一大姓。

葡萄牙裔澳门人采用葡萄牙式姓名，其即由三或四部分组成，前一、二部分为本人名，第三部分是母姓，最后部分是父姓。男名多以"o"结尾，女名多以"a"结尾。随着澳门回归，这一群体的比例在减少。

土生葡人是指在澳门出生、具有葡萄牙血统的澳门居民，包括葡萄牙人与华人或其他民族人士结合所生的混血儿，以及长期或数代居澳的葡人及其后代。土生葡人在取名方面，或采用中国传统方式，如澳门小姐冠军毕嘉宝、演员李嘉欣、大律师欧安利；或采用葡萄牙方式，如政界名人 Francisco H. Fernandes（连斯科·飞南第）；或两种姓名兼用，如前立法会主席林绮涛，其葡文名字为 Anabela Xu1es Richie。

（二）台湾的姓名民俗

台湾省位于我国东南海域，现有人口2300余万（2010年）。绝大多数居民都是闽粤及各地移民的后代，占总人口的98%；少数民族高山族是台湾的土著居民，分为阿美、泰雅、排湾、布农、卑南、鲁凯、曹、雅美和赛夏等9个族群，约有人口38万，分居全省各地。

1. 移民的姓名民俗

（1）姓氏概况

台湾移民的姓氏与中国东南地区基本相同，但也有自己的特点。

第一，姓氏虽然很多，但人口却集中于前100个姓氏（约占总人口的96%）。陈（11.13%）、林（8.30%）、黄（6.03%）、张（5.28%）、李（5.14%）、王（4.12%）、吴（4.04%）、刘（3.17%）、蔡（2.91%）、杨（2.66%）十大姓占总人口一半以上。其中，陈林两姓达总人口的1/5，故有"陈林半天下"的哩谚。

第二，稀姓虽然人口很少，但却有600多个。包括方向的东、南、西、北，四季的春、夏、秋、冬，天干的甲、乙、丙、丁，以及年、月、日、大、中、小、多、少、真、假、是、非、酸、苦、公、母等均有人姓。而工、化、礼等姓氏，更是"仅此一家，别无分号"。

第三，盛行异姓联宗。台湾先民多来自闽粤两地，故有家族沿用两地异姓联宗的习俗。即因入赘成亲或继承财产，将父母两姓合而为一作为子孙之姓。例如：若张、简两姓联宗，新生儿即以张简为姓。而台湾的复姓也多为联宗婚姻行为所造就，台湾两大复姓——张简姓与范姜姓，即是因此而成。

第四，有日本殖民统治的痕迹。日治时期，在台湾推行"皇民化运动"，其中就包括强制台湾居民改称日本姓名，例如：云林廖姓就被强制改姓为"松山"，李登辉也改名为岩里政男。但由于台湾人民的抵制，这种情况所占比例极小。

（2）命名习俗

台湾移民的命名习俗有：

第一，按家族辈分取名。许多家族都有规定宗族辈分排序的家谱，取名时同一辈分要使用家谱所指定的字来别堂号，即范字。一般范名中首字，也有范第二字的。

第二，请德高望重之人取名。也有些人家不按家族辈分取名，而是找一些德高望重的人来给小孩取名。而取名之人便成为这个小孩的"亲爷"，其威望福分的一部分要来照顾这个小孩以后的人生。

第三，取名时候要配合命相，也搭配吉凶笔画。台湾人取名还会求教于算命先生，有时还会按照五行补缺来进行。如缺少木格的，名字要用"木"字或带偏旁"木"的字来弥补。

台湾移民多祖籍福建、广东，所以在取名方面受闽南语或粤语影响较深，少有单名，多用复名，且重名现象十分严重。台湾十大常见男名是志明、家豪、俊杰、建宏、俊宏、志伟、志豪、文雄、金龙、正雄；十大常见女名是淑芬、淑惠、美玲、雅婷、美惠、丽华、淑娟、淑贞、怡君、淑华。

2. 高山族的姓名民俗

由于政治原因和民族融合，高山族姓名与汉族已无甚差别。但当今，也有些高山族人以传统方式命名。

（1）姓氏概况

高山族人本无姓氏。后来受汉族文化影响，产生了一些汉字姓。其来源有两种情况：一是乾隆年间清政府所赐，计有卫、金、钱、廖、王、潘、黎等7姓；二是抗战胜利后所改，计有安、武、岳、郑、洋、田、杜、汤、白、江、米、月、力等79姓。

（2）命名习俗

高山族命名习俗有三大特色：第一，流行以祖先制定的名谱上的吉祥之名来为婴儿命名；第二，习惯于采用祖先或长辈名为婴儿命名；第三，命名时要举行原始宗教色彩浓厚的特定仪式。

高山族各部传统的命名习俗不尽相同：①泰雅、萨斯特、太鲁阁、赛夏、赛德克等族流行父子连名，即本名后连父名。如瓦绍·达依莫的子女名为白赫·瓦绍、卡摩·瓦绍。②阿美族流行母子连名，即本名后连母名。如古琉·莎乌玛（女）的子女名为纳莫·古琉、莎乌玛·古琉。③布农、邹族、邵族等流行氏族连名，即在本名之后（或之前）连氏族名。如卡翁达罗·玛朵莱扬这个名字中的"玛朵莱扬"即氏族名。④卑南、排湾、鲁凯等族流行家屋连名，即在本名之后（或之前）连其居住房屋的名字。如拉阿茨·洛瓦尼奥这个名字中的"洛瓦尼奥"即家屋名。⑤达悟族流行从子名亲，即人的名字要随家庭新生命的诞生多次更改。无子女时叫"希"+本名；做父母后，男子叫"夏曼"+长子（女）名，女子叫"希南"+长子（女）名；做（外）祖父母后，叫"夏本"+长（外）孙名或长（外）孙女名。

第三节 亚洲其他各国的姓名民俗

一、日本的姓名民俗

日本全称日本国，是位于亚欧大陆东部、太平洋西北部的岛国。国土面积约为 37.78 万平方公里。首都为东京。现有人口近 1.27 亿（2012 年），居世界第十位。大和民族占总人口的 99%以上，少数民族为阿伊努族。

日本人的姓名格式是姓在前，名在后。大多数日本人的姓名由四个汉字组成（往往前两字是姓，后两字是名），如福田康夫（ふくだ やすお）、野田佳彦（のだ よしひこ）。然而，日本人姓和名的字数并不固定，常常难以区分，所以在正式场合，姓与名常分开写，如池田 大作（いけだ だいさく）、森 欧外（もり おうがい）。

（一）姓氏概况

日本是世界上姓氏最多的国家，约有 13 万个姓氏。日本人姓氏一般由 1~5 个汉字组成，如森（もり）、田中（たなか）、宇都宫（うつのみや）等，其中以两字姓最多。除天皇、皇族直系男子及未婚女子没有姓外，全民皆有姓。

明治维新之前，只有贵族和武士才有资格称姓，普通百姓则不允许有姓。明治维新时，政府严令所有国民必须使用姓氏。于是，地名、田名、住所、身世、家系、职业、屋号、工具、天象、时令、方位、寺院名、神佛名、动植物名及思想意识都成了选择姓氏的依据。其中以取自地名、住所和田名的姓氏最多，如门前有松树的人取姓松下（まつした），住在田间的人取姓田中（たなか），住在河边的人取姓渡边（わたなべ）。

日本女子婚后多随夫姓，如演员山口百惠（やまぐち ももえ）在与三浦友和（みうら ともかず）结婚后便改姓三浦（みうら）。

现今，日本十大姓依次为佐藤（さとう）、铃木（すずき）、高桥（たかはし）、田中（たなか）、渡边（わたなべ）、伊藤（いとう）、山本（やまもと）、中村（なかむら）、小林（こばやし）、斋藤（さいとう），其人数占总人口的10%。

（二）命名习俗

日本人的名字也由一个或数个汉字组成。男名多用表现威武、英俊、忠信、智慧的字词，一般以郎、夫、男、（之）介、（之）助、之、哉等字结尾，如丰田喜一郎（とよだ きいちろう）、鸠山由纪夫（はとやま ゆきお）、枝野幸男（えだの ゆきお）、芥川龙之介（あくたがわ りゅうのすけ）、松下幸之助（まつした こうのすけ）、真田广之（さなだ ひろゆき）、木村拓哉（きむら たくや）；女名则多用秀丽优雅、语音柔和的字词，通常会以子、美、华、雪、江、代、惠、香等作结尾，如雅子（まさこ）、真由美（まゆみ）、泽尻龙英华（さわじり えりか）、加藤小雪（かとう こゆき）、大岛敏江（おおしま としえ）、宇野千代（うの ちよ）、山口百惠（やまぐち ももえ）、藤原纪香（ふじわらの りか），其中以"子"结尾的女名最多。

此外，以排行为名是日本男名的一个特征，如田中一郎（たなか いちろう）、菊次郎（きくじろう）、大江健三郎（おおえ けんざぶろう）、佐藤四郎（さとう しろう）等。

某些特殊行业或技艺者的姓名可以世代袭用，如歌舞伎的市川团十郎（いちかわ だんじゅうろう）、尾上菊五郎（おのえ きくごろう）。用法是在其前加第几代，如十一代目市川团十郎（じゅういちだいめ いちかわ だんじゅうろう）、五代目尾上菊五郎（ごだいめ おのえ きくごろう）。

二、韩国的姓名民俗

韩国的全称是大韩民国，位于东北亚朝鲜半岛南部。国土面积9.9万平方公里。首都为首尔。现有人口约5000万（2012年）。主体民族为朝鲜族占总人口的99%以上。

韩国人的姓名一般由三个字组成，其排列顺序是姓在前，名在后。以演员배용준裴勇俊的名字为例，배裴为姓，용준勇俊为名。

（一）姓氏概况

韩国人的姓氏一般为一个字，虽然也有남궁南宫、현우鲜于、동방东方、세공司空等复姓，但非常罕见。

韩国人姓氏主要有以下集中来源：①来自神话传说。如김金、박朴、고高、부夫、량梁等姓。②中国皇帝或朝鲜三国时期国王所赐。如中国皇帝所赐的甘泉文文姓，新罗国王所赐的金海허许姓。③自己创氏改姓。如高丽灭亡后，王王姓王族纷纷改姓옥玉、권全、전田。④国王给"乱民"起的侮辱性的姓。如高丽太祖给百济遗民起的소牛、말马、象（后改为상尚）、獐（后改为장张）、豚（后改为둔顿）等姓。⑤来源不详的古代姓氏。如箕子朝鲜传下来的현우鲜于、서徐等姓，辰韩传下来的소苏姓，百济时的사沙、연燕、국国、진真、묘苗等姓。

韩国依然流行同姓不婚的习俗，女子婚后不改姓，子女一般随父姓。

韩国朝鲜族人现有286个姓。김金、리李、박朴、최崔、정郑、강姜、조赵、윤尹、장张和림林为韩国十大姓，分别占韩国总人口的21.6%、14.8%、8.5%、4.7%、4.4%、2.1%、2.1%、2.1%、2.0%、1.7%；而경京、병冰、빈杉、예叶、유乂、우宇、범苑、지汁、증增等9种小姓，每姓不到100人。

（二）命名习俗

韩国人的名字通常由两个字组成，单名或三字以上的名字并不常见。名字往往由父亲、家族长辈或其他有学识之人来取，现今也有很多父母去作名所请专业人士为子女命名。名字中间通常有一个字是代表辈分的，一般源于族谱中的固有词，如影星장나라张娜拉的名字就是固有词。与汉族不同，在韩国，如果这一代人名字的第一个字是固有词，那么下一代的固有词就要放在第二字上。

韩国人在给子女命名的时候，依然讲究吉利响亮。男名常用걸杰、창昌、길吉等表示幸福吉祥，用호浩、철哲、권权等表示威猛；女名则多用숙淑、혜惠、순顺、영英等字词。年轻人还越来越多地使用"洋名"，如时装设计师앙드레 김 安德烈·金。

现今韩国，最受欢迎的男名依次为민준民俊、지훈志勋、현우贤宇、준수俊书、우진宇镇、건우建宇、예준艺俊、현준贤俊；最受欢迎的女名依次为예연瑞妍、민수敏书、지민智敏、래현瑞贤、수윤书润、예은艺恩、하은河恩、지은智恩。

三、泰国的姓名民俗

泰国的全称为泰王国，位于东南亚。国土面积约51.3万平方公里。首都为曼谷。现有人口6387万（2010年）。民族主要有泰族、老挝族、马来族、高棉族、华族等。

泰国人的姓名格式是名在前，姓在后。例如 **ทักษิณ ชินวัตร** 他信·西那瓦，他信是名，西那瓦是姓。

（一）姓氏概况

泰国人原来有名无姓，直到1912年，国王拉玛六世颁布《用姓条例》才开始取姓。

除了由国王所赐姓氏外，大体上有下列几种来源：①表明血缘关系。如 **ประเสริฐ สงข์พันธ์** 巴色·讪攀中的"攀"是血统的意思，"讪攀"表明此人是"讪"的后裔。②源于出生或居住地。如 **แก้ว บางกอก** 盖·曼谷中的"曼谷"表明此人父亲原居曼谷。③源于祖先职业。如 **ชัญชณา เกษตรศิริ** 仓差哪·嘎色西里中的"嘎色"意为农业，说明其祖先是从事农业的。④源于思想意识。如 **สมบูรณ์ฐานะ** 颂汶他纳是富裕之意、**วรดิลก** 瓦拉里洛是超群之意。

泰国人在习惯上是子承父姓，妻从夫姓。

（二）命名习俗

泰国人出生后，往往由父母为其取一个乳名。乳名常是一个泰文字母拼成的单音节词，如以 ด 多的字母拼音，就叫 **ดุย** 堆、**แต๋ว** 凋；以 จ 作的字母拼音，就叫 **จิ๋ว** 纠、**แจ๋ว** 皎，叫起来简单上口且亲切可爱。等孩子长大以后，才起一个正式的名字。或是按照生日所属的字母命名，或是按照父母的爱好命名，或是请德高望重的僧侣命名。但在农村，人们常常以乳名为正式名，而不再另起他名。

泰国人的男名与女名多能识别，男名多选择英武、高贵、美好的字词，而女名则以秀丽、文雅、柔和动听为其特点。其命名方法概括起来大概可以分为以下几类：①表明外貌、性格、气质。如：**งราม** 侬蓝是美人的意思，**บรรจง** 班钟是精细的意思，**รุ่งวิทย์** 伦威是博学的意思。②表示英武、高贵。如：**ประยุทธ** 巴裕是战斗的意思，**ประเสริฐ** 巴色是卓越的意思，**สุชาติ** 素察是出身望族的意思。③表示冀求美好。如：**จำรัส** 占是光明的意思，**บุณยิน** 汶仁是幸福的意思。④与动植物、矿物有关。如：**สิงห์** 信是狮子的意思，**ลำไย** 蓝雅是桂丸的意思，**ไพฑูรย์** 派吞是猫眼石的意思。⑤与宗教有关。如：**แท่น** 挺是神坛的意思，**สังข์** 讪是法螺的意思。

四、印尼的姓名民俗

印尼的全称为印度尼西亚共和国，位于东南亚。国土面积约 190.4 万平方公里。首都为雅加达。现有人口 2.38 亿（2011 年），居世界第四位。有爪哇族（47%）、巽他族（14%）、马都拉族（7%）、华人（5%）等 100 余个民族。

印尼人一般只有名字而无姓氏。以历任总统为例，有的是单名，如 Soekarno 苏加诺；有的是复名，如 Susilo Bambang Yudhoyono 苏西洛·班邦·尤多约诺；有的是父子连名，如 Megawati Soekarnoputri 梅加瓦蒂·苏加诺普翠（其父是 Soekarno 苏加诺）。只有巴达族、华人和部分基督徒及穆斯林有姓，如 Baharuddin Jusuf Habibie 巴哈鲁丁·优素福·哈比比的姓就是 Habibie。

印尼人通常在婴儿出生后 7～40 天内举行为其命名仪式，仪式上由其父母或祖父母为其命名。所命之名有的是为了纪念祖先或民族英雄；有的是为了纪念出生地，如 Batakaria 取自雅加达旧名 Batavia；有的是为了纪念某个历史事件，如 Irianto 是纪念收复西伊里安。而更多的名字则寄托着父母的期望和祝福，如：希望子女出类拔萃，就取名为 Sura（勇士、豪杰）；希望子女忠诚，就取名 Seriawan（忠心、忠诚）；希望儿子日后兴旺发达，就取名 Suharto（财富）。不过，普通百姓取名一般比较简单，有的是以孩子出生的时辰或天气命名，有的是以母亲分娩时第一眼见到或想到的事物命名，有的则是取自然事物、家中器物甚至蔬菜瓜果的名称。

印尼各民族取名各有特点，如：爪哇人男名多以 su 苏（好、佳）开头，尾音用 o 组成 no 诺、to 托、yo 约等，女名尾音则用 i 组成 ni 妮、ti 蒂等；巴厘人取小名按出生顺序，前四个分别叫 Wayan 哇彦、Made 玛德、Nyoman 约曼、Ketut 格都特，之后再依次循环使用；马来人的全名通常是由本名加 bin（代表男性）或 binti（代表女性）再加父名组成，如 Yusuf bin Ali 尤素福·阿里，Aisyah binti Aziz 阿西亚·阿齐兹；华人则在名中保有原姓的音节，如陈姓人名中含 tan 音节，林姓人名中含 lim 或 lin 音节，李姓人名中含 li、ly 或 lie 音节。

印尼人名字还往往带有宗教色彩。如：受印度教文化影响的人往往从梵文中选用名，如 Sukarno 苏加诺就是印度教神话中的英雄人物；穆斯林常使用《古兰经》中的人名，如 Muhammad 穆罕默德、Ahamad 阿哈默德、Ali 阿里、Ibrahim 易卜拉欣等；基督教徒则常选用《圣经》中的人名，如 Henry 亨利、John 约翰、Paul 保罗、Maria 玛丽娅等。

许多印尼男子婚后会在原名基础上加上名号。如名为 Usman 乌斯曼的男子在婚后加名号为 Setyowibowo 塞帝约维博沃，其全名便成为 Usman Setyowibowo。印尼女子出嫁后，则一般在己名后加上夫名。如名为 Siti 西蒂的女子嫁给 Sujono 苏佐诺子后，她的名字便改为 Siti Sujono。

五、印度的姓名民俗

印度的全称为印度共和国，位于南亚次大陆。国土面积约 298 万平方公里。首都为新德里。现有人口 12.1 亿（2011 年），据世界第二位。有印度斯坦族、泰卢固族、孟加拉族等 300 余个民族。

印度人的姓名比较复杂，常因民族、地区、种姓、宗教而不同。一般来说，北印度、中印度一般奉行本名+姓氏传统。如诗人 Keshav Malik 克塞弗·马力克的名字中的，Keshav 是本名，Malik 是姓氏；东印度和西印度人的姓名基本由名字+父名+姓氏构成。如前国会主席 Dev Kant Baruah 德夫·康特·巴鲁的名字中，Dev 是本名，Kant 是其父名，Baruah 是姓氏；南印度人的姓名一般由村名+名字+姓氏构成。如纳提克音乐歌手 Madurai Mani Iyer 马杜赖·马尼·艾耶名字中的

Madurai 是地名，Mani 是名字，Iyer 是姓氏。

（一）姓氏概况

印度人的姓氏一般源于种姓部族名、居住地名、祖先名等。其中，种姓制度的影响最大：婆罗门的姓一般同吠陀、神或表示尊贵的词有关；刹帝利的姓一般同武器或表示权威、英勇的词有关；吠舍的姓往往同市场、财富有关；首陀罗从来没有姓，只能用诸如木匠、鞋匠、皮匠、养猪的、清洁夫等词来表示自己的身份地位。

印度女子婚后随夫姓，如已故印度总理尼赫鲁的女儿 Indira Nehru 英迪拉·尼赫鲁与 Feroze Gandhi 费罗兹·甘地结婚后，随 Gandhi 改名为 Indira Gandhi 英迪拉·甘地。再如世界小姐 Ashwarya Rai 艾西瓦娅·雷在嫁给 Abhishek Bachchan 阿布舍克·巴强之后就改名为 Ashwarya Rai Bachchan。

现今，印度的主要姓氏有 Kumar 库玛尔、Khan 汗、Patel 帕特尔、Kapoor 卡普尔、Gandhi 甘地、Gupta 古普塔等，但各地区又不尽相同。如北印度三大姓为 Sharma 夏尔马、Verma 维尔马、Gupta，东印度三大姓为 Chatterjee 查特吉、Sen 森、Bose 波色，南印度三大姓为 Nayar 纳亚、Pillai 皮莱、Rao 饶，中印度三大姓为 Singh 辛格、Yadav 亚达夫、Jhadav 贾达夫，西印度三大姓为 Shah 阿、Mehta 梅塔、Patel 帕特尔。

（二）命名习俗

印度人命名大体上来自于神名、古代人名、天体和自然界某些事物的名等。其中，穆斯林多用先知名字，如新闻记者 Abul Kalam Muhiyuddin Ahmed 阿布·卡拉姆·阿哈迈德，而锡克教徒男名多用 Singh 辛格（狮子），女名多有 Kaur 考尔（公主）。

印度人常用的男名有 Anil 阿尼尔、Ashish 阿诗士、Ali 阿里、Bharat 巴拉特、Deep 迪普、Jagdish 贾格迪什等；女名有 Kamini 卡米尼、Radha 拉达、Sita 希达、Lakshmi 拉克希米、Manasa 摩纳娑、Meera 米拉等。

第四节　欧洲各国的姓名民俗

一、俄罗斯的姓名

俄罗斯的全称为俄罗斯联邦，位于欧亚大陆北部。国土面积 1707 万平方公里，是世界上幅员最辽阔的国家。首都为莫斯科。现有人口 1.43 亿（2012），居世界第九位。有俄罗斯（79%）、鞑靼、乌克兰、楚瓦什、巴什基尔、白俄罗斯等150多个民族。

俄罗斯人的姓名一般是由名字、父称和姓氏三部分构成，排列顺序通常是个人名在前，父称居中，姓居最后。如列宁本名为 Владимир Ильич Ульянов 弗拉基米尔·伊里奇·乌里扬诺夫，其中 Владимир 是个人名，Ильич 是父称，Ульянов 是姓氏。但在正式文件中，也可将姓放在前面，而将个人名与父称依次排列其后。

（一）姓氏概况

俄罗斯人最初只有名，没有姓。直至14世纪始，社会各阶层才自上而下逐渐称"姓"。

俄罗斯人的姓氏大多是单姓，也有少数复姓（在父姓与夫姓或父姓与母姓之间加连字符"-"或字母"y"构成）。姓氏来源很多：有的源自《圣经》、神话人名及父祖名，如 Иванов 伊万诺夫；有的源自住地封地，如 Рязанов 梁赞诺夫；有的源于性格体貌（包括绰号），如 Толстой 托尔斯泰（矮胖子）；有的源于职业职位，如 Портнов 巴尔特诺夫（裁缝）；有的源于动植物，如 Котов 科托夫（猫）；有的源于神职人员或宗教事务（多以 ский 斯基结尾），如 Троцкий 托洛茨基（三圣教堂）；等等。男姓多以"в 夫"、"ский 斯基"等结尾；女姓多以"а 娃"、"я 娅"等结尾。

俄罗斯女子婚后一般改用夫姓，但需要变为女性词。如 Со́фья Андре́евна 索非娅·安德烈耶夫娜嫁给列夫·托尔斯泰后，其姓就变为 Толста́я 托尔斯塔娅。

现今，俄罗斯的十大姓氏为 Иванов 伊万诺夫、Кузнецов 库兹涅佐夫、Смирнов 斯米尔诺夫、Попов 波波夫、Васильев 瓦希里耶夫、Петров 彼得罗夫、Фёдров 费奥德罗夫、Соколов 索科洛夫、Михайлов 米哈伊洛夫、Шестаков 舍斯塔科夫。

（二）命名习俗

俄罗斯人的名字主要取自东正教圣徒的名字，即以孩子出生日或受洗日所纪念的圣徒名字命名，也有人以性格外貌、动植物名、时髦词汇等命名。

俄罗斯人常用的名字不多，只有几十个，但有男名和女名之分。常见的男名有 Александр 亚历山大、Алексей 阿里克谢、Николай 尼古拉、Иван 伊万、Василий 瓦西里、Лев 列夫、Владимир 弗拉基米尔、Пётр 彼得、Андрей 安德烈、Яковь 雅可夫；常见的女名有 Анна 安娜、Мария 玛丽娅、Лина 莉娜、Валерия 瓦列里娅、Катерина 卡捷琳娜、Елена 叶列娜、Надежда 娜杰日达、Татьяна 塔季雅娜、Тамара 塔玛拉、Дарья 达里娅等。正式名字还有对应的小名，如 Владимир 弗拉基米尔对应小名为 Вова 沃瓦。

、俄罗斯人的父称一般是由父名加后缀构成，表示是某人的子（女）。男性父称是在父名后加"ич 依奇"、"ович 奥维奇"、"евич 耶维奇"等后缀；女性父称则是在父名后加"овна 奥夫娜"、"евна 耶夫娜"、"нична 妮契娜"等后缀。如 Андрей 安德烈的子女的父称分别为 Андрейич 安德烈维奇和 Андрейевна 安德烈耶夫娜。

二、英国的姓名民俗

英国的全称为大不列颠及北爱尔兰联合王国，是位于欧洲西部的群岛国家。国土面积 24.4 万平方公里。现有人口 6235 万（2012 年）。主要有英格兰人（占人口 80%以上）、威尔士人、苏格兰人和爱尔兰人等四个民族。

英国人的姓名一般由三部分组成，排列顺序为：最前面为本名（教名），之后是中间名，最后面是姓（即 Family name）。如作家 Joanne Kathleen Rowling 乔安妮·凯瑟林·罗琳的名字中，Joanne 是本名，Kathleen 是中间名，Rowling 是姓。英国人习惯于将教名和中间名缩写，如 Joanne Kathleen Rowling 一般写作 J.K.Rowling。

（一）姓氏概况

英国人最初有名无姓，11 世纪贵族开始称姓并逐渐扩散开来，16 世纪以后普遍使用姓氏。

英国人的姓氏有以下来源：有的取自职业或职位。如：Smith 史密斯（铁匠）、Marshal 马歇尔（司令官）；有的取自地名或建筑。如：Kent 肯特（肯特郡）、Hall 霍尔（礼堂）；有的取自地理或环境。如：Brook 布鲁克（小溪）、Hill 希尔（山）；有的取自性格或体貌。如：Sharp 夏普（精明的）、Short 肖特（矮个子）；有的取自动植物名。如：Fox 福克斯（狐狸）、Bush 布什（灌木丛）。

英国人还习惯于将父名加前缀或后缀构成姓，意为某人的子女。通常英格兰人名加"-son"，如：Johnson 约翰逊、Jackson 杰克逊；威尔士人名加"-es"或"-s"，如：Thomes 托马斯、Robbs 罗伯斯；苏格兰人名加"Mac-（Mc-）"，如 MacArthur 麦克阿瑟；爱尔兰人名加"O'"或"Mac-"，如 O'Neal 奥尼尔；诺曼人名加"Fitz-"，如 Fitzgerald 菲兹杰拉德。

英国女子婚后一般从夫姓。如 Mary Whyte 玛丽·怀特与 John Davis 约翰·戴维斯结婚后，其姓名便改为 Mary Davis。也有的女子婚后保留原姓。

目前，英国的十大姓氏依次为 Smith 史密斯、Jones 琼斯、Williams 威廉、Brown 布朗、Davis 大卫、Johnson 约翰逊、Anderson 安德森、Taylor 泰勒、Thomes 托马斯、Evans 埃文斯。

（二）命名习俗

英国人的名字由教名和中间名组成。教名一般是在孩子举行洗礼时由父母、教父母或牧师所起，多取自《圣经》人物名或基督教圣徒名，如 John 约翰、Ellis

爱丽丝、Martin 马丁、Lawrence 劳伦斯。此外，还有取自外貌、性格、品质的。如：Alan 艾伦（英俊）、Annie 安妮（高雅）、Kathleen 凯瑟琳（纯洁）等；有取自居住环境的，如：Wallace 华莱士（威尔士人）、Shirley 雪莉（英格兰中部人）；有取自职业的，如：George 乔治（耕作者）、Franklin 富兰克林（地主）；有取自自然事物的，如：Margret 玛格丽特（珍珠）、Susan 苏珊（百合花）、Winston 温斯顿（石头）；有取自宗教的，如：James 詹姆斯（愿神保佑）、Elizabeth 伊丽莎白（献身上帝的人）。英国人还习惯承袭祖父母或父母的名字，但需在姓名之后加 Junior（Jr.，译为小），如 James Carter Jr. 小吉米·卡特。中间名则一般取自父母、教父母、祖父母的名字。

英国最常见的男名有 William 威廉、John 约翰、David 戴维、Michael 迈克尔、James 詹姆斯、Robert 罗伯特、Paul 保罗、Peter 彼得、Andrew 安德鲁和 Christopher 克里斯托弗等；最常见的女名有 Margret 玛格丽特、Mary 玛丽、Susan 苏珊、Elizabeth 伊丽莎白、Sarah 萨拉、Patricia 帕特里夏、Joan 琼、Cristina 克里斯蒂娜及 Kathleen 凯萨琳等。

三、法国的姓名民俗

法国的全称为法兰西共和国，位于欧洲大陆西部。国土面积为 55.16 万平方公里，欧洲第二大国。首都为巴黎。现有人口 6500 万（2011 年）。民族主要有法兰西人（90%）、阿尔萨斯人、布列塔尼亚人、巴斯克人和科西嘉人等。

法国人的姓名由姓和名两部分构成，排列顺序为名在前，姓在后。如 Sophie Marceau 苏菲·玛索中的 Sophie 为名，Marceau 为姓。但在办理身份证、结婚证及户籍登记等正式场合中，则是姓在前，名在后。

（一）姓氏概况

法国人最初只有名，没有姓。13 世纪后，人们开始把父母的教名作为"姓"世代沿用，逐渐演变成姓氏。此外，还有以职业为姓的，如：Lefèvre 勒菲弗尔（铁匠）、Pasteur 巴斯德（牧羊人）；有以职务爵位为姓的，如：Lemaire 勒迈尔（市长）、Chevalier 舍瓦利耶（骑士）；有以生理特征为姓的，如：Petit 珀蒂（小个子）、Rousseau 卢梭（红头发）；有以自然地理为姓的，如：Duval 杜瓦尔（山谷）、La Fontaine 拉封丹（喷泉）；有以动植物为姓的，如：Leboeuf 勒伯夫（牛）、Dubois 杜波依斯（树林）；还有以绰号为姓的，如 Boivin 布瓦万（爱喝酒的）；等等。

法国人的姓氏分单姓和复姓两种。复姓一般由两个词组成，书写时在中间加连字符"-"，如作家 Paul Pellisson-Fontanier（保尔·佩利松-封塔尼埃）。"La"、"Le"等冠词和"de"等介词一般也被看做是姓氏的组成部分，如 La Fantaine 拉封丹、Le Goff 勒戈夫、De Gaulle 戴高乐等。

法国女子婚后一般随夫姓。也有女子婚后仍用父姓，或同时使用父姓与夫姓（夫姓在前，父姓在后）。

现今，法国的十大姓氏依次是 Martin 马丁、Benlard 贝尔纳、Dubois 杜布瓦、Thomas 托马、Robert 罗贝尔、Richard 理夏尔、Petit 珀蒂、Durand 迪朗、Leroy 勒鲁瓦、Moreau 莫罗。

（二）命名习俗

法国人名多选自《圣经》、希腊罗马神话、古代名人及文学名著中的人名，也有以性格外貌、职业、动植物、器物命名的。名字一般为单名，也有两个以上词汇组成的复名，如前总统戴高乐的全名是 Charles André Joseph Marie de Gaulle 夏尔·安德烈·约瑟夫·玛丽·戴高乐。这是因为法国人习惯于把自己尊重的人或家族中某个人的名字放在自己的名字之中，以示纪念。

几乎所有法国人名都分男名、女名，即便是同一个名，男女使用时也有所不同。如：François 弗朗索瓦变为女名即为 Francoise 弗朗索瓦兹，Jean 让变成女名则为 Jeanne 让娜。现今，法国常见的男名有 Jean 让、Martin 马丁、Jacques 雅克、pierre 皮埃尔、Georges 乔治、Louis 路易、Paul 保罗、Michel 米歇尔、Baptiste 巴蒂斯特、Francois 弗朗索瓦等；常见的女名有 Marie 玛丽、Sophie 苏菲、Jeanne 让娜、Julie 朱莉、Anne 安娜、Irène 伊雷娜、Lucie 露西、Emma 艾玛、Louise 路易丝、Émilie 艾米丽等。

四、德国的姓名民俗

德国的全称为德意志联邦共和国，位于欧洲中部。国土面积 35.7 万平方公里。首都为柏林。现有人口 8200 万（2011 年），位于欧洲第二位。德意志人占总人口的 90% 以上，少数民族有丹麦人、荷兰人、希腊人等。

德国人的姓名由姓和名两部分构成，排列顺序为名在前，姓在后。如 Karl Marx 卡尔·马克思中的 Karl 是名字，Marx 是姓氏。

（一）姓氏概况

德国人最初只有名而没有姓，姓是随着社会发展和人口增长在 12 世纪以后才逐渐普及的。

德国人的姓氏来源很多：有沿用古名为姓的，如：Ludwig 路德维希、Friedrich 弗里德里希；有以住地封地为姓的，如：Gutenberg 古登堡、Altenburg 阿尔滕堡；有以性格外貌为姓的，如：Klug 克鲁格（聪明）、Klein 克莱因（矮小）；有以职业职位为姓的，如：Müller 穆勒（磨坊主）、Schmidt 施密特（铁匠）；有以动植物为姓的，如：Adler 阿德勒（鹰）、科尔 Kohl（卷心菜）；还有以季节时间、工具器物、自然现象等为姓的。

贵族出身的德国人往往在姓前加上"von 冯"作为标志，如作家歌德的全名为 Johann Wolfgang von Goethe 约翰·沃尔夫冈·冯·歌德，其中的 von 就表明他是贵族出身。

德国女子婚后一般随夫姓，也有女子婚后仍保持原姓，或加上夫姓组成复姓。子女一般承父姓，也有个别采用夫妻双姓。

现今，德国的十大姓氏依次为 Müller 穆勒、Schmidt 施密特、Schneider 施耐德、Fischer 费舍尔、Meyer 梅耶尔、Weber 韦伯、Schulz 舒尔茨、Wagner 瓦格纳、Becker 贝克尔、Hoffmann 霍夫曼。

（二）命名习俗

德国人的名字多是单名，也有少数两个或三个音节的复名。德国人习惯于用表示吉祥、愿望的词来命名，男名往往是表现勇猛威武的字词，女名则多用体现温柔美丽的字词。其中，《圣经》圣徒的名字和与宗教信仰相关的名字被广泛使用，如 Johann 约翰、Hans 汉斯等；而用自己崇敬的人或长辈的名字来命名也是德国人经常的选择。此外，德国人命名受周边国家的影响较大。如：源于希腊语的 Christian 克里斯蒂安、Barbara 巴巴拉；源于拉丁语的 Mark 马克、Patricia 帕特里夏；源于英语的 Harry 哈里、Edgar 埃德加；源于法语的 Charlotte 夏洛特、Louis 路易比比皆是。但头衔、贵族称号、姓、商品名、地名及地理名称一般不用作名字使用。

在德国，男名和女名有严格区别。如 August 奥古斯特为男名，而 Renate 雷娜特则为女名；又如用于男名的 Louis 路易，用作女名时则变为 Louise 路易丝。现今，德国常见的男名有 Andreas 安德里亚斯、Christian 克里斯蒂安、Friedrich 弗里德里希、Frank 弗兰克、Hans 汉斯、Jürgen 于尔根、Karl 卡尔、Mark 马克、Peter 彼得、Thomas 托马斯等；常见的女名有 Andrea 安德丽娅、Anna 安娜、Claudia 克劳迪娅、Barbara 芭芭拉、Christine 克里斯蒂娜、Margareta 玛格丽塔、Petra 佩特拉、Brigit 布里吉特、Maria 玛丽亚、Sandra 桑德拉等。

五、西班牙的姓名民俗

西班牙的全称为西班牙王国，位于欧洲西南部。国土面积 50.5 万平方公里。首都为马德里。现有人口 4600 万（2011 年）。卡斯蒂利亚人（即西班牙人）占总人口的 70%以上，少数民族有加泰罗尼亚人、加里西亚人和巴斯克人。

西班牙人的姓名一般由三部分组成，最前是本名，其次是父姓，再次是母姓。如在 Gabriel García Márquez 加夫列尔·加西亚·马尔克斯中，Gabriel 是本名，García 是父姓，Márquez 是母姓。由于复名和复姓的使用比较普遍，所以西班牙人的名字往往很长。

（一）姓氏概况

西班牙人的姓氏出现较晚，最初只有贵族用姓，后来才延及一般百姓。

西班牙人的姓氏多数源于领地、居住地、职业、生理特征、绰号和父祖名（父祖名+ez，意为某某之子）；个别姓氏源自动植物、农作物、劳动工具、日常仪器、兵器、金属、自然地理、月份、星期、颜色等。

在西班牙，复姓的使用比较普遍，通常以介词"de"德、"-"或"y"相连（已婚女子姓名中的"de"也可能是本姓与夫姓之间的连接词）。如在 Juan Pablo Fernández de Calderón García-Iglesias 胡安·巴勃罗·费尔南德斯·卡尔德隆·加西亚·伊格莱西亚斯中，Juan Pablo 为名字，Fernández de Calderón 是父姓，García-Iglesias 为母姓。

西班牙女子婚后一般用夫姓替换母姓。子女多以父姓为己姓，少数人也以母姓为姓，如画家 Picasso 毕加索。

现今，西班牙的十大姓氏依次是 García 加西亚、Fernández 费尔南德斯、González 冈萨雷斯、Rodríguez 罗德里格斯、López 洛佩斯、Martínez 马丁内斯、Sánchez 桑切斯、Martín 马丁、Gómez 戈麦斯。

（二）命名习俗

在西班牙，男孩出生第九天、女孩出生第八天就被抱到天主教堂接受洗礼，并由施洗的神父为孩子命名（即教名）。教名往往取自天主教圣徒的名字或《圣经》中的名词，男孩惯用 José 何塞、Pedro 佩德罗、Simón 西蒙、Santiago 圣地亚哥等名字；女孩惯用 María 玛丽亚、Juana 胡安娜、Ana 安娜、Eva 艾娃等名字。也有极少数人的名字源于自然现象、花草名称等。男名多以"o"结尾，女名多以"a"结尾。

西班牙人还习惯使用复名（其中第一个名为教名），如 José Luis Rodríguez Zapatero 何塞·路易斯·罗德里格斯·萨帕特罗，其中的 José 和 Luis 都是本名。复名中，以使用 María 玛丽亚与其他圣徒名相连的最多（男用在名后，女用在名前），如 José María 何塞·玛丽亚为男名，而 María José 玛丽亚·何塞则为女名。复名还可以是父名与教父名相连，或母名与教母名相连，以及父、母名相连。

第五节　美洲各国的姓名民俗

一、美国的姓名民俗

美国的全称为美利坚合众国，位于北美洲中南部。国土面积 937 万平方公里，世界第四大国。首都为华盛顿哥伦比亚特区。现有人口 3.1 亿（2012 年），位于世界第三位。美国是移民国家，人民来自世界各地，其中以白人居多（64%）。

美国人的姓名一般由三部分组成，排列顺序为：教名在最前面，之后是中间名，最后是姓。如演员 Thomas Jeffrey Hanks 托马斯·杰佛瑞·汉克斯的名字中，Thomas 是教名，Jeffrey 是中间名，Hanks 是姓氏。但与英国人不同，美国人习惯于只将中间名缩写，如将 Thomas Jeffrey Hanks 写成 Thomas J. Hanks，甚至直接省略为 Thomas Hanks。

（一）姓氏概况

美国人的姓氏极为复杂，除英裔和黑人一般使用传统英国姓氏外，德、法、意、西、俄、日、印、中及阿拉伯等移民的姓氏多沿用本民族习俗。因此，美国人的姓氏来源不能一概而论。

美国女子婚后一般改随夫姓，如 Marie White 玛丽·怀特与 John Wilson 约翰·威尔逊结婚后，玛丽的姓名则为 Marie Wilson。但女演员和女作家婚后一般仍使用自己的姓。

目前，美国十大姓氏依次为 Smith 史密斯、Johnson 约翰逊、Williams 威廉姆斯、Brown 布朗、Jones 琼斯、Miller 米勒、Davis 戴维斯、Garcia 加西亚、Rodriguez 罗德里格斯与 Wilson 威尔逊。其中 Garcia、Rodriguez 和排在第 11 位的 Martinez 马丁内斯是西班牙裔姓氏，而人口最多的亚裔姓氏是 Lee 李姓，排在第 22 位。

（二）命名习俗

除部分新近移民外，美国人的命名习俗与英国人基本相同。教名是在教堂为其施洗礼之时所取，一般取自基督教圣徒名或《圣经》中的人物名；中间名通常取自父母、教父母或其他亲人的教名。

以杰出历史人物的名字来命名始终是美国人的一种时尚，像 Augustinus 奥古斯丁、Martin 马丁、Charles 查尔斯、William 威廉、George 乔治和 Elizabeth 伊丽莎白这样的名字俯拾皆是。此外，美国总统和民族英雄的姓名也是许多人给孩子命名的来源，如 Washington 华盛顿、Franklin 富兰克林、Lincoln 林肯、Roosevelt

罗斯福等。

现今，美国人最常用的男名有 Jack 杰克、Tom 汤姆、David 大卫、John 约翰、Michael 迈克尔、Andrew 安德鲁、Steven 斯蒂文、Paul 保罗、Peter 彼得、George 乔治、Bill 比尔、Thomas 托马斯、Charles 查理、James 詹姆斯等；最常用的女名有 Nancy 南希、Michelle 米歇尔、Kate 凯特、Jennifer 珍妮弗、Jessica 杰西卡、Sarah 萨拉、Linda 琳达、Tiffany 蒂芙尼、Mary 玛丽、Elizabeth 伊丽莎白等。

二、加拿大的姓名民俗

加拿大位于北美洲北部。国土面积998万平方公里，居世界第二位。首都为渥太华。现有人口约3400万（2012年）。加拿大是移民国家，主要民族为英裔居民或法裔居民，原住民有印第安人和因纽特人。

（一）移民的姓名民俗

英裔加拿大人是以英国人为主体的、讲英语的外来移民的统称，占总人口的2/3。其姓名与英美人略同，具体排列顺序为教名+中间名+姓氏。如第一任总理 John Alexander Macdonald 约翰·亚历山大·麦克唐纳。不过，英裔加拿大人的中间名在书写时经常缩写，甚至直接省略。法裔加拿大人主要居住在魁北克省，占总人口的1/4左右，讲法语并采用法式姓名。如歌星席琳·迪翁的全名为 Céline Marie Claudette Dion 席琳·玛丽·克劳德特·狄翁。华裔加拿大人往往使用原来的姓氏，但会取一个英文名字。

欧裔加拿大女子婚后一般改从夫姓，华裔女子有的随夫姓、有的冠夫姓、有的用原姓。

现今，加拿大的主要姓氏依次为 Jones 琼斯、Brown 布朗、Lee 李（华裔）、Wilson 威尔森、Martin 马丁、Patel 帕特尔、Taylor 泰勒、Wong 王或黄（华裔）、Campbell 坎贝尔、Williams 威廉姆斯、Thompson 汤普森和 Smith 史密斯。

（二）原住民的姓名民俗

印第安人一生至少有三个名字。第一个名字是乳名，一般是记录出生的情况。比如：接生婆下河给新生儿打洗澡水时听到对岸有狼在叫，那么婴儿就可能取名为"半夜狼嚎"；第二个名字是伙伴们给他取的绰号，通常是取笑他的；第三个名字是在其第一次与敌人交手后取得的，是他的正式名字。当战斗归来，部落的全体成员聚在一起，由酋长主持授名仪式。每个人都会根据其在战斗中的表现得到一个相应的名字：勇敢者会得到一个好名字，如"双枪将"、"赛群雄"；怯弱者会得到一个坏名字，如"孬种"、"烟婆婆"。如果在以后的战斗中很勇敢，他就会得到一个更好的名字。所以，印第安人往往有十几个名字，而且一个比一个响亮，就像战斗英雄的勋章一样。印第安人的名字只属于本人，别人不得重用。但有时也会受命把名字传给其拥有卓越成就的儿子，从而成为其子的最高荣誉。

因纽特人的命名习俗与印第安人不同。在因纽特人看来，新生儿是死去的人的再现。当婴儿出生后，人们竭力观察他像哪个最近死去的人，并以这个人的名字为其命名，以示死者的再生。因纽特人并没有固定的起名方法，大多数人会有好几个名字，一个名字也可同时给几个人。当人口增长时，就要创造新名字来满足需要，这时，因纽特人通常向巫师祈求新名字。

三、巴西的姓名民俗

巴西的全称为巴西联邦共和国，位于南美洲东部。国土面积851万平方公里，居世界第五位。首都为巴西利亚。现有人口1.92亿（2011年），居世界第五位。民族主要有白人（47.7%）、黑白混血人（43.1%）、黑人（7.6%）、黄种和印第安人。

巴西人的姓名一般由三部分构成：最前面是本人名，接下来为母姓，最后是父姓。如足球运动员罗纳尔多的全名为 Ronaldo Luís Nazário de Lima 罗纳尔多·路易斯·纳扎里奥·德·利马，其中 Ronaldo Luís 是本人名，Nazário 是母姓，de 是连接词，Lima 是父姓。

（一）姓氏概况

巴西人一般以父姓为自己的姓氏，但如果母亲出身名门豪族，则可使用母姓。巴西人姓氏多与葡萄牙姓氏有关，祖先的封地、家族的爵位、家族的名称、个人职业、体貌特征、动植物名称往往是其姓氏的来源。姓氏的前面还常带有"do 多"、"da 达"、"de 德"、"dos 多斯"、"das 达斯"等词头。

在巴西，女子婚后往往去掉母姓，然后将夫姓加在父姓之后形成自己的姓氏。如 Cecilia María Sito Castelo 塞西莉亚·玛丽亚·西托·卡斯特洛嫁给 Sebastiao José Filonmeno D'Aquino 塞瓦斯蒂尼奥·何塞·菲洛梅奥·达吉奥后，其姓名就变为 Cecilia María Castelo D'Aquino 塞西莉亚·玛丽亚·卡斯特洛·达吉奥。丈夫死后，妻子一般会在夫姓前加上 Viuda（寡妇）的省略形式 Vda 来表明婚姻状况，如 María Magdalena De Silva Vda De Goimez 玛丽亚·马格达莱娜·德席尔瓦·德戈麦斯寡妇。

（二）命名习俗

巴西人多信奉天主教，故孩子出生后须在教堂接受洗礼，并由神甫为其取一个教名。神甫在给婴儿命名时常常直接引用天主教圣徒的名字，所以，男名多为 João 若昂、Pedro 佩德罗、Luís 路易斯、Leão 莱昂、Carlos 卡洛斯等；女名多为 María 玛丽亚、Joana 胡安娜、Ana 安娜、Carla 卡拉、Barbara 芭芭拉等。其中，男名多以"o"结尾，女名多以"a"结尾。

巴西人还习惯于在教名之后加上教父母名、祖父母名、动物名、地名等形成复名，甚至长达十几个词。由于全名太长，在日常生活中很不方便，故巴西人喜用别名、爱称和绰号。如：前总统 Lula 卢拉（意为鱿鱼）的全名为 Luiz Inácio Lula da Silva 路易斯·伊纳西奥·卢拉·达席尔瓦，Lula 是其爱称；球王 Pele 贝利的姓名为 Edson Arantes do Nascimento 埃德森·阿兰特斯·多纳西门托，Pele 是其绰号。

许多巴西的土著居民不习惯让外人称呼自己的姓名，让他们将自己的真实姓名说出来是非常困难的。

四、墨西哥的姓名民俗

墨西哥全称为墨西哥合众国，位于北美大陆南部。国土面积 197 万平方公里。首都为墨西哥城。现有人口 1.13 亿（2011 年）。印欧混血种人占总人口的 90%，印第安人占 10%。

墨西哥人的姓名通常由三部分构成：最后面的是母姓，母姓前是父姓，再之前是本人名。如 Luis Echeverria Alvarez 路易斯·埃切维里亚·阿尔瓦雷斯的名字中，Luis 是名，Echeverria 是父姓，Alvarez 是母姓。

（一）姓氏概况

墨西哥人一般以父姓为自己的姓，但也有少数人以母姓为姓。其姓氏多源于西班牙姓氏，复姓的使用也比较普遍。已婚女子一般将母姓替换为夫姓，在夫姓前常加上"de 德"。

现今，墨西哥的十大姓氏依次为 Martínez 马丁内斯、García 加西亚、Hernández 赫尔南德斯、González 冈萨雷斯、López 洛佩斯、Rodríguez 罗德里格斯、Pérez 佩雷斯、Sánchez 桑切斯、Ramírez 拉米雷兹、Flores 弗洛雷斯。

（二）命名习俗

墨西哥人的教名是由为其施洗的天主教神父所取，多取自天主教圣徒名或《圣经》人名。一般来说，男名多以"o"结尾，常见的有 José 何塞、Pedro 佩德罗、Juan 胡安等；女名多以"a"结尾，常见的有 María 玛丽亚、Juana 胡安娜、Ana 安娜等。

墨西哥人还习惯于使用复名，多由两个以上名字组成。如 María Elena Martínez Carranza 玛丽亚·埃莱娜·马丁内斯·卡兰萨中的 María Elena 即为复名。但在日常生活中，人们通常只使用教名，其余名字则只写第一个字母，如 María E Martínez Carranza 玛丽亚·E.马丁内斯·卡兰萨。

第六节　非洲及大洋洲各国的姓名民俗

一、埃及的姓名民俗

埃及的全称为阿拉伯埃及共和国，位于非洲东北部地区。国土面积100万平方公里。首都为开罗。现有人口8200万（2011年），是人口最多的阿拉伯国家。阿拉伯人占人口的绝大多数，少数民族为柏柏尔人。

埃及人实行父子连名制，没有固定的"姓"。名字一般依次由本名、父名和祖父名三部分组成，如سعيد أحمد محمد 穆罕默德·艾哈迈德·赛义德，其中محمد是本名，أحمد是父名，سعيد是祖父名。

埃及人的名字多带有宗教色彩：男子喜欢用محمد穆罕默德、ابراهيم易卜拉欣（即亚伯拉罕）、يوسف优素福（即约瑟夫）、موسى穆萨（即摩西）、سليمان苏莱曼（即所罗门）、ديفيد达乌德（即大卫）等先知的名字命名，或用حجيم哈基姆（至睿的）、حليم阿利姆（全知的）、كريم克利姆（慷慨的）等赞美真主的词命名；女子一般以伊斯兰教知名女性的名字命名，如：خديج赫底澈、عائشة阿伊莎、فاطمة法蒂玛、اسم艾丝曼等。以具有美好含义的词汇命名也是埃及人经常的选择，如：男名حسن哈桑（美好的）、جمال加麦勒（优美的）、كمال凯麦勒（完满的）、أمين艾敏（忠实的）；女名وافى瓦法（忠诚的）、سنة萨奈（高贵的）、كريمة克利麦（尊贵的）等。此外，还有以出生地命名的，如بغداد巴格达；以自然现象命名的，如نسيم娜丝玛（惠风）；以父母愿望命名的，如ياسير亚西尔（富足的）；以花草命名的，如ياسمين亚丝敏（素馨花）；等等。

部分男子的本名是由两个词组成，形成复名。其中以عبد阿卜杜（奴仆）加上真主美名的复名最多。如：عبد الله阿卜杜拉（真主的奴仆）、عبد العزيز阿卜杜·阿齐兹（至高的真主的奴仆）、عبد الناصر阿卜杜·纳赛尔（援助者真主的奴仆）等；也有人习惯给"الدين丁"（宗教）一词加上前缀构成复名。如：جمال الدين加麦勒丁（宗教之美）、نور الدين努尔丁（宗教之光）、سيف الدين赛福丁（宗教之剑）等。

埃及人还习惯使用表示所属关系的别名。如：أبو بكر艾布·伯克尔（伯克尔之父）、أم علي乌姆·阿里（阿里之母）、ابن سيناء伊本·西纳（西纳之子）、بنت أحمد宾特·艾哈迈德（艾哈迈德之女）。有时也用"أبو艾布"、"ابن伊本"等表示与众不同的特征或行为。如：称赞勇敢的人为أبو فارس艾布·勿瓦里斯（骑士之父），而贬称无知者为أبو جمال艾布·贾赫勒（无知之父）、小偷为ابن طارق伊本·塔里克（道路之子）。

埃及女子婚后一般不改名。如果丈夫是著名人物，则可在自己名字后面加上丈夫的名字，如前总统萨达特夫人جيهن السادات吉汉·萨达特。

目前，埃及最常用的名字仍是محمد穆罕默德、علي阿里、أحمد艾哈麦德、محمود迈哈穆德、سعيد赛义德、عثمان奥斯曼等也是埃及人常用的名字。

二、坦桑尼亚的姓名民俗

坦桑尼亚全称为坦桑尼亚联合共和国，位于非洲东部、赤道以南。国土面积94.5万平方公里。首都为多多玛。现有人口4300万（2011年）。有苏库马、尼亚姆维奇、查加、赫赫等126个民族。

坦桑尼亚人的名字组成多种多样，通常由三部分组成，即本人名+父名+祖父名。如民族英雄 Ali Kiula Mkwawa 阿里·基乌拉·姆克瓦瓦的名字中，Ali 为本人名，Kiula 是其父名，Mkwawa 是其祖父名。坦桑尼亚女子婚后一般保留自己的原名，也有部分人婚后从夫名。

坦桑尼亚47%的人口信奉伊斯兰教，35%的人口信奉基督教和天主教。其中，穆斯林多以《古兰经》中的人名命名，如 Mohamed（穆罕默德）、Yusufu（尤素福）；而基督徒则多以《圣经》中的人名命名，如 Adam（亚当）、John（约翰）等。而对于保持原始信仰的人，根据孩子出生时环境来命名则是最常见的方式，如：有人出生时其父正在边境线上，于是这个孩子便被命名为 Border 边境线；有人生下来时父母手里只有两枚硬币，于是这个孩子就被命名为 Two Coin 两个钱；有人叫 Senzota 饥荒，因为他出生时当地正闹饥荒。此外，还有以动物命名的，如 Tausi 孔雀、Simba 狮子；以时令命名的，如 Januari 一月、Jumanne 星期二、Ramazani 斋月、Neshika 多雨季；以数字命名的，如 Tatu 小三儿；以日用品命名的，如 needle 针、soap 肥皂；也有的人以出生地名命名。总之，坦桑尼亚人命名妙趣横生，叫打火机、没关系、再见吧、坏工作、部长、少校、鸵鸟、大象、打扰、麻烦、你好、明天的人比比皆是。

三、澳大利亚的姓名民俗

澳大利亚位于南半球的大洋洲。国土面积约760万平方公里，是世界第六大国。首都为堪培拉。现有人口2270万（2012年）。为移民国家，其中欧裔占95%，华人占2%，土著居民占1.5%。

（一）移民的姓名民俗

英裔澳大利亚人的姓名一般由三部分构成，最前面为教名，之后是中间名，最后为姓。如在澳大利亚首位女总理 Julia Eileen Gillard 朱莉娅·艾琳·吉拉德的名字中，Julia 是教名，Eileen 是中间名，Gillard 是姓氏。

绝大多数华人华侨也会给自己取一个英式名字，书写的时候也是按照名在前、姓在后的顺序。如吉拉德政府金融部长黄英贤的英文名即为 Hon Penny Wong 洪·彭妮·黄。但在口头称呼时则仍按传统习俗，是姓在前、名在后的顺序。

澳大利亚女子婚后一般改姓夫姓，也有部分女子婚后不改姓，或者使用双姓（父姓与夫姓并用）。目前，澳大利亚三大姓氏依次为 Smith 史密斯、Jones 琼斯、Williams 威廉姆斯。

现今，澳大利亚最受欢迎的男名为 Jack 杰克、William 威廉、Joshua 约书亚、Lachlan 拉克兰、Thomas 托马斯、Riley 莱利、Cooper 库珀、James 詹姆斯、Noah 诺亚、Ethan 伊桑；最受欢迎的女名为 Isabella 伊莎贝拉、Ella 艾拉、Emily 艾米丽、Chloe 克洛伊、Mia 米娅、Olivia 奥利维亚、Charlotte 夏洛特、Sophie 索菲、Sienna 西恩娜、Jessica 杰西卡。

（二）原住民的姓名民俗

澳大利亚的原住民大部分仍采用本部落的命名习俗，如著名网球运动员 Evonne Fay Goolagong Cawley 伊凡妮·菲·古拉贡·考利。目前，也有一部分原住民开始使用英式名字。

四、新西兰的姓名民俗

新西兰又译纽西兰，是位于太平洋西南部的一个岛国。国土面积约 27 万平方公里。首都为惠灵顿。现有人口约 430（2010 年）。民族以英裔为主（占 78.8%），毛利人占 10%，混血人种占 7%，亚裔占 3%。

（一）移民的姓名民俗

新西兰移民中使用中间名的人较少，名字一般由两部分构成，排列顺序为教名居前，姓氏居后。如现任总理 John Key 约翰·基的名字中，John 是名，Key 是姓。

在新西兰，已婚女子一般随夫姓，子女一般随父姓。如果父母离异，孩子仍随父姓，但母亲则可恢复她原来的姓。

在新西兰，不允许取 King 国王、Prince 王子、Duke 公爵、Baron 男爵、Knight 骑士、General 将军、Judge 法官、Bishop 主教等类似头衔的名字，也不可用字母、标点符号及数字来给孩子命名。

现今，新西兰最受欢迎的男名有 Liam 利亚姆、James 詹姆斯、Oliver 奥利弗、Jack 杰克、William 威廉、Joshua 约书亚、Benjamin 本杰明、Jacob 雅各布、Samuel 塞缪尔、Lucas 卢卡斯；最受欢迎的女名有 Sophie 索菲、Olivia 奥利维亚、Ruby

鲁比、Charlotte 夏洛特、Isabella 伊莎贝拉、Lily 莉莉、Ella 艾拉、Chloe 克洛伊、Emily 艾米丽、Emma 艾玛。

(二) 毛利人的姓名民俗

毛利人的名字一般由两部分构成,其中第一部分为本人名,第二部分为父亲的名字。例如:全名为 Wilfe Ramosua 威尔夫·拉莫苏阿的人为他的儿子取名为 Jonn 约翰,则其子的全名为 Jonn Wilfe 约翰·威尔夫。受英裔新西兰人的影响,现今毛利人的名字多采用基督教人物名。不过,近些年来随着民族文化的恢复,也有人开始使用传统的名字。

思考题

1. 简述姓名的社会功能和主要特征。
2. 举例说明汉族的姓氏来源。
3. 维吾尔族男女命名有何特点?
4. 举例说明满族、蒙古族、藏族的姓名结构。
5. 台湾移民的姓氏特点与命名习俗如何?
6. 举例说明日本人和韩国人的姓名结构。
7. 举例说明俄罗斯人的姓名结构。其姓氏多如何结尾?父称有何特点?
8. 简介英国人将父名加前缀或后缀所形成的姓。
9. 举例说明法国人、德国人、西班牙人、巴西人的姓名结构。
10. 英国人和美国人的姓名有何异同?
11. 举例说明埃及人的姓名结构及其复名的构成。
12. 基督徒一般是如何命名的?其教名多取自何处?常见的男女名字有哪些?

第四章　婚姻的民俗

【学习目的】
　　通过本章的学习，掌握婚姻民俗和婚姻礼仪的概念，了解人类婚姻形态的基本类型及其发展历程，掌握我国各民族及世界其他一些国家婚姻民俗的基本概况，认识婚姻民俗在人类生活中的重要作用。

【主要内容】
　　1. 人类婚姻习俗的产生及其发展演变的历程
　　2. 我国各民族的婚姻民俗概况
　　3. 世界各国的婚姻民俗概况

　　什么是婚姻？婚者，昏也。在母系氏族时代，每当黄昏夜幕降临的时候，男人便去另外一个氏族会聚女友，天明复归，所以后来的婚礼也是在黄昏之后举行。婚姻又称为"嫁娶"，男婚谓之"娶"，女婚谓之"嫁"。婚姻是人类对自身发展的最基本的形式，是构成家庭、形成社会的基础。婚姻是人生的"终身大事"，它不仅关系到每个人和家庭的幸福与否，还关系到整个民族的兴旺和社会的稳定。因此，自古以来各个国家、各个民族都非常重视婚姻，形成了各有特色的惯制，这就是所谓的婚姻习俗。一般说来，婚俗包括婚姻形态和婚姻礼仪两个方面。

第一节　婚姻民俗概述

一、人类婚姻形态的发展历史

　　两性关系是婚姻最核心的内容，没有性关系就谈不上什么婚姻。不同形态的性关系就构成了不同的婚姻形态。

（一）乱婚制

在原始群早期，原始人类是杂乱的两性关系，没有固定的配偶，不能构成任何家庭，史称"乱婚制"或"杂婚制"。

（二）血缘婚制

在原始群的后期，人们排斥了父辈与女辈、母辈与子辈的两性关系，但不排除同胞兄弟和姐妹之间的性关系，即一群男人与一群同辈的女人的性关系。它构成了人类最早的一种家族制形式，史称"血缘婚制"。这是人类最早的婚姻习俗。

（三）族外婚制

随着社会的发展，古人类逐渐认识到了近血缘的两性所生的孩子不健康，会影响到族群的发展，所以逐渐排除了本群体自婚的习俗，即一个族群（氏族）的一群同辈男人，与另一个族群（氏族）的同辈的一群女人发生性关系，兄弟共妻，姊妹共夫。这种族外婚习俗的出现，形成了氏族。共夫、共妻的族外婚制下，男去女家或男居女家，所生育的子女知其母而不知其父，只好都留在母亲的氏族内，氏系以母系计。女人在生产和生活中都处于支配地位，故称为"母系氏族公社"。

（四）对偶婚制

母系氏族公社的后期，共夫、共妻的群婚形态中，逐渐出现了女人的多夫中有一主夫、男人的多妻中有一主妻的现象，即长期的、较为稳定的性伙伴，史称"对偶婚"。

（五）一夫一妻制

随着生产力的提高、新生产工具的出现，男人在生产领域中的作用愈来愈大。但他们所创造的财富却都是留在女人的氏族中，属于母系氏族的公有财产。长期对偶婚所生的孩子，必然是知其母也知其父，但父亲所创造的财富又不能由自己的孩子所继承。随着私有财产的出现和发展，这种社会矛盾的解决办法，就是女人到男人的氏族中去，形成稳定的一夫一妻制。一夫一妻制的出现，使母系氏族公社瓦解，社会进入到父系氏族公社，男人在社会生产和生活中处于支配的地位，妻子从夫而居，世系以男性计。一夫一妻所构成的小型的生产生活单位就是家庭，最初的家庭是隶属于父系大家族的。由于男人是财产的所有者，女人依靠男人而生活。因此，所谓的一夫一妻主要是针对女人而言，以确保男人血统的纯粹，而男人多妻则为社会的习俗和制度所允许。

在男人居于主导地位的财产私有制社会中，男人娶得女人为妻主要有两个途径：一是下聘礼"明媒正娶"，这是一种"买卖婚"；二是抢掠，以暴力夺取，即所谓"抢婚"。由这两种方式得到的女人，都是男人家的财产。所以，如果男人先死，其妻可以由其兄弟甚至其他妻子所生的儿孙来继承，即所谓"转房婚"或"收继婚"。种种婚俗，不一而足。

二、婚姻礼仪

所谓的婚姻礼仪，就是男女之间两性结合的关系，通过某种形式使之得到社会的认可或法律的允许。世界各个国家、各个民族、各个地区，由于生产方式、生活方式的不同，社会发展阶段的不同，宗教信仰的不同，婚姻礼仪习俗都各具特点。婚姻是人生的大事、家族的大事、社会的大事，在历代社会中，它都是最受重视的礼仪习俗。世代传承的习俗，是人类社会发展过程的活化石，因此，无论哪个民族的传统婚俗中，都保留了许多古老的遗风。

我国古代的汉族，以农业为主要的生产方式，是极重视血缘关系的宗法社会，儒家思想居于社会的主导地位。因此，自周秦以来，逐渐形成了以"六礼"为基本内容的婚姻礼仪习俗，前后沿袭了三千余年，各个环节都体现出浓厚的农业民族、宗法社会、儒家礼教的内涵。

蒙古国蒙古族的婚礼中，新郎去岳父家迎接新娘时，要在新娘家的蒙古包外表演骑马、射箭、摔跤等等，向岳父母及众人展示自己是生活中的强者。这正是强悍的游牧民族生活的体现。

信奉佛教的柬埔寨人的婚礼，要请僧人诵经；信奉伊斯兰教的马来西亚人，接亲时要高诵《古兰经》；欧洲信奉天主教的国家，婚礼多是在教堂按天主教的仪式进行，婚礼仪式由神父主持，反映出宗教对婚姻的重大影响。

在印度尼西亚的达雅克族人的婚礼和非洲乌干达人的婚礼中，还保留着许多"抢婚"的习俗。不知其俗的人，往往会认为真的是在"厮杀"、"抢劫"，其实只是象征性地"表演"千百年前的真刀实枪的古风。

婚姻是神圣的，礼仪是多彩的，人们以各种不同的方式重复着古老的习俗，向社会宣示一个新的家庭的出现。

第二节　中国的婚姻民俗

一、汉族的婚姻民俗

（一）传统的婚姻民俗

汉族是一个历史悠久的古老民族，基本上是一夫一妻制和一夫多妻制并行。自周秦以来，就逐渐形成了一套内容极为丰富多彩的古老习俗。其俗从议婚到完婚大体分为六个程序：一是纳彩，即男家向女家求婚的礼仪。男家请媒人携带礼物至女家提亲，如果女家同意议婚，则接受男家的礼物，不同意便拒绝收礼。二是问名。如果女家同意议婚，男家则再请人带礼物去女家询问女方生母的姓氏，女子本身的名、排行、出生年月日等情况。三是纳吉。男家将探询的结果，卜问于祖先，凶则作罢；吉则派人携带礼物将合婚的吉兆告知女家，基本确定两家可以成亲，俗称"小定"。四是纳征，纳征又称为纳币、大聘、过大礼。男家送重礼给女家，隆重确定婚姻关系。《仪礼》郑玄注云："征者，成也，使使者纳币以成婚礼。"俗称"大定"。五是请期。男家占卜择定合婚的吉日良辰，请媒人携带礼物告知女家，征求女家意见，如女家同意则按期迎娶。六是亲迎。亲迎又称为迎亲，这是婚礼中最隆重、最烦琐的最后一步，后世称之为结婚典礼。

在古代，举行亲迎之礼时，新郎奉父命要亲自领车马（后来是轿）带礼物去女家迎娶。最初，迎亲的车马、迎亲的队伍及新郎的服装都要用黑色，结婚典礼都是在黄昏时举行，结婚之意就是在黄昏之时结两姓之好。古人解释说，黑色和黄昏都是代表"阴"，女为阴，男为阳，迎亲就是迎阴气入男家，阴阳祥和。实际上黄昏娶妻，乃是原始社会男人黄昏去会聚女友或黑夜抢婚的遗俗。后来崇尚黑色的习俗逐渐被崇尚红色的习俗所替代，新郎的服饰和车轿及随行的迎亲队伍，都以红色为主要色调，呈现出一派火红喜庆的气氛；婚礼也多在上午举行，取其蒸蒸日上的吉祥含意。

明清时期民间婚礼程序一般是：

1. 铺毡、传袋、跨马鞍

新郎将新娘的花轿迎至家门后，新娘下轿时要脚踏红毡或青布袋。新娘在伴娘的搀扶下缓缓迈步前行，有专人将脚下的红毡或青布袋前后传递接铺。踏红毡是象征着步步走红运；"袋"与"代"谐音，踏互相传递的布袋是喻含着传宗接代。新娘进大门时还要跨过一马鞍，"鞍"与"安"谐音，象征今后的岁月平平安安。

2. 拜堂

新人登堂之后举行拜堂仪式。拜堂又称为拜天地，身穿吉服的新郎新娘在赞礼人的高赞声中如仪行礼：一拜天地，二拜高堂，三是夫妻对拜。天地是万物之始，天地合而万物生；男女结为夫妻是"天地作合"，所以要首拜天地之神。百善孝为先，新郎是父母所生所养，恩重如山，在结婚大礼上拜父母是一种报恩、示孝的表示。新娘拜公婆是表示从即时起视夫之父母为己之父母，成为这个家庭中的一员。男女结为夫妻，合为一体，一生中恩爱互敬，贫富荣辱与共，所以也要互拜。

3. 入洞房

夫妻互拜之后，新郎新娘牵彩缎同心结在赞礼声中由众人拥入洞房，象征夫妻同心协力，白头偕老。

4. 合卺、结发

新郎新娘进入洞房后，新郎揭下新娘的盖头，行合卺礼。卺是一个瓠分割成的两个瓢，内装酒，以线连柄，夫妻对饮，表示夫妻一体，同甘共苦。宋代以后以杯代卺，称为"交杯酒"。行合卺礼后，新郎新娘并坐，将新郎的左侧之发与新娘的右侧之发连接在一起，称为"结发"，又称为"合髻"，表示夫妻永不分离。

5. 坐帐

在新郎新娘进入洞房之前，由全福人将大枣、花生、栗子等撒在寝帐内，称为"撒帐"；新郎新娘并肩坐在床上，称为"坐帐"。利用谐音祝愿新娘早（枣）生子、早立子（栗子），花生就是插花生，生男又生女，儿女双全。

6. 闹洞房

在新婚的夜晚，参加婚礼的人不分辈分，都可尽情地取笑打闹新郎新娘，以增添喜庆的气氛。闹洞房，言语、动作不论怎么过分，新郎新娘都必须忍耐，不得恼怒。不难看出，这种不分辈分的欢闹，多多少少保留着远古时代群婚制的遗风。

这种以"六礼"为基本内容的古老婚俗，历代虽有增减，但无重大变化，一直延续到中华人民共和国建国之前，至今在许多地区仍然还有不同程度的遗留。

（二）新时代的新婚俗

新中国建立后，废除了媒妁之言、父母之命的买卖婚姻，实行一夫一妻制，逐渐形成了以自由恋爱为基础的新的婚姻习俗。其内容主要有以下几个方面：

1. 男女双方经过自由恋爱确定婚姻关系之后，首先进行结婚登记，取得法律上的承认。

2. 选择结婚日期。多是利用假日或选择逢六、逢八、逢九的日期，取其大顺、大发、长久之意，约亲朋好友参加。

3. 结婚之日，礼堂以红黄为主色布景，张贴双喜字，男家用轿车接来新娘。新娘多穿欧式婚纱，新郎多穿西服，由聘请的主持人主持婚礼。先是介绍男女双方的情况，接着赞唱，让新人向双方父母敬礼；之后再赞唱，新人互相敬礼，喝交杯酒；最后主持人、双方父母、相关领导或亲友祝辞，婚礼结束。一般婚礼后还要举行不同规模的宴会，多是由男方出资。席间，新郎新娘挨桌敬酒、敬烟，表示对参加婚礼人的答谢。婚礼程序简单、气氛热烈，体现了新的社会风尚。

二、其他各民族的婚姻民俗

（一）蒙古族的婚姻民俗

蒙古族的婚姻习俗极具浓郁的游牧民族的特色。在牧区的青年男女可以自由恋爱，也可以由父母兄长代为求婚。其婚俗主要包括求聘和迎娶两部分。

1. 求聘

求聘一般由兄长或媒人出面。求聘时拿着"哈达"、奶酒到女家求婚，如果女家满意，就将哈达放在酒壶盖上，表示同意。此后不久，在兄长或媒人的带领下，求婚男子来到女家，拜见女方的父母、兄长，仍送哈达。这次要将哈达放在佛龛前面，这实际上是求得神佛允许。第三次男方再来女家正式送聘礼，多是牛羊、首饰等，以多为贵。一旦聘成，女家要设许婚筵。在筵席中必有"不兀勒札儿"，即羊的颈喉骨，寓意为"好马一鞭，好汉一言"，今生今世决不反悔。之后男女双方论定婚期，再请藏传佛教僧侣念经，火神问卦，最后确定。

2. 迎娶

迎娶之日，新郎骑着披彩的马，穿马褂、皮靴，戴缨帽，束腰带，背弓箭，带迎亲队伍去女家迎亲。到女家后，新郎要向岳父母跪拜进献哈达，表示礼敬。女家请藏传佛教僧侣念经，表示敬重神圣，并设全羊筵席，招待女婿与宾客。在宴会上，男方的代表要与女方的嫂子对歌，叫做"求名问属"，使宴会气氛更加热烈。宴后新郎当晚住在女家。第二天一早，新娘穿红衣盛装，以红布蒙头，由伯叔或哥哥抱上马背，骑马绕帐篷三周，然后在乐队的前导下，由女宾陪同前往男家。与汉族文质彬彬的迎亲、送亲队伍不同，草原上的蒙古族迎亲、送亲的亲友，在途中要尽情催马奔驰，互相以抢帽为嬉。女方的亲友要千方百计地把帽子扔在地上，迫使新郎下马去拣，以便延缓行进的速度，男方的亲友则要尽力保护，一路上马奔人喊，有强烈的草原婚礼的气息。

迎亲队伍回到男方家后，首先由藏传佛教僧侣念经，新郎新娘拿着羊骨拜天地，或向羊跪拜，名曰"拜灶"。然后拜佛像，接着由新郎的嫂子为新娘梳头，祝愿白头到老。之后新娘去拜见公婆，再拜见亲友。礼毕，开始婚宴。蒙古族的婚礼从始至终都要有专门请来的歌手唱赞礼歌，在不同的婚礼程序中唱不同内容的歌，如《劝嫁歌》、《迎亲歌》、《宴歌》、《献茶歌》、《祝酒歌》等等。

（二）维吾尔族婚姻民俗

维吾尔族的通婚范围一般是在本民族内部。妻子死后，丈夫可以娶妻子的姐妹为妻。受伊斯兰教的约束，女子不能嫁给非伊斯兰教徒；如果男子娶非伊斯兰教徒女子，该女子结婚后必须遵守伊斯兰教的一切规定。维吾尔族的婚俗一般包括介绍、订婚、结婚三个阶段。

男方在儿子选定对象后，即托亲友到女家去说亲。得到女家的同意后，男方父母带着衣料、茶、糖等礼物，在亲友的陪同下，直接与女方的母亲见面，商定订婚日期。订婚时，男方的父母带着重礼去女方家下彩礼，与女方父母及亲友见面，女家设宴款待。宴后，男方父母就将礼物当面打开，高声报点，并请观赏，然后商定结婚的日期。

结婚仪式分两天进行。第一天举行迎娶仪式。新郎在伴郎的陪同下，一路打着手鼓、吹着唢呐，用马车或汽车到女家举行迎娶仪式。仪式之前，新娘由伴娘陪同在亲友家嬉戏，新郎在伴郎和亲友的陪同下被安排在另一处，新娘新郎不能见面。由女家举行婚宴，上午宴请男方宾客，下午宴请女方宾客。宴后，举行仪式，客人们分男女两排站立，由阿訇主持，先诵《古兰经》，然后阿訇询问新郎新娘是否愿意结合，得到同意的回答后，阿訇将手中的馕蘸上盐，分成两块分别送给新郎新娘吃，表示白头到老，永不分离。此时，亲友们齐声赞美他们的婚姻美满。傍晚，迎亲的队伍带着新娘一路吹打回到新郎的家中，男方的家门点燃一堆"神火"，以驱鬼避邪。新娘下车后，有人从火堆中勾出一点火，在新娘头上绕三圈，新娘为客人分发食品，然后绕火堆一圈，进入新房。

第二天，举行"揭盖头"仪式。女方客人在左排列，男方客人在右排列，大家一起作"都瓦"（祈祷）。之后，由男方一位客人出其不意地把新娘头上的盖头揭下，然后开始歌舞。人们为新婚夫妇祝福，也与他们一起共享欢乐。

（三）黎族的婚姻民俗

黎族是中国岭南民族之一，现有人口 120 多万（2000 年），主要居住在海南省和广东省南部。

黎族婚俗：除姨表、同宗不通婚外，青年男女享有充分的恋爱自由。

1. 夜游

夜游是黎族青年谈恋爱的方式。当夜幕降临时，男子穿戴整齐，配上挂刀，带上口弓和鼻箫，步行到较远的另外村落，与那里的未婚女子对唱情歌，吹奏乐曲。如果女子看上了他，就成为情人，两人就可以在寮房（黎语称为"布隆闺"，是用竹和草搭起的草房）中过夜，称为"放寮"。次日黎明，男子告别回去。这种未婚青年的放寮得到社会的承认，但已婚者和有血缘关系的不能放寮，否则要受到社会舆论的谴责或惩罚。

2. 订婚

青年男女通过放寮产生爱情之后，男子还必须向父母禀报，经父母同意后，由父母托媒人向女方父母提亲；如获同意，则由男方选定订婚日期。订婚之日，男方要送去财礼，财礼中以牛为贵。

3. 迎亲与婚礼

迎亲时，新郎与伴郎要在半路等候新娘。当送亲的队伍到来时，迎亲的人们就高唱山歌相迎。在热情洋溢的歌声中，新娘由伴娘陪伴进入洞房。男家摆上酒席，招待朋友、邻里，人们一边喝酒，一边对唱山歌，通宵达旦。当夜新婚夫妇不同居，新娘与伴娘同宿。次日清晨，新娘回娘家，两天后由新郎的姑母或弟弟将她接回，从此新婚夫妇同居。

（四）纳西族的婚姻民俗

纳西族现有人口约 32 万，主要分布于云南省丽江市古城区、玉龙纳西族自治县等地。

纳西族的婚姻长期处于由母系氏族社会向父系氏族社会过渡阶段，保留着最古老的习俗，即"阿柱（注）婚"，本民族称为"阿夏婚"。阿柱婚又分为"阿柱走访婚"和"阿柱同居婚"两种。

1. 阿柱走访婚

这种古老的婚俗是男不娶，女不嫁。女子十五六岁，男子十六七岁即为成年，就开始结交"阿柱"。阿柱即"朋友"，纳西语最早称为"主诺主米"，即最亲密的侣伴。成年男女，通过日常接触、节日聚会、庙会等相识产生感情，即可建立阿柱关系。最初，青年男子多是悄悄走访，到约定好的地方与女子相会。如果直接到女家，常常是在夜深人静时，按事先约定好的暗号，如往房上扔石子、用小木棍轻轻敲门等，女子则轻轻地开门，将男子迎进。如果家人不反对，这个男子便可公开与女子同居，以后每至夜晚便到女家住宿，次日早晨再匆匆赶回自己的母亲家，同母亲家的成员一起劳动与生活。建立这种婚姻关系的男女，彼此不称夫妻，而互相称"阿柱"。这种阿柱婚，有的只一两夜，有的几个月，有的则长达二三十年。阿柱双方没有任何经济关系，生育的子女也都留在女方家中，成为女方家中的一员。

在泸沽湖畔，还保留一种集体结交阿柱的风俗。当一群成年男子遇到一群成年女子时，男方便高呼"阿嘿嘿"，表示愿交阿柱。女方如果同意，便也高呼"阿嘿嘿"，这时每个男人便从身上解下一件东西为信物，派一个代表上前与女人们接洽，把信物分送她们，并一一介绍信物的主人。女子如果表示愿意，便收下信物、回赠信物，拒收就是不愿意。双方交换信物后，便各自离去，此后男子便可携带信物去找女子偶居。这显然是原始氏族社会母系氏族时代群婚制的遗风。

2. 阿柱同居婚

阿柱同居婚是男子长期住在女家，不再暮宿朝归，与女家共同劳动，生儿育女，还有的是女居男家。这是对偶婚的旧俗。

在这两种婚姻形态下，男女阿柱之间并无固定的约束，可以随时分开，但后者已经是处于由母系家庭向父系家庭转变中，是向一夫一妻制过渡的萌芽。在任何一种阿柱婚中，男女双方都是平等的，不受任何约束，合则留，不合则去，来去自由。

纳西族也有一夫一妻制的婚俗。这种婚姻形态，必须由长辈主婚，托媒人说合，重礼聘娶，举行结婚仪式，宴请亲友，是社会公认的夫妻。

纳西族古老的婚姻习俗，是人类原始婚姻形态的活化石，是我们揭开原始社会婚姻奥秘的一把金钥匙。

三、港澳台的婚姻民俗

（一）香港、澳门的婚姻民俗

1. 香港的婚姻民俗

香港继承了我国传统文化及地方习俗，但由于长期受英国的殖民统治，又受到基督教的影响，其婚姻习俗呈现出一种多元文化的形态。尽管如此，传统婚俗仍然居于主要地位。

香港的婚姻形态是一夫一妻制，男女由自由恋爱而结婚，其中中国传统婚俗主要是：

（1）送嫁

婚礼的前夜，新娘的女朋友们就集中在新娘的家里，通宵达旦地欢闹，叫做送嫁。在古代的中国，女子出嫁后，很少再回娘家，因此送嫁则是与好友们的告别仪式。现在的香港女性，虽然出嫁后很少回娘家的现象已不复存在，但这种风俗习惯依然保留了下来。

结婚的前一夜，还有"上头"的风俗习惯，就是梳头发改换发型的仪式。每位母亲都要给出嫁的女儿梳理头发，喻示女儿已经成人，即要出嫁，今后一切都要从头开始，予以美好祝愿。另外有些地方还要吃汤圆，表示新婚生活又甜又圆、幸福美满。

（2）开门吉利

婚礼之日，新郎在他的亲朋陪同下迎娶新娘。新娘的姐妹在新娘家的大门口挡住去路，要想进门的话，需要付开门钱。经双方谈判交涉，谈妥之后由兄弟帮用现金付账，礼金由姐妹们共享，叫做"开门吉利"。这来源于古代中国上千年的买卖婚姻的习俗，现在则成为饶有兴趣的游戏。

（3）斟茶与拜祖先

进入新娘家门，新郎要给新娘的父母亲行献茶礼。负责倒茶的人是一个穿着黑色礼服的中年妇女，被称做"大妗姐"。新郎接过茶杯，双手敬献给岳父母，称呼爸爸、妈妈，确定翁婿关系。然后新娘前往新郎家。到了新郎家，先是拜祖先，给神台上供奉着的祖先献茶点，然后给大门口的土地神行拜礼，之后是给公婆斟茶。得到祖先和公婆的承认，从此成为这个家庭中的一员。

（4）喜勺

仪式结束后，就开始进行称为"喜勺"的结婚宴会。在此之前，来参加婚礼的亲友一般是在傍晚五点左右陆续到来，三五成群地打麻将、玩扑克牌或者唱卡拉OK、聊天。送红包一般使用称之为礼券的支票，根据亲密程度及婚礼的地点来决定。一般到晚上九点左右,新郎新娘落座上菜,宴会开始。宴会开始无致词、无演讲,专门用餐。待用餐中途上鱼翅汤时,主持人才开始致词,各席就开始巡回干杯,也开始到了"闹新人"的时间。婚礼一般持续到夜里十一点钟才结束。

2.澳门的婚姻民俗

由于复杂多样的民族和人口结构,澳门人的婚姻民俗更加丰富多彩。

(1) 上头

澳门的华人,无论贫富,结婚前夕,新郎都必须举行隆重的"上头"仪式。为男子上头者,须是老成持重、子孙满堂的尊长,或者是其父兄。古礼多是在黎明时举行,要铺席、焚香、燃烛,以示隆重。

(2) 踢轿门

迎亲之日,选定良辰准时起轿,新郎盛装在亲友陪伴下去迎娶新娘。新娘穿传统的中国新婚喜服,等待花轿的到来。花轿抵达男家门前停轿,新郎上前用脚踢轿门后,花轿开门。之后新郎上前用纸扇轻轻敲一下新娘的头,表示新娘入门以后要听丈夫的话,如同下马威,是夫权主义象征性的体现,婚后是否果真如此另当别论。

(3) 渔家婚礼

澳门从前是个渔村,渔民的婚礼仪式一般在船上举行,大摆宴席,连吃好几天。有的人家还请道士作福,在船头烧金银纸衣,祈求海神保佑,出海能够满载而归。渔家娶亲时,不用大花轿,新郎用小船去迎接新娘,新娘也不用戴凤冠霞帔。伴娘要撑起雨伞让新娘从自家的船上"过"到新郎家的船上。新娘不能穿鞋,只能穿布袜子,以免把男家"踩低"。新娘"过船"后要做的第一件事就是向长辈叩跪奉茶。

随着社会的发展,澳门人的婚礼也发生了极大变化。汽车代替了花轿,渔船也不多见了,礼仪尽量从简。当然,由于有些人的传统观念根深蒂固,在澳门还不时能够见到古老的婚嫁习俗。

(4) 中西合璧的婚礼

目前,西式教堂婚礼在澳门华人中相当流行,这种基督教徒的结婚仪式与欧美的婚礼相比毫无二致。有些华人则"中西合璧",先举行一次传统的中国婚礼,再上教堂举行一次西式婚礼。

土生土长的当地葡萄牙人有的也举行两种婚礼,但顺序和华人相反,他们先举行一次西式婚礼,再举行传统的中国婚礼。早晨先在教堂举行西式婚礼,随后,乘花车到氹仔岛和路环岛兜风,新郎把新娘送回娘家。吃过午饭后,新娘将白色婚纱脱下,换上中式的红色礼服。新郎则自己回家吃顿便饭,然后穿着中式服装到新娘家"接亲"。接下来就是拜天地、拜女方祖先等一大套仪式。礼毕,再乘车去酒楼举行婚宴。

（二）台湾的婚姻民俗

1. 移民的婚姻民俗

台湾移民更多地保留了以我国古代的"六礼"为核心的传统婚俗，但也具有鲜明的时代特色。其婚俗大体分为议婚、订婚、备婚、结婚等四个阶段，各有相关礼仪。

（1）议婚礼仪

提亲。男女青年熟识以后，如果有议婚的意向，须告知双方的父母，由父母请媒人沟通两家想要通婚之意；也有的是男女双方原本互不相识，完全由父母出面请媒人提亲者。

相亲。如双方父母同意，则可正式相亲。男方长辈领儿子去女家拜访，女方父母如相看满意，则命女儿出来敬茶。男方看到女子如果满意，则在女子收茶时送一个大红包，或在女家留宴后，以银钱压席；如果不满意则送一个小红包。这是"六礼"中纳彩礼的演变。

问庚。相亲之后，男女双方将各自的生辰八字写在纸上，称为"庚帖"，交给对方，分别放在自家的神佛像之前，天天焚香。如三天之内家中无异事、祸事发生，便是吉兆，得到祖宗神佛的允许，可以订婚。这实际上就是"六礼"中的"问名"。

（2）订婚礼仪

订婚分为"小定"和"大定"。

小定。男方选择吉日向女家下聘书，并备鹅、猪、肉、大饼等十件聘物，一同送到女家，置于祭祖祭神的厅堂内。女方也回赠礼物，置于男家的祭厅内。这意味着向神、祖禀报婚事，示尊祖敬神之意，婚事确定。这是"六礼"中的"纳吉"。

大定。男家择吉日良辰，由男子的兄长、媒人等去女家送聘金及各类聘物；女家鸣鞭炮欢迎，敬烟，献茶，送面巾擦脸，对聘金聘物只收取一部分，并以十二件礼物作为还礼。中午，男女双方各设宴招待亲友，正式宣布订婚告成。这是"六礼"中的"纳征"。

（3）备婚礼仪

乞日。定婚后，男女双方都要进行结婚的准备工作。男家将选定的结婚吉日写好，连同礼物送到女家，征求意见，称为"乞日"，即"六礼"中的"请期"。如无异议，则吉期确定。

裁衣、安床。择全福人于吉日为新郎、新娘制作白布内衣裤，迎娶之日穿用，以示清正洁白。其次，新娘要挽面，由女方尊长在焚香之后为之剪去脸上的细毛；

新郎则要理发剃头，表示焕然一新。再次是安床，床是必须顺楹而放。安床后，找一个属龙的小童在床上翻滚，象征龙凤呈祥。

（4）结婚礼仪

结婚礼仪分为迎亲和成婚两个部分。

①迎亲礼仪

吃上轿。新郎在迎亲前要在傧相、小叔、舅父等的陪同下，于厅堂吃各种吉祥字眼的十二道菜。然后在父母的带领下到祖先牌位前跪读祝文，行四拜之礼。父敬告祖宗儿子成婚大事，以酒三杯外泼，敬祭天、地、祖。之后为诫子，告诫儿子尊祖敬宗、持家敬业之事。告诫毕赐酒，儿子跪答，喝酒后起身迎亲。

迎亲队伍。前面为一对姓氏红灯，接着是八音乐队，其后的第一顶轿是媒人，第二顶轿是叔爷，第三顶轿是娶嫁轿（傧相），然后是新郎、新娘的两顶花轿，最后是抬着聘物的队伍。两顶花轿的后面各悬挂着一个画有红色八卦的米筛，分别写着"合婚两姓"、"百千子孙"字样，有避邪祝福之意。

新娘起轿。新娘在结婚这一天，穿好吉服以后也要随父母拜祖。父母在祖宗牌前告诫女儿要遵守妇道，女儿答应后饮父母所赐酒，起身等候上轿。

新郎迎亲队伍到达女家后，由新娘的哥哥或弟弟迎接。新郎向岳父母行三跪拜之礼，说："受父命来迎娶，今听岳父之命。"岳父等答词说："我的女儿从此听命于你。"新郎再行二拜之礼后，父亲为女儿覆上头盖，父母扶女儿上轿，迎亲队伍鸣鞭炮返程。行前，父亲将一碗清水泼在轿上，新娘要从轿上扔纸扇一把，示意嫁出去的女儿泼出门的水，扔扇则是"放扇，不相见"，都是希望女儿永居夫家、白头偕老之意。

②成婚礼仪

新娘入门。迎亲队伍回男家后，待吉时新娘出轿。新郎的弟弟或亲属男孩手持两个蜜柑迎接，新娘两手摸蜜柑，寓示今后生活甘甜如蜜。之后新娘由全福人搀扶从高举的米筛下走过，谓之"过米筛"，以避邪；脚踏红毡或布袋，寓示走红运、传宗接代。过门时跨马鞍、迈火炉，寓示日子平安红火；踏破新瓦片，叫做"破瓦"，与处女"破瓜"谐音，寓示交媾生子。

拜堂与入洞房。新郎新娘进入厅堂后，行拜堂大礼，拜天地、夫妻对拜，但不拜父母。拜堂之后即入洞房，在洞房中行合卺礼，即喝交杯酒，寓示夫妻一体，共创幸福未来。新郎新娘坐床，由几个孩童向床上撒铜钱、糖果，名曰"撒帐"。在床上，新郎新娘"结发"，表示终生永不分离。

新娘两天不出房，直到第三天早上，才盛服出厅，与新郎一同向外拜天地，向内拜祖宗，之后拜父母。行四拜之后，新娘才称公婆为父母，叫做"三朝祭拜"。之后，新娘向家族中的尊长及兄弟姐妹敬茶，受茶的父母兄弟等人要为新妇行"压茶瓯"之礼。

现今的台湾青年男女，也有许多人穿婚纱、西装，乘汽车，进教堂，以外出旅游等现代方式结婚，也有的是集体结婚。即便是按传统方式结婚的也穿现代服装，以汽车代替花轿，体现了时代的变化。

2. 高山族的婚姻民俗

高山族的婚姻是一夫一妻制，男子是一家之主，但在一些地区还保留多种形式的母系氏族婚俗。

高山族的青年男女，到了结婚年龄，父母就让他们另室居住。每当夜幕降临，青年小伙儿就来到姑娘住室的外边，用自制的鼻箫或口琴，吹奏倾诉衷肠的曲子。如果姑娘爱上了这个小伙子，就用口琴与他唱和，或把他请进室内谈情说爱和留宿。天未明时，小伙子则早早离去。自此宵往晨返，累岁月不改。待姑娘生下孩子，告知她的父母，为她准备结婚之事。同时，男方家知道之后，也积极准备。结婚之时，姑娘在亲友的陪同下，一路吹打欢笑，去男家迎亲。接到新郎后，携手同归娘家，两家父母在一起饮酒祝贺。三天后，邀请朋友欢宴。男人们腰围鹿皮，头束草箍，上插鸟羽，臂戴铜镯或竹圈；妇女们穿自织自制的彩布筒裙，头戴插满野花的草箍或布帽，颈间挂着玛瑙或螺贝项链。人们不断地为新郎新娘道喜祝贺，尽情喝酒、歌舞。

婚后，男子留在女家，与妻子的家人一起劳动，共同生活，常年不归。由于是男子"出嫁"到女家，所以儿子对自己的父亲不再有赡养的义务，也不得继承父亲的财产。他所创造的财富和所生的子女，全属于妻子的家族，孙子往往不知祖父是何人。因此，高山族"俗重生女不重生男"。这种"男嫁女家"的婚俗，是属于母系氏族对偶婚的婚姻形态。如果这一对夫妻婚后感情不合，无论有无子女，也可以与妻族中的其他人互换，也可以再另找其他家族中的女子。这则是更古老的群婚制的遗风。

有的高山族村社中，青年男女结婚一个月后，女子去男家洒扫屋舍三日。虽然只有三天，也反映了这是一种由母系婚姻向父系婚姻过渡的开端。

还有许多高山族村社，完全是女嫁男家，男子为一家之主，甚至由父母包办儿女的婚姻。这则是一种封建婚姻形态了。当今，更多的高山族人则是顺乎时代的潮流，自由恋爱结婚，过着男女平等、一夫一妻制的家庭生活。

第三节　亚洲其他各国的婚姻民俗

一、日本的婚姻民俗

日本男女相识而成婚一般有两种形式：一是"见合婚"，即由媒人介绍而成；二是"恋爱婚"，即男女双方自由恋爱而成。其婚姻形态主要是"嫁入婚"和"婿娶婚"。"嫁入婚"是男方娶新娘，婚礼等都是在男方一面举行；"婿娶婚"是女方娶新郎，婚礼等都是在女方一面举行，男方要住在女家，为之劳动，要等有了子女才能将妻子接回自己的家中。

日本的结婚方式丰富多彩，但传统的"神前结婚式"最为流行。仪式是在神社的神殿举行，现在也有在大饭店设临时神殿举行的。日本的婚礼与中国婚礼的一派喜庆气氛不同，是在庄严、肃穆的气氛中举行。其程序一般为：先是举行"修禊式"，即在神前去污，以示圣洁。二是"启奏祝词"。由司仪的神职人员向神报告两人结婚之事。三是"三献之仪"。新郎新娘在神前对饮三杯酒，类似中国的"合卺礼"、"交杯酒"，表示永结同心。四是"奉上誓词"。新郎新娘在神前宣读结婚誓词。五是交换结婚戒指，表示夫妻身心相连。六是"玉串奉奠"。"玉串"是杨树或桐树小枝，带有七八片叶，缠以白条的神物。新郎新娘手捧"玉串"敬献给神，祈祷幸福吉祥。最后是"亲族杯之仪"。双方亲族互相换杯对饮，表示结成亲家，互相祝贺，神前婚礼结束。

此外，还有"佛前结婚式"和"基督教结婚式"。信奉佛教的人多举行"佛前结婚式"。其基本程序是：新郎新娘及众亲友在祭主引导下进入佛堂，朗读"敬白文"，向祖先报告结婚之事；祭主向新郎新娘授念珠以示祝福；新郎新娘烧香拜佛；新人交杯誓婚，众人举杯祝福。最后全体双手合十退堂，婚礼结束。基督徒则多在教堂中举行结婚仪式。其基本程序是：由牧师引导，唱赞美诗，读《圣经》、婚约，交换结婚戒指，祈祷，合唱赞美诗，退场结束。

现代日本还流行"人前结婚式"。其仪首先是亲朋入场，然后媒人带新郎新娘入场。司仪向大家宣告两位新人结婚，并简单介绍新人恋爱经过；新郎新娘读结婚誓词，在结婚证书上签字，交换结婚戒指；全体干杯祝贺，婚礼结束。

婚礼结束，举行"披露宴"。结婚典礼只是双方父母和近亲参加，"披露宴"即是向大家公布结婚大事，所以朋友、同事、同学、远亲都被邀请参加。宴会上，主持人或媒人报告新人恋爱经过，介绍双方亲族，主宾致词，新人致谢，双方家长致谢，宴会结束。

二、泰国的婚姻民俗

泰国实行一夫一妻制。年轻人追求自由恋爱、自由婚姻，但在农村仍然保留着传统的婚俗，存在一夫多妻现象。

传统婚俗，一般是由媒人介绍，双方父母决定。经过媒人介绍后，要请和尚推算男女双方的生辰八字，命相相合才能订婚。订婚后，男方须向女方家赠送彩礼。

泰国人很重视结婚日期的选定，必须要择吉日举行婚礼。一般都是选择双月，但八月因是守夏节的第一个月，不宜结婚。"九"在泰语中有"发达"的意思，所以九月是结婚的吉月。在一周内，周二、周四、周六是不宜结婚日。

婚礼大典设在黄昏，其仪式体现出浓厚的宗教内涵。首先是由和尚为新人念吉祥经，之后举行"洒水礼"。由长辈先将双喜纱圈戴在新郎新娘的头上，从法螺中取"圣水"洒在新人的身上，进入洒水间。洒水的房间放有佛像及国王和王后的御像。新人穿白色婚礼服，头戴双喜纱圈，燃香、拜佛，然后面向东坐在榻上。主持仪式的和尚一面念经一面把圣水洒在新人头上，并让两位新人牵起手来，表示他们已经成为夫妻，祝他们吉祥、白头偕老，之后由长者取下新人头上双喜纱圈。洒水礼结束后，举行祭拜祖宗神灵仪式，新郎新娘举起左手交握，跪地拜祖三次。接着新郎跪拜岳父母及女方长辈，岳父母等向新人赠送礼物，并祝百年好合。之后举行"铺床仪式"，由德高望重、儿女双全的老年夫妇为之铺床，摆放一些有象征意义的东西，祝吉祝福。但铺床仪式之后，新娘不能马上进洞房，新郎要空守洞房3~7夜不等。守房结束后，由岳父母将新娘送来，婚礼才算正式结束。

三、印度的婚姻民俗

印度主要是实行一夫一妻制，少数富人有一夫多妻的现象。由于受传统的影响，现代印度婚姻仍然受种姓制度的制约，讲究门当户对。古代印度盛行早婚，女孩子一般在6~8岁就可能被父母嫁出为他人之妇，实际上就是童养媳。现今印度基本上废除了这一陋俗，但在偏远地区仍不罕见。印度从古代时即盛行妆奁之俗，印度教家庭嫁女必须要给新郎家一笔不菲的奁资，同时承担婚礼费用。如果奁资不足，新娘婚后则可能受到虐待。在有些地方，也有男方家给女方家彩礼的。总之，财富观念在婚姻中有重要地位。

印度的婚礼，因民族和地域及宗教信仰的不同而异。如印度教徒婚礼的仪式：新郎为新娘戴手镯，之后双双绕"圣火"转圈，认为圣火可以烧掉一切邪恶，保佑新人未来生活幸福，这是古代火崇拜的遗留。结婚之日，新郎要用朱砂粉在新娘的额头上点一红色的圆点,俗称"吉祥点"。点红并非为了美观,而是向世人宣布她已经结婚,而且丈夫健在。如果丈夫故去,红点便要抹去,如果再婚则另涂。据说此俗原是用畜血喷溅新娘之脸,以示欢迎和驱邪,后来逐渐演变成涂红点之俗。

印度锡克人的婚礼非常简朴,多为集体婚礼。此外,印度多数民族的婚礼都举行盛大婚宴,招待亲朋,以示喜庆。

四、巴基斯坦的婚姻民俗

巴基斯坦的全称为巴基斯坦伊斯兰共和国,位于南亚。国土面积约 80 万平方公里。首都为伊斯兰堡。现有人口约 1.8 亿(2012 年),居世界第六位。主要有旁遮普族(63%)、信德族(18%)、帕坦族(11%)、俾路支族(4%)等民族。

巴基斯坦的婚俗除受伊斯兰教法约束外,也深受印度教婚俗和其他各民族婚俗的影响,有些地方的婚俗几乎与 15 世纪差不多。

巴基斯坦的婚姻制度提倡一夫一妻,允许有限制的一夫多妻,一个男子最多可以娶四房妻子。由于伊斯兰教并不禁止堂兄弟姐妹、表兄弟姐妹之间的婚姻,所以家族内和表亲内通婚相当普遍,在不少地区还流行弟娶寡嫂、姐死妹填的古老婚俗。同时交换婚在巴基斯坦也很流行,即男子娶妻时必须将自己的姐妹或家族中的其他姑娘嫁给女方的兄弟或亲族。交换婚很少考虑男女双方年龄是否相当,往往发生妙龄少女嫁给白发老翁或未成年男童的现象,有时甚至发生岳父娶女婿姐妹的怪事。

伊斯兰教认为婚姻是男女穆斯林之间的一种契约,缔结婚姻时,必须按教规举行念"尼卡罕"仪式,订立婚约。"尼卡罕"源于阿拉伯语,意为结合,其实只是男女双方在主婚人和证婚人面前公开缔结一项永久性的契约,结成甘苦与共的生活伴侣。其仪式:首先由阿訇诵《古兰经》并询问男女当事人的意愿;其次由两名证人当场作证;第三,女方当着主婚人和证婚人的面表示愿意嫁给某男为妻。双方除口头表示外,还要填写正式婚约,一式四份,相关之人在上面签字。在举行念"尼卡罕"仪式时,如果男女任何一方表示拒绝,婚姻便立即宣告作罢。

五、以色列的婚姻民俗

以色列的全称为以色列国,位于亚洲西部巴勒斯坦地区。国土面积 1.49 万平方公里。首都为特拉维夫。现有人口约 770 万(2011 年)。居民中 75%为犹太人,20%为阿拉伯人,4%为其他民族。

以色列的婚姻习俗深受宗教影响,处处打上宗教的烙印。犹太教禁止与异族通婚,因此,犹太人的内婚习俗长期存在。在以色列国内,直至现在也不允许与异族结婚，但在国外与异族结婚者，予以承认。与之结婚的异族必须像以色列人一样行割礼，要接受犹太教。近现代的犹太人实行一夫一妻制，其婚姻习俗包括订婚仪式和结婚典礼两部分。

经媒人介绍，如果男女双方同意则举行订婚仪式，双方要签署订婚协议书。其内容包括双方结婚的条件，举行婚礼的时间、地点，双方的财产责任，包括新娘的嫁妆和无充分理由而解除婚约的一方应支付的罚款数目等。在订婚仪式上，男女双方依次喝一杯葡萄酒，然后小伙子对姑娘说："按摩西和以色列法律，你已经与我订婚，请带上这枚戒指。"姑娘同意后，小伙子为她戴上。它被视为男方给女方聘礼的一种象征。之后打碎一只大盘子，订婚仪式结束。

在举行典礼的前一个安息日，新郎至犹太教堂诵读《托拉》（宗教经典）。其时，人们向他扔稻、麦、糖果，表示祝福。新娘要在前一个晚上沐浴。典礼前新郎新娘不允许见面。如果新郎是孤儿，必须在前一周去拜谒父母的墓地，以示告父母在天之灵。

结婚典礼要择吉日举行。周一不好，周二最合适，因为这一天上帝讲两遍"天很好"。典礼在新娘家或教堂举行，由新郎新娘的朋友们手撑着四根柱子搭起的婚篷，上面盖着鲜花和祈祷披巾。结婚典礼上，新郎穿白色长袍，头戴无沿圆帽；新娘身穿艳装，佩戴各种首饰。现今新郎也常常穿西装，新娘披白色长婚纱，象征纯洁。婚礼宣布开始，奏犹太乐曲，新郎新娘在双方父母的陪同下来到婚篷下，面向耶路撒冷站好。主持婚礼的神职人员比拉及两位证婚人皆同在。比拉面对一杯酒，诵读婚礼祝词，然后新郎新娘同饮这杯酒；饮光后，新郎用脚把杯子踩碎。婚礼上踩碎酒杯和订婚仪式上摔碎盘子之俗，都是表示追忆昔年圣都、圣殿陷落的悲惨情景，不忘犹太人亡国的伤痛。饮酒礼之后，新郎新娘遵照"同处"的古俗，在一个房间稍留一会儿。因为按照旧俗，新郎新娘在婚礼之日要禁食，这时可以稍吃些食品。随后，新郎新娘接受亲朋好友的祝福，结婚典礼结束。接着是宴会，宴请亲朋好友。

第四节　欧洲各国的婚姻民俗

一、俄罗斯的婚姻民俗

根据传统的俄罗斯婚俗，男方的父母或媒人去女方家提亲。如果女方家长同意，就算是订婚。双方家长商妥后，开始筹备婚礼。新娘去参加婚礼前，要告别自己的闺房。如果亲人已经去世，就要去墓地向亲人的坟墓告别。还要举行与女友们告别的晚会，把辫子梳成两部分，意味着她将进入一个陌生的环境，那里的生活对她来说是不容易的。

婚礼那天，新郎和朋友们一起来迎接新娘。准备两辆马车，一辆专载新人，另一辆供女方亲属乘坐。车上要铺羊皮，雪白的羊毛象征着爱情纯真、婚姻美满。迎亲马车要避开大道抄小道，不走直路走弯路，为的是"甩掉魔鬼的跟踪"。在新娘家门口，一群少年会拦住迎亲队伍，索要"买路钱"。这时，主婚人将糖果撒向人群。

新郎在新娘双亲陪同下进屋与新娘见面。新娘的父亲立即向门窗缝里敲入铁钉，"以防魔鬼窥视"。之后就是与亲人告别。新娘起身来到壁炉前，告别从小给她温暖和快乐的壁炉，然后向双亲告辞。母亲把大别针挂在女儿的衣裙上，让她带走娘家的智慧和财富。

新人在教堂举行婚礼，然后来到新郎家。一位身着民族服装的姑娘端着一个大圆面包和一小盅盐，迎上前来。两位新人各掰下一小块面包，蘸一点盐，敬献父母，感谢养育之恩。然后再掰下一块，塞进对方嘴里，表示夫妻恩爱。喜庆宴席开始前，新郎还要表演一个节目：他走到院子里一堆圆木墩前，抡起斧头，一阵劈砍，圆木变成了一堆劈柴。围观的人们齐声喝彩："姑娘真有福气，找到一个会当家的好丈夫。"男傧相举起酒杯，抿了一口："这酒好苦啊！"在众人异口同声的"苦啊!苦啊!"喊声中，新郎新娘拥抱，交换"甜蜜"的吻。接着又会有人喊："苦啊!""苦啊!""苦啊!"新郎新娘就得不断地起立、接吻。

酒席散去，新人步入洞房。男方的亲属早已把一袋小麦和一桶饮料搬入洞房，象征新人丰衣足食。一天或几天后，新婚夫妇和客人来到新娘家，丈母娘宴请新女婿。

二、英国的婚姻民俗

在英国，男方可先向女方表示爱慕之情，但在得到她的肯定后必须立即告知其父母。一旦双方感情成熟，便可宣布订婚。订婚时男方要买订婚戒指，戴在女子左手的中指上。

英国多数家庭是通过合法婚姻组成的，婚礼仪式大多也是在教堂举行。在仪式上，新郎穿着礼服，由男傧相陪同，站在圣坛前等候。新娘则身穿白色婚纱、头披白纱，伴随着《婚礼进行曲》的乐声，挽着她父亲的手臂，由女傧相（伴娘）引导徐徐走向圣坛，后面有侍童殿后。新娘来到圣坛的前面，新郎站在她的右边，男傧相则站在新郎右边稍后的地方。新娘的左边是她的父亲（如父亲已故，可由哥哥、叔伯等代替）。伴娘及侍童们则站在这对新人的后面。举行仪式时，牧师先问:"是谁把这个女人嫁人?"新娘的父亲答"是我",之后便在就近座位上坐下。然后牧师问男女双方是否愿意结为夫妻,一直到死永不分离?两人分别回答"是"。之后新郎给新娘戴上戒指。牧师祷告说过"阿门"后,新婚夫妇由至亲及主要宾客陪同进入祈祷室,签署登记簿。礼毕,新娘挽着新郎的右臂,伴着《婚礼进行曲》步出教堂。此时,亲友向他们抛洒米粒或彩纸屑,以示祝福。

婚礼后通常要举行新婚招待会,内容可繁可简,但一个大蛋糕总是不可缺少的。第一块蛋糕要由新娘切下。招待会接近尾声时,新人先离席,回房间换上旅行装,然后再出来向客人及亲友们告别,开始蜜月旅行。度蜜月是英国各地青年结婚的重要内容之一。他们把积蓄下来的钱用于旅游,而结婚后去旅游便称做度蜜月。这原是古代的习俗。按英国传统习俗,新婚之时要饮用一种用蜂蜜特制的饮料,用来象征家庭美满、爱情甜蜜和生活幸福。这种饮料从结婚开始要喝30天,因此就把新婚第一个月称做蜜月了。

英国人对结婚纪念日比较重视,并逢五逢十地分别取了名字。其中最为重要的有:"银婚"(结婚25周年)、"金婚"(结婚50周年)和"钻石婚"(结婚75周年)。

三、法国的婚姻民俗

按照法国的婚姻习俗,婚礼一般要举行两次。在巴黎,如果在星期二、星期四和星期六上午举行婚礼,是免费的;其他时间举行婚礼则应该交一些费用,用于当地的慈善事业。市政府办事机构可以向新郎新娘提供可用场所的名单,以供选择。

世俗婚礼一般在婚礼弥撒之前举行,或在婚礼弥撒前一二天举行。除新郎新娘外,世俗婚礼上只有双方父母亲、至亲和证婚人。证婚人一般由新郎新娘各选出两个人来担任,不过现在一般新婚夫妇只是各选一位证婚人。证婚人可由新郎新娘的亲戚担任,好朋友、直接上级、重要人物,或者是新郎新娘的叔伯、兄弟或姐妹都可以担任证婚人。被选作证婚人者是很难推辞这份荣誉的,不过可以不参加婚宴和迎宾。举行婚礼时,证婚人应该送一份比一般客人更重的礼物。按礼仪规则,证婚人应在新郎新娘之前赶到市政府相关部门,让新郎新娘等候是很失礼的。证婚人站在新郎新娘后面。仪式结束后,新郎要给市政府有关工作人员一些钱,表示谢意。

举行完世俗婚礼后,再到教堂里举行一次宗教婚礼。对于真正虔诚的天主教徒来说,新娘要在宗教仪式后才配得上"夫人"这个称号,此前都应称新娘为"小姐"。仪式结束后,新郎新娘和迎亲者进入教堂结婚登记室,新郎新娘在结婚证上签字,接受亲友的祝福。

由于忙于婚礼，新郎新娘和双方父母亲都很累，所以祝福的话语及方式尽量简捷。握握手，说声"衷心的祝福"、"恭喜恭喜"等祝贺语，或者加上一句如"真漂亮，你真是美极了"的赞语。除了新娘的亲朋好友外，一般客人是不能亲吻新娘的。新郎新娘在其他不认识的客人面前，微笑着点点头即可。

四、德国的婚姻民俗

德国是以信奉基督教为主的国家。每对结婚的男女青年基本上都要经历所谓的婚姻"三步曲，即先去结婚登记处办理登记，然后上教堂举行婚礼，最后是庆贺婚礼或新婚蜜月。不过，一些乡村至今还保留着传统的独特婚俗。

男女青年确定婚姻关系以后，一般都要举行订婚仪式，告知双方的亲朋好友。订婚时，男女双方交换订婚戒指，并相互给对方戴在左手中指上。待结婚时再换到右手无名指上。订婚后，双方商定日期到结婚登记处登记，即成为合法夫妻。德国人结婚一般都上教堂举行婚礼，这被认为是美满婚姻的开始。

教堂婚礼比较隆重，新娘身穿白色婚纱礼服，手捧鲜花，新郎则身穿深色西服，接受神父或牧师的祝福，并互换戒指。婚礼开始时，新郎站在圣坛前等候新娘，新娘则挽着父亲（或哥哥、叔叔）的手臂，在《婚礼进行曲》的伴奏下缓缓走近新郎，两人并排站立，行礼如仪。婚礼结束后，一般还要举行新婚宴会，可以是冷餐会或较丰盛的茶会，有的还举行婚礼舞会招待亲朋好友。

德国还有一种奇特的庆婚、闹婚方式。在结婚前一天的晚上，前来祝贺的亲朋好友要在新婚住宅门前拿出陶瓷器皿往地上摔。据说陶瓷制品的碎裂声可以吓跑鬼怪，带来幸福，幸福会像地上的碎片那样无穷无尽。但绝对不能摔玻璃器皿，因为德国有句俗语："幸福如玻璃。"玻璃器皿碎了就等于幸福被破坏了，是不吉利的。

另外，在德国的黑森林地区，新婚夫妇在举行完教堂婚礼后，还要在教堂门前举行一次独具匠心的"婚礼"，它的内容就是锯树墩。一个又粗又大直径半米左右的树墩摆放在教堂广场正中，新婚夫妇要用一把双人拉锯一口气把树锯断，然后共饮一杯贺酒。这一锯树习俗表示新婚夫妇同甘共苦、齐心协力地共建家园。

五、西班牙的婚姻民俗

西班牙人的婚姻习俗是多姿多彩的。在卡斯蒂利亚、莱昂等地区的农村有一种民间组织叫做"青年协会"。若发现有异乡人向本村姑娘求爱，协会成员便密切注意。如果异乡人与姑娘相爱了，他们便在晚间加强巡逻，并按"规定"向异乡小伙子"征税"。"税金"通常用钱币或葡萄酒来代替。每逢喜事来临，协会负责聘请乐队，安排活动日程。婚礼那天，会员们得先轮流与新娘跳舞。

在安达卢西亚，小伙子向姑娘求婚，必须表现出十分的真诚。他们经常在夜间来到姑娘家窗前，隔着栅栏向心上人吐露衷情，有时一直待到深夜才离去，就这样锲而不舍，直到把心爱的姑娘追求到手。

西班牙农村有一种奇特的"闹新房"形式，对象是再婚的鳏夫。在其新婚之夜，村民们由青年人带头，用罐头、铁锅、颈铃等作乐器，向他献上一台噪声震天的音乐会，用这种特殊的形式祝福他再婚幸福。

第五节　美洲各国的婚姻民俗

一、美国的婚姻民俗

美国的婚姻风俗千差万别，但大多数人还是按基督教的教规举行婚礼。在举行婚礼前要先订婚，然后发请帖给亲朋好友。

婚礼仪式一般在教堂举行。参加婚礼的人伴着《婚礼进行曲》进入教堂。新娘手持一束鲜花和她的父亲最后进来，父亲要把她交给新郎。而新郎则要从侧门进入教堂。当一行人聚集到教堂的圣坛前时，在牧师的主持下，新娘和新郎互相表达誓言。常用的结婚誓言是："从今而后，不论境遇好坏、家境贫富、生病与否，誓要相亲相爱，至死不分离。"宣誓过后，二人交换戒指。通常把戒指戴在左手无名指上。

结婚仪式之后，新郎新娘乘坐汽车离开教堂，汽车上装饰有气球、彩色纸带之类的东西。"新婚燕尔"几个字常写在汽车后面的行李箱上或后玻璃窗上。新娘新郎从客人撒下的雨点般的生大米中跑向汽车。当新人开车离开教堂时，朋友们常常开车追赶他们，不停地按喇叭，以引起他们注意。按照习俗，在婚礼之后，通常会举行宴会，叫做"喜宴"。宴会上的客人向新婚夫妇表示祝贺。婚礼的一切程序结束后，新人直接就去度蜜月了。

如今，有些年轻人选择自己喜欢的婚礼仪式。他们双双来到公园里、森林中、海滩边、山顶上，尽情享受大自然之美。在那里，他们自己谱写婚礼乐曲，朗诵自己所喜爱的诗句，互诉衷情。有的爬到高山上，光着脚举行婚礼，有的举行马拉松赛跑婚礼，还有的带着氧气瓶潜到大海里举行婚礼。他们以最新奇、最有特色的方式谱写自己人生中最有纪念意义的幸福篇章。

二、加拿大的婚姻民俗

(一) 移民的婚姻民俗

加拿大人喜欢在 5 月到 9 月这段时间举行婚礼，尤其爱在 7 月份喜结良缘，而且婚礼仪式多选在星期六这一天。在这期间，城乡教堂从早到晚传出悦耳的《婚礼进行曲》，新郎新娘乘坐的彩车队徐徐行驶，围观的人们报以热烈的掌声和欢笑声，相遇的车辆鸣喇叭表示祝贺。加拿大人喜爱鲜花，教堂、宴会厅、新房都要用玫瑰花、兰花、百合花装扮，色彩艳丽、浓香扑鼻。

加拿大人的婚礼仪式是在教堂里举行的，仪式内容同欧洲国家大体相似。其中，加拿大新婚夫妇相互赠送的戒指内侧刻着各自姓名的缩写字母和结婚日期，双方视为珍品而留作永久的纪念。教堂仪式结束后，新婚夫妇要乘坐装扮得花枝招展的彩车沿着繁华地区走一圈，以此向世人宣告他们婚姻的美好开端。随后到风景秀丽的公园或名胜游览地拍摄新婚合影照片。

加拿大人的新婚宴会一般都选在晚上举行。先是非正式的酒会，接着是正式的冷餐和热餐，气氛热烈，场面隆重。加拿大新婚夫妇也有婚后蜜月旅行的习惯。由于加拿大冬季漫长，因此，经济条件好的人大多喜欢到加勒比海诸岛或美国的佛罗里达州去度假，尽情享受阳光、沙滩和海浪；而收入不丰者则大多到国内的风景胜地游玩，如魁北克的劳伦欣山区、落基山脉的路易斯湖等地。

(二) 因纽特人的婚姻民俗

在加拿大的多种婚俗中，值得一提的是因纽特人的"抢亲"习俗。因纽特人的婚礼日期多选在隆冬季节，因为这段时间经常大雪封门，无法外出捕鱼或打猎。举行婚礼的那天，男子偷偷隐藏在女方家附近，一旦有机会，便将姑娘"抢走"。姑娘自然知道小伙子在门外挨冻，为了考验他是否忠诚，故意深居内室，让他难于"抢"到手。聪明的小伙子，总是用计谋将姑娘引出家门，达到"抢"人的目的。如果婚礼选在夏天，小伙子可以钻进女方家，扯着姑娘往外跑，姑娘佯装不从，家人视而不见。

因纽特人婚礼异常简朴，新郎新娘叩拜家族长老、父母兄弟、亲朋好友等，大伙吃一顿鱼肉饭、喝一碗鱼汤，纵情跳一阵舞，婚礼宣告结束，客人各自离去。

三、巴西的婚姻民俗

巴西人的结婚年龄一般为：男子 24～26 岁，女子 19～20 岁。婚姻大多是同一阶层的不同家族之间的结合。合法婚姻有两种：一种是在政府登记，另一种是到教堂登记。但有些中产阶级和上层人士为在财产处理上有法可依要到政府去登记，而出于宗教信仰又要到教堂去登记，从而举行两次婚礼。在一些偏僻乡村，因为一时无法登记结婚而要同居者，必须由双方家长同意方可。等有关神职人员巡视时，再为这些已成婚的夫妇登记，举行集体婚礼。

根据巴西婚嫁的传统习惯，男女双方结婚，男方无须聘礼，只准备一对戒指，准时到教堂举行婚礼就行了。而女方则要担负结婚时所用的一切费用，如操办婚礼的事务费、教堂的使用费、新房的布置费等。有钱人家的闺女出嫁，除了丰厚的嫁妆外，还要陪嫁楼房住宅。陪嫁的财产越多，越能显示出女方家庭的富有和女儿的尊贵地位。在比较贫穷落后的乡村，婚嫁并不那么讲究，一般都是女方嫁到男方去。聘礼、陪嫁很简便。婚礼也很简单，大都是请喝一些甘蔗酒就行了。

男女双方结婚以后，妻子一般不到婆家去住，而是同自己的父母住在一起。有的女婿干脆也搬到丈母娘家来住，但女婿要负担生活费。

妇女在法律上有一定的保障。一旦离婚，男方要按时付给对方生活费和未成年子女的教育费，同时女方有权向富有的男方要求平分财产。在法庭上，往往妇女是胜利者。

四、墨西哥的婚姻民俗

墨西哥的印第安人婚俗特色十足，他们在爱情、婚姻和家庭方面，至今还保留着一些古老的传统习俗。

在墨西哥东南沿海地区，如果某个男子一身穿戴有五种颜色，就表示他正在求爱。这五种颜色分别为：头戴白沿黑顶的礼帽，身穿蓝色西服，配以黄色领带，手拿红色手帕。

分布在墨西哥北部的塔拉乌马拉人长期住在山区，性格豪放。在男女恋爱结婚方面，女性比较大胆泼辣。在爱情生活上，女方往往采取主动。如果姑娘往一个小伙子家里扔石子，就表示她看中了这个小伙子。还有一种方式，就是过"特斯吉纳达"节时，姑娘可以去抢小伙子头上裹着的汗巾或脖子上的项圈，然后赶紧跑开。如果小伙子在姑娘后面紧追不放，就表示他已同意这门婚事。他们就可以双双来到部族长老处，要求为他们证婚。

奥尔梅克族一些部族的婚俗也别具风格。其中的皮林达斯族主要散居于中部墨西哥州的荒僻高原，他们对婚姻的态度十分严肃，尽量避免轻率或过早结婚。当小伙子向姑娘求爱时，她必须经过一年的考虑才答复。一年后，如果姑娘答应，他俩便可通知双方家长，举行订婚仪式。

第六节　非洲及大洋洲各国的婚姻民俗

一、埃及的婚姻民俗

埃及的婚姻习俗因宗教信仰、地域、经济、教育和环境的差异而有所不同。城市青年主要是通过自由恋爱选择配偶,但父母的意见具有举足轻重的作用。农村依然是遵从父母之命、媒妁之言。双方十分看重对方家庭的名望、经济状况和社会地位以及本人的名声。议婚时男方及家属去女方家,女方要亲自上茶,双方的男性共念《古兰经》开篇章。然后商议彩礼数额和结婚日期,择日举行订婚仪式。订婚仪式可以在男方家或公共娱乐场所举行。女方身着鲜艳纱裙礼服,佩戴男方赠送的首饰、戒指,与男方共坐在大厅,接受亲友们的祝福。订婚后可以双双出现在公众面前,共筑爱巢;如果反目,也可以解除婚约。

埃及人的婚礼,无论城乡都非常热闹,充满喜庆气氛。在农村是按传统习俗举行婚礼。婚礼前一天,新郎家在房前搭起帐篷,接受亲友们的贺喜;新娘要沐浴洁身,用粘糖除去脸上的汗毛,更换新衣,梳妆打扮。第二天傍晚,新郎在众人的陪同下,奏鼓乐去迎接新娘。新娘母亲端出用米和鸽子肉做的晚饭让一对新人吃。米饭代表多子多孙,新郎吃了饭表示已经接纳了新娘,两个人的幸福生活由此开始。这一天男方家也盛宴招待来宾。当通宵达旦的活动结束后,新郎新娘在众人的拥簇下走入洞房。旁边的人向新郎新娘身上抛大米,新郎的母亲或姊妹向他们身上淋洒点水,祝福他们多生孩子、生活美满。进新房时要先迈右脚,以求真主赐福。

城市人的婚礼近同西方,既有传统的民族风俗,也接受西方婚礼的影响。婚礼在晚间举行。新娘身着白色婚纱,新郎身着西装。特邀舞女在迎新队伍前边走边舞,另有歌女和众人在队伍两边唱民间的迎新歌。新郎新娘进入婚礼大厅后坐在特定的位置上,接受众人的祝贺,或和大家一起跳舞。之后举行宴会感谢亲友的光临,婚宴一直持续到次日清晨。

埃及人近亲结婚的旧俗还在流行,尽管有现代科学潮流的冲击,但传统的观念根深蒂固,即使是大学毕业的知识分子,表兄妹结婚也绝非罕见。

二、南非的婚姻民俗

南非的全称为南非共和国,位于非洲大陆最南端,是非洲最大的经济体。国土面积 122 万平方公里。首都有三个：行政首都茨瓦内（原名比勒陀利亚）、立法首都开普敦、司法首都布隆方丹。现有人口 4910 万（2010 年）。原住民为黑人，主要有祖鲁、科萨、斯威士、茨瓦纳等 9 个部族，占总人口的 69.3%；移民以具有荷兰血统（57%）或英国血统（39%）的阿非利卡人为主，占总人口的 19.1%；混血人种和亚裔分别占 9.0% 和 2.6%。

南非人的婚姻，从前多是由家庭或部落长老包办。现在的婚姻完全是自由的。南非人认为男女相爱是个人的私事，只要双方相互看中，便可以订婚。当然，对于这一人生大事，也会征求父母的意见，以期获得他们的支持与祝福。

受西方文化影响，南非人的婚礼多数是在教堂举行。应邀出席的是双方的家庭成员和亲朋好友。婚礼通常是由神职人员主持，在经过例行的宗教礼仪后，即被宣布为合法夫妻。证婚人在婚书上签字，男女双方交换戒指，并相互亲吻对方，婚礼结束。但有些人在举行通常的婚礼后，往往还按本民族的习俗再举行一次传统的婚礼。不论举行哪一种形式的婚礼，仪式结束后，新婚夫妻都要举行庆祝酒会，招待前来祝贺的亲友。此后，大多数新婚夫妇都会外出度蜜月，在新的环境中尽情享受爱情的甜蜜。

南非人的传统婚俗，男方要向女方奉送聘礼。当部落里的一个男子看上一位女子以后，他须向女子的父亲或监护人送去一定数量的牛作为聘礼。如果对方收下了他的牛，就意味着同意了这门亲事，就可以把这个女子娶回家去。这种以牛为聘礼的迎娶礼仪称为"洛勒拉"。就连南非总统曼德拉与格拉萨·马歇尔结婚时，曼德拉还是按传统习俗给她的娘家送去一头牛作为聘礼。

三、澳大利亚的婚姻民俗

澳大利亚人的婚礼只能在周一、周三、周五、周六约定的时间内举行。婚礼礼堂的场面不大，只能容纳下新郎新娘和十名客人。因此，准备结婚的男女，其婚礼要提前预订。要在 1～6 个月前通知婚礼主持人，并且要填写一张预定结婚通知书。婚礼主持人必须是在政府注册的有资质者，不是任何人都有资格的。婚礼主持人在接到结婚预定表之后，递交给州一级的出生、死亡、结婚登记署，在 15 个工作日内予以登记。

婚礼仪式的程序很简单：首先是新郎、新娘各自宣誓，保证他们已经超过 18 岁，没有其他的非法婚姻关系，互相间没有被法律所禁止结婚的血缘关系。然后，两人在宣誓书上签字。接着是新郎、新娘在主持人的问话下向对方发誓，诸如"我真心爱她（他）"、"愿意与他（她）结婚"之类。之后，两人交换结婚戒指。仪式结束后，婚礼主持人将结婚证书交给双方。和欧洲的传统婚俗不一样，婚礼不是在教堂中由神职人员主持，但基本程序大体相似。

澳大利亚人的家庭是多种多样的，有核心式家庭，也有几代同居的家庭（亚洲人、意大利人、犹太人和穆斯林移民及其后裔），还有单亲家庭、混合家庭（双方离婚或一方离婚，带着孩子再婚重新组建的家庭）、单身独居家庭、异性同居带子女的家庭、同性恋者家庭等等。

土著人的婚姻实行一夫一妻制，但一夫多妻也不受限制。

四、新西兰的婚姻民俗

（一）移民的婚姻民俗

在新西兰,青年男女18周岁就可以结婚,但双方必须无血缘关系和姻亲关系。如果男女双方中有一方年龄未满18周岁，结婚须经父母同意；年满18岁以后，婚姻完全是自己的事，由自己做主。

结婚的礼仪十分简单，在世界各国中比较罕见。男女双方在结婚前先去出生、死亡、结婚注册处填写一份结婚通知表。三天后即可领到一份有效期为三个月的结婚批准书。当时即可在注册处的办公室由注册官主持举行结婚仪式，也可在双方同意的另外一个地点举行。婚礼上每人填写两份结婚证书，一份由主婚人交注册处，一份由自己保管。填写完结婚证书，婚礼就完成了。

但离婚却相对要慢一些，虽然只要婚姻关系破裂、无法和解即可离婚，但夫妻双方必须分居二年，孩子由双方共同抚养。如果是结婚三年以后离婚，婚后财产平分。

男女同居在新西兰是比较普遍的，社会对此持宽容开放的态度，并不受舆论的责难。终生同居而不结婚的人也不在少数。他们认为这是相互了解、增进感情的方式，同时也可以减少结婚所带来的麻烦。

（二）毛利人的婚姻民俗

毛利人是新西兰的最早开拓者。他们的祖先是拉庇达人，属于亚洲波利尼西亚人种。早在公元10世纪时，毛利人就发现了新西兰，以后陆续迁入此地。

毛利人盛行未婚同居的习俗。青年男女在达到结婚年龄之后，一般是先在一起同居一段时间。如果双方感到可以在一起生活，经父母同意就可以举行婚礼了；如果觉得不合适，就可以平静地分手。

毛利人实行一夫一妻制，但是部落首领则可以在他的妻子不生育的情况下再娶一个妻子。这时，作为第一夫人往往要说服丈夫娶她的姐妹为妻，以便把自己留在家里。

思考题

1. 名词解释：六礼　合卺　夜游　喜勺　上头　披露宴

2. 人类婚姻形态的发展历史如何?
3. 明清时期汉族婚礼的一般程序。
4. 简述蒙古族、维吾尔族婚俗的基本概况。
5. 纳西族的婚姻民俗有何特点?
6. 简述澳门的渔家婚礼。
7. 简述日本的"神前结婚式"。
8. 简述印度教徒的婚礼仪式。
9. 简述英国人的婚礼仪式。
10. 简述加拿大因纽特人的"抢亲"习俗。
11. 简述毛利人未婚同居的习俗。

第五章　丧葬的民俗

【学习目的】
　　通过本章的学习，掌握丧葬民俗的基本理论，了解我国各民族和世界其他各国丧葬民俗的基本概况和主要特点，认识丧葬民俗的形成原因、发展、演变及其在人类社会中的作用。

【主要内容】
　1. 丧葬民俗的形成、发展及其基本内容
　2. 我国各民族丧葬民俗的基本概况
　3. 世界各国丧葬民俗的重要特点

第一节　丧葬民俗概述

　　诞生与死亡是人生之旅的两端，是人生中的大事。丧者，死也。《说文解字》："死，澌也，人所离也。"认为人死是与世人绝离，也是形体与灵魂的分离。葬，藏也，是将死者藏于草丛之中。丧葬的民俗就是历代人们如何对待死者离去的灵魂和怎样处理他的尸体的方式方法。

一、丧葬民俗的产生与发展

　　丧葬民俗的产生，是人类社会发展到一定历史阶段的产物。它产生的前提是与怎样认识"死"分不开的。
　　死对任何人来说都是逃脱不了的，是一种正常的自然现象。在原始社会早期的原始群时代，由于智慧初萌，对死尚无认识与理解，最多是对群体中的一员的失去感到暂短的留恋而已，因此弃尸而去，置之不顾。至原始群的晚期或母系氏族公社的早期，人们受做梦现象的启迪，迷蒙地感觉到人是有灵魂的。灵魂不但可以支配肉体的活动，还可以离开肉体而独立存在。基于此而认为人的死并不是生命的终结，只是一种存在状态和居住所在的转换。其灵魂不灭，或存于人世，或转入阴间，或升入天堂，或由此物变成彼物。这样就产生了如何对待死去者的尸体和灵魂的问题。这种最初的处理方式方法，就是最原始的丧葬习俗。

考古发掘证实，在我国距今两万多年前的山顶洞人时代，就已经产生了原始的葬俗。发现的遗骸放置在居人山洞中的下层，并戴有小石珠等饰物，尸骨的周围还撒有赤铁矿粉。这种葬俗，保留尸体，有随葬品，有原始的宗教仪式，说明活着的人或者认为死者永远会和他们在一起，或者祝愿他们到另外一个世界中快乐生活。至母系氏族公社的繁荣阶段，丧葬习俗体现出鲜明的母系氏族社会的特点。如我国仰韶文化西安半坡遗址的墓葬，死者都是集中埋在氏族的公共墓地里。尸体盛行二次葬和合葬；每坑最少 4 具，多者一坑 51 具；有的是男女分葬，有的是男女老少合葬；尸骨排列有序，头的方向都朝西或西北。这些说明他们生前是过着氏族的集体生活，还没有产生个体小家庭，而生活在外氏族的男人，死后还要回到母亲的氏族，所以必须二次葬。这种在氏族公共墓地集中埋葬的方式，反映出先民们希望死后在另外一个世界中还是与亲人们生活在一起，共享血缘亲情的温暖。山东大汶口文化遗址、甘肃武威皇娘娘台齐家文化遗址，都发现了许多男女二人合葬或一男二女合葬，同时又有大量的玉、陶、牲畜等随葬品，反映出了父系氏族公社时的丧葬习俗。进入阶级社会以后，经夏、商而至西周，逐步形成了一套相当完整的丧葬礼俗。我国古代《周礼》、《仪礼》、《礼记》等典籍对我国古代的丧葬礼仪习俗有着详细的记载，数千年来一直沿袭无大变。

二、主要的葬法、葬式与葬制

世界各民族葬俗不尽相同，归纳起来大体如下：

（一）葬法

1. 土葬

土葬是将尸体装入棺椁或其他葬具中掘土埋葬的方式。汉族自古以来主要实行土葬。最初墓而不坟，后来起坟丘并立墓碑，作为标志。土葬与农业文明定居的生活方式关系密切。农业文明的亲土、恋土、入土为安的意识支撑着这种葬法。

2. 火葬

火葬即将尸体装殓后用火焚化。保留骨灰，或葬于土，或置于室。是我国古老的葬法之一，古代盛行于羌族、藏族、女真族等少数民族。受佛教和少数民族影响，一些地方汉族也曾有火葬之俗，因其与儒家思想不合，明清时曾遭禁止。古代火葬多是盛行于游牧民族，可见火葬与不稳定的游牧生活有关。同时也反映了一些民族崇拜火，认为火葬可使人死后乘烟火升起、走向光明的观念。现在，我国移风易俗，提倡火葬。

3. 水葬

水葬是将尸体包裹好直接投入江海之中。我国康藏地区和沿海地区古有水葬之俗。此葬法污染水源，故行之甚少。

4. 天葬

天葬包括鸟葬、树葬、风葬等。我国古代的契丹族及后来东北地区的鄂温克族人，都有将尸体用草裹好置于树上任其风化之俗。我国古代南方的一些少数民族（如云南彝族等）和南太平洋群岛居民有利用天然岩洞，或在悬崖上凿成石穴来安置棺木尸体之风，俗称"悬棺葬"，也是一种天葬的形式。

（二）**葬式**

葬式是指安置尸体体位、姿势的方式方法。各民族基于不同的信仰观念，葬式亦有不同习俗。汉族自古至今盛行仰面直肢葬，仰面朝天，寓意灵魂升入天堂；有侧身葬，古代多是用于女性殉葬，象征对男性的依附和屈从；有俯身葬，双手交叉在胸前，这种葬式多是出于对鬼灵的恐惧而采取的防御措施。屈肢葬是古代南方一些少数民族采用的葬式，现在台湾的高山族，西南地区的独龙族、珞巴族等仍然还实行屈肢葬；其含义一是使死者回到胎儿时的状态，尽早转世，二是防止死者灵魂骚扰生人。

（三）**葬制**

葬制是指关于丧葬的礼制。单身葬是古今最原始、最通行的葬制。男女合葬之制多是夫妻，所谓"生同衾，死同穴"。家族聚葬，是汉族古代最盛行的葬制。宗法制大家族，皆有宗族的墓地，生时聚族而居，死后同族聚葬。有的大家族的墓地延续几百年、甚至上千年，历经几个朝代。山东曲阜的孔林，是孔子家族的墓地，占地三千多亩，两千余年间葬入了数不清的孔氏族人。公墓聚葬，古代的公墓基本上是以村、屯、镇为依托而形成的公共墓地。不分家族、民族，原居地都可埋葬。现在各大城市都盛行公墓制，是葬俗改革的方向。此外按等级而葬更是历代葬制的重要内容，是不可悖乱的礼制，违者犯法。帝王将相、各级官员、士庶百姓，其陵墓、棺椁的大小，随葬品的多少，皆有明确的规定。如清代典制规定一品官坟墓方90步，高16尺；七品县官坟墓方20步，高6尺；而庶人坟墓只方9步，高4尺。"事死如事生"，死去人的丧葬之礼，是活着时等级地位的再现。

第二节　中国的丧葬民俗

一、汉族的丧葬民俗

我国古代以孝为本，所以最重视丧葬之礼。自夏商周三代以来，逐渐形成了一套极为烦琐的丧葬习俗，它详细地记载于《仪礼》、《礼记》等古籍中。虽历代因时相承，各处因地而异，但数千年无大变。

（一）传统丧葬民俗

1. 丧俗

丧俗大体分为以下诸多步骤：

（1）停尸

人死后的第一个仪式，就是把尸体安放在规定的地方。亡人气绝后，即为其更换上新衣，新衣称为"寿衣"。如死者生前为官，要按官阶品级穿戴。将死者尸体放在木板上，木板称为"灵床"。置于正堂，意是"寿终正寝"。口中含玉、贝、钱、饭之类，备死者在另一个世界吃用，叫做"含口"。脸上盖一块白布，脚脖上拴红绳，以防诈尸。灵床之头点灯、供饭，称"长明灯"、"倒头饭"。

（2）哭丧

尸体安排就序后，全家人即要换上孝服举哀，齐声大哭，俗称"哭丧"。哭丧是亲人对死者表达留恋之情，同时也是以哭声通知邻里，所以要边哭边喊对死者的称谓。同时，在灵床前焚纸，俗称"烧倒头纸"。烧纸是为死者去另一个世界所带的钱。

（3）报丧

死者尸体停放后，即须通知亲友，谓之"报丧"。报丧者一般都是死者的近亲晚辈。

（4）招魂与送魂

由死者的儿子或其他男性直系亲属，在家门前树起招魂幡，站在屋顶呼喊死者，让死者的灵魂回家，免得随风飘散。在出殡之前，还要站在高处高呼死者，为其指明天堂极乐世界的道路。受佛教影响，多是指"西南光明大道"。

（5）做七与吊丧

旧中国时，死者家属根据自己家的社会地位和季节决定在家停尸的时间。受佛教影响，多是以七天为一个周期，一般是七天出殡。富贵人家多为三七、五七，贫者三天或一天。这期间要设专门供祭的灵堂举行种种祭奠仪式，孝子守灵，每天早晚哭灵，或请和尚念经，为死者超度亡灵。这期间亲友登门吊丧，孝子孝孙要始终披麻戴孝跪在灵案旁陪祭，对来吊丧的人跪拜答谢。吊丧者要身穿素服，按尊卑亲疏之序排队吊祭，焚纸上香。死者的长辈不跪，平辈晚辈跪吊。吊祭结束，鸣放鞭炮。

（6）入殓

入殓即是将死者入棺的仪式。入棺前要洗尸，按制更衣，称为"饰尸"。要写好铭旌、柩位，按选好的吉辰按时入棺。抬尸前，由孝子（长子）抱头，其他亲属守候左右。用筷子夹湿棉球擦拭死者的眼睛，名曰"开光"。之后由四个人各提尸体下褥子的一角，将死者平稳放入棺中。尸身盖被，旁边放各类随葬珍品。最后，孝子及众亲友一一至棺前敬瞻遗容，是为最后的诀别。盖棺时，举家恸嚎；钉棺材，孝子要高喊"躲钉"。

（7）出殡

将死者由居宅送往葬地的仪式称为"出殡"。出殡的前一天在灵前设祭筵，家人亲友按长幼尊卑之序，依次祭拜。之后去掉祭桌、供筵及一切祭物，只剩一口棺材，称为"辞灵"。这时丧主长子用条帚扫一下棺盖，再由人将棺材轻轻抬升起来，丧主将一铜钱放在棺下，叫做"起灵"，谐音"升官添财"。出殡时由灵堂起棺，孝子摔丧盆；摔毕，扛灵幡引棺出发。抬棺的人数按死者身份高低而定，王侯高官有 80 杠夫、64 杠夫者，平民最少。送葬队伍，孝子在棺前，其他儿孙、亲友在后，一同哭着引棺前进，其他随从在棺后。如死者为官，队列最前是执牌队，写着死者生前的官职、荣典。其后是引魂车、轿，内装纸钱，旁边是随葬焚烧的纸扎车马，每逢路口桥梁扔撒纸钱。其后是送葬的乐队。亲友在出殡之日，可在路口设"路祭棚"祭奠。送葬的队伍越长、人越众、路祭棚越多，越显示出丧家的地位显赫。

2. 葬俗

中国汉族传统的葬俗主要是土葬，后来受佛教的影响也有火葬。但火葬焚尸后，骨灰仍然还要土葬。

我国古人认为，埋葬死者的墓地，不仅是对死者的妥善安置，更是关系到家族的兴旺与否，所以非常重视对葬地的选择。墓地要选择在地势宽广开阔、山清水秀的地方，找出生气凝结的吉穴，使死者永安、子孙发达。一般家族都有自己的墓地，按辈分排列，各得其所。

下葬有隆重的仪式。挖墓叫做"打穴"。打穴前要祭祀开山，孝子要焚香点烛行开山礼。要请地仙，画太岁，开山要避开太岁的方向；如果在"太岁头上动土"，就要遭受祸灾。墓穴的大小、深浅有严格的等级制度。灵柩下葬后，要由孝子亲自填第一把土，最后众人填土闭墓。此时，孝子与死者亲人要放声大哭，僧道念经，焚化全部祭奠品，直至坟成。坟的高低依死者尊卑而别，清代一品官坟高1丈6尺，以下按品级递减，至庶民百姓坟高4尺。葬礼毕，为了不使亡灵跟随活人回家，下葬的人要绕墓转三圈，使鬼魂不辨方向。在回家的路上不得回头看，免得鬼魂见脸认出家人。送葬的人回来后，要喝一口酒，用酒洗牙，以驱除晦气。

（二）新时代的丧葬民俗

当代中国的丧葬习俗虽然在许多地方和许多方面还保留着传统丧葬习俗，但由国家所倡导的丧事从简、实行火葬的号召，已经逐渐被广大人民所接受，正在成为一种新时代的新习俗。

1. 追悼会

追悼会是由传统丧葬习俗中的吊丧发展而来。某人死后，由其亲属告知亲朋好友和死者生前的工作单位，说明何时何地举行遗体告别会或追悼会。知者如期前往。

追悼是对死者追念哀悼。开追悼会，寄托对死者的哀思。当今开追悼会之俗的大体内容与步骤是：

（1）布置灵堂

灵堂前头正中挂死者的遗像，正面墙挂着写有"某某同志（先生、女士）追悼会"的横幅，白纸黑字，墙的两边挂挽联、祭幛。灵堂靠前的地中央放死者灵床，经过化妆整容后的遗体置其上，周围放置鲜花、松柏树枝，两侧排列花圈。

（2）向遗体告别仪式

仪式由殡仪馆专门人员或亲友、有身份者或工作单位相关领导主持。死者直系亲属站前排，其他亲属立左侧，参加追悼的众人站在会场的正中，面向死者遗体，分排站好。每人的胸前挂小白纸花一朵。主持人站在前排左侧，半面向众人、半面向死者家属。然后司仪：

宣布某某追悼会开始。宣读治丧委员会名单和参加追悼的重要人物及送花圈的单位。

鸣炮致祭。

向死者遗像行三鞠躬礼。

向死者默哀、奏哀乐。

致悼词。由死者生前好友或有一定社会地位的领导，对死者生前的主要业绩进行赞扬评价，表达怀念之情。

宣读有影响的唁电、唁函。

死者亲属讲话。讲述死者的公德业绩，表示哀悼怀念之情和对来参加追悼会者的感谢之意。向死者遗体告别。参加者从右至左围绕遗体缓进、行鞠躬礼，慰问其家属。

追悼会要庄严肃穆。参加者要身着素色服装,并送花圈、挽联。

2. 火葬与树葬

当代中国除个别地区、个别人还在实行土葬外,全国普遍实行火葬,这是当代中国对传统丧葬习俗改革的重大壮举。火葬由于卫生、占地面积小、费用低、环境污染后患小等诸多优点已基本上被广大群众所接受。火葬主要是在殡仪馆进行。尸体火化后,骨灰装入石制、木制的小匣中,放置在公墓陵园或自选的地方,生者定期去其地纪念。其实,火葬之俗,由于受佛教的影响,早在辽、宋、金时就已相当盛行,不仅契丹人、女真人火葬,许多汉族人也盛行火葬。今日的火葬,在中国也是久有渊源的。

近年来,由于诸多学者的提倡,又出现一种新的葬俗——树葬,建立生态园林公墓。在公墓里,生者为死者植一棵树,在树前挖一深坑,将骨灰直接埋入树下的泥土中,树前留一墓碑或编号,以便纪念。这种葬俗既不污染环境,又滋养树木,造福社会,留念子孙,真正做到"入土为安"、"遗泽后人"。这与中国传统文化的"天地与我并生,万物与我合一"也正相符合,适合中国人的心理。因而,树葬之俗也逐渐成风。

二、其他民族的丧葬民俗

(一)蒙古族的丧葬民俗

蒙古族世代以游牧为生,其丧葬习俗也体现出游牧文化特色。

1. 丧俗

据《蒙古风俗志》等书所载,解放前后,东部农业区蒙古族的丧俗大体是:

(1)停灵

人死以后停放在居室的地中间的灵床上。在民间,停灵的时间一般不超过一个时辰,即两个小时。人死时点一炷香,燃尽后再点一柱,再燃尽即出殡。

(2)指路

人死后,请藏传佛教僧侣念经、指路,让死者到"德博古"去,即清静极乐的地方。

(3)丧服

死者一般穿蓝裤、白布衫,不穿棉衣。蓝色是天的颜色,素被蒙古族所爱重,白色象征圣洁。儿子不为死者穿衣,由他人帮忙。

(4)入殓

入殓时,尸体不能从门经过,而是用秫秸三根拼成门形从窗户抬出,装入棺中。蒙古人认为鬼走窗,人走门,如鬼走门还要死人。

(5) 出殡

出殡时，将尸体放在灵车上，脚朝前，头朝后，至墓地后埋葬。为祭祀死者要杀牲，或牛或羊，或猪或鸡，焚烧祭献。

(6) 服丧

古代时，蒙古族有为父母守孝三年的习俗。近代受佛教和汉俗影响，变为祭七（首七、三七、五七、七七）、祭百日、周年。服丧期间，素服、禁娱乐。

2. 葬俗

蒙古族的葬俗有多种形式。

(1) 石棺葬

将石板置于挖好的坑中，围成棺形，将死者置于其中，埋土成坟。这是草原游牧民族古老的埋葬习俗，直到清末及解放前，科尔沁右翼前旗一带仍然保留这种埋葬方式。

(2) 深土葬

蒙古族最普遍的葬俗是不留坟丘的深土葬。其葬法，据《黑鞑事略》、叶子奇《草木子》等古籍记载："其墓无冢，以马践蹂，使如平地。"具体做法是：将尸体在大草原上深埋后，驱赶马群将墓区踏平，使之与周围的草地无别。然后在墓地旁杀一小骆驼。事毕，令人守护。第二年春草萌发，茫茫草原，将小骆驼之母牵来，其蹄躅哀鸣之处即是墓地。据说成吉思汗死后就是采用这种葬法，所以至今成吉思汗之墓仍然是一个谜。这种深葬无坟的葬俗，一直为蒙古族的牧民们所承袭。

清代以来，由于受汉族葬俗的影响，东部农业区的部分蒙古族人，也实行土葬筑坟，以便于祭祀。

蒙古族选择墓地是采用"求天卜地"的方法。即将尸体放在勒勒车上（蒙古族的一种大轮木制车），或放在马背、骆驼背上，不用人赶，任其奔走颠簸，尸体掉在哪里，哪里就是葬身之地。

(3) 火葬

清代时，受藏传佛教影响很深的蒙古族居住区，又出现了火葬。但火葬者主要是孤寡老人、未婚青年及传染病患者。其葬法是：将死者身裹白布，涂上黄油，放在木柴架上。木柴是募集百家之柴。焚烧时，请藏传佛教僧侣念经。骨灰或放入寺院，或撒入山河。

(二) 回族的丧葬民俗

回族现有人口982万（2010年），是我国第三大少数民族。回族是我国分布最广的少数民族，但大多数聚居在宁夏、甘肃、青海等省区。

回族的丧葬习俗，保留着许多早期伊斯兰教的特征。

1. 丧俗

（1）面西停尸

当人弥留之际，即从卧室移入厅堂，亲友守护在身旁，连诵"清真言"。人未断气，亲者不能哀哭。死后，要立即求阿訇念"讨白"（忏悔词），将尸体放在尸床上，头向北，脚朝南，脸向西。

（2）净身

将死者衣服脱下，用白布围住下身。净身时必须是男净男、女净女。净身后，穿上"开凡"。这是一种以白布制成的尸衣，无袖无领。另穿三件，即大卧单（护单）、小卧单和衬衣，还要戴帽子。女性则要罩胸、盖头，最后包以围护单。有的还用一块写有"万物非主，唯有真主，穆罕默德，主的钦差"的"清真言"的布放在胸前，称为"护人"、"都拉宜"。此外，还要在死者的耳、鼻、口、眼以及手脚处，塞上冰片、花椒等香料。

（3）出殡与殡礼

出殡前，将尸体装入"塔卜提"中（公用的盛尸匣，平时放在清真寺中），移出厅堂，抬到清真寺（有的是在死者庭院内），停放在西壁，由阿訇率领众亲友举礼。其仪式：阿訇站在"塔卜提"前诵经祈祷，参加葬礼的人分两旁，祈祷三五分钟，称为"者那则"，即代亡人拜主，以谢脱尘归净。之后循环传递"赎罪金"，即由死者家属拿出一定数目的钱或其他财物，为死者赎罪求福，称为"费替耶"。伊斯兰教认为，死是"归真"，是回到真主的身旁。所以殡礼简单冷清，禁止鼓乐鞭炮，亲友不得啼哭，忌讳鞠躬、叩礼，妇女不得送葬。新教不穿孝服，老教则穿。

2. 葬俗

回族普遍实行土葬，葬礼也非常简单。提倡速葬、薄葬，没有随葬品，禁用棺椁。停尸不过三天，一般是早晨死，午间葬；晚上死，第二天早晨葬。主张死在哪里，埋在哪里，反对将尸体运回故乡。

墓穴是内有偏堂（穿堂）的竖直坑墓，偏堂呈南北向。埋葬时，将尸体从"塔卜提"中轻轻推出，缓缓置入墓内的偏堂，头北、足南、面向西，永远朝向西方圣地麦加。尸身上盖有写着经文的白布，洒上香料，用砖封闭偏堂口后，加土掩埋，葬礼结束。

（三）苗族的丧葬民俗

苗族是我国历史悠久的古老民族，现有人口942万（2010年），是我国第四大少数民族。苗族主要分布在贵州、云南、湖南、重庆、广西等省区。

苗族传统的丧葬习俗极具民族特点。

1. 丧俗

（1）开天门

湘西苗族之俗，在死者将要咽气之前，请巫师来家，死者刚一咽气，一巫师立即上房顶揭开数片瓦，使屋顶露出一个洞，称为"开天门"，让死者灵魂升天。另一巫师在屋内大叫一声，关闭地狱之门，免得死者灵魂误入地狱。

（2）洗尸

人死之后，死者的亲人要为死者洗身。贵州苗族有用河中水草洗尸之俗，取水草顺流向的含义，认为这样死者的灵魂就能顺利地回东方的故地（相传苗族人的祖先居住东方）。之后为死者梳头、穿衣。

（3）悬尸驱鬼

这是云南苗族人所特有的停尸仪式，即将死者的尸体放在竹编的灵床上，床的一端悬在房梁上，另一端插入墙壁，请巫师驱鬼。每昼夜除吹笙、击鼓、跳舞外，还要举行六次驱鬼仪式（白天、夜间各三次）。巫师手持牛角、火把、弓箭、铁刀等法器绕屋九圈驱鬼。

（4）报丧与祭奠

当人死后，要及时向亲朋邻里报丧，接受吊唁。特别是要立即向死者的舅舅家报丧，把死者生前的一些东西送给舅舅家作纪念，并要特别善待舅舅家的吊丧者。在母系氏族时代，每个孩子都是随母而居，所以舅舅家就是自己的家，重视舅舅是母系氏族时代的古老遗风。在出殡前，丧家要杀牛、猪、羊等祭奠死者，并设酒宴招待吊唁者。亲人祭奠死者、为死者守灵时，由妇女唱丧歌，一直唱到天明，表示悼念和哀思。

2. 葬俗

出殡时，巫师要为死者"开路"，指引回东方老家之路。苗族人相信风水，所以特别注意择吉地安葬。他们在所卜之地，挖三四尺深的墓穴，四周镶上木板。之后，在墓穴内烧麻杆，叫"热坟"。风水先生在墓穴内画一八卦，并放一只公鸡下坑啄米。公鸡吃左边米，主男子吉利；吃右边米，主女子平安；吃中间米，全家安康。热坟仪式毕，将尸体直接放入，不用棺，封土。三天后，带祭品来盖坟，举行祭祀。第二年二月，在家举行祭祀。祭祀以后，全家人都住进山洞，叫做"避灾"。苗族人的丧葬仪式，体现了自古以来敬信鬼神的古老风俗。随着社会的进步，苗族人的传统丧葬习俗也在日趋简化。

（四）壮族的丧葬民俗

壮族是我国人数最多的少数民族，现有人口1700多万（2005），主要居住在广西壮族自治区，此外还有云南、贵州、广东等省区。

壮族丧葬习俗具有本民族特色，具体如下：

1. 丧俗

老年人或中年人死后,儿子要为他(她)洗身、洗面、剃头,换上新衣,用白布包裹全身,在手中、眼眶、舌下置铜钱或银币,用做阴间的买路钱。将尸体放入蚊帐中,严防猫狗近尸,据说受猫狗之气就会诈尸。同时,请道公为之念经一夜,称之"开路"。其间要杀猪宰羊,以招待来吊丧的亲友,并请道公打斋三五天,择吉日下葬。

2. 葬俗

壮族主要是土葬,最突出的特点是盛行二次葬。其俗为:

(1) 寄土

死者经过洗礼入殓后,暂时埋入土中。墓坑大多很浅,以棺盖与地面平为宜,然后堆圆形或方形的坟。坟地要找风水龙脉之地。三日后圆坟和祭祀。以后每年三月三或清明上坟扫墓。

(2) 埋骨

寄土后的第三年或第五年,择吉日良辰至坟前烧香祭拜,之后用伞遮住天空,掘坟、开棺捡骨,将骸骨按顺序放在一个特制的瓦瓮中,称为"金坛"。骸骨摆成坐式,金坛内洒上一把朱砂,在坛盖内侧写上死者姓名、生卒年月,盖上坛口,埋在家族的墓中,培土成坟。这种二次葬称之为"埋骨"。把骸骨从寄土之地迁至埋骨之地,要燃香引路;若渡河过桥,由背骨的长子喃喃自语,请亡灵一同过渡。

有的地区,捡骨后也不马上埋骨,而是将金坛放在离家不远的岩洞中,等三五年后选好"龙脉吉地",再择吉日下葬。如三五年内坛内无渗水,即认为此地吉祥,可就地下葬;如果下葬后的一两年内,家中发生不幸,则认为是墓地所致,要再迁墓重葬。壮族的这种二次葬、甚至三次葬的习俗很普遍,至今仍然盛行。之所以这么多次迁葬,就是认为死者的墓地与生者息息相关。因此,他们特别重视选择"龙脉吉地",视为家族兴旺发达的根源。

三、港澳台的丧葬民俗

(一)香港、澳门的丧葬民俗

香港、澳门的丧葬习俗,是以传统的汉族丧葬民俗为主,又融入了某些西方丧葬习俗的内容,体现了一种中外融合、古今混一的特点。其停尸、哭丧、接受吊唁等习俗仍然保留着传统风俗;其报丧多是电话通知亲朋,或在报纸发讣告,这样不仅节省时间,还可以使失去联系的熟人得知死者逝世的消息;其殡葬礼仪都是在殡仪馆举行,与内陆现代殡仪大体相同。香港、澳门都是实行火葬,骨灰送入公墓。香港、澳门的许多人都是由大陆迁去的,由于受死者灵魂不灭的传统思想的影响,不少丧家虽然将死者火化,但仍然将骨灰送回内陆的老家入土安葬。

体现了浓厚的眷恋故土之情。

（二）台湾的丧葬民俗

1. 移民的丧葬民俗

台湾移民的丧葬习俗既是根植于大陆文化，又形成了自己的特点。

（1）丧俗

人死之前要将其移至大厅旁侧，称为"搬铺"。忌讳死在室内或家外，以寿终正寝为好。父母一旦去世，先用红纸遮脸，用米筛遮住神龛，儿孙要立即大哭不止，称为"举哀"。要为死者换上石枕，但须头低脚高，免得看见自己的脚，灵魂经常回家作祟。脚向外，以便顺利出门。脚边供饭，称为"脚尾饭"，点香一炉、灯一盏，称为"脚尾炉"、"脚尾灯"。

儿孙在室内烧纸、室外烧纸桥一座，称为烧"脚尾钱"和"烧魂桥"。让死者吃饱饭带钱过桥去另一个世界。举哀之时，除去门上的红联贴上白纸条，写明"严制"（父）或"慈制"（母），以此告知邻里、亲友。同时，要换上麻衣孝服，为死者以水擦身，称为"沐浴"。之后"更衣"，称为"张穿"。入殓前邀请僧道做"法事"，超度亡灵。入殓时，棺内铺石灰吸潮；铺"七星饭"避邪；枕中放鸡毛、狗毛，以便为死者在阴间报时和护院；脚下放钱，供死者花费；放石头和熟鸭蛋各一个，道士念咒："等到石头烂、熟蛋孵出小鸭，阴阳始可相见"，怕死者回家有害活人。一切完毕盖棺，举家大恸。整个葬礼过程，既体现出生者对死者的眷恋之情，又表示了不希望死者灵魂回来作祟的戒惧之意。

入殓之后，设灵位于后堂，亲友奠祭凭吊，七日一祭，叫做"做七"。孝子对来吊丧的亲友要拜谢，称为"谢吊"。

（2）葬俗

灵柩起灵之前，举哀祭奠，称为"开堂"；亲友齐来祭吊，称为"辞堂"。移柩安葬的队伍最前面的是撒纸钱的"放纸仔"，其后是鼓乐、旌铭、香亭、魂轿、僧道、灵柩、孝眷、亲友等。至墓地，择吉辰下葬。葬后祭祀后土、神主、拜墓。长孙奉神主而归，送葬的人择另外道路返回。女眷以树枝插发，皆躲避鬼魂之意。

2. 高山族的丧葬民俗

土著高山族的丧葬有裸葬和室内坐葬之俗。

（1）裸葬

有的村社人死后，脱去衣服，用鹿皮包裹，亲属四人将其抬到山顶，打开鹿皮，盖上死者生前的衣服而葬。俗以为这是还"洁"而去，尸体虽裸，但灵魂穿了衣服，这样灵魂可以离开肉体而存在。这种古老的葬俗现代渐绝。

（2）室内坐葬

有的地区，人死之后，即在他生前的住室里挖一深坑，就地埋葬。具体做法是：由死者的亲人用芭蕉叶将尸体包好，坐放在事先用四块石板构筑的方形墓中，上面再盖上一块石板；也有的是放入一个大瓮中，也成坐姿。事毕，填土埋葬，与地面平行即可。据说，凡是采取这种葬法的，是因死者的亲属不忍死者离去，要永远地留在家中，表达对死者浓厚的亲情和特殊的怀念。

第三节 亚洲其他各国的丧葬民俗

一、日本的丧葬民俗

日本是一个比较重视丧葬礼仪的国家。因为千百年来信奉佛教的人较多，所以丧葬习俗多见受佛教影响的印记。

（一）整容更衣

人死后，亲人为之擦拭口鼻等部位，进行整容，帮助死者闭上眼睛和嘴唇，让其安详永眠。之后为死者更换寿衣。传统的寿衣多为白色，不结扣，不回针，现代的寿衣多是死者生前喜欢的衣服。穿好寿衣之后，在死者手中放入佛珠和钱，以便顺利过鬼怪之河。遗体朝北安放，是为"北枕"。脸蒙白布，枕边放把小刀，为防妖魔。

（二）祭奠与报丧

在遗体枕边，倒放一张屏风。屏风前摆放罩有白布的供桌，摆放香炉、烛台、花瓶及食品等。燃香，点烛，不使香火断灭。之后请和尚念经，并给死者授戒名。另外，家人要换上丧服，即专用的黑色的和服。还要把门帘翻过来，缝上黑边；室内器物蒙上白纸，以示服丧。同时，要通知亲友，说明各项安排。现代的讣告通知，一般都要用印有黑边的明信片。

（三）吊唁与香典

接到讣告后，亲友要前往吊唁，并赠送一些香典费。丧家要有专人接待并记清香典费的数额，以便日后感谢。

（四）追悼会与告别仪式

追悼会和告别仪式一般是一起举行。地点可以在死者家中，也可以在寺院和斋场。宗教信仰不同，做法各异。如按佛教，家属在祭坛右侧，吊唁者在左侧，和尚在中间。先是由主持人致词，颂扬生者的功劳、业绩。之后是由和尚念经，超度亡灵。葬仪结束，死者家属向吊唁者表示感谢。

（五）出棺及入葬

葬仪结束后，将棺材从祭坛上搬下，开盖，家属看最后一眼，并放入鲜花。之后亲属用石头钉封棺。日本习俗认为石头有超自然的力量，能驱赶邪魔保护死者的灵魂。受佛教影响，日本的葬俗多是火葬，此外也有土葬。

二、越南的丧葬民俗

越南的全称为越南社会主义共和国，位于中南半岛东部。国土面积33.1万平方公里。首都为河内。现有人口8800万（2012年）。有越族（即京族，占总人口的87%）、岱依族、芒族、傣族、赫蒙（苗）、瑶族等54个民族。

越南各族在吸收、改造中国葬俗的基础上，形成了具有本民族鲜明特点的丧葬习俗。其丧葬礼仪大体如下：

（一）沐浴

人死后，家属跪地痛哭，前来帮助办理丧事的人也跪在地上，向死者说道："现在为您沐浴，清除世尘。"然后为死者沐浴、整容、穿衣。再后将被子或席子盖在死者身上，放在帐中。用过的工具及浴水都放入墓中随葬。

（二）祭奠

在死者的头前方，放置一小凳，其上陈列一碗米饭、一个鸡蛋、一双筷子，燃上一炷香；在死者肚子上放一把小刀，以驱恶鬼；在死者口中放入米粒和钱币，或黄金、珍珠之类，之后将死者嘴巴合拢，盖上布巾。此即中国自周秦以来的"含饭"、"含口"，以使死者到阴间不挨饿、不缺钱。

（三）入殓

死者亲属按男左女右分立在死者两侧。主丧者高呼："举哀"、"跪"，亲属如仪。又呼"吉时已到，请迎入棺！"亲属将死者慢慢放入棺中，按脚、左身、右身、头的顺序以白布裹尸，用死者生前用过的衣物将棺中空隙填实。之后盖棺，停于房屋正中。

（四）吊唁

在灵前设供台，称为"龙位"，吊唁者在灵前行二拜之礼进行吊唁。死者家人守灵。

（五）送葬

送葬队伍，抬棺者在前，后面的家属按血缘亲疏列队排于棺后，死者长子在最前。棺入墓穴后，送葬人绕墓穴一周，每人向墓穴撒一把土。封坟后，众人环墓而立，送葬仪式完毕。

三、印度的丧葬民俗

印度是一个多宗教信仰的国家，不同的宗教信仰，丧葬习俗亦有所不同。

信奉印度教的民众认为火是神圣的，可以使人在死后得到净化。印度教徒在亲人死后，先是举行哀悼的仪式，之后将死者的尸体运到河畔或者专设的火葬场，置于木柴堆上，为了助燃还浇以酥油或汽油，并将米饭撒在死者的身上或填置口中。然后由死者的长子从附近的一堆圣火中引来火种，将柴堆点燃。点燃之前，死者的子女等亲人及其他的亲属，要围绕尸体转三圈，作最后的告别。焚化后，死者的长子用木棒敲碎死者的头骨，让死者的灵魂升天。骨灰投到河中。恒河是印度教徒心目中的圣河，因此是投掷骨灰的首选之河，死者的灵魂升天，他的肉体又回到生活之源的水中。

除印度教徒外，锡克教徒也实行火葬。信奉伊斯兰教的民众则实行土葬。

印度的奥那加人，在人弥留之际，亲友们要对之大声呼喊，并跺地、捶墙，向地面泼水，尽力换回他的灵魂。人死后，亲人们杀一只鸡，让鸡的灵魂陪着死者的灵魂一起去另一个世界。之后，将死者的尸体放在屋外的平台上，四周架起干柴，点火将尸体烘干，然后将干尸抬到野外，放在草丛中。这是一种天葬的习俗。

四、巴基斯坦的丧葬民俗

巴基斯坦是信奉伊斯兰教的国家。除了印度教徒、袄教徒等以外，凡穆斯林的丧葬基本上都是遵循伊斯兰教法的规定而行。

穆斯林丧葬礼仪的特点是速葬、土葬、薄葬。伊斯兰教认为，亡人以入土为安，停放的时间越短越好，一般都是当天或次日下葬。按教法规定，尸体仅以白布包裹，任何人不得用绸缎，不得用陪葬品，不得用棺木。伊斯兰教认为，任何人死后都得经受末日审判，善人可进入天国享福，恶人要下火狱受罪。因此，各项葬仪都是为了帮助死者消除罪过，免受火狱之苦，能够得到真主的恩赐，进入天国。其仪大体如下：

（一）诵念真言辞世

人在临终前要立下遗嘱，处理好债务和遗产分配，并向真主忏悔，祈求宽恕一切罪过。临终前要口念真言——"万物非主，唯有真主，穆罕默德是真主的使者"，带着坚定的信仰离开人世。

（二）浴尸与殓尸

人死后，要尽快举行净礼，即由阿訇或亲人以香汤浴尸。如系女尸，由阿訇的妻子洗浴。浴后用三块白布分别将尸体的下身、上身、全身裹好，放在绳床上或叫"塔卜特"的木匣中。尸体上盖绣有真言的蒙尸布。亲友瞻仰遗容，向遗体告别，抬往墓地。

（三）殡礼和入葬

伊斯兰教认为为死者送殡是"圣行"，凡抬柩者，可蒙真主免罪。所以凡能参加送葬者都来参加，但妇女不能送殡。到达墓地后，即举行叫"者那则"的殡礼。将死者放在干净的空地，头北脚南，面向麦加。众人在阿訇的带领下作举意、抬手、大赞（即念真主至大）。完毕，将尸体放入墓穴中，面朝麦加方向，以土块枕于头下。以石板、砖或木板封闭墓穴成坟。送殡者每人抓三把土撒在坟头。最后大家一起诵念《古兰经》，为亡灵祈祷。丧礼结束后，不走原路，绕道返回，以免将鬼魂带回家。

五、印度尼西亚的丧葬民俗

印度尼西亚的不同民族、不同宗教信仰、不同地域，其丧葬习俗也各有不同。信奉伊斯兰教的穆斯林民众，丧葬基本上都按伊斯兰教丧礼举行，与其他各国穆斯林大体相同。其杜拉加斯族的丧葬习俗则独具特色。

杜拉加斯族认为，人死后灵魂不灭，会返回天国或灵山，是一件好事。因此其丧葬礼仪如同喜事。丧葬礼仪分为丧仪、葬祭两部分。其丧仪：人死后，首先将尸体制成干尸，涂上艳丽颜色，然后置尸于祭坛上，举行祭祀，以水牛为祭品。死者的家属、亲友等都来参加，历时七天。之后将干尸置于通风的房子里保存。其葬仪：经过一年或更长的准备时间，死者家属举行葬仪，得知消息的人都来参加。参加葬仪的人，身穿华丽的衣服，高高兴兴。死者家属面带笑容，举行盛大丧宴。众人载歌载舞，送死者灵魂升天。死者的棺木，形如生前的房屋，葬于山崖墓穴中。葬礼历时十五天，从死者之死至葬毕，无一声哭泣，无一丝哀容。

在印度尼西亚的松巴岛上，穷苦人还有置尸于室中的习俗。人死后，亲人将尸体用布层层包裹，坐在一张牛皮上，存放在屋中，按时供祭，不避腐臭，直到有能力安葬为止。

第四节　欧洲各国的丧葬民俗

一、俄罗斯的丧葬民俗

（一）丧礼

按照俄罗斯传统习俗，死者无论男女老幼，均内衬白衣，外部穿戴整齐，停放室内。头向墙角有圣像的地方，脚朝着门，旁边点着蜡烛。长者念诵例行的祭词。按照传统习俗，一般在人死后的第三天举行葬礼，其原因据说是耶稣死后过了三天才下葬。出殡时，亲友鱼贯而行向死者告别，然后将尸体入棺，送墓地埋葬。埋法也有所讲究：将棺材在墓穴底部用松木垫起20厘米高，棺材周围竖立4根木柱，上面架起4根横梁，梁上盖木板，再铺桦树皮（耐久不易腐烂），然后填土。下葬时，死者头朝西、脚朝东，脚前立十字架。

（二）葬礼

俄罗斯虽有火葬，但土葬仍是主要的。在农村，每个村庄都有一片或几片墓地，每个坟墓前都树立着墓碑，上面刻着死者的姓名、出生和逝世的日期。墓地用木栅栏围住，周围通常有树林和草地。在每个城市，一般都有几处公墓。除了存放棺柩的坟墓以外，也有人把骨灰盒放在墙上的格子里，并贴上一张死者的照片。

（三）祭奠

去世后第9天、第40天以及一周年忌日，死者的亲属和好友要聚在一起。因为俄罗斯人认为，在去世后第9天，死者的灵魂仍在家里萦绕；到了死后第40天，灵魂即将到上帝面前排队听候安排。由此可知，第9天是亲友们与死者的灵魂再次相聚，第40天则是为死者的灵魂做最后的送行。一周年的忌日就纯属于纪念了。

二、英国的丧葬民俗

过去英国人有大操大办丧事的习俗，上了年纪的人希望死后有一个"像样的丧礼"。随着时间的推移和社会风气的变化，英国的丧葬礼仪越来越趋于简单化。不少人主张，应当在孤独与肃静中寄托哀思、怀念故人。

（一）丧礼

英国人家中如不幸有人去世，家人便在报上登一则小启事，说明某人的丧礼将于何日何时在某教堂举行。死者的亲朋好友得知死讯后，届时如无特别之事必须前往参加，但不能马上登门致哀，而应立即写封短信，或在自己名片上写上"深表悼念"的字样，亲自送给死者最亲近的人（妻子、丈夫、母亲、父亲等），以表示对死者最后的敬意和对家属的慰问。除特殊情况外，亲友们应尽量前往参加丧礼。丧礼在教堂内举行，由牧师主持追思礼拜。到者按照事先安排的节目，唱圣赞诗、奏哀乐、祷告。

（二）葬礼

葬礼在墓地举行。英国的习惯是，葬礼只有死者的家属、最近的亲戚和最亲密的朋友参加。一般英国人的葬制以土葬为主，死者头朝东方，表示迎接日出与复活之意，少数人也举行火葬。一般友人参加教堂的仪式后就不去火葬场了。参加丧礼的客人，无论男女都穿黑色或颜色暗淡的服装，男子最好系无花黑领带。另外，要保持肃穆，不可大声言谈。

（三）服丧

葬礼过后，丧家还有一个服丧期。新寡的妇女在两三个星期内不见客人，除非是最亲的亲友；六个月内不外出拜访；一年之内除音乐会、剧院以及挚友的小型宴会外，不参加任何舞会、大型宴会或场面热闹的应酬活动。她穿的衣服也要以素雅的颜色为主。对丧偶的男子则要求在一定时期内穿着规矩一些，在头两个月内避免花天酒地式的交际活动。英国礼仪在这方面本无一定之规，近些年来对此要求则越来越不严格。

三、法国丧葬民俗

按法国人的传统习俗，在人临终时，要尽量避免孩子在场。亲人去世是一件令人十分痛苦的事，有可能给孩子幼小的心灵造成不好的影响。死者最亲的人要守在身边，为其抚合双眼，让死者放心地离去。

得知亲戚或朋友去世，一般都要前往死者家中悼唁。悼唁时的言行均应简短谨慎，简短地表达对死者的赞辞和自己的悲痛之情，不宜哭出声，不宜询问死者得的什么病，或去世时的情景等。如果到死者遗体前送别，进房时动作要轻，不要讲话。离开时还应面对遗体，在胸前划十字。不能和站在遗体旁边的守灵者握手，只对之点点头即可。

如果讣告中已注明"不收鲜花及花圈"，就不要送鲜花和花圈；不过在死者床边放上一小束花还是可以的。一般情况下，死者的朋友、上级、合作者等相关人士都应在葬礼前向死者送花或花圈，并在鲜花或花圈中放上自己的名片。

在乡村，送葬时大家全都送到墓地；在城市，则只由亲属和生前挚友送到墓地。从墓地回来，送葬的人们回到死者家，一起吃一顿事先准备好的便饭，也有的是去事先在餐馆订好的包间就餐。在丧宴上的谈吐要很谨慎，不要老是提及死者，可以谈论一些与此无关的一般事情，以免加重死者亲人的悲痛心情。

四、德国丧葬民俗

（一）丧礼

在德国，丧礼一般都在教堂举行。家里如有人去世，先要与教堂商定举丧日期，并要用适当的方式通知亲友。此外，尸体要用清水洗净。他们认为水有着无限的神力，它能净化人的躯体、心灵和灵魂，并能祛邪镇妖。人降临尘世要洗礼，离开尘世也要洗尸，洗刷尘世间的一切罪孽。

在教堂举行丧礼的这一天，亲朋好友手持鲜花或花圈陆续来到教堂。首先由牧师或神甫主持追思礼拜，参加丧礼者按事先的安排唱圣诗赞诗，奏哀乐，祷告，宣读由丧家提供的死者生平。

（二）葬礼

葬礼在墓地举行，只有死者的家属、近亲和亲密的朋友参加，一般好友在参加完教堂丧礼后即可离去，不必去墓地。

葬礼多以土葬为主，亲朋目送灵柩在事先指定好的墓穴中安葬。人们围绕在墓穴周围，为死者祷告，愿他安息，灵魂升入天堂。在德国，如果应邀参加亲友家的葬礼，惟一可送的礼物就是鲜花。可送成束的鲜花，也可送用鲜花做成的花圈（德国人不用纸花做花圈）。在鲜花的饰带上要写上死者、吊唁者的名字及"安息吧"、"永别了"之类的题词。

在德国，出席葬礼最需要注意的一点是尽可能穿黑色的衣服，男子要系黑色无花图案的领带，如果没有黑衣服就穿颜色暗淡、深沉的衣服，切忌艳丽的服装。同时，在葬礼上要保持肃穆、安静，切不可大声谈笑；否则就被视为对丧家的不尊重，也显得自己缺乏教养。与人们肃穆的神情和暗淡的服装相反，德国的墓地是万紫千红、鲜花盛开的，它寓示死者的灵魂是来到了最美好的天堂。

（三）服丧

葬礼过后，丧家还有一个丧期。一般要求新寡的妇女所穿衣服要以素雅的颜色为主，除小型聚会外不能参加舞会、宴会及场面热闹的大型应酬。亲友也要注意不要邀请她参加喜庆的聚会，以一段宁静的生活度过丧期。对丧偶的男子要求不如寡妇严格，但也要求他在一定时期内穿着要规矩些，避免花天酒地的交际。

第五节　美洲各国的丧葬民俗

一、美国的丧葬民俗

美国的传统葬礼多采用宗教形式，通常在教堂举行。葬礼前，灵柩要放在教堂中由亲友们轮流守灵，是对死者表示尊敬的一种习惯做法。

现代美国设有专门负责发放死亡证书、安排葬礼仪式的机构，公墓也有专职安排丧事的人员。公墓里往往盖有教堂式的建筑，但里面并无神像，宗教仪式和非宗教仪式的葬礼都可以在这里举行。

宗教仪式的葬礼程序通常包括祷告、唱赞美诗和牧师致颂词。葬礼毕，人们便向遗体告别，然后用灵车将死者送往墓地安葬。灵车为黑色，车窗遮有黑纱。灵车在送葬队伍的最前面，后面紧跟着死者的亲属。送葬人一律身着黑色或蓝色衣服，男子打黑色领带。送葬队伍非常庄严，行人不得打乱送葬队伍。行至墓地，还有一个短小的入葬仪式。送葬亲属以同死者关系的远近为序——为墓穴掩土，这只是象征性的。随后工人便驾驶推土机，迅速把墓穴填平。之后要把土压实，再铺上碧绿的草皮。

葬礼结束后，死者的宾朋通常还要和死者的家属聚会一下，或一起吃顿饭，表示对生者的同情和慰问。与其他国家不同的是，在葬礼这天，参加葬礼的人们要自带食物，主人只请客人吃煮得很老的鸡蛋和盐。悼念死者，鲜花必不可少。参加葬礼的人，要为死者献唐菖蒲花，同时自己在胸前佩戴一朵白花，以示对死者的哀悼。每年到一定日子，人们还要去墓地扫墓、献花，以寄托自己的哀思。

二、巴西的丧葬民俗

巴西天主教徒或基督徒的丧葬基本上依据教规进行，而土著的印第安各个部落的葬俗则多种多样，别具特色。

印第安各部落安葬死者的时间各有不同，但大多是在去世后的第二天。许多印第安部落把尸身用染料染上颜色。比如，塔皮拉佩人用胭脂树红染死人的头发和全身，脸则用棕榈染料染成黑色；卡波尔人用煤灰把死人的脸染黑，以抵御恶神安南；苏鲁伊人除了用胭脂树红涂抹尸身外，还把死人的头发系成绺。他们用席子裹住尸体或放在吊床上直接埋入地下，避免尸体接触土地。

许多印第安部落把死者葬于自己的屋下，使死者处于亲人的保护之下。卡波尔人把死者葬在烧荒地里，瓜拉尼人则有为死者准备的墓地。还有不少印第安部落实行火葬，把死者置于点燃的木柴上。在死者亲属放声痛哭的同时，其他送葬者则要大声歌唱，为死者送行。

雅诺马米人把死者放入一个用树枝编成的笼中，然后将笼子吊在野外的大树上，任凭兀鹰啄食。20天后，笼中只剩下白骨。再把骨头烧成灰，搀和在木薯、甘蔗的汁液中制成饮料。他们认为人死后可以转世，在喝了饮料的人中获得新生。平时，雅诺马米人在接待来访的客人时，也要举行吞食死者亲友骨灰的仪式。他们把骨灰搅在泡过车前草的水里，盛在葫芦瓢内，大家传着喝。

尼亚瓦人死后，部落要举行隆重的悼念活动。他们在尸体上盖上一种特殊的布，这种布是由一种树上取下的木棉织成的，然后把尸体葬入很深的墓穴中。整个葬礼活动都很庄重、平静，没有哭泣与叫喊，让死者的灵魂静静地离开这个世界。

三、加拿大的丧葬民俗

加拿大人一般对死者进行土葬。人死后，一般都要请牧师做弥撒，使死者的灵魂升入天堂。在葬礼上，亲友要在牧师的祷告声中向墓穴中的灵柩撒下鲜花。参加葬礼的人，见到死者亲属，要和他们握一下手或拥抱一下，轻声地安慰几句，等葬礼仪式完毕以后再离开；如果不举行仪式，也要静坐 10～15 分钟后方可离去。参加葬礼时，一般应买一束鲜花，并在花上附带一张用黑色字体写的有哀悼之词的卡片，把花放在死者的墓前或送到死者的家中。

四、墨西哥的丧葬习俗

墨西哥人对死亡有其独特的看法，他们认为，人死后可以摆脱现在的不幸和痛苦，走向欢乐的世界。因此，他们对死者的祭奠往往是载歌载舞，欢乐异常。亡灵节这天，人们在家里搭起祭坛，摆上祭品、鲜花，一家人围坐在祭坛旁，默默地缅怀故人。然后，呼朋唤友，相邀而出，带着鲜花和祭品，到郊外去参加祭扫活动。到墓地去扫墓的人，在祭祀之后，还要按照印第安人的传统，戴着五颜六色的人、兽、神、鬼等假面具在墓旁起舞狂欢。他们一边吃着祭品，喝着普格酒，一边为亡灵祝福。这样的野餐大约要午夜过后才完毕，这时情侣们便去"踏青"，妇女、小孩留下来守护"亡灵"，醉酒者则会躺在十字架前睡上一觉，直至拂晓之时人们才陆续散去。

死前忏悔是墨西哥阿兹特克族的一种习俗。家中的老人在离开人世之前，要向祭司忏悔，把自己一生中所犯的过失甚至罪恶全部都说出来，求得神的宽恕。平民百姓要到祭司家忏悔，上层人物在自家忏悔。忏悔的日子越接近死期越好。忏悔前，忏悔者把香料放入炉中，并用手指触地，表示向火神大地宣誓，接着开始叙自己的一生，交代自己所犯一切过失。忏悔完毕，祭司要对忏悔者进行惩罚，用尖尖的木刺刺穿他的舌头，有时木刺多达 80 根。忏悔仪式过后，忏悔者如释重负，不再担心死后受到惩罚，可安心等待死亡了。

第六节　非洲及大洋洲各国的丧葬民俗

一、埃及的丧葬民俗

埃及人信仰伊斯兰教，其丧葬习俗基本上是依教义而行。

在人死后，其家人亲属立即为他洗浴，之后用白布或绿布裹尸。白色象征圣洁，绿色象征生命。洗浴水泼在远处，以便驱走死神的阴影。

埃及人非常注重亲情和友情，得知丧讯之后，立即赶来吊唁。男人戴黑领带，女人穿黑色长裙，头戴黑色纱巾。送葬时，男人争相抬棺，这是免罪的善举。送葬队伍通常先到清真寺，为死者祈祷，然后去墓地。埃及人认为，下葬是死者新生活的开始，所以要亲自送死者一程。

埃及习俗认为，在人死后会有两个天神来为死者还魂，还要问一些问题。回答好坏会决定死者在另一个世界的命运。所以亲属在向坟墓填土时要告诉死者："当他们问你时，你要回答：真主即我主，伊斯兰教即我所信教，穆罕默德是我信奉的主的使者，世界上唯有真主。"葬礼结束后，送葬者返回时不得走原路，另择其他道路，避免将鬼魂再带回家。在整个的丧葬过程中，都要念《古兰经》，既是送死者灵魂升入天国，也是为了将阴魂驱走，免得为害活人。

死者下葬后的第二天，开始为期三天的悼念活动。在院内搭大篷，为死者念经，接受亲友的凭吊，为死人哭丧。死者下葬后的第三周的周四，其女性的家属亲友，去墓地为亡灵诵经、向穷人施布。据说周三的晚上死者的灵魂会回到墓地，周四停留一天，所以要前去祭奠。习俗认为死者死后的第40天，肉体腐烂，仅存白骨，死者彻底摆脱尘世进入另一个世界。所以这一天死者的男性家属和亲友前往墓地祭奠，为亡灵诵经，送他的灵魂进入天国，同时也是宣告家人开始新的生活。

二、南非的丧葬民俗

在南非，人死之后，其家属在告知相关亲友的同时，还在报纸上登一则小启事，或在居住区内的教堂里贴一讣告，说明某人何时去世、其葬礼在何时何地举行。当死者亲友得知讣告后，如无特殊原因，多会去参加丧礼，以表示对死者的敬意。

葬礼一般分两部分进行。前半部分是举行"追思弥撒"。追思弥撒是在教堂里由神职人员主持。死者之棺放在教堂的神坛上，周围摆放鲜花，前来参加送葬的人依次在教堂内就座。仪式开始后，先是由神职人员介绍死者的生平和业绩。之后手举神器，围绕棺木低声吟诵对死者的颂词。然后教堂唱诗班领全体参加葬礼的人唱赞美诗。接着大家以次围绕棺木一圈，与死者告别。最后，神职人员触摸一下每个参加葬礼者的额头表示祝福，并将一块象征"圣餐"的小圆饼干送到每个人的口中，就"圣水"吃下。

追思弥撒结束后，将死者的棺木送往墓地，参加者前往为死者送行。至墓地后，坐在事先搭好的帐篷中，由神职人员领大家唱赞美诗。唱毕，将棺放入事先挖好的墓穴中，家人及亲属将鲜花撒在墓穴，送葬者每人向墓中撒一把土后，填平墓穴。树立预先准备好的墓碑，葬礼结束。在整个的丧葬过程中，没有任何哭声，高高兴兴地送死者进入另一个世界。

三、澳大利亚的丧葬民俗

澳大利亚的欧裔移民的葬俗都是按各自信仰的基督教、天主教的教规举行，唯有其土著人的丧葬习俗与众不同。

澳大利亚土著人的葬礼很特别。人死之后，家人聚在一起，由族里的专人去砍一些木桩，涂上彩画，安插在坟墓的四周，每根柱子都象征家里活着的和死去的人。尸体被高高悬起，即使已经腐烂，也要等到下个月的月圆时才能取下。最后，死者家属还要举行一次洁身礼，即葬礼之后，都要在外面露宿，要等下雨淋洗才能回家，有时要等几天甚至几个星期。漫长等待的时日，固然体现了生者对死者的真挚感情，但另一方面也是一种彻底诀别的表示，即不希望死者的灵魂或者不洁的晦气附留在身上或带回家中。

四、新西兰的丧葬民俗

信仰基督教的欧裔新西兰人，其丧葬习俗按照基督教的丧葬仪式进行。毛利人的丧葬习俗则独具特点：

毛利人在人死之后，由死者的亲属将尸体放置在聚会棚的席子上，盖上崭新的编织物，把家传的宝贝放在胸前。死者最亲近的妇女坐在尸体的两旁，一刻不停地嚎哭。她们把头发剪短，用石刀把身体划破。这一天，全天禁食，滴水不沾。得知死讯的本部落和其他部落的人纷纷前来吊唁。吊唁者带着用绿树枝编成的项圈，或者带着死者曾经赠送他们的礼物。尸体要停很多天，让所有的亲属为之哀悼。前几天是不断地哭丧和唱挽歌，以后气氛越来越轻松，人们互相交谈，丧主与客人一起唱歌、跳舞，进行体育比赛。葬礼快要结束时，把尸体藏放在山洞里或树林中，或埋起来，让"塔普"保护着。两天后，再将尸体取出，清洗干净后，再用红赭石涂上色彩，放在聚会棚中，人们为之哀哭。之后将尸体裹起来放在棺中，或用亚麻席子包裹，放在一个秘密的安葬处。普通的毛利人只一次安葬，高贵人物则进行二次安葬。

思考题

1. 名词解释：葬法　做七　开天门　寄土　裸葬
2. 简述汉族传统丧俗的主要程序。
3. 简述蒙古族的丧葬习俗。

4. 简述回族的丧葬习俗。
5. 简述日本的丧葬习俗。
6. 简述印度教徒的葬俗。
7. 按照德国的丧葬习俗，服丧期间有哪些注意事项？
8. 简介墨西哥阿兹特克人的死前忏悔。
9. 简述埃及伊斯兰教徒的丧葬民俗。
10. 概述新西兰毛利人的丧葬民俗的主要特点。

第六章　服饰的民俗

【学习目的】
　　通过本章的学习，了解服饰的起源及服饰民俗的功能，掌握我国各民族和世界其他国家服饰的突出特点及其各自的形成原因。
【主要内容】
　1. 服饰民俗的形成及其功能
　2. 我国各民族服饰的特点及发展演变
　3. 世界各国主要民族的服饰特点

第一节　服饰民俗概述

　　服饰民俗是不同区域的广大民众长期形成的衣着、打扮的惯式。"服"是裹体的各种服装；"饰"是美化身体各个部位的饰样和饰物，有的是作为服装的纹饰，有的是直接对身体相关部位的美化，如描眉、涂唇、戴手镯、耳环之类。服饰是人类所独有的生活技能和智慧的创造，是不同区域的各个民族、民众的生活内容，社会制度，风俗习惯，审美观念和精神面貌的外在表现。

一、服饰的起源

　　关于服饰的起源，众说纷纭。或曰起源于保护身体的需要，或曰"是出于羞耻感而遮体"，或曰是源于"人类美化自身的内在需求"等等。众所周知，生存是人的第一需要，在生存都难以确保的情况下，什么"羞耻感"和"美化自身"之类根本就无从谈起。在上古的原始群时代，原始人类在严酷的外界环境中，为了避暑、御寒和免遭刮、磨、扎、刺等伤害，以树叶、兽皮等护体，这就是原始服装的雏形。如同《礼记·礼运》篇所言："昔者，先王未有宫室，冬则居营窟。未有火化，食草木之实、鸟兽之肉，饮其血茹其毛。未有丝麻，衣其羽皮。"考古资料证明，在距今两万年左右的母系氏族公社的初期，先民们已经能够用骨针缝制兽皮做衣,并且以小石珠、贝壳之类的东西为装饰品,严格意义上的服与饰当由此而始。这个时期服装的质料都是树叶、树皮、鸟毛、兽皮等自然质料。至距今约7000~5000年的母系氏族公社繁荣时期,出现了纺轮和骨梭,说明这个时期已经能够纺线织布,有了人工的服饰质料。这就是《礼记·礼运》篇所记载的"后有圣人作,治其麻丝,以为布帛"。从此,服饰进入了一个新的发展阶段。随着生产力的不断提高,新的服装质料不断出现,服装的形制也不断推陈出新,日益完善。

二、服饰民俗的形式

服饰由四个方面的要素构成,即质、形、色、饰。质是制作服装的质料,如皮、麻、棉、丝、化纤等等。形是服装的样式,如褐、绔、袍、褂、中山装、西装等等。色是服装的颜色,如白、蓝、红、黄等等。饰即装饰、美化,包括两个方面:一是对服装的美化,如染色、刺绣、印花等等;二是对人体的美化,如发型、描眉、纹身、佩戴各种饰物等等。不同地区的不同民族,通过对这四种要素进行选择、组合,从而形成具有鲜明地域性、民族性的服饰特色,世代传承,遂成为服饰的民俗。那么究竟是哪些主要因素决定人们的选择而形成独特的服饰民俗的呢?

(一)地域因素

地域因素是决定服饰形式最原始的、最直接的因素。居住北方寒冷地区的民族,其服饰必选毛皮为质料,服装的形制多长大厚重。如,皮帽、长靴。而居住在热带的民族,其服饰必选麻、丝、棉所织的布帛为质料,服装多短、小、透、露。如,草帽、赤脚。

(二)经济因素

生产方式不同,服饰习俗也往往不同。从事游牧、射猎的民族,服饰质料多皮毛,样式简朴。而从事农耕的民族,服饰质料多用丝棉,样式多、工艺巧,纹饰繁美。

(三)民族因素

不同民族有不同的好恶情感、不同的审美标准,它也直接影响服饰民俗。如朝鲜族,自古以来尚白,故服装多白色;汉族尚红,所以古代喜庆服装多红色。古代的契丹族、蒙古族、满族的发式习俗,以剃发、留辫为美;而古代的汉族则认为"身体发肤,受之父母",所以其发式习俗以全发为重,甚至宁可掉头也不落发。

(四)宗教因素

宗教影响人们生活的方方面面,服饰习俗自然也不例外。世界上许多民族的服饰与宗教信仰有关。如巴基斯坦人喜穿长衫、长裤,妇女外出必戴面纱等习俗都是受伊斯兰教的影响；在印度，信奉不同宗教的民众服装各不相同，如信奉锡克教者，皆头包红巾。我国维吾尔族的小花帽也是源于宗教信仰。

（五）政治因素

政治对服饰习俗的影响是相当大的，有时是强制性的。在我国古代，每逢改朝换代，首要的大事就是"改正朔，易服色"。易服色是从颜色到样式都要改变。北魏孝文帝强令鲜卑族人从汉俗、易汉服；清代满族统治者强令汉族人剃发易服，不从者斩。清王朝灭亡，中华民国建立，剪辫之风骤然而起，"中山装"盛行。

（六）时代因素

时代的变迁，社会的发展，必然会为服饰提供更新更多的质料。风俗本身就是时代的产物，不同的时代，人们有不同的心理、不同的审美标准，因此服饰风俗必然也会随之发生变化。例如汉族自周秦汉唐以来的肥衣大袖早都变成了历史的遗迹，清代的长袍马褂也已经成为博物馆里的文物，风行中国数十年的中山装，今日已经实属罕见。二十余年前，中国人的服装是一片蓝色的海洋，如今中国人的服装，五彩缤纷，样式万千，时代使然。

（七）外来因素

任何一个民族，在保留本民族文化传统的同时，都要不同程度地受到外来文化的影响，改变和丰富本民族的风俗习惯。服饰风俗自然也不例外。且看今日中国，男人个个都是"洋鬼子头"，开怀坦胸的西装、领带、夹克衫，一派"欧风"。随着与世界各国的联系日益密切，服饰风俗的互相影响，将如同海浪大潮不可阻挡。

三、服饰民俗的功能

服饰是服饰民俗的基础，虽然两者有所区别，但本质是一致的。从这个意义上说，服饰的功能也就是其民俗事象的功能。其功能主要有以下几个方面：

（一）保护功能

前面已经说过，服饰首先是"服"，其最基本的功能就是避暑、御寒、防伤，起保护作用。

（二）美化功能

爱美之心，人皆有之。随着社会生产力的发展，智慧的启蒙，人们有了羞耻之心和审美意识。由此，服装和各种饰物也就是人们遮羞和美化自身的首选。

（三）标志功能

首先是民族的标志。每个民族在千百年的社会生活中，都形成了具有本民族特点的服饰，从而成为民族形象的外在标志，如日本人的和服，阿拉伯人的长袍，朝鲜人的短衣肥裤，我国汉族的中山装、满族的旗袍等等。其次是性别的标志。

无论哪一个国家、哪一个民族，男女服饰皆有较大差别。如汉族的女人夏天穿裙子，而男人则不然。维吾尔族男子多是内穿衬衣，外套条形图案的长褂；而女子则多是穿颜色鲜艳的连衣裙，外罩花背心。三是身份地位的标志。在我国古代，各阶层人服装的颜色、样式都有明确而严格的规定。如只有皇帝可以穿黄色，绣有龙、日、月等十二章纹图案的衮服，头戴冕旒。普通百姓只能穿青、白色的褐衣短裤，头戴小帽或只束头帕。各类文武官员皆按等级穿颜色不同、绣有不同禽兽图案的"补服"，皆不可违制。四是职业的标志。我国古代士、农、工、商、兵、渔、猎等各行各业皆有适合自己职业的服装。如读书的士人多身穿长衫，头戴方巾；猎户则多穿皮装等等。在明代，官妓之夫必须要穿带毛的猪皮鞋。至于士兵更是历代皆统一着装，无一例外。现代也是如此，许多国家其不同部门、不同职业的工作人员都有不同的职业装、部门装，以示区别。

（四）助事功能

人们在不同场合，办理不同事务时，往往要有不同的着装，以起辅助作用。如结婚要穿寓意吉祥喜庆的婚礼服；丧葬要披麻戴孝穿丧服，以表示哀悼；参加盛会要穿庄重的礼服；年节要穿新而富丽的服装，以增添快乐的气氛；公安局、检察院、法院执法办案更是必着职业装，以显示其权威性。以服饰助事，不仅能协调气氛、增强效果，也有助于办事的顺利与成功。

第二节　中国的服饰民俗

一、汉族的传统服饰民俗的演变

（一）古华夏族的服饰

我国服饰历史悠久，源远流长，在两万年以前的北京山顶洞人遗址中即已发现了骨针，这说明至少从那个时期起，我国的先民们就已经有了服饰。据古文献记载，汉族的始祖——古华夏族的服饰形制，是由五千多年前的黄帝制定的。《易·系辞》载："黄帝、尧、舜垂衣裳而天下治。"其服分上下两部分，上体之服称为"衣"，下体之服称为"裳"。衣有前襟、后背、两袖，联成一体，交领，右衽。衣者，依也，人以之避寒暑。裳者，障也，是用来障蔽下体的，形似围裙，腰系带，下系芾。芾字又写做"韨"，是用熟皮制的护膝的围巾。西周时期又出现一种将衣裳连缀在一起的筒式服装，称为"深衣"。深衣宽衣大袖，腰间束带，主要是贵族服装。后世的袍、衫就是由这种深衣发展演变而来。

古华夏族留发，束发于顶。平民头饰布巾，贵族官僚戴冠。留发、束发之俗成为古华夏人和后世汉族人的民族标志。

（二）汉代的服饰习俗

华夏族经过三千余年的民族融合，至汉代而逐渐形成了一个新的民族共同体——汉族。其服饰特点：贵族之服多为上下连体、肥袖的袍，饰以各种花纹图案，束腰带。早在西周或春秋时期，出现一种穿在腿上的"袴"。袴与裤不同，它无裆，只是两个至腰的腿套，所以又称为"胫衣"，外面罩以裳（围裙）或袍，汉代时继续沿用。汉代后期又出现了一种全裆裤，又称为"穷袴"、"绲裆裤"，其形类似现在的裤。作为劳动者的平民，上穿短衣，称为褐，下着袴或裳，便于劳动。从东汉开始，服饰更加制度化，阶级、等级的规定明确而严格。

（三）魏晋南北朝时期的服饰习俗

魏晋南北朝时，北方少数民族大量进入中原，汉族服饰吸收了许多胡服的优点，服饰既简朴又多样化。加之玄学思想发展，崇尚虚无，由此而形成了汉胡服饰融合的特点。上层贵族的服饰多是宽衫大袖，峨冠博带，雍容华贵。一般平民百姓的服装受胡服影响则多是窄袖、紧身、圆领、短褐。

（四）唐代的服饰习俗

唐代是一个地域广阔的多民族共居的大国，其服饰受西北地区少数民族服饰影响极为鲜明。男子的常服基本上是幞头、袍衫，穿长筒靴。袍衫与前朝略有不同，多为圆领、右衽、窄袖。女子服饰多为半袖衫，窄口衣袖，裙裾曳地，是汉胡融合的服饰。唐初，时人以着胡服为荣，或着短衣袴褶，或着窄袖袍衫，百官士人以其为常服，甚至皇帝也常常穿胡服。如唐太宗的常服即为赤黄袍衫，折上头巾，九环带，六合靴，既美观潇洒，又便于戎事。女子的服装也是"胡气"十足，女子服饰中流行一种源自吐谷浑的长裙缯帽和仿效吐火罗长裙和四周垂网的帷帽。唐王朝是一个对外开放、对内相对宽松的王朝，唐代是中国服饰史上最为自由发展的阶段。

（五）宋代与明代、清代的服饰

宋代服饰改唐袍的圆领为圆领加衬，改小袖为大袖，袍衫也较为宽大，官员的幞头变成了脱戴方便的乌纱帽。宋代的女装一改唐代的短袖长裙，在长裙外加短袄，头饰改为花冠。受理学的影响，宋代的服饰较唐代保守。

明代的服饰，大体沿袭唐制，但宋元服饰中的某些样式也有保留。盛行"六和一统"帽，俗称瓜皮帽，是由六片罗锦制成的圆形便帽，寓示大明江山天下一统。

明代服饰最大的变化，是文武百官的常服制度中出现了"补服"。周秦汉唐以来，官员的常服多是上衣画龙、山、华虫、火、宗彝，下裳绣藻、粉米、黼、黻等章纹图案。三品以上用紫色，四品用绯色，五品用浅绯，六品用深绿，七品浅绿，八品深青，九品浅青。用章纹的多少、颜色的不同区别等级。明代的补服一改旧制，分别在官员袍服的前胸与后背上，缝补一块绣有不同鸟兽图案的"补子"。文官图案用鸟，武官图案用兽，如文官一品绣仙鹤，二品绣锦鸡……武官一品、二品绣狮子。其色，一品到四品用绯色，五品至七品用青色，八品、九品用绿色。严格地说，官服是不属于民俗之服的，它的颜色、它的图案，普通百姓的服装是不准许使用的，为俗之所禁。

清代强令汉族改为满族服饰，所以清代汉族多穿长袍、坎肩等满式服装，但在家闲居穿宽大的汉装也被允许。

（六）中华民国时期的服饰

自1840年鸦片战争以后，西方文化影响我国日深，特别是中华民国建立之后，我国汉族的服饰发生了巨大的变化。它一方面是保留了一些我国传统的习俗，另一方面便是吸收了许多"西洋"与"东洋"服饰的优点，形成一种中西并行、新旧杂存的服饰特色。

1. 发式革命

辛亥革命后，一改汉族五千年的蓄发、束发之俗和清代的辫发之俗，剪发改式，盛行西方洋人的短发、分发，女人则盛行齐脖的短发。这种发式简便、卫生、美观、大方，所以迅速被国人所接受，流行至今未衰。女子发式多样，其中也保留了留长发、梳辫子的旧俗，当然亦有所改革。

2. 中山装

孙中山先生领导的资产阶级民主革命推翻了清王朝，结束了两千年封建帝制，他是中国历史上划时代的伟人。孙中山的上衣，是一种在日本近代男装基础上加以改进的服装。其式为半身，封闭式翻领、对襟五明扣；窄袖，袖下部竖排三明扣；前襟四兜，皆有盖有扣，两个下兜为吊袋。下身为西式直筒制裤。这种服装简便、笔挺、庄严、实用，所以受到欢迎。加之是伟人之服，所以风靡中国数十年，是官民皆用的服装。蒋介石与毛泽东在重庆谈判时，都是穿中山装。

3. 长袍马褂

民国时期还保留和改造了清代的某些服饰。内穿长袍，外套短马褂，头戴礼帽，也是上层社会流行的服饰。孙中山、蒋介石、青年时代的毛泽东、画家齐白石都穿过这种服饰，它是新旧时代交替的产物。

4. 西装

民国时期，西装也流行于上层社会和青年学生中，这是西方文化传入我国后的必然产物。孙中山、宋子文、周恩来等都曾身着西装。

5. 袍、衫

下层社会的广大民众，多是穿"一裹圆"式的长袍、开双衩长衫和对襟短褂、短袄，基本上是沿袭清代民间服饰。

6. 妇女服饰

民国时期女人服饰、发式多变多样。妇女的发式，在大城市中受欧美生活方式影响，盛行剪发。青年学生多齐耳短发，上层社会妇女多烫发，也盛行梳成各种形状的发髻。农村中老年妇女多是梳成发髻束于脑后，姑娘多是梳两根又粗又长的大辫垂于背后。服装上，城市中妇女盛行各式旗袍。这是从清代沿袭下来经过改造的女装，颇受各阶层妇女的喜爱。学生盛行上衫下裙的新式学生装。

(七) 中华人民共和国时期的服饰

新中国建立后，随着时代的变化，服饰习俗也在不断变化。以1978年为界可分为前后两个阶段。前一阶段，服饰崇尚俭朴，单调划一；后一个阶段，开放多样，崇尚奢华。

1. 干部服与毛式制服

建国后的人民群众，崇尚革命精神，纷纷穿起象征革命的灰色的"干部服"。干部服类似解放军干部穿的军装，主要是颜色不同。象征资产阶级情调的西服、旗袍和象征封建"遗毒"的长袍马褂销声匿迹。毛泽东主席是当时全国人民最崇敬的伟大领袖，建国后他穿的中山装略加改进（原来的圆角翻领改为尖角翻领，右边暗兜上又多了一个小豁口，用来插钢笔，后背宽松，中腰略收敛，后片比前片略长），成为后来人们称之为"毛氏制服"的上衣。毛泽东几乎从未改变他的这一服饰，于是从中央到地方，几乎人人都穿这种毛式中山装。

2. "文化大革命"中的军装潮

"文化大革命"中，由于特殊的历史原因，毛泽东在天安门上多次穿军装检阅红卫兵，于是全国出现军装热，男女老幼以能穿上一身军装为荣（当然没有帽徽领章）。实在弄不到全套的军装，戴顶军帽也觉得精神抖擞，革命性高人一等。除了毛氏制服、军装之外，稍有异样的服装都被视为资产阶级的"奇装异服"。穿者，轻的被勒令脱下或当场剪破，重的则要受到批斗。

3. 五彩缤纷的新服饰

1978年十一届三中全会后，在改革开放的形势下，我国的服饰风俗发生了几千年来前所未有的大变化。不仅封建社会的制式等级、颜色禁忌限制没有了，建国以后的样式限制也荡然无存。男人服饰最盛行笔挺的西装、潇洒的夹克衫及各类其他西式制服；女人服装则以各式开襟、露背的上衣和鲜艳的短裙为前潮。发式也更加多样化，男人可以平头、分头、光头，也可以长发；女人可以辫发、披肩发、烫发、染发，也可以短发。当代的中国服饰，集古今中外于一体，迎着世界服饰的新潮,正在试创具有中华民族特色的新风。

二、其他各民族的服饰民俗

我国是一个多民族的国家,各个民族在当今世界各国及各民族文化交流不断加强的形势下,服饰风俗正在呈现出一种共性化的趋势,但仍然不同程度地保留着本民族的服饰习俗,体现出本民族的特色。

(一)满族的服饰民俗

满族的先世先秦时期称为肃慎,秦汉时期称为挹娄,南北朝时期称为勿吉,隋唐时期称为靺鞨,辽至宋元明时称为女真,明末称为满洲,是有四千多年历史的古老民族。清代满族人的服饰,以女真人服饰为基础,同时又融汇汉、蒙等族服饰的某些形式。其服式、发式新颖多样,尤其是袍、褂、鞋、帽、发辫更具浓郁的民族风格,对我国古代、近现代的服饰文化产生了巨大的影响。

1. 旗袍

袍是满族男女老少、贫富贵贱都穿的服装。因为它是旗人(在八旗籍者)的常服,所以后世称其为"旗袍"。袍的基本款式是圆口领、窄袖、左衽,衣摆两面或四面开衩,有扣襻,束腰带。男子袍长至脚面,下摆肥大,便于骑射;窄袖口,袖口上有一半圆形的袖头,称为"挖杭",或"箭袖",其形似马蹄,俗称"马蹄袖"。还有一种不开衩的袍,称为"一裹圆"。开衩袍多为贵族所用,一裹圆多为平民所穿。满族喜好青色、蓝色,所以平民袍以青、蓝色居多。明黄色袍只有皇帝才能享用,皇子和受封赏的贵族高官可用杏黄和金黄色之袍。

2. 褂

套在袍外的短衣称为"褂",也叫"外褂"。样式多为短袖,袖口平齐而宽大。官僚的褂上绣有标志等级的鸟兽图案,称为"补褂"。因为褂短,适于骑马,因而又称为"马褂"。马褂以黄色最尊贵,对立有大功的人,皇帝常以赐黄马褂为最高奖赏。平民之褂多为浅灰色、棕色。褂的样式有对襟、大襟和缺襟的区别。对襟褂多当做礼服,大襟褂多为常服,缺襟褂多作为行装。还有一种无袖的褂,称为"马甲"。

3. 领衣

满族早期的旗袍,都是圆口而无领,穿袍需另外加一个硬领,即领衣。领衣是围绕于领口的两张硬布长片,多用锦缎绣花制成,中间开衩,穿在颈上用纽扣系结,前端系于腰带。因其形状如大牛舌,故俗称"牛舌头"。

4. 裤

满族人通常穿长腰裤,宽裆,束裤脚。裤腰高阔,要在裆前抿个大褶之后系以裤带。裤脚也肥阔,同样也要抿个褶系带。这种样式的裤,一直到上个世纪80

年代在有的农村还很常见，颇有特色。还有一种套裤，即只有裤管的无裆裤，古代称为"袴"，常为骑射而用。

5. 鞋靴

满族平民的鞋，常见的是用牛皮制成的"靰鞡"。冬天时，里面塞一种柔软如絮的草，名为"靰鞡草"。穿上这种靰鞡，即使在雪地中站一夜，也不会把脚冻坏。故民谚云："东北有三宝，人参、貂皮、靰鞡草"。贵族多是穿高筒的靴，靴多用黑皮或缎制成。满洲贵族妇女的鞋更有特色，鞋底中间下安有一个马蹄形的木底，高三四寸，称为"莲花底"或"花盆底"，鞋面绣花。脚踩这种花盆底的鞋，再穿上紧身旗袍，走起路来，宛如扭秧歌，格外优美。

6. 发式与冠

满族男子传统之俗皆剃发梳辫。剃去头上前半部分的头发，后面留发梳辫垂于脑后，辫梢系以彩绳，饰以珠玉。

满族男子的帽子有礼帽、便帽之分。礼帽俗称"大帽子"，秋冬所戴称为暖帽，春夏所戴称为凉帽。暖帽圆形，周围有沿边，以皮毛、缎制成，帽顶饰顶珠和花翎，是等级的标志。凉帽形如圆锥，无檐，多用藤、竹制成。便帽也称为"小帽子"，沿用明代的"瓜皮帽"，多是黑色，顶为红色。

女子幼年时与男孩无异，剃前留后，成年待嫁开始蓄发梳辫。成年妇女，发式盛行"架子头"，即把头发梳到头顶，分成两把，结成横长式发髻，后面形成燕尾形，以高髻为美，又称为"两把头"。

清代中后期，满洲贵妇盛行"大拉翅"，是由"两把头"的发式发展而来。其样式是先把前面的头发分成两绺，在顶上梳一横长的髻，插饰扁方（即一字形大长簪，长约六寸，宽寸半），后面的余发结成一个燕尾形的偏髻，并在顶髻后方戴一由青绒缎褙成板状的帽子，其上缀饰珠玉簪钿。这种首饰简易美观，一直沿袭至清末。当代的满族女子，每逢重大的节日，穿民族服装时，也都戴这种头饰。"大拉翅"成了满族女子形象的标志。

（二）蒙古族的服饰民俗

蒙古族的服饰习俗的特点突出表现在首饰、长袍、腰带和靴子上。

1. 首饰

过去的蒙古族男人都留长发，梳成辫子，辫梢扎以红绿绳，彩色的辫穗垂在背后或盘在头顶，并用宝石、珊瑚等装饰起来。冬季，蒙古族男子戴一种用羊羔皮制作的鹰形帽，称为"鹰帽"，暖和轻便，适合骑马射猎。女子都留有发辫，未婚女子多扎单辫，扎红辫绳；已婚女子梳发髻，盘在脑后。蒙古族女子特别喜欢戴一种高达尺余的固姑冠。这种帽子采用桦树皮围合成长筒状，用针线缝合而成，顶端呈四边形。外面以彩绸包裹，缀以珍珠、琥珀，顶端饰以圆木珠或孔雀毛等，千姿百态，各具特色，戴上之后，显得格外高雅富贵。这种"固姑帽"由于制作昂贵，多是贵族妇女享用，后来又常用做新婚礼帽。

2. 长袍

蒙古地处北方高寒多风沙地区，因此无论男女一年四季皆喜欢穿长袍。春夏单布袍，秋冬皮袍。受满族影响，袍皆开衩，便于骑射。天太冷时，女袍外罩坎肩，男袍外套马褂。颜色多为蒙古族最喜爱的蓝色、绿色、灰色，妇女多选红色。

3. 腰带

蒙古族穿袍多系腰带，它不仅有利于防寒，还利于骑马奔驰，避免闪腰。腰带通常是用九尺至一丈二尺的整幅彩绸制作，与彩袍巧妙搭配，使人显得更加健壮秀美。腰带右边挂蒙古刀和餐具，左边挂烟具和常用来定情的荷包。荷包系有长长的衬穗，下垂衣外，分外耀眼。

4. 靴子

蒙古族男女老少都喜欢穿靴子，有革制和布制两种。与汉族鞋不同，它有长长的靴筒，既防寒，又利于骑马。男靴多绣有盘肠、云卷图案，女靴多绣有各种花草图案，又是极为精美的工艺品。

（三）维吾尔族的服饰民俗

维吾尔族的服饰，多样而又优美，极具民族特色。

维吾尔族男子的服饰多是内穿衬衣，外套长褂，腰系腰带，各有特点。其衬衣较短，多不开胸，绣缀花边。衣料多为白色、黑色或深色条花。其外套的长褂长及膝盖，宽袖，斜领，无纽扣，称为"袷袢"。夏季穿的单袷袢，多为白色，或带有条形花纹；冬天穿的棉袷袢，多为黑色、灰色或其他深色，外系腰带。腰带是方形，又大又长，带中可以存放食物及其他零星物件。节日时，所系的腰带要十分讲究，鲜艳且绣花。维吾尔族女子普遍穿颜色鲜艳的连衣裙，里面穿衬裙，外罩绣花背心。近代以来，外面也常罩以西装外衣。

维吾尔族的帽子和靴子是最具有特点的。无论男女老少皆喜欢戴绣花小帽、穿长筒皮靴。维吾尔族多信奉伊斯兰教，根据宗教礼节，男女都不能光头露顶。在室外，头不加任何遮盖是对老天的一种亵渎行为，所以尤其重视帽子与头饰。维吾尔族称帽子为"杜帕"。杜帕有圆形整体的，也有圆方形可以折叠的，图案及色泽繁多、精美。杜帕较小，虽然名曰帽，但实际上并不是套在头上而是扣在头上的。

维吾尔族的姑娘，除了戴一顶彩色艳丽的杜帕外，往往还要在头上罩一薄如蝉翼的纱巾，看起来宛若雾中之花，风韵无穷。维吾尔族姑娘的发式以辫子多著名。婚前的少女往往要梳十来条或数十条小辫，如同春天的垂柳；结婚后，北疆的妇女是梳成两条大辫子，而南疆的妇女则是四条。额前的两条较小，脑后的两条较大，梳成后将前面的两条与后面的两条合起来，成为两条大辫子，盘结在一起，更显得别致高雅。

（四）藏族的服饰民俗

藏族服饰习俗的基本特征是肥腰、长袖、大襟。但藏族居住的范围较广，在这一共同性的基础上，各个地区亦有所差异。

1. 藏袍

藏族男女老少都喜欢穿袍。藏袍的基本结构是大襟、长袖、肥腰、无扣、没兜、右开襟。由于适应"长冬无夏"、春去秋来的气候特点及"日夜同用"的游牧生活方式。这一服饰习俗千余年基本没有变化。穿袍的时候，将衣领顶在头上，腰束长带，然后伸出头来，那长出身体的一截自然就堆在胸前，形成口袋，随身用的东西都可以装在里面。藏民有一个习惯，就是喜欢把右臂坦露出来，很少看见两只手臂都穿在袖子里。这主要是出于方便劳动。有时两臂都不穿在袖子里，两袖对系在腰后。晚间睡觉时，把腰带解开，因为袍子比身长，所以又可以当被盖。袍子的质料，农区的农民多用氆氇（羊毛织成的毛呢子），这样的袍称为"处巴"；牧区的牧民多用羊皮，羊皮袍称为"巴察"。还有一种用高档氆氇做的袍，在袍的边缘上镶缀水獭皮及各种绸缎，五光十色，非常华丽，这类袍称为"丑拉"。富有的藏人穿上这种"丑拉"，配以粉红色或果绿色的绸腰带，腰间系以精美的藏刀，头戴库锦狐皮帽或藏式礼帽，脚穿皮藏靴，显得英俊潇洒。

藏族的女式袍比男袍更宽大些，在领子、袖口、下摆上滚有红、黑、绿三色宽边及水獭皮等贵重毛皮。此外还缀饰一些诸如金、银、玛瑙、珍珠、小铃铛之类，同样系以各种彩绸腰带，以显示华贵。

2. 坎肩与"邦单"

农区的藏族女人还喜欢在衬衣外罩一件肥大的氆氇长坎肩，其穿法同穿袍一样，用腰带齐腰一束，坎肩长至脚面。藏族女人，不论农区、牧区，不分季节，腰间总是系一件图案美丽、颜色鲜艳的围裙，藏语叫"邦单"。原来只有已婚的妇女系邦单，现在未婚姑娘也常常系邦单。每逢盛大节日，男女藏民们皆身穿长袖"丑拉"，女人们腰系"邦单"，长袖飘飞，彩云罩身，载歌载舞，尽享雪域高原的欢乐。

3. 首饰

藏族妇女喜欢将头发结成许多小辫，然后再编成一个或两个大辫子，之后罩上发套。发套用红布制作，上面饰有"银盾"、蚌壳、宝石、珊瑚等等；发套很大，从头上垂于臀部。颈胸悬项链、金银"呷乌"或皮质的小袋。"呷乌"是一种金属小盒，内装小佛像或活佛所赐的神物。"呷乌"不仅仅是饰物，更主要的是护身佛，她们相信佩戴上它就可逢凶化吉，万事如意。

（五）苗族的服饰民俗

苗族服饰丰富多彩，样式色调繁多，且以色彩艳丽而出名。早在《后汉书》、《晋记》等书中，就有关于五溪苗族"好五色衣裳"的记载；唐代大诗人杜甫也写下了"五溪衣裳共云天"的诗句，盛赞苗族服饰足与天上彩云相媲美。

1. 服饰质料

服饰质料主要是棉布、麻布，也有部分是用丝绸。黔东南苗族主要用棉布，黔中南苗族棉布、麻布并用，黔西北以麻布为主。服饰的主体颜色，松桃、铜仁、务川等县清代中叶以前以红色为主，清代中叶改装以后则喜用青蓝色；黔东南过去和现在多用黑色；黔北苗族尚青色；黔西北及黔中有的尚白，有的喜青，有的爱蓝、黑。

2. 男子服饰

苗族服饰男装比较简便。一般是蓄发包头巾，上身穿无领、大袖口的对襟短衣，系腰带，下身穿长及小腿肚宽裤脚的裤子，多用青蓝二色。黔西北苗族男装较有特色，肩上披着织有几何图纹的羊毛毡披肩。贵阳、安顺的苗族中老年男子，还喜穿清代时的满式长衫。

3. 女子服饰

苗族服饰最有特色的是女子的服饰，苗族妇女仍喜穿绣花衣裳：松桃苗族的衣服以绣花草为主，色调素净；黔东南以绣花鸟为多，色调较浓重；贵阳、遵义、黔西一带则喜挑鲜艳的彩虹图案；黔西北喜挑较大的几何彩色图形。其样式有百余种之多，因居住地区的不同而有较大的差别，为国内各民族所少见。

4. 银饰

苗族无论男女都佩戴银饰。苗族女子大多都佩戴手镯、耳环，胸前有大项圈及银锁，下面垂有长短不一的银制珠穗；重大喜庆日子，还要带银冠，更加显得华贵富丽。苗族的银饰在我国各民族中是最著名的。其银饰有：银冠、银珈、银衣、项圈、披肩、项链、牙签、髻簪、耳环、手镯、戒指等。项圈由小到大多达七圈为一套，重两千余克，造型或呈四棱突起，绕如螺旋；或偏圆，平面上錾出各种花纹图案。项圈是苗家姑娘恋爱、结婚必备之物。黔东南的苗族妇女最喜欢戴银冠和穿银衣。有的妇女最多佩戴数百件各类银饰，重量达五六十两，最重有达二三百两者，周身上下全是银饰。它不仅为饰美，也是身份、地位的象征。

三、港澳台的服饰民俗

（一）香港、澳门的服饰民俗

香港是一个受西方文化影响较深的地区，其服饰特点是领风气之先，追求时尚，体现尊贵，提倡个性化。在政府或公司任职的白领阶层，服装多是西装革履。

有身份的女性，尤其注重发型、佩戴首饰，显出华贵高雅的气质。普通青年男女的服饰则是不拘一格，表现为一种随意、自由、个性化的风气。近年来特别流行各种休闲式服装，诸如休闲服、休闲夹克衫、T 恤衫等等，大胆、随意，追求新时尚、新潮流。

澳门服饰具有融欧亚风情的特点。过去上层社会的男女服饰，多是体现雍容华贵之风，普通民众的衣着也比较严肃，即或是女孩子也极少见袒胸露背的服装。近年来，随着世界一些国家畅行休闲式、个性化之风，澳门的服饰也畅行休闲时尚的风气，服饰穿着比较随意。在一般场合，人们都图舒适和方便，并不刻意讲究。不过女孩穿连衣裙的并不多，裙子太短的也不多，穿衬衫短裤的不少，显得随意而精神。男士们夏天喜欢穿短袖上衣，把下摆扎进裤腰里，系领带，而裤子一般都比较瘦；如果天不太热，则外面再套一件西装。在较正式的场合，则必须穿正规的西服、系领带，脚登皮鞋，庄重而不失潇洒。

（二）台湾的服饰民俗

1. 移民的服饰民俗

台湾移民以福建、广东人为最多，两地移民也把自己的服饰习俗带到了台湾。过去，福建移民大多缠足，以足小为美，精于绣制弓鞋，服装尚华丽，常着衣、裙；广东移民妇女经常赤脚耕田，多不缠足，服装俭朴，常穿青、黑两色布衣，以黑布包头，无论贫富多不穿裙。由于与大陆隔离，生活条件比较艰苦，所以台湾移民喜爱祈福致祥的衣纹图案，如鲤鱼、宝伞、莲花、盘长、法轮、海螺、宝瓶、天盖等"八吉祥"以及牡丹、方胜、万寿等图案。

在日本统治台湾的 50 年间，台湾人民保持着高尚的民族气节。许多台湾人仍然还穿中国服装，保持中华民族的传统习俗，不忘祖国。

近半个世纪以来，台湾的服饰风俗发生巨大变化，既保留了民族的传统服饰习俗，又融入世界各国相互交流的大潮之中，西式服装也深受人们的喜爱。

近年来，台湾的服饰又出现了一种体现高雅、简约、复古、回归自然的风格，体现悠闲、轻松的韵味。另一方面，追求时尚仍为青年人所喜好，吹起一股"低腰风"。不论裤子、裙子，腰头都一直"向下探底"。时髦少女，纷纷争着露出性感的细腰，以露出肚脐为美。时代在飞快前进，世界在发生巨变，千百年不变的服饰习俗，早已成为过去。

2. 高山族的服饰民俗

台湾高山族传统服饰色彩鲜艳，以红、黄、黑三种颜色为主。其中男子的服装有腰裙、套裙、挑绣羽冠、长袍等，女子有短衣长裙、围裙、膝裤等。高山族服装分便装和盛装，平时劳动穿便装，简单朴素，便于劳作；节假日穿盛装，色泽艳丽，光彩夺目。高山族的服装，特别是节日盛装，不但男女有别、长幼有别，而且等级有别。贵族有穿戴某些服装、装饰的特权，如在排湾人中，贵族的男子可穿豹皮外衣、肩衣、套裤，贵族女子可以穿绣饰长袍、长裙等。

高山族非常喜欢饰物，饰物的种类丰富多样，主要有贝珠、贝片、琉璃珠、羽毛、兽牙、兽皮、花卉以及银、铜、竹等，又可分为冠饰、额饰、耳饰、颈饰、胸饰、腰饰、腕饰、腿饰等。以鲜花制成花环，在盛装舞蹈时，直接戴在头上，非常漂亮。

高山族九个族群的传统服饰各有特色。如排湾男人喜欢穿带有刺绣的衣服，用动物的羽毛作装饰物，女子盛装有花头巾、刺绣长衣、长袍。雅美人有刺绣围裙，男人穿挑绣长袍、红羽毛织披肩。女子的盛装与男子大致相同，但裙子较长，还有包头布。布农男人以皮衣为主，女子有缠头巾、短上衣、腰裙。卑南人以男子成年和女子结婚时的服装最为华丽漂亮。鲁凯人喜欢鹿角、豹牙头饰，颈挂珊瑚项链，他们的传统服饰色彩鲜艳，手工精巧，是台湾高山族服饰中的佼佼者。在节庆的时候，鲁凯男人们戴上漂亮的头饰、配上华丽的上衣，格外精神；女人们穿上挂满珠子的礼袍或裙子，非常漂亮。泰雅人钟爱贝珠装饰。妇女的服装大都是无领无袖无扣的筒衣。节庆时穿盛装，挂贝珠项链，戴贝珠耳坠和手镯，还要加上许多的装饰品。有趣的是，泰雅男人更喜欢贝珠装饰，他们的饰物比女子还要多。人数较少的赛夏人的服饰也很有特色，最吸引人的是一种叫"背响"的饰物。"背响"也称"臀饰"，只在举行祭奠或舞蹈中使用，形状大小好像背心，上窄下宽，彩绣着各种花纹，下面缀着流苏和许多小铜铃，穿戴在背上，跳舞时响成一片，很是好听。

第三节　亚洲其他各国的服饰民俗

一、日本的服饰民俗

大和民族的服饰既保留了中国唐代的风格，又有自己独特的创新。

（一）和服

日本的传统服装是"和服"，因为是大和民族的服装，所以称为"和服"。据说和服始于奈良时代，已有千余年历史。有学者考证，认为和服是仿照中国唐代服装而改制的。初始在贵族中流行，称为"唐风贵族服"，其后几经变化，成为具有大和民族特色的服饰。

和服是一种复杂而深奥的服饰文化，种类很多，不仅有男女样式的不同，在不同场合所穿的和服也样式各异。其共性的特点是宽大舒适、端庄文雅，都系腰带。男士和服色彩较少，腰间带子较细，附属饰品不多，穿、脱都比较简便；女士和服色彩与花纹艳丽多姿，宽腰带，后面有一个方方正正的"背包"，实际上它是由一根宽带结扎而成，起装饰作用。日本的和服又有南北之分，北方的和服颜色较少，多冷色；南方和服多暖色，如黄色、咖啡色等等。日本的少女少妇，穿上和服，尤其漂亮，婀娜多姿，如同画中人。穿和服，在一般情况下是不戴帽子的，但女人在结婚时穿和服则必须戴帽。

（二）草履与木屐

在日本的服饰习俗中，草履和木屐也非常具有民族特点。草履是用草、皮革、布制成，呈椭圆足形。木屐就是木底拖鞋。草履和木屐之源都是始于中国，传入日本后，因其方便、适用而被上下各阶层所喜用。

现今的日本人受西方文化影响，日常生活中多穿西装。

二、韩国的服饰民俗

韩国人的传统服饰民俗有以下几个特点：

（一）白衣民族

朝鲜族自古以来，服饰尚白，有"白衣民族"之称。老年男人，无论冬夏，上下皆白；老年妇女喜穿白色衣裙，并习惯用白绒布包头；年轻人即或不穿白衣，也要在衣襟上镶一道白布边。

（二）上短下肥

韩国人的服装样式，无论男女皆上衣短、裤子或裙子肥。男子多穿短袄、坎肩。其裤肥大，裆开得很低，裤脚在脚踝处用带子扎紧。外出时，多是再套上一件斜襟、系带的长袍，长袍以灰色居多。妇女的上衣更短，仅及胸，称为"则羔利"，斜襟灯笼袖，以长布带打结。裙子肥宽，长达脚面，多褶，束于胸际，另外还有一种过膝的短裙。妇女的服装除白色之外，还有其他各种颜色，五彩缤纷。妇女喜穿一种带色的小船形胶皮鞋，穿脱方便，也宜于劳动。

随着时代的变化，韩国人的服饰习俗也发生了较大变化，西式服装逐渐被人们所钟爱，但每至重大节日，则多是穿民族服装。

三、马来西亚的服饰民俗

马来西亚的全称为马来西亚联邦，位于东南亚的马来半岛和加里曼丹岛。国土面积约33万平方公里。首都为吉隆坡。现有人口2800万（2010年）。有马来族（54.6%）、华人（24.6%）、印度人（7.3%）等众多民族。

受多元文化的影响，马来西亚的服饰习俗既有共同性，又有民族性，充分体现了热带国家的风情面貌。

（一）马来装

马来人妇女的传统服装是用一块布料做的套头式长袍，直筒形，没腰身，比较肥大，多是白色或略带些小碎花，裙子穿在长袍里面。这种女装称为"克巴亚"。受伊斯兰教的影响，一些妇女的服装包裹得比较严密，身体裸露的部分很少。年龄稍大一点的妇女，喜欢戴一种顶平而圆的帽子，多为白、黑、灰等色；年轻妇女在帽子外面还另戴一条白色或黑色的头巾，或与衣服相配的花头巾。节日盛典，妇女们多是穿庆典服装，是用加入金丝或银丝的丝绒纺织而成，光亮闪耀，显得高贵华丽。

马来人的男性，服装简单，上衣多是较短的套头衫，以白色、黑色居多，下身多是穿用一块布围裹而成的"沙龙"。它是将一块布缝合两端而形成的一个肥大的直筒，不用腰带，只是捉一个褶紧扣在腰间。沙龙多是用各种颜色的格子布制作，长度从腰部一直到脚面。农村的男子，多是赤着上身，下围沙龙，打着赤脚。沙龙白天是围裙，晚上可做铺盖，如感觉寒凉，往上拉到脖子处又可当斗篷用。

马来人男子的礼服，上衣为套头式，形如T恤衫、立领、袖直筒，裤子与上衣同色。腰间围一如同沙龙的男裙。较短，从腰至膝。头戴平顶、无沿、近似直筒形的帽子，高约十厘米，称为"宋谷帽"，多为白、蓝、绿等颜色。不戴帽子则用织锦头巾包头。包头的形状多种多样，与马来礼装相配，别有一番韵味。

（二）巴迪衫

在马来西亚，无论城乡，无论高官还是学者、工人、农民和商人，各行各业、各阶层的男女们，都喜欢穿各式各样花色的长袖衬衫，人们称之为"巴迪衫"。"巴迪"是马来语，意为"蜡染"。传统的巴迪衫都是用蜡染布制作的，现在由于需求量的增多，生产技巧的提高，多是采用现代印染工艺，质料除了棉布以外，还有各种麻纱、丝绸、涤纶等。巴迪衫被马来西亚人民称为"国服"。

华人、印度人多是穿本民族服装，自由选择，无拘无束。

四、印度的服饰民俗

印度的服饰民俗极具民族特色，其男女着装也明显不同。

（一）女性服饰

当代印度的服饰习俗，以女性服饰最为绚丽多彩。

自18世纪始，印度教妇女普遍披佩"莎丽"，直至现在。莎丽是一块长方形的布料，长4.5～8米，宽1.1～1.3米。样式、色彩和质地繁多，常常可以体现一个妇女的地位、种姓以及来自于何处。它的披佩方法是先将首端缠在腰际，中段绕过胸前，末端搭在肩上。大多数妇女是搭在左肩上，但来自波斯的帕西族以及一些拉贾斯坦、古吉拉特的妇女则是搭在右肩上。印度的莎丽几乎与日本的和服一样,是有代表性的民族服装。

印度女性在披佩莎丽的同时,还穿一种短紧身上衣,后面露背,称为"绰尼"。印度女性的传统服装还有一种皱褶长裙,称为"勒含卡"。印度妇女通常的装束,多是上身穿着超短的绰尼,后露背,前露小腹和肚脐,下身穿着勒含卡长裙,头上搭一块叫做"杜帕塔"的柔软长布,的确是独具风韵。

将莎尔瓦和克米兹搭配起来穿着也是印度女性的常见着装。莎尔瓦是一种宽松的、睡裤形状的长裤,克米兹是一种穿在外面的长及膝盖的长袍。下穿莎尔瓦,上穿克米兹,非常潇洒,是印度最为流行的女性装束。

（二）男性服饰

印度男人的传统服装因宗教信仰的不同而有所差异,通常是内衣外面套有长大褂,头上包着圆大的头巾。锡克教徒是红色的包巾,十分醒目。现在西装在印度也是颇为流行的服装,为人们所喜爱。

印度人的服装虽然较为简单,但首饰却富丽而又繁多。妇女普遍佩戴金银和宝石饰品,有耳环、耳坠、鼻饰、项链、戒指、手镯、脚镯等等,这一传统从古至今延续数千年。古代印度男人有戴耳环之俗,现在则多戴戒指。

五、以色列的服饰民俗

以色列的各种生活习俗都深受犹太教的影响,其服饰民俗也留下了深深的宗教痕迹。

（一）普通人服饰

1. 长袍

以色列人承袭古犹太人之风,喜欢贴身穿用皮革或亚麻布制成的长袍。长袍有两种样式:一种是有袖的,多为上层人物所穿;另一种是无袖的,多为平民所穿。有钱人外出,还要加套外衣。外出时必束腰带,在希伯莱语中有"束好了腰带"的成语,就是已经作好了出发的准备。腰带可以用来佩挂刀、剑等各种饰物。腰带是以色列人装束中很重要的一部分。

2. 外衣

外衣多是用羊毛和棉制成,一般为深褐色或有白色条纹,白天御风雨酷热,晚间可以当被子盖。

3. 面纱与首饰

戴面纱是以色列上层社会妇女服饰的一个重要特点。下层的劳动妇女,由于劳动的原因,要求并不十分严格,仆人是不戴面纱的。以色列妇女酷爱首饰,如耳环、戒指、手镯、脚钏、发网、华冠等等。

（二）哈西德教派服饰

犹太教哈西德教派的男性服装尤其具有特点：头戴黑色毡帽，浑身上下皆为黑色服装。黑色的长袍外面套一件饰有白边的黑色背心，外面再穿一件黑色的祈祷衫。虽然是酷暑难当，亦依然不变其装束。受哈男教徒的影响，该教派的妇女一旦结婚即剃去头发，从此或戴假发，或围上头巾。

由于时代的变化，现在以色列的青年已有许多人不再墨守旧俗，衣着比较自由，但是到教堂去，无论男女老少，都必须按着教律的要求穿戴。

第四节 欧洲各国的服饰民俗

一、俄罗斯的服饰民俗

俄罗斯人穿衣的风格是整洁、端庄、高雅、和谐。虽然传统服装随着时间的推移，逐渐走进了历史的博物馆，但男女服饰的基本风格却仍然保留着。

（一）女性服饰

俄罗斯的女人，无论老少都喜欢穿连衣裙，几乎是一年四季不离身。"布拉基"是最常见的夏裙，此外还有两款大众化的裙装——"鲁巴哈"和"萨拉范"也深受妇女们的喜爱。每逢传统节日到来，人们就穿上这种富于民族风味的服装。由于这种服装色彩艳丽、装饰细腻，能烘托气氛，逐步变成了人们的节日盛装。

"鲁巴哈"是传统的女装，其样式有点像长袖连衣裙。鲁巴哈又被称为"割草裙"，没有腰身，穿着时须束腰带。点缀上漂亮的图案是鲁巴哈的独特之处。莫斯科和北部地区的鲁巴哈为大红色，肩部镶有黄、黑两种颜色，色彩搭配和谐悦目，领口绣着均匀的缀褶，下半部则采用红白相间的方格裙搭配，颜色夺目又不花哨。这种款式后来成为姑娘的盛装，至今仍是乡村节日庆典中必不可缺的点缀。

"萨拉范"是一种在俄国曾十分大众化的裙装，款式颇像今天人们穿的太阳裙或沙滩裙，但用途绝非像太阳裙那么单调。它是一年四季都可以穿的服装，衣服上饰有绣花、补花、丝带。变化多端的装饰和色彩使萨拉范显得自然、活泼、随意。俄国妇女通常在冬季暖气供应不错的时候，穿着棉布的萨拉范在家中料理家务。

俄罗斯女人冬天时穿长筒靴，有的在裙装外面套件大衣。他们在服装的长短上也颇有讲究。要求衣服与靴子间的空隙不宜过大，否则不美观。按俄罗斯人的眼光，大衣起码要长至腿肚子部分而不应高于膝盖，这样大衣和靴子两者的匹配才能算完美。

（二）男性服饰

由于俄罗斯的冬天十分寒冷，所以经常在外面活动的俄罗斯男人自古以来就对皮装有特殊的喜好。皮装不仅能御寒，而且还是一种装饰。因此，俄罗斯男人在穿皮衣的同时，还须配上相同质量的皮帽、皮围巾、皮手套，这样才算置齐了"行头"。如果没有这样的"伴侣"匹配，再好的皮衣也会黯然失色。

二、英国的服饰民俗

（一）日常服饰

在世界各国中，英国人是最讲"绅士风度"的，因此英国人一般都很注意服饰的得体。不论是男是女，都注重穿戴整洁、干净，且颜色搭配要和谐。妇女的服装多为纯色，如粉红、淡黄、白色等，很少有花纹。男士外衣的颜色比较素暗，衬衣的颜色则比较醒目。过去在政府机关或大企业工作的职员，上班或外出时都穿一身"公务套服"，以灰暗的颜色为主，白衬衫，打领带，这类人被称为"白领"。与之相比，工厂工人上班时多穿蓝色工作服，所以被称为"蓝领"。英国人还讲究在不同的场合穿不同的服装，上层社会尤其如此。赴宴一般要穿礼服；到高级餐馆就餐，要穿外套、打领带；看戏或听音乐会，衣着要整齐，出席首场演出甚至要穿礼服。

（二）特殊服饰

英国人有几种特殊的服饰。一是帽子。如果说英国人的服饰有什么特点，那就要首推英国绅士的圆顶硬礼帽了。这种帽子英语叫"波乐"帽，是一种硬胎圆顶帽，通常是黑色的，也有深灰或蓝黑色的。而女帽不像男帽那样千篇一律，配合着五光十色的衣服而变换着各种花样。二是雨伞。英国天气多变，随时可能下雨，因此英国人出外常手持雨伞。持伞者的形象在外国人眼中成为英国人的另一象征。三是苏格兰格呢裙。苏格兰男子所穿的方格呢裙，是北方居民的日常服装，也是苏格兰兵团某些部队的正式制服。一套这样的服装包括：一条长度及膝的方格呢裙，一件色调与之相配的背心和一件花呢夹克，一双长筒针织厚袜（右边袜筒中还插有一把刀子）。裙子用皮质宽腰带系牢，下面悬挂一个大腰包，挂在花裙前面的正中央。将三者组合在一起，就是一个活脱脱的英国人形象。

三、法国的服饰民俗

法国人对于衣饰的讲究，在世界上是最为有名的。

（一）巴黎式样

所谓"巴黎式样"，在世人心目中与时尚、流行含意相同。在正式场合，法国女士通常要穿西装、套裙或连衣裙,颜色多为蓝色、灰色或黑色,质地则多为纯毛。出席庆典仪式时,一般要穿礼服,男士所穿的多为配以蝴蝶结的燕尾服,或是黑色西装套装;女士所穿的则多为连衣裙式的单色大礼服或小礼服。而且法国妇女在衣着上特别讲究个性,一旦在某个隆重的场合发现自己与另一位女宾穿了同一式样或相同颜色的服装,便会有无地自容的感觉。对于穿着打扮,法国人认为重在搭配是否得法,在选择发型、手袋、帽子、鞋子、手表、眼镜时,都十分强调与着装相协调、一致。在平时的生活当中,法国人都是"穿衣戴帽,各有所好",尤其是在巴黎,对各种"奇装异服"都习以为常了。

(二)名牌时装

法国的时装是一种产业,也是一种文化。法国的服装业一直兴旺不衰,以男装素雅,女装设计新颖、款式时髦而驰名于世,享有盛誉。选料丰富、优异,设计大胆,制作技术高超,使法国时装一直引领世界时装潮流。在巴黎,有2000家时装店,老板们的口号是:"时装不卖第二件"。而在大街上,几乎看不到两个妇女穿着一模一样的服装。目前,法国高级时装品牌最有名的有"吉莱热"、"巴朗夏卡"、"吉旺熙"、"夏奈尔"、"卡丹"和"圣洛朗"。巴黎每年都要举行几次时装比赛和展览,世界各国的时装设计师和时髦女郎纷纷参赛,参赛作品大多是女式服装,每次竞赛都有一个重点和基调。设计大师们各显神通,别出心裁,拿出意想不到的设计,靠争奇斗艳取胜。

四、德国的服饰民俗

德国人的传统服装千姿百态,不拘一格。虽然其民族特征已经不那么明显,但少数地区的居民还保留了一些本地独特的传统服饰风格。

(一)日常服饰

现今,德国的女子一般不喜欢浓妆艳抹,她们平时穿着比较素雅的裙子,天冷时再加上一件风衣或外套即可。德国男人现在的服装就更简单,一般穿西服或夹克,脚穿普通的皮鞋。平时,德国人的服装没有统一的要求,穿什么衣服完全可以按照个人的意愿。

(二)传统服饰

巴伐利亚地区的男人多戴一种有羽毛的小毡帽,身穿皮裤,挂着背带,脚穿长袜和翻毛皮鞋,上衣外套没有翻领,而且颜色多半是黑绿色。而妇女着装多以裙装为主,上衣敞领、束腰,袖子有长有短,领边、袖口还镶有花边,并以白色为主。裙子的样式类似围裙,以显示劳动妇女的气质;裙子的颜色有的鲜艳、有的素雅,还有的深沉庄重。在裙边多用刺绣、挑花来点缀,再配以白色为主的长袜。传统的女装常常要佩有帽子,帽子的样式多种多样,有的妇女干脆用鲜花编成花环带在头上，十分娇艳。巴伐利亚的这种民族服装除了在偏僻的山村常见外，其他地区的人们平时很少穿。它们作为宝贵的民族遗产而被小心地珍藏着，只有在遇到节日、喜庆活动或表演传统节目时，才被拿出穿在身上。人们用这五彩缤纷的传统服装为欢乐的气氛涂上艳丽的色彩。

在德国北方的港口城市汉堡，人们爱戴一种小便帽，这种小便帽已成为汉堡人服饰上的一个显著特征。德国前总理赫尔穆特·施密特就是汉堡人，他的头上常戴着汉堡小便帽，以致这种小便帽成了这位德国总理的一个显著特征。

五、西班牙的服饰民俗

西班牙各地区的服饰如同它斑斓的景色一样五彩缤纷。在卡斯蒂利亚地区，人们爱穿深色衣服，显得素雅、庄重；在东部沿海地区，人们喜欢穿色彩多样、鲜艳夺目的衣服；安达卢西亚人爱穿裁剪合身、富有线条美的服装；加那利群岛的妇女多半身着条纹裙子、紧身背心，脖子上裹一条薄薄的围巾，再加上一顶草帽。其实，从当今西班牙人平时的装束中，也可以找到民族服装的一些痕迹。

（一）披巾

自19世纪开始，西班牙妇女便普遍使用披巾了。现在多半是带花边的纱巾，有时再配上一把压发梳，就显得更有特色了。每逢参加大型聚会或出席宴会时，妇女们总要戴上它，并相互媲美。彩色的绣花丝披巾又称马尼拉披巾。有些地区的妇女使用三角披肩，作为颈部和肩部的装饰品。

（二）帽子

巴斯克的贝雷帽是圆而扁平的呢帽，现在已传到了欧洲其他国家。戴上一顶科尔多瓦的筒形呢帽，再配上一套赫雷斯服，便是安达卢西亚歌舞演员及吉他演奏员的打扮了，当今安达卢西亚的一些青年也模仿这样的服饰。韦尔瓦省的卷沿帽是卡拉尼亚地方所特有的。加泰罗尼亚帽酷似法国革命时期的弗里吉亚帽，它已经从日常生活中消失了，只有在民间节日盛会上才会重新露面。

（三）鞋子

西班牙农民穿的是麻鞋，如今这种鞋已走出低层人的圈子，成了避暑者的流行鞋。在阿拉贡等地区，人们经常穿着一双系带胶底凉鞋。在阿斯图里亚等地，人们则喜欢穿木屐。

第五节 美洲各国的服饰民俗

一、美国的服饰民俗

总体而言，美国人平时的穿着打扮不太讲究。崇尚自然，偏爱宽松，突显个性，是美国人穿着打扮的基本特征。

美国人除了参加正式的社交活动外，很少衣冠楚楚，即使穿西装，也不爱打领带。大街小巷，城市乡镇，人们的服装千姿百态，构成了一幅色调斑斓、绚丽多彩的图画。服装最鲜艳夺目的季节也许要数夏天。在灿烂的阳光下，姑娘们身着各色花裙，令人眼花缭乱；小伙子们穿上图案繁多的T恤衫和衬衣，竞尚新奇；许多老年妇女的衣服比年轻人更艳丽。海滨度假的游客当然身着泳装，有些人甚至上影院、去餐馆也不换掉泳装，人们却不会对他们侧目而视。其他季节里，美国人的服装也十分漂亮、多样，各式夹克衫、运动衫、牛仔服都可见到，妇女也不必人人穿裙子。

美国人虽然追求衣着新颖随便，但也讲究社交礼仪。一般地说，他们不穿背心出入公共场所，更不能穿着睡衣出门，即使晚上有客人来，也必须在睡衣外面套上睡袍才能开门见客。美国人在参加普通集会和宴会时，可以衣着自便。但如果请柬上注明了服装要求，就必须按照要求着装；否则与众不同，难免尴尬。如果自己一时没有礼服，大街上有出租礼服的商店可救一时之急。

美国人还流行戴帽子。帽子的种类很多，除普通帽子外，还有防水渔帽、红色猎帽、高尔夫球帽、摩托车护头盔、骑士帽等。美国妇女曾一度喜欢在帽子上做文章，把帽子当做一件醒目的装饰品。它们系用毛皮、绒缎、皮革等各种材料制成，有的上插羽毛，有的饰以纸花，还有的镶上珍珠。此外，美国妇女进教堂，特别是进天主教教堂，一定要戴帽子，不戴帽子的人只好把手帕或披巾顶在头上充数。但是近些年来，盛行戴帽子的风俗有所变化，美国人一般对戴帽子逐渐不感兴趣。

二、加拿大的服饰民俗

大部分加拿大人的衣着时尚同西欧和美国相同，总的来讲可以任意穿着打扮，十分自由和随便。加拿大青年人喜爱那种体现现代生活的节奏感，使着装者显得潇洒、干练的服装，如牛仔系列服装就很受青睐。加拿大冬天较冷，冰雪较多，但室内、商店内、车内均有充足的暖气。因此，雪地靴、厚实的外套大衣、大围巾、可以遮住耳朵的帽子、厚手套等出门易穿，回家易脱的衣物备受喜爱，而毛裤、棉裤，过多的毛衣、绒衣等用处较小。五岁以下的小孩，冬天出门一般穿带拉链的雪地衣，穿雪地靴。

加拿大人在不同的场合有不同的装束。在教堂，男士常穿深色西装，打领结，女士则穿样式庄重的衣裙。在参加婚礼时，男子或穿西装，或穿便装，穿便装时不打领带。妇女一般不打扮得过分耀眼，以免喧宾夺主；也不穿白色或米色系列的服装，因为象征纯洁的白颜色是属于新娘的。在教堂举行的婚礼，男子要着深色西装，打领带，女士则穿较庄重的衣裙。到朋友家做客或参加宴会，男子要穿整套深色西装，妇女则应穿样式庄重的衣裙，可稍作化妆，不宜太浓。如是非正式的宴会，或彼此很熟识，男子可穿不同颜色的上装和长裤，女士着整套衣裙或衫裙，服装颜色不宜太显眼，款式不能过于奇异。在加拿大参加葬礼，男子要着整套西装，打素色或黑色领带，妇女则穿素色衣裙，款式要保守，不过分化妆，以表现出自己对死者的哀悼。

三、巴西的服饰民俗

在不同的场合穿不同的服装是巴西服饰风俗最突出的特点。平常，男子只穿衬衫、汗衫加短裤；妇女着连衣裙，色彩较鲜艳，款式也较入时。也许由于天气炎热的缘故，不少年轻姑娘的上衣很短，上衣与下装之间常露出一段腰身。

但在公众场合，巴西人则非常注意衣着。尽管大多数地区处于热带，温度较高，但人们也习惯穿长衫长裤，街上很少见到穿短裤的人。到商店购物，特别是到银行或珠宝店，人们都装束整齐，一般不穿牛仔服之类的服装，这已成为约定俗成的习惯。特别是在机关、学校工作的人衣着更是讲究，男士们总是西服革履，穿戴整齐。相对而言，巴西妇女着装倒是比较随便一些，一般穿连衣裙或短裙子，色彩搭配十分协调。在重要的政务、商务活动中，巴西人一定要穿西装或套裙。在巴西的一些参观景点，甚至有关于衣着的硬性规定。比如参观总统府"高原宫"、高等法院"正义宫"等，男士要着长衫、长裤，女士要着裙方可入内。

巴西有些地方戴帽子有自己独特的习惯。在拿坚斯城，从女人戴帽子的方式就可以看出她的婚姻状况，帽子偏向左边表示未婚，向右则反之，帽子偏向前额表示她刚刚失去了亲人。

四、墨西哥的服饰民俗

墨西哥人的穿着打扮，既具有强烈的现代气息，又具有浓厚的民族特色。墨西哥人非常讲究在公共场合着装的严谨与庄重。在他们看来，在大庭广众之前，男子穿短裤、女子穿长裤，都是不合适的。因此，在墨西哥出入公共场合时，男子一定要穿长裤，妇女则务必要穿长裙。

在墨西哥人的传统服饰之中，名气最大的是"恰鲁"和"支那波婆兰那"。前者是一种类似于骑士服的男装，看起来又帅又酷；后者则为一种裙式女装，穿起来让人显得又高贵、又大方。

"瓜亚贝拉"衫是墨西哥东南部尤卡坦半岛流行的一种民间服饰，现已成为年轻人到夜总会与"蹦迪"时喜欢穿的衣服。瓜亚贝拉衫不必像T恤似地束在裤子里，穿着比较舒适。随着流行，瓜亚贝拉的颜色、面料、种类也大大变化了，从过去单一的白色发展为海蓝色、灰色、咖啡色，甚至黑色、红色、深蓝色等等。面料也从棉布到麻、棉麻、化纤、混纺不等，款式从成年男子到小孩、甚至制服式等。女式的瓜亚贝拉衫也叫"惠比尔"。

第六节　非洲及大洋洲各国的服饰民俗

一、埃及的服饰民俗

埃及人信仰伊斯兰教，其服饰习俗自然会受到宗教的影响。但是埃及却是一个相当宽容的伊斯兰国家，其服饰风俗多彩时髦，特别是开罗、亚历山大和塞得港更是如此。

在埃及的乡村或沙漠中的部落，虔诚的穆斯林们穿着传统的民族服装。南部阿斯旺努巴人，男子身穿白色、灰色或白底砖红色的条格大袍，头缠头巾，女子则是黑纱裹身。努巴妇女还喜欢文唇、文额，认为这是努巴女性所特有的美。埃及东部的农耕区，农民喜欢戴圆边小帽，穿咖啡色的收袖口的长衫和长裤，外加一个小红坎肩；妇女喜欢穿橘红和果绿色的长袍，不束腰、宽摆、裙摆和袖口用白丝绸镶出花边。西奈半岛的贝都因人服饰比较烦琐：男子白袍，以黑色宽边的腰带束腰，黑色头箍加白色头巾，有时外加一件黑色坎肩，腰插一把象征勇敢的弯刀，显得非常刚毅强悍；妇女是长袍加宽大的头巾、面纱，喜欢红黑两色织出的几何图形，并用红色镶边，佩银质的胸饰、面饰、耳环、手镯、脚镯，显示出一种神秘的美。亚历山大的渔民，身穿短坎肩，头戴船形小帽；妇女穿齐膝的花连衣裙，头上的头巾比较小，呈三角形，每边都装饰有红、黄、绿、蓝等各色的小线球，在大海蓝天的映衬下显得分外夺目。

城市中的上班男人多是西服革履，喜尚黑、灰、砖红、藏青等颜色。夏天多是西裤、短袖衬衫。上班的妇女多是职业装，其花色艳丽的真丝衬衣，佩上西服套装，同时还佩戴耳环、项链、手镯、戒指，手提小包或挎包，大波浪的发型，显得非常端庄、典雅。埃及城市的男女服饰，在伊斯兰世界是十分罕见的。

二、南非的服饰民俗

南非是个多种族的国家，每个种族的服饰各有特点。城乡的差别、职业的差别，也使服饰的样式各有不同。

城市中的各个不同的行业，对其从业人员的着装都有一定的要求。"蓝领"与"白领"的界限在南非是比较明显的。在政府和各公司的工作人员，男士多是西装革履，穿衬衫，系领带；女士多是裙子和套装，基本上与欧美服饰无异。

黑人祖鲁族的服饰有着鲜明的民族特色。祖鲁族是南非最大的部族，绝大部分住在南非东部的夸祖鲁—纳塔尔省。祖鲁人的少女在结婚前均裸露上身，仅在腰间围一块饰有珠链的彩布，在头上、脖子上、手臂上及胸前挂满了彩色珠链。珠子的不同颜色有不同的象征意义：白色象征爱情，红色代表思念，黄色象征财富。结婚后，不再裸露上身，胸前系一件用棉布和竹子做成的帘子。祖鲁人的男子是武士装束，头戴兽皮制作并饰有羽毛的帽子，颈上挂有用动物牙齿和爪串成的项链，身上披兽皮，腰围为兽皮，小腿和手臂分别绑有兽皮制成的护套，手持梭镖和盾牌，样子非常刚猛威武。随着现代文明的渗入，祖鲁人的服饰也在发生变化，那些走出原居住地的祖鲁人，服饰日趋大众化。但在传统的民族节日或各种盛大典礼中，仍然还是穿着民族服装。

居住在南非东北部姆普马兰加省的恩德贝莱人，原是祖鲁族的一支，其服饰也很具有民族特色。妇女头戴各色珠子编成的珠链、颈项、手臂、小腿套有各种金属箍和其他各种饰物，身上披一块印有彩色条块的毛毯，夜间可以当被子盖。下身穿用棉或毛织成的筒裙，其图案多是对称的几何形。男子装束大体与祖鲁男子相似，只是珠子和饰件更多些。

在南非，人们都喜欢穿"马迪巴衬衫"。"马迪巴"在南非土语中意为"父亲"。南非总统纳尔逊·曼德拉，经常穿一种真丝印花的长袖衬衫。人们出于对这位新南非的创立者充满无限的敬仰，所以把他穿的衬衫称"马迪巴衬衫"，并且纷纷效仿，蔚然成风。

三、澳大利亚的服饰民俗

（一）移民的服饰民俗

作为一个多元化的移民国家，澳大利亚是一个衣着比较随便的国家。男士通常穿长衬衫、西装，女士则是穿衬衣和裙子。人们一般不讲究服装的样式及面料，也不在意别人的穿戴。在公共场所、购物中心、电影院、公交车上，随时都可以看到身穿背心、短裤，脚穿拖鞋的人。在炎热的夏天，男人们只穿条短裤，光着膀子，女人只穿内衣在街上溜达散步，屡见不鲜。即或是上班，人们也只是穿衬衣、打领带，有的公务员甚至连领带也懒得系。当然，在庄重严肃的场合，澳大利亚人也是注重服饰的，比如去教堂做礼拜、参加他人的婚礼，或求职面试、出席重要的会议等，都必须穿戴整齐、衣着得体。

（二）原住居民的服饰民俗

澳大利亚的土著居民，过去由于不懂得纺棉织布，有的部落往往都是赤身裸体，或者仅在腰间扎一块围布而已。即或是得到一些衣服，也会随意丢弃，并不在意。他们身上所佩戴的饰物只不过是一根腰带，以及臂环、项圈、前额箍和骨制的穿鼻针。在节日或者在一些盛大的纪念场合，往往是在身上涂画红、黄、黑、白等各种颜色的条纹，戴着各式装饰品。有的还带着一种粘有人血的羽毛的装饰，他们认为这种装饰具有一种神秘的魔力。文身是一些土著人部落世代沿袭的风俗，有的是用贝壳或石刀将身上的皮肤划破，之后涂上灰，使伤痕凸起，从肩头一直到腿。这些疤痕既是装饰，也是部落的标志，还具有避邪的意义。这种文身，还常常作为人生每个重要阶段的标志，如结婚、功绩等等。随着与外界接触的增多，这些古老的风俗也开始发生变化。

四、新西兰的服饰民俗

（一）移民的服饰民俗

新西兰是一个非常宽松而不拘礼节的国家，衣着无标准、无限制，讲究轻松自在、各行其好。夏天，男人穿衬衫、短裤；女人多是各种休闲式的连衣裙，不讲究很繁杂的装饰，以线条清晰、简洁为美，有时也佩戴各种款式的项链和胸花，显得更加性感和甜美。冬天，新西兰人多是穿毛衣和皮夹克。新西兰的毛皮衣服是非常著名的，无论男女都喜欢，冬装的颜色以传统的黑色和米黄色居多。新西兰人有赤脚走路的习俗，随处可见一些人不穿鞋袜散步。

（二）毛利人的服饰民俗

毛利人传统的服饰也很简单。孩子们在青春期之前，都是赤身裸体地生活在妈妈的身边。成年男子都赤裸上身，腰间围一个过膝的亚麻围裙。围裙大多是用亚麻纤维编织成的若干细带，再用腰带连接而成，系在腰间，下垂过膝。女人上身穿"塔帕"背带短衣，胸脯以上均裸露，下身穿亚麻围裙。头上围着一寸宽的花布箍，上面插着一两根美丽的羽毛作为装饰。他们还喜欢戴用兽牙或爪做成的耳坠。"塔帕"是毛利人的一种特殊的衣料，它是用无花果树或桑树的树皮制成。方法是将鲜树皮取下后，去掉外层，留下内层放在水中浸泡，之后放在木板上反复捶打。再将锤打出的小薄片连接在一起，状如麻袋片，然后在上面印上花纹图案。它是毛利人的独特工艺，是制作衣服常用的"布料"。毛利人无论男女贵贱都不穿鞋，赤脚走山石之路如履平地。

毛利人保留着浓郁的民族传统和习俗，无论男人还是女人都文身。男人是在脸、身体和臀部刺纹，女人只在嘴唇和额部刺纹。刺纹是一种很痛苦的事，先用刀子切割刺纹的部位，之后用煤渣擦抹伤口，使之形成刺纹。文身既是装饰，也是一种身份的象征，特别是文身的男人，更增加威猛的气概。

思考题

1. 名词解释：中山装　旗袍　杜帕　邦单　巴迪衫　莎丽　布拉基　鲁巴哈　萨拉范　马迪巴衬衫
2. 服饰是怎样起源的？简述其主要功能。
3. 简述汉民族的传统服饰及近现代服饰发展演变的概况。
4. 概述满族、蒙古族、维吾尔族、藏族、苗族、高山族服饰的主要特点。
5. 比较说明日本的"和服"与韩国的服饰主要有何差别。
6. 简要介绍以色列犹太教哈西德教派的服饰习俗。
7. 英国人的特殊服饰有哪几种？
8. 简述德国巴伐利亚地区的传统服饰。
9. 美国人的服饰有何特点？
10. 简述新西兰毛利人的服饰习俗。

第七章 饮食的民俗

【学习目的】
通过本章的学习,掌握饮食民俗形成的原因及社会功能,了解我国各民族及世界其他国家饮食民俗的主要特点,发挥饮食民俗在旅游业发展中的重要作用。

【主要内容】
1. 饮食民俗的形成及其社会功能
2. 我国各民族饮食民俗的特点及其形成原因
3. 世界各国饮食民俗的特点及其形成原因

第一节 饮食民俗概述

饮食民俗是指人类选择食物和饮料、加工制作的方法,以及食用方式等的风俗习惯。"民以食为天",饮食是人类最基本的生存活动,在人们的生活中占有十分重要的地位。饮食不仅能够满足人们的生理需要,在一定程度上也能满足人们精神层面上的需求,具有丰富的文化内涵,从而形成丰富多彩的饮食文化。

一、饮食民俗的形成

饮食是人类生来就有的自然需求和本能。在原始群的早期时代,原始人类基本上与其他动物一样,只是随遇而食,还没产生饮食的习俗。有的民俗学家把火的使用看做是饮食习俗起源的关键,认为人类创造了熟食法是饮食习俗的真正开端。这种认识是值得探讨的。其实使用火,只是制作食物的一种方法,熟食也只是饮食的一种方式,并不是衡量是否为"饮食习俗"的标准。直到现在,世界上还有许多民族在生食、冷饮,如居住在北极地区的因纽特人即生食鱼肉和兽肉。范咸《重修台湾府志》记载高山族人"大则腌食,不剖鱼腹,就鱼口纳盐,藏瓮中,俟年余生食之……凡物生食居多"。北方汉族人喜生食大葱、大蒜、白菜、萝卜等蔬菜。这些生食之举正是这些民族饮食习俗的特点。对于任何一个族群或民族来说,只要他们选择基本固定的食物,有一套惯用的加工方法和习以为常的进食方式,就意味着饮食习俗的产生。据推测大约在原始群的中期以后,就已经产生了雏形中的饮食习俗,而火的使用,则使原始人的饮食习俗更加丰富多彩了。

世界各个国家、各个地区、各个民族饮食习俗形态万千,各有不同。其形成的原因,主要有以下几个方面:

(一) 自然因素

食物原料皆来源于自然界,人类愈是早期的饮食习俗,愈是受自然条件的影响。居住江河湖海之滨的民众,其俗喜食鱼虾;居住在山林之中的民众喜食禽兽之肉和各种菌类;居住在北方寒冷地区的民众喜欢冰食冷饮;居住在南方炎热地区的民众喜欢喝汤;在笋、藕之乡人们有喜食笋藕之俗,对那些不认识笋藕为何物的人们来说,何谈食笋藕之俗?可见自然条件对饮食习俗形成的重要性。

(二) 经济因素

生产是人类饮食的基础。有什么样的物质生产基础,就会产生与之相适应的膳食结构和饮食习俗。生产稻谷的江南水乡,人们喜食大米;生产小麦的中原地区,人们以面为主食;在以畜牧业为主的内蒙古大草原,人们的饮食喜尚牛羊肉、乳和各种乳制品。

(三) 传统因素

什么东西可吃、什么东西不能吃,与心理传统的因素也有着直接关系。如在我国北方的广大地区,人们出于厌恶心理,是不吃猫、鼠和蛇的,看见即"反胃"。但在南方的某些地区,猫肉、鼠肉和蛇肉却为人们所喜食,"龙虎斗"(猫蛇同盘)和"三叫"(鼠的初生赤崽)都是上档次的名菜。这种不同的心理,世代传承,遂导致不同的饮食习俗的形成。

(四) 宗教因素

不同地区的不同民族,受宗教信仰的影响,形成不同的饮食习俗。如回族、维吾尔族、哈萨克族等,受伊斯兰教教义的影响,视猪、狗、驴、骡为"不洁之物",禁忌食用,而对牛肉羊肉则情有独钟。信奉佛教的人,出于"不杀生"的信仰,都不吃荤,只以米、面、蔬菜和植物油为食,名曰"吃斋"。

(五) 外来因素

饮食习俗与其他文化事象一样,同样会受到其他饮食习俗的影响,而形成新的饮食习俗。如汉族人本无喝牛奶的习惯,现在几乎成为每家每天必用的饮食;啤酒原本是欧洲的饮料,今日风靡中国;面包、汉堡包、巴西烤肉等"洋餐",也愈来愈受到国人的喜爱。

二、饮食民俗的发展及其范畴

纵观历史，饮食习俗的发展大体经历了三个阶段：一是生食阶段。二是烧、烤、煮的熟食阶段。烧是人类熟食最原始的方法，继之是烤，再继之是煮。古时无锅，根据民族志推测，最初的煮或许就是在石臼中盛水，烧石交替，反复投入水中，将肉类或植物果实煮熟而食。三是烹调阶段。随着社会的进步，食物资源种类的增多，各种新型的炊具出现，人的熟食技术也在不断提高，出现了多种的烹饪方法，如煮、炖、焖、烧、烤、炒、煎、烹、炸、熘、烩等等；还掌握了添加各种调味品调配五味及掌握火候等各种烹饪技术；食品讲求色、香、味、形，出现了专职的烹饪人员，古称"膳夫"，今称"厨师"。

在进食方式的习俗方面，分为手食野餐阶段和运用饮食器具室餐阶段。古人饮食习俗初萌时代，皆手抓、手撕、手捧，以最原始的方式在野外进食；后来逐步懂得用木棍儿插食，这是最早的食具。其后有刀、叉、勺、筷子、陶盆、陶鬲、铜鼎、铜釜、铁锅等等，直至今日，餐具日益完备。人们不仅讲究美味，还追求美器和优美的餐厅等良好的环境。

饮食习俗的内容虽然林林总总，但归纳起来大体可分为以下几个方面：一是饮食原料、种类、结构的传承及其类型。饮食包括食与饮两部分。食又分米面等主食和肉蛋蔬菜等副食。饮即喝的饮料，传统上包括酒、水、茶及其他各类饮料。二是分工精细的烹饪技术及饮食调制法的传承及其类型。三是餐饮器具的传承及其类型。四是餐饮方式、饮食惯制（包括一日几餐、平日餐、节日餐、祭祀餐、待客餐等）和餐饮礼仪的传承及其类型。五是饮食工作者的传承及其类型，等等。

三、饮食习俗的功能

在人类的发展历史上，饮食习俗具有如下功能：

（一）满足生理需求、延续生命的功能

饮食是人类生存的第一需要，它最基本的功能就是满足人的食与饮的生理需求，保证人的健康及生命的延续。

（二）凝聚亲情的功能

人的血缘关系归根到底是要依靠物质的东西来维系、发展和巩固。人的生命来自于血缘，但它的存在首先是依靠饮食。亲情的第一体现就是供给饮食，所以有民谚云："养育之恩不亚于生育之情"。我国古代从西周至清代一直延续"乡饮酒礼"。它就是通过一年一次的全族大聚餐，来加深血缘亲情、巩固宗族体系的。

（三）社会交往功能

从古至今，无论哪个国家、哪个民族，都以宴请作为重要的交际手段。人们

通过共聚饮食，交流思想，沟通意愿，增进情谊，达成协议，共成事业。

（四）庆祝、娱乐的功能

从古至今人们每逢取得战争的胜利、事业的成功，节日的到来、喜事的来临都要举行不同规模、不同内容的宴会，庆祝胜利、成功，喜迎吉日的到来，如庆功宴、大婚宴、寿诞宴、节日宴等等。以求心情愉快，求吉至泰，鼓舞斗志，争取更大的胜利与成功。

第二节　中国的饮食民俗

我国历史悠久，地大物博，物产丰富，可食用的品种繁多，加之民族众多、风俗各异，经过数千年的交流融合，形成了极具特色的饮食风俗，被誉为世界上的美食王国。

一、汉族的饮食民俗

（一）饮食习俗的基本特点

汉族的分布极为广泛，其饮食习俗因所居地区的不同而各有差异，但也有非常鲜明的共同特点：

1. 以植物性食物为主的饮食结构

汉族及其先世自古以来就是以农业经济为主，饲养、渔猎、采集多种经济综合发展的民族。这样的生产方式，使广大的汉族民众，经过数千年的发展与传承，逐渐形成了以稻、黍、稷、麦、豆等植物性食物为主，辅以肉、菜的饮食习俗。大体说来，北方地区以杂粮的米、面为主，兼食其他谷类；长江流域以稻米为主，兼食其他谷类。

2. 以熟食、热食为主的饮食方式

汉族及其先世早在原始社会的早期就已经掌握以火烧食兽肉的技术。据今50多万年以前的北京人周口店遗址中就有大量的用火熟食的遗存。汉族的先民们很早就知道生食会伤害腹胃而致病，还懂得以水火加工熟食不仅可以去腥臊膻臭，还可以因不同的火候而获得不同口感的美味。这种熟食、热食的习惯，为以后各种烹饪技巧奠定了基础。熟食避免疾病，有益健康，增添美味，是文明高度发展的标志。

3. 体现亲和精神的聚餐制

我国古代社会是以血缘关系为基础的宗法社会，因此汉族及其先世自古以来就生活在重亲情、重集体、重礼仪的传统风俗中。在家庭和大家族中有饭同吃、有福同享、有难同当是汉族从古至今的道德理念。人们不仅把食物看成是共同生存的需要，还把它看成是亲人之间、朋友之间、统治者与被统治者之间增强亲和力和凝聚力的一种方式。因此，广大汉族及其先民们，数千年来一直沿袭聚餐制。通过聚餐共食，来增强人与人之间的亲和感，维护不同形式集体的团结。它是汉民族仁爱、重礼、"和为贵"民族精神的体现。

4. 体现互助精神的餐具——筷子

进餐用具是民族性格、民族道德观念的外在表现。西方人以刀、叉为餐具，是由战场用于厮杀的武器转化而来。而汉族及其先民们则是用筷子，古人称之为"箸"，是用两根直竹或小木棍儿制成。两根筷子在手，通过交叉互助，才能夹起食物。它体现了汉族人重互助、重团结、讲斯文，以互助团结得食求生存的文明品格。

5. 美味与美形、美意的完美合一

汉族的饮食特点，不仅仅是追求口感美、嗅觉美，还追求形式美、内涵美，讲究食品本身的色、香、味、形、意的完美合一，还讲究美食与盛食美器的完美合一。汉族的饮食不仅仅是充饥解渴的食物，更是一种体现民族精神的深邃文化。

（二）传统主食的加工方法与种类

汉族传统主食的加工致熟的方法主要是煮、蒸、炸、烤和煎，传统的主食主要有：

米饭　将米通过煮或蒸的方法使之成为粒状的食物称为饭。据《事物纪原》载："黄帝始蒸谷为饭"。看来饭的历史至少有5000年。米饭古代又称为"云子"，这是因为稻米饭晶白如云而得名。米与肉合煮或蒸而成的饭称为"肉饭"，与豆合煮或蒸而成的饭称之为"豆饭"。

粥　将米与水合煮成糊状称为粥。虽然《事物纪原》说粥也是始于黄帝，但粥要早于饭是毫无疑问的。人类加工熟食当是先烧，次煮，之后再是其他各种方法。粥的种类很多，加肉而煮称为肉粥，加豆而煮称豆粥，其中以多种米、豆合煮的"八宝粥"最为著名。

粽子　粽子是汉族人喜欢吃的黏米制成的食品，也是端午节的应节食品，古代称为"角黍"，主要是用苇叶包裹黏米蒸制而成。

饼　最初是一切面食的通称，后来专指烙、烤、煎、蒸而成扁圆形的面食。饼可以夹馅，称为"馅饼"。汉族的春饼，其薄如纸，古今称著。

馒头　是将面粉发酵后蒸制成的半圆形食品。馒头古称蒸饼，现在传世的馒头，传说始于诸葛亮。诸葛亮征孟获凯旋至泸水时，有怨鬼兴风不得过，按当地风俗要杀49人，用人头祭祀。诸葛亮不从，令人用面粉制成人头形的食品名之曰

"曼头"，用以代替真人之头。曼者，美好之意，曼头即美好的人头。直至当今，馒头既是人的食品，也是祭祀鬼神的供品，古俗久矣！

饺子 原称角子，因其面皮裹肉馅，捏成双角之形而名。可煮、可蒸，亦可炸、煎，因其馅的不同、加熟的方法不同而味道香美各异。古文献记载和考古发掘，均证明最迟在唐代就已经有吃饺子的习俗。当今，饺子在全世界已经成了中国有代表性的面食品。

面条 面条是由汉代的水煮饼发展而来，宋代以后称为面条。将用水和好的面擀成薄片后切成条形，多是煮食。因其绵长不断，宋代时常用它作为过生日祝寿有象征意义的食品，称之为"长寿面"，其俗一直延续至今。

（三）传统菜肴

汉族的菜肴最为丰富，各种各类动物的肉、骨、蛋、脏，各类植物的根、茎、叶、花、果、核等，许多都可以用来做菜，极具特色。其制作方法，根据不同的原料和人们所喜爱的不同口味，用不同的刀法，切成不同的形状，采用煎、炒、烹、炸、烤、烧、熘、爆、熏、扒、煮、蒸、涮、氽、焖、炖、烩、拌、腌、腊、冻、卤、酱等数十种方法，可以炮制出千百种菜肴。其种类之多，无法一一陈述。人们根据不同地区的菜肴特点，概括为鲁、川、粤、淮扬等四大菜系。

鲁菜 鲁菜又称为山东菜。山东是我国古代文化的发源地之一，烹饪技术早在1400多年以前就已闻名于世。其烹调方法以爆、烧、炸、炒见长，口味以清、鲜、脆、嫩、醇著称。

川菜 是源于成都、重庆一带的地方菜系。其特点：一是取料广泛，禽兽果蔬无不入菜；二是烹调方法长于小炒、小煎、干烧、干煸；三是口味丰富，号称"百菜百味"。调料大都离不开鲜姜、三椒（辣椒、花椒、胡椒），故以麻辣著称。其鱼香肉丝、宫爆鸡丁、麻婆豆腐、夫妻肺片等为颇具代表性的川菜。近年来四川重庆的火锅以其独特的风味风靡全国各地。

粤菜 又称为广东菜，源于广州、潮州、东江一带。早在先秦时期，岭南地区即有独特的饮食风俗。唐宋时期广东菜基本成型，时人称之"南食"、"南烹"。清代时，粤菜誉满海内外。其特点：一是选料博、杂、奇，重"生猛"，蛇、鼠、鱼、虫均在食用之列；二是烹调方法长于炒泡、清蒸，尤善于软炒；三是口感讲求鲜爽嫩滑，强调季节性，夏秋喜清淡，冬春须浓厚。粤菜的主要代表是三蛇龙虎会、脆皮乳猪、竹丝鸡烩五蛇等。

淮扬菜 也称为"苏菜"，是由扬州、苏州、南京、淮安等地的菜肴汇集而成。发源春秋战国时代，明清时期形成以"甜咸适中，南北皆宜"为特色的淮扬菜系。其特点：一是选料重视时令与鲜活，同样一道菜，不同季节即有不同的选料，做出不同的滋味；二是十分注重刀工、火候，讲求色泽造型；三是烹调上以炖、焖、煨、焐而见长；四是调味追求清淡和原汁原味。其代表菜是清炖狮子头、三套鸭、叫花鸡、松鼠鳜鱼等。

（四）饮料

汉族的饮料主要是茶与酒。

1. 茶

汉族自古以来即有喜欢喝茶之俗。据陆羽《茶经》说："茶之为饮，发乎神农。"神农即是距今5000年前的炎帝。此传说虽未必是信史，但汉族的先民们饮茶的历史悠久是无可怀疑的。《华阳国志》记载，周代初期茶由巴蜀传入中原，最初叫做"荼"。被称为"茶神"、"茶圣"的唐代人陆羽改"荼"为"茶"，茶之名由此而始。

秦汉时，汉族民众已习惯于把茶作为饮料。三国魏晋时期饮茶已经成为时尚。唐代时人们饮茶成风，全国各地茶馆处处可见，正是在这种风气之下，才产生了陆羽的《茶经》。我国古代有"茶兴于唐、盛于宋"之说。宋代以后，茶成为汉族人家的必备品。王安石《论茶疏》说："茶之用，等于米盐，不可一日无。"茶在生活中的重要性已经与米、盐相提并论。千余年来汉族的饮茶之风，传播到周边的各少数民族中。古代中国成为茶的王国，茶成为中华民族的"国饮"。中国茶传遍世界各地。

茶的种类繁多，按加工的不同分为绿茶、红茶、白茶、花茶、乌龙茶、紧压茶等六大类，各类茶中皆有佳品。杭州的龙井茶、湖南洞庭湖的君山银针、武夷山的大红袍等都是世代共誉的名茶。

汉族人的饮茶习俗，实际上包括两个层次。一是喝茶，意在解渴，满足生理上的需要；二是品茶，即通过对茶的观赏、闻香、品尝而获得美感，引发联想，体味其中的真谛，升华为一种心理上的需要。因此，数千年来，人们融饮茶的两种功能于一体，又将茶作为一种招待宾朋的饮料，内养身心，外和人际。以茶待宾，是汉族人家的重要风俗。

饮茶之美，不仅在于茶的品种本身，还讲究用什么样的水、什么样的火候，用什么样的器皿，在什么样的地方用什么样的方式品尝等等。选择运用得好，就能充分品味出茶的怡人清香，悠长回味，从而净化身心，沟通人际，致爱亲朋。

2. 酒

自古以来，汉族及其先民们就把酒视为一种最醇美的饮料。饮酒之俗，饮酒之风，数千年不衰。

考古发掘证实，在距今5000年左右的龙山文化遗址中即有酒器，说明汉族的先民们早在原始社会晚期就已经有了饮酒之俗。夏代国王少康，即杜康，以粮食造酒，提高了酒的质量，被后世尊为酒的始祖，奉为酒神。商代贵族饮酒成风，纣王"酒池肉林"，以酒废政，最后导致商王朝的灭亡。考古发掘中出土了大量的商周时期的酒器，说明商周时期，不仅有饮酒之风，还有以酒祭祖供神之俗。

隋唐时期，酿酒业进一步发展，酒的名目更多，饮酒之风更盛。大诗人李白"斗酒诗百篇"，自称"酒仙"，白居易自称"酒尹"，杜甫还特作《饮中八仙歌》，真切地反映出当时社会的饮酒风俗。数千年来，酒被誉为"琼浆玉液"，足见人们对酒的爱恋之情。

酒是一种舒筋活血、兴奋精神的饮料。因此，数千年来人们常常把酒作为治病、保健、养生的药品饮用。适量饮酒，可以健康长寿。但人们对饮酒的喜爱，更在于它的社会作用，利用酒能兴奋精神的功能，把它作为招待宾朋、增进感情、快乐身心的饮料。汉族习俗，宴请宾友、逢年过节、祝寿庆功等必饮酒，通过敬酒来表达尊重、亲近之情。通过喝酒，激发情绪，增添热烈的气氛，造成一种沟通感情、利于成事的环境。所以喝酒并不是目的，而是一种手段，正所谓是"醉翁之意不在酒"。

二、其他民族的饮食民俗

（一）满族的饮食民俗

满族世代生活于白山黑水之间，尚射猎而兼农耕，因而其饮食习俗有鲜明的北方地域和民族的特点。

1. 主食

满族以杂粮为主食，常食的谷物有稗、粟、麦、秫（黏高粱）、黍（大黄米）、稷（糜子）、高粱等。满族人最喜欢吃黏食，因季节的不同做法有别。满族人把各种各样的块状面食品统称饽饽。春做豆面饽饽，夏做苏叶饽饽，秋冬做黏豆饽饽。

豆面饽饽　又称豆面卷子，满语称为"飞石黑阿峰"。其制法是将黏黄米面蒸熟后擀成饼，均匀洒上黄豆炒熟后磨成的面，卷好切成小块即可食，色金黄，又香又黏。

苏叶饽饽　是将黏高粱米或黄米用水浸泡后磨面发酵，再把小豆煮烂捣成豆沙，用面包裹，俗称黏豆包。下面放苏子叶，置于锅中蒸熟，口感黏韧、回味清香。冬季，年年都要蒸出许多黏饽饽，放在大缸中冷冻，随时吃用。黏食不易消化、抗饿，是满族人外出射猎和作战时经常携带的食品。

沙其玛　将黏米面或白面拌上冰糖、奶油后，搓成小条堆积在一起切成块状，放在无灰炉中烤熟，表面再撒上红绿丝，香、甜、黏，极可口。汉族人称其为"芙蓉糕"。

酸汤子　夏季，满族人喜欢吃"酸汤子"。其做法是将玉米渣子浸泡发酵，然后磨成粉浆，把沉淀下来的淀粉用特制的小汤筒挤成条形，甩在开水锅里，熟后盛出，加上佐料即可食用。酸汤子味微酸，有韧性又润滑，食之爽口消暑。

米饭 满族人喜吃小米饭、高粱米饭和黄米饭。特别是将黄米饭拌上猪油、蜜糖，香、甜、黏、软兼备，满族平民常用它来招待贵宾。

2. 菜肴

满族及其先世肃慎人、女真人都以养猪著称，素有喜食猪肉之俗。菜肴烹饪方法很多，但平民人家主要是煮、炖、熬、烧、烤、涮等，最有民族特色的菜肴主要有：

白肉血肠 选皮薄肉嫩的肥猪五花肉一块，煮熟切成大薄片，即为白肉。再将猪的熟血肠也切成薄片，一同拼在盘子里上桌，佐以蒜泥、韭菜花、酱或辣椒油进食。也可以将肉片、血肠片放入酸菜中，加上粉条调味共炖。白肉肥而不腻，血肠柔润适口，红白相间，配以酸菜粉条，口感极佳。自宋代女真人始，一直是满族人世世代代的传统菜肴。现今已经成为东北地区的代表性名菜，享誉全国。

酸菜 满族食俗喜吃酸菜，每至冬季，家家都要腌上一二大缸酸菜。酸菜酸、脆，易于保存，是满族人家冬季的主要蔬菜，可与猪肉同炖、同炒，还可做馅包饺子。酸菜馅儿饺子是满族人家春节时必吃的食品。

（二）蒙古族的饮食民俗

蒙古族是以游牧为主兼事农耕的民族，因此蒙古族饮食习俗的最大特点就是以肉与奶为主食。他们称肉为"红食"，称奶为"白食"。

肉以羊肉、牛肉为主。其吃法是将大块羊肉放在锅中煮半熟，盛放在大盘中，众人围盘而坐，各用随身带的小腰刀分割手抓而食，香嫩可口，俗称"手把肉"。来了客人，则煮全羊盛情款待。蒙古族的"全羊席"最具民族特色，全席有菜肴112品、点心16种，8人一桌，出刀割肉，举杯敬酒，歌手助兴，非常有情趣。夏季，鲜肉不易保存，则将肉切成肉条，风干后保存，随时煮食。

白食分为两类，一是饮用奶，二是奶制品。蒙古人的饮用奶主要是牛奶、骆驼奶和羊奶，以牛奶居多。蒙古人喜欢喝奶茶，其制法是将茶砖砸碎，装于布袋中，放在奶中煮沸，饮时略加些盐，味绵浓，口有回香。奶制品的种类很多，主要是奶油、奶皮子、奶豆腐、奶酒等等。这些都是奶中珍品，最为蒙古人所喜食。蒙古人还常将发酵奶酿成奶酒，奶酒无色透明，味芳香，是蒙古人待客的饮品，被誉为"塞北三珍"之一（"三珍"即醍醐、酥酪、马奶酒）。

蒙古人的饮俗还喜欢喝用茶砖煮成的浓红茶。浓红茶味涩消油腻，最适于肉食民族饮用。

蒙古族喜欢食用的粮食是炒米。它是将糜子煮熟、炒干之后碾成的米。炒米可以直接放入口中吃，也可以放在奶中泡食。炒米易保存、携带，不易消化抗饿，是适合游牧生活的食品。

(三) 藏族的饮食民俗

生活于青藏高原的藏族，受地理环境、气候条件和宗教的影响，形成了一些独具特色的饮食习俗。

藏族人以牛羊肉和糌粑为主食。藏族人吃肉与蒙古人相似，将大块肉煮熟后以刀割食。糌粑是用炒熟的青稞或豌豆磨成的面粉，吃时用奶茶或酥油拌和，不用筷子不用勺，用手指在碗中捏成小团而食。

藏族人最喜欢饮用酥油茶。酥油是从牛羊奶中提炼出来的。将酥油与茶水、盐混合在一起，放入桶中用木杆上下冲捣，打制成酥油茶。酥油茶醇香味美，营养丰富，增热御寒，生津止渴，非常适合高寒地区民众食用，是藏族人所特有的饮品，常用来招待宾客。

藏族民众经常饮用的酒叫做"青稞酒"，是用青稞酿成的低度酒，是藏族人家喜庆节日、招待贵客必备的美酒。

藏族的餐器也很有特色。平民阶层都使用木碗，随身携带，多是装在胸前的藏袍内。除上层贵族外，一般都不用筷子，都是用手抓糌粑而食。有一件不可缺的餐具就是长约五寸的小刀，人手一把，插在腰间，用以割肉。这种餐具简单、饮食粗犷的习俗，是在常年的游牧生活中所形成的。

(四) 维吾尔族的饮食民俗

维吾尔族人以面食为主，食牛羊肉。维吾尔族以及其他信奉伊斯兰教的民族，饮食上最大的特点就是不吃猪肉，并遵照《古兰经》的戒律，禁吃马、驴、骡、狗和一切凶禽猛兽及非"以真主之名"宰杀的动物。

维吾尔族最擅长和喜食的烤制食品主要有：

烤全羊 烤全羊是维吾尔族节日和招待贵族的上等食品。其烤制法：将羊宰杀洗净后，在羊腔内外抹上盐、鸡蛋、面粉、胡椒等，用木棍将全羊从头至尾穿上，放在炭火馕坑中，将炉口封严。烘烤两个小时后，全羊呈黄色，即可食用，味香肉鲜。

烤羊肉串 将羊肉切成小块，与盐面、胡椒粉、辣子粉等渗泡后，用细铁钎贯穿成串，放在炭火炉上烤熟，吃前再撒些调料即可食用。现在维吾尔族的烤羊肉串已经成为风靡全国各地的新疆风味小吃。

烤馕 维吾尔族人喜吃烤馕。馕是用面粉发酵后或加盐或加糖制成的大小不一、厚薄不一的圆形饼，放在馕坑中烤熟。馕坑是维吾尔族人很具有民族特色的灶具。它是在高台上，挖腹大口小的坑，下留风口，坑深约80厘米，坑壁用盐和泥抹上。烤馕时，用炭火将坑壁烧红，将生饼一个个贴在壁上，之后用砖封死坑口，一会儿即熟。烤馕因其搀合的调料不同、大小厚薄不同而口味也各不相同，但均有一种特殊的浓郁绵香的味道。

抓饭 抓饭与烤馕都是维吾尔族人的主食。抓饭维吾尔语叫做"颇罗",其做法是:先用羊油把羊肉或牛肉炸干,加上洋葱、胡罗卜、葡萄干或杏干等,加上适量的水煮沸。然后将洗好的大米铺到洗好的菜上,等到水快熬干时,将米菜搅拌均匀后盖严锅盖用小火焖熟。吃法是将焖好的饭盛在大盘中,置于饭布上,众人围盘而跪坐,用手抓食。食前必须洗手、漱口。抓饭时尽量不要饭粒落地,即或是抓饭时烫手,也不能将已抓起的饭重新放回大盘中。如果饭粒落地,不能乱扔,要拣起放在饭布上。如果不遵守这些饮食习俗,将被视为对主人的不敬。客人的剩饭可双手捧给主人,最受主人欢迎。

三、港澳台的饮食民俗

(一)香港、澳门的饮食民俗

1. 香港的饮食民俗

香港作为东方文化与西方文化交汇之地,其饮食也体现了一种各国饮食交融的习俗。因此,香港被誉为"世界餐厅"、"美食天堂"。

受广州饮食风俗影响,香港人早餐的方式是"饮茶"。人们在上班之前,多是到酒楼、茶楼进餐,边喝茶边吃点心。香港人爱喝普洱茶、寿眉、红茶、香片等茶,点心常吃牛肉烧麦、虾饺等。

由于工作紧张,香港人的午餐很简单,多是到附近的快餐店就餐。这是香港仿效西方饮食文化的产物。每个人可随意点取中式食品或西式食品,或买盒饭。

晚餐是全家人在家中聚餐,很少在饭店。家庭主妇往往是在准备晚餐时大显身手,做出令丈夫和孩子都满意的饭菜。晚饭多是以粤菜为主,有时也加些半中半西的菜肴。全家聚在一起,边吃边聊,尽享天伦之乐,体现了中国文化的传承。

香港人有吃夜宵的习惯,一般都是小吃,如各类粥食、云吞面、芝麻糊等等。

香港人喜欢在饭店待客。香港不仅有中国各地风味的餐馆,也有各类西式餐厅以及日本、韩国、泰国、越南、印尼等国的餐馆,不同风味的饮食,皆为香港人所钟爱。

2. 澳门的饮食民俗

澳门洋华共处,荟萃东西南北各国饮食之俗。不过,中国传统饮食风俗,特别是广东食俗仍是主流,如各类粥品、水饺、云吞面,各类面饼等都是华人的主食。北京烤鸭、烧乳猪、烧鸡等都是华人待客的美食。但汉堡包、面包、寿司等同样也为澳门华人所喜爱。

澳门人,无论是华人还是葡萄牙人,都喜欢吃澳门式的葡萄牙菜。它是葡萄牙、印度、马来西亚及中国粤菜烹饪技术融合一体的结晶。它取长补短、兼收并蓄,如非洲鸡、果亚鸡及辣大虾等都是极具澳门风味的菜肴。澳门的"马介休"

（即咸鳕鱼），也是澳门人常吃的葡式菜。葡式菜的煎、烧、烤、煮，皆会令人齿颊留香，回味无穷。

澳门人在家中待客或在饭店举行宴会，所饮用的酒也是各国酒应有尽有，人们各有所好、各取所需。总之，澳门的饮食习俗体现出中西文化荟萃的典型特征。

（二）台湾的饮食民俗

1. 移民的饮食民俗

移民饮食基本是沿袭了原在大陆的习俗，特别是国民党撤退至台湾，来自于全国各地的军人及家属更是将他们各自的饮食习俗带到了台湾，使台湾的大陆食俗更为普遍多样。

其俗一日三餐，主食以大米、糯米为主，兼食杂粮以及各类红薯制品。常吃的糯米制品有糯米糕、糯米面做的汤圆。而原籍于大陆北方的台湾人则更喜欢吃馒头、饼等各种面食。

因台湾的牛较少，主要是用于耕田，所以官府禁止杀牛食肉。台湾居民主要是吃猪肉、鱼类、蛋类。烧小猪是台湾人盛宴最上档次最爱吃的美食。广东移民则有以猫肉款待贵宾之俗。福建移民带来了"食补"的习俗。每逢春夏之交、秋冬之际，总要以中药"四神"（莲子、芡实、山药、茯苓）炖食鸡鸭或猪肚等进食，叫做"半年补"或"养冬"。

其时令节庆的饮食，呈现出大陆各地习俗与台湾原习俗的融汇。例如：

春节的除夕夜，全家大团圆。从各地赶回的家人围炉而坐，吃米圆、肉圆、鱼圆，庆祝全家大团圆，年年团圆；吃鱼，年年有余；吃鸡，年年大吉。台湾方言"吃鸡"与"起家"谐音，又有新一年大发家的祝愿。

立春之日吃春饼。正月十五吃元宵。三月三祭，人们采鼠曲草和米粉为供，这是融入台湾的旧俗。清明扫墓，闽南移民的后裔和广东客家移民后裔的祭品都有猪肉、鱼、蛋，但又各有传统的祭食品：闽南籍人有甜糯米饭、薄饼裹鸡丝、蛋丝等，广东籍人则是豆腐干、鱿鱼、发糕等，显示了台湾人饮食趋同存异的特点。五月端午节吃粽子，家家互赠西瓜。八月中秋节吃大面饼，称为"中秋饼"。

近半个世纪以来，台湾饮食也容纳了一些西方的饮食习俗，各式西餐也同样受到台湾人的喜欢。

2. 高山族的饮食民俗

台湾土著居民高山族，其先世多以渔猎为生，且又由于所居闭塞，所以其饮食保留了许多原始的习俗。古时，鱼是高山族人的主食，所以在其语言中所谓的"食"的基本含义就是"鱼"。鱼多是腌制生食，其他食物也多是生食，直至清代，尚沿袭旧俗。接受汉族文化后，逐渐学会使用铁器炊具和蒸、煮、熏、烤的烹饪艺术，饮食方式发生了变化。17世纪后期至18世纪中期，农产品逐渐成为高山族的日常食品。

高山族的饮食比较简单。种稻地区的居民以米为主食，一日三餐。他们把粳米或糯米蒸熟，用手捏成饭团而食。外出也是携带饭团，用水泡而食。山地居民以粟、旱稻、黍、芋、薯为主粮，做饭与粥和蒸糕而食，烤熟后的芋和薯也是长期食用的主食。蔬菜多是食用葱、蒜、姜、辣椒、胡椒，调味品用盐。

高山族的成年男女嗜好嚼槟榔，用蒌叶、贝壳灰裹食。槟榔可以消食去湿，据说还有"避瘴"之效。嚼槟榔之俗也被移民们所接受。在台湾，人们口嚼槟榔习以为常。

第三节　亚洲其他各国的饮食民俗

一、日本的饮食民俗

日本的饭菜称为"和食"，日本人称其菜肴为"料理"。日本的"和食"也极具大和民族的特色。

（一）"刺参"与"天麸罗"

日本四周环海，因此其俗喜食鱼虾，日本人称自己是"彻底的食鱼民族"。日本人食鱼的方式五花八门，最出名的是"刺参"，即生鱼片。将生鱼片放在小盘中，蘸酱油及芥末，和着萝卜丝、紫苏的叶或花而食。生鱼片味道鲜美，富有营养，别有风味。"天麸罗"即油炸大虾，边炸边吃，又热又鲜，非常爽口。

（二）大酱汤

自从公元8世纪酱从中国传入日本后，便成为日本人的主要调味品。因此，日本人自古以来便喜欢食酱，大酱汤是日本人的发明。它是用酱加上蔬菜、香菇、豆腐、紫菜等制成的汤。有人统计，日本人平均每人每年要喝400多杯酱汤，约合6公斤酱。他们把酱汤誉为"母亲的手艺"，千余年来一直是日本家庭中不可缺的菜肴。

（三）"寿司"、面条与黏糕

日本盛产稻谷，因此大米是其主食。"寿司"即是一种裹着鱼片、虾片、贝肉等东西的大米饭团，吃时佐以酱油、醋、生姜等。寿司已有千余年的历史，种类繁多，因地而异。日本人喜欢吃面条，特别是荞麦面条。黏糕是日本人的节日食品，每逢过年、结婚、生孩子、祭祀、建房、造船必打黏糕来庆贺。日本资源贫乏，非常注意节约食物，从不浪费。传统的餐具是盘、碗、筷子与勺。

（四）豆腐

在奈良时代，留学中国的僧侣将中国制造豆腐的技术带入日本。最初只是贵族和僧侣的食品，称为"璧"或"白璧"，江户时代才普及到民间。因为日本人喜欢清淡食品，所以豆腐备受欢迎，现在每年要消费50多亿块，并且向世界各地出口，日本被欧洲人称为"豆腐大国"。日本民族是一个非常善于学习和技术改造的民族，豆腐本始于中国，但近代以来日本的豆腐已经闻名世界，中国两千年一贯制的豆腐却望尘莫及了。

（五）清酒与茶

日本人喜欢喝酒，传统的清酒为日本人经常所饮。源于中国的茶，在奈良时代传入日本，逐渐成为日本官民不可缺少的日常饮料。在中国茶道的基础上形成了具有日本特色的茶道。其茶道有"四规七则"，四规即和、静、清、寂；七则即茶要提前准备好、炭要提前放好、茶室要冬暖夏凉、室内插花要新鲜、要遵守规定的时间、无雨也为客人准备好雨具、要周到地照顾好客人。日本的茶道流派很多，最大的流派是千利休嫡传的"三千家"，有的已经家传十余代。日本的茶道经400多年而更繁盛，人们在饮茶中学到了礼仪，陶冶了性情。

二、韩国的饮食民俗

韩国人皆喜清淡，厌油腻，好凉、辣、酸、甜，尤其喜辣，不可一餐无辣椒。其主食、蔬菜、进食方式皆有民族特点：

（一）米饭、打糕与冷面

韩国人以大米饭为主食，有时还在米中加些绿豆、小豆、大麦米等杂粮。用糯米制成的打糕是其节日必备的食品。用糯米和红小豆做成的"红饭"，表示喜庆，也是节日的主要饭食。韩国人非常喜欢吃的冷面，是其民族食品。正宗冷面以荞麦面为主料，面条纤细而坚韧，呈淡灰色，上面放有肉片、泡菜、水果片和辣椒面等。汤是由鸡肉或牛肉煮成之后冰镇的。浇汤之后，加醋拌匀进食。其味清凉爽口、甜酸辣宜人。冷面吃时凉爽，但过一会儿即浑身发热，令人格外惬意。

（二）嗜食狗肉

韩国人嗜食狗肉。在农村几乎家家养狗，少则一条，多则十几条。每逢节假日或喜庆之日必杀狗，红烧、清炖、做汤等皆可做成美餐。狗肉香而不腻，味美可口，滋阴壮阳，营养丰富。

（三）每餐有泡菜

泡菜是韩国人每天必不可少的佐食菜，它是把白菜、萝卜一类蔬菜洗净后，加入辣椒、大葱、大蒜、水果片和鱼虾酱等佐料，放入缸中封闭阴凉发酵而成。其味酸、辣、香、脆，风味独特。

（四）彬彬有礼的进食方式

韩国人的饭桌矮小，大都是在炕头盘腿而坐，坐姿端正。吃饭以盘、碗、筷、匙为主要餐具。如与长辈同桌，要请长辈先吃，然后年轻人才能动筷；如果先于长辈吃完，要将自己的匙子横放在餐具上，待长辈用膳完毕，再将自己的匙子取下放在桌子上。如有客人，客人要等主人先动筷，不能自己先吃；主人要等客人吃完才能放下匙子与筷子，否则将被视为是令客人罢食，是严重失礼。吃完后，匙、筷必须放在桌子上，不能放在碗里或碗上，否则意味着没吃饱。

三、印度的饮食民俗

印度人的饮食特点是喜欢甜辣口味，爱吃油炸食品和乳制品，好用香料。无喝开水的习惯，常饮生水、冷水，不喝酒或极少喝酒。但印度历史悠久、地域广阔，有多种宗教信仰，因此饮食风俗也各有不同，并随着时代的变迁而不断发生变化。

现在，印度的南部、东部地区，多以大米为主食，北印度则以面粉为主食。与严格素食的婆罗门不同，信奉伊斯兰教的穆斯林喜食牛羊肉，绝不食猪肉和禽类。印度教徒、锡克教徒虽然绝不吃牛肉，但喜食羊肉，也吃猪肉和家禽。

印度人用餐方式很特殊，通常是不用餐具，直接用手抓食。在北方，人们是用右手的指尖吃东西，把食物拿到第二指关节以上是不礼貌的；在南方，人们是用右手搅拌米饭加咖喱，之后把它们搓成团而食。进食时，不可用手触及公共菜盘或为自己取食，否则被同餐的人所厌恶。饭后，端热水一盆，供大家洗手。

受伊斯兰教影响，印度许多地方特别是穆斯林聚居区禁酒，去旅游的外国人须办一种"全印酒类许可证"，方可携带和消费酒类。

四、泰国的饮食民俗

泰国人的主食是大米和面粉，最喜欢吃的是"咖喱饭"。副食以鱼和其他各类水产品为主，通常是把鱼腌咸、渍酸或晒干而食，每年吃的鱼要比其他肉食多得多。泰国人还喜欢吃各种昆虫，蚂蚁、竹毛虫、蝎子、水生甲虫和蚱蜢等都是餐桌上的美味佳肴。各种蔬菜也是泰国人食物中不可缺少的，或生食，或是煮、炒。泰国人一般只吃植物油，不吃动物油。由于受佛教影响，在一些与佛教相关的日子里，有不少人还素食。曼谷人积极发展素食，希望能返回原来简单的生活。

在口味上，泰国人嗜好辣味、甜味。辣椒是泰国人生活中不可缺少的调味品，如果菜中无辣椒，不少泰国人是难以下饭的。

泰国人的进餐比较古朴。以往泰国人吃饭不用碗筷、刀叉，捧而食之，用勺喝汤。现在，捧而食之的旧俗在城市中已经逐渐改变，但在山区农村，旧俗依然。

在进餐方面很少有什么礼仪，吃饭时常常是无桌椅，人们环坐在垫子上，男性盘腿坐着，女性跪坐。盘碗之类餐具都放在垫子上。上菜也无特定的次序，常常是一起上，随意吃。喝汤无公共的大勺，每人各持一匙，在一个大盆中舀菜、喝汤。调味的碗也是共用，每人舀一匙菜都到碗中蘸一下。虽然不大卫生，但也有共食的乐趣。

男人喜欢饮酒，但饮酒时无佐菜，多是清饮。传统的地方酒饮料是一种棕榈汁，这是一种烈性的乳脂状酒，此外还有各种米酒。泰国人喜欢喝绿茶和果汁，槟榔、柑橘、柠檬、香蕉是他们最喜欢吃的水果。

五、伊朗的饮食民俗

伊朗的全称为伊朗伊斯兰共和国，位于亚洲西南部。1935年以前称波斯，是个历史悠久的文明古国。国土面积约165万平方公里。首都为德黑兰。现有人口7500万（2011年）。主要有波斯人（66%）、阿塞拜疆人（25%）、库尔德人（5%）以及阿拉伯人、巴克台里人、俾路支人和土库曼人等少数民族。

伊朗的饮食习俗受宗教信仰影响深刻，体现出典型的伊斯兰教饮食风格。

（一）米饭与大饼

伊朗人的主食是米饭、大饼和土豆。大部分伊朗人每天必食米饭，所以伊朗妇女创造了烹煮米饭的独特方法，做出的米饭既保持了稻米的自然香味，又松软可口，伊朗人称它为"普鲁"或"别林基"。还有一种米饭称为"契鲁"，它是先将米饭蒸熟盛好，然后在饭上浇以各种汤汁调料、蔬菜或各类肉块，搅拌后再焖透。西方人称其为"肉菜焖饭"，味道极为香美。伊朗人还喜欢吃现制的温热大饼。有一种叫"圣伽克"的大饼，是用棕色面粉在特殊的烤炉中，放在灼热的石头上烤制而成的，是伊朗的传统主食。

（二）羊肉

受伊斯兰教影响，伊朗人所食肉类主要是羊肉。以羊肉做出各种美味佳肴。炖羊肉称为"奥勃古希特"，是每个伊朗家庭中经常吃的肉食。它是将肉和水放在瓦罐中加入调料，架在烘烤架上慢火炖煮，食用时既可吃肉，又能喝汤。烤羊肉串称为"卡保布"，也是伊朗吃羊肉的一种方法。羊肉在烤食之前，要把它放在调好的蒜汁和酸奶酪中腌渍一两天，再进行烧烤。

（三）汤

古代波斯人以善煮汤著称，其汤称为"奥希"。现在的伊朗人承袭古风，也非常善于煮汤，汤是伊朗人每餐必备的。由于技艺高超，还有特殊的调料，所以伊朗菜汤是相当出名的。

(四)酸奶

伊朗人称酸奶为"茅斯特",是伊朗民众自古以来的饮料。在伊朗不论贫富,都把酸奶当做必备的食品。不仅每顿主食必有酸奶,做菜、烧汤也加酸奶,所以酸奶又是调料。夏季时,在酸奶中加入少量的盐和薄荷又成为一种饮料。

(五)水果

伊朗人喜欢甜食,喜欢吃各类水果。水果是伊朗家庭主妇在饭后招待客人的必用食品。

第四节 欧洲各国的饮食民俗

一、俄罗斯的饮食民俗

在饮食习惯上,俄罗斯人讲究量大实惠、油大味厚。他们喜欢酸、辣、咸味,偏爱炸、煎、烤、炒的食物,尤其爱吃冷菜。总的讲起来,他们的食物在制作上较为粗糙一些。

一般而论,面包是俄罗斯人主食中的主角。面包分为白面包和黑面包,俄罗斯人更偏爱黑面包。在日常生活中,面包是餐桌上必不可少的。土豆是俄罗斯人的"第二面包"。除此之外,俄罗斯人大名远扬的特色食品还有鱼子酱、酸黄瓜、酸牛奶等。吃水果时,他们多不削皮。

用餐时,俄罗斯人多用刀叉,忌讳用餐发出声响,并且不能用匙直接饮茶,或使其直立于杯中。通常,他们吃饭时只用盘子,而不用碗。参加俄罗斯人的宴请时,宜对其菜肴加以称赞,并且尽量多吃一些,俄罗斯人将手放在喉部,一般表示已经吃饱。

俄罗斯人喜欢喝酒。具有本国特色的烈酒伏特加,是他们最爱喝的酒。一般来说,女士们喜欢喝香槟酒和果酒,男士们则偏爱伏特加。俄罗斯人饮酒习惯用大杯子,一杯就是200至300毫升,颇有豪饮气概。碰杯时,口里喊着:"巴叶哈里!"(意为"干杯!")第一杯通常要喝干,然后各人按自己的酒量来喝,一般情况下不劝酒。当然,如果是年轻人聚会,劝酒就不足为奇了。在一起聚会时,第三杯酒常常是为在座的女士而干。男士为了表示自己的诚意,可以站起身,抬起右胳膊,一饮而尽。女士则仍旧安然就坐,而且不一定要喝完。最后一杯酒是敬女主人的,感谢她的辛勤劳动和高超的烹调技术。此外,他们还喜欢喝一种叫"格瓦斯"的饮料。

二、英国的饮食民俗

英国菜可以用"Simple"（太简单）来形容。简而言之，其制作方式只有两种：放入烤箱烤，或者放入锅里煮。做菜时什么调味品都不放，吃的时候再依个人爱好放些盐、胡椒或芥茉、辣酱油之类。

英国人一般比较喜爱的烹饪方式有烩、烧烤、油煎和油炸。对肉类、海鲜、野味的烹调均有独到的方式；对牛肉类更有特别的偏好，如烧烤牛肉，在食用时不仅附上时令的蔬菜、烤洋芋，还会在牛排上加上少许的芥茉酱。英国人做菜在佐料的使用上喜好奶油及酒类，在香料上喜好肉寇、肉桂等新鲜香料。

英国人的饭菜花样虽然不算很多，但一日三餐也各有特色。英国人的早餐非常讲究。英国餐馆中所供应的餐点种类繁多，有果汁、水果、蛋类、肉类、麦粥类、面包、果酱及咖啡等。我国时下所流行的下午茶就是来自于英国，其较知名的有维多利亚式，内容可说是包罗万象，包括各式小点、松糕、水果挞及三明治等。晚餐对英国人来说也是日常生活中最重要的一部分，他们选择的用餐时间通常较晚，而且都是边吃边喝边聊，以促进用餐人之间的情谊，可以想见他们是属于极有自主性的民族，而一顿晚餐对他们来说可能要花上好几个钟头！

英国人自古酷爱饮酒。从传统上说，英国人的饮料是啤酒。英国西北部地区盛产的苹果酒也是本国人喜爱的饮料，干渴季节销量尤大。此外，杜松子酒加唐尼克汽水也是典型的英国饮料。众所皆知的苏格兰威士忌酒也是来自于英国。在英国当地，有许多爱好喝酒的人士，这主要是因为它本身也是个产酒的国家。英国人在饮酒上的花费一般要比起其他的支出多一些。

三、法国的饮食民俗

法国是西方美食的代表。法国人历来都很讲究吃，视"美食"如艺术。烹饪不仅注重营养，而且非常讲究色、香、味的妙处。法国的面包就有150多种味道，有名的如"月牙油酥面包"和"棍棒面包"；而奶酪也大约有360余种，形态各异，包装精美。法国人一般吃的是棒状面包，因为这种面包制作简单，价格便宜，所以成为普通的食品。法国各地出售的普通面包很少有包装，必须自带盛器购买。小孩子买面包最有乐趣，他们常常将面包一只塞进夹克衫的内袋里，若无其事地雀跃而回，也喜欢用手拿着边走边啃，有时还把长面包当棍棒，追逐捅打。

法国人特别喜欢吃蜗牛，每逢喜庆节日，家宴的第一道菜便是蜗牛肉。法国人对待蜗牛犹如我们对待鱼翅、燕窝一般格外看重。

法国的美酒是全世界闻名的，种类很多，分红、白、玫瑰等不同种类。香槟是法国香巴尼省的旧称，以生产香槟酒而驰名于世。香槟化了的葡萄酒问世以来，以其独特的风味深受人们的喜爱，短时间里便风靡全世界。因此，法国人自豪地称香槟酒为"我们法国全民奋起的象征"。

法国人一年到头似乎离不开酒，但贪杯而不过量。一日三餐，除早餐外，顿顿离不开酒。法国人用酒还非常注重酒与菜的搭配，用法国人的话讲，叫做酒与菜的"婚配"。他们习惯于饭前用开胃酒疏通肠胃，饭后借科涅克（白兰地）之类的烈性酒以消食。佐餐时，吃肉类配红葡萄酒，吃鱼虾等海味时配白葡萄酒；玫瑰红葡萄酒系通用型，既可用于吃鱼，也可用于下肉。女士都爱用玫瑰红，以显示自己的口味清淡。法国人不仅看菜下酒，什么酒用什么杯子，也很有讲究。法国人讲究虽多，但喝得并不多。

四、德国的饮食民俗

与我国的美食相比较，德国的饮食就显得单调乏味。无论肉类或蔬菜，不是清炖就是水煮，煮烂后浇上调料便可食用。德国人的菜充其量是把肉类食品烤制一下，那就称得上是美味食品了。

德国的菜虽然很粗简，但面包却称得上世界之最，在数量和质量上也称得上世界"冠军"。德国人喜欢吃用黑麦、燕麦、精粉、杂粮拌在一起做成的面包，纯精粉面包不太有人问津。面包是德国人一日三餐不可缺少的主要食品，他们认为面包是营养丰富、利于健康的天然食品。但德国人从不光吃面包，而是要夹香肠、干酪、火腿或抹上奶油果酱。德国香肠也很有名，据统计有1500多种香肠，如水煮香肠、肉肠、腊肠、灌肠等，大小长短颜色多有不同。德国人还喜欢吃奶酪，其气味虽"臭"不可闻，但营养价值极高，奶酪品种也多达好几百个。

"小吃摊"是德国美食的关键词，是德国饮食民俗的一大特色。小吃摊的各种烤肠样式多、味道美，往往令大人小孩都垂涎欲滴。并且价格较低，只要花上几马克，就着一小块面包、一点芥茉和番茄沙司，就可以把它们都品尝了。孩子们乖的时候，德国人常常把红肠当做糖果来奖励他们。

德国人除一日三餐外，还习惯在上午10时和下午4时喝咖啡、吃点心。许多机关事业单位都有"咖啡休息时间"。人们利用十几分钟的时间补充能量，又能与同事闲聊。周末，德国人会一家子上餐馆吃饭。即使在家里，家庭主妇也做一些不同于工作日的菜肴。德国人上餐馆从不摆阔气，吃多少、点多少，往往是各人点自己喜欢吃的东西，决不浪费。

在德国，朋友相聚，必须有酒助兴。啤酒和葡萄酒是德国家家必备的饮料。德国是世界上饮酒大国，酒类消耗量居世界前列，啤酒销量居世界之首。德国人喝啤酒可称"海量"，最善饮者当数巴伐利亚人。巴伐利亚州拥有1000多家啤酒厂，每年10月，仅为期10多天的啤酒节就要喝掉几百万升啤酒。德国的啤酒有

20 多个种类、1500 多个品种。

五、意大利的饮食民俗

意大利全称为意大利共和国，位于欧洲南部。国土面积约 30 万平方公里。首都为罗马。人口 6000 余万（2011 年），其中 94%的居民为意大利人，少数民族有法兰西人、拉丁人等。

意大利餐在世界上与中国餐、法国餐齐名，而且各地都有自己的特色，名菜和特产很多，如墨西哥的剑鱼和地中海的狼鲈鱼、佛罗伦萨的牛排、罗马的魔鬼鸡、米兰的利索托米饭、博洛尼亚的海鲜面条、帕尔米贾诺的奶酪、西西里的甜点以及佩鲁贾的巧克力糖等。

意大利的面条来源于中国，在世界上较著名，经济实惠，非常可口。面条的品种不下数十种，仅从形状上分就有通心的、实心的、粗的、细的、长的、短的，以及条形、块形、蝴蝶形、菠萝形、鱼形、蚕蛹形的。形状虽然不一，但吃法大都相同：煮熟后盛在盘子里，放上番茄沙司、奶油沙司或其他肉料，然后撒上一层干酪粉，趁热拌匀即可食用。

意大利人重视饮食卫生和营养，进餐时先吃什么后吃什么都有一定顺序。餐桌上很注意礼貌，男士应让女士先入座。吃面条时，不能挑起来吃，要用叉子先挑出几根，卷在叉上再吃。吃鱼时，吃完上半部分后，不要将鱼身翻过来，而要用刀叉剔下鱼骨放在盘边，然后再吃另一半。他们把吃饭当成一种交际和联络感情的方法，喜欢与家人、亲戚或朋友一起吃饭，边吃边聊，长达几个小时。

第五节 美洲各国的饮食民俗

一、美国的饮食民俗

美国人的饮食习俗最主要的特点就是用餐追求方便、快捷，不求精细，对吃不太考究，平时吃得都很简单。随着生活、工作节奏的加快，美国人的饮食越来越方便、快捷，也就有越来越多的美国人吃速食。

美国人一般喜欢比较清淡的口味，因而大多数食品的调味不太浓。美国人还喜欢吃凉拌菜、嫩肉排。在餐馆点肉菜时，侍者通常问你要哪一种，半熟的、适中的还是熟透的。许多美国人都爱吃辣椒。另外，科学实验表明，人的大脑因受辣椒素的刺激而不断释放出能使人产生轻微兴奋的物质，这就更使美国人对辣椒情有独钟。

美国人的饮食习惯也是一日三餐，但通常在中午吃快餐。早餐时间一般在早上8点。早餐内容各地区自有差别。一顿简单的早餐，可能有果汁、麦片、烤面包及咖啡。丰盛些的也可能有薄煎饼、玉蜀黍片、香肠、火腿和各种做法的鸡蛋。美国人常喝的燕麦粥是用燕麦煮成浓粥，兑上牛奶、白糖。玉蜀黍片是玉蜀黍粉制的焦黄小薄脆片，用白糖牛奶泡软后吃。

午餐时间通常是中午12点到1点或午后1点到2点。美国人的午餐是三餐中最简单的，常常是吃些蔬菜和三明治、汉堡包或者意大利馅饼、热狗，再加一杯饮料。

晚餐在傍晚6时左右开始，一般比较丰盛。通常先上一份果汁或浓汤，然后上主菜。常吃的主菜有牛排、猪排、烤牛肉、炸鸡、炸虾、火腿及烤羊排等。随主菜吃的有蔬菜、面包、黄油、米饭、面条等。多数美国人喜欢饭后吃一道甜食，如蛋糕、家常小馅饼或冰激凌等，最后再喝一杯咖啡。美国多数家庭有在睡觉前吃些小吃的习惯。孩子们通常喝杯牛奶，吃块家常小甜饼，成年人则吃些水果和糖。

每逢风和日丽的假日，美国家庭常举行野餐和户外烧烤餐。野餐是将烤鸡一类的熟食装在篮子里带到野外去吃；烧烤则是在自家庭院或郊外点起炭火，把生食烤熟再吃。有的公园还为此专门为游人提供烤肉用的炊具，让人们的野餐更方便，更有情趣。

美国饮料的品种之多令人叹为观止，各种酒类、果汁、饮料不胜枚举。啤酒、葡萄酒、威士忌、伏特加、杜松子酒等酒类品种繁多，可口可乐、咖啡、果汁等饮料数不胜数。在名目繁多的饮料世界里，美国人最钟情的还是咖啡。品饮咖啡，苦尽甘来，香醇可口，令人神清气爽，回味无穷。近几年，美国兴起饮茶热。茶正成为美国人跨世纪的时尚饮料，各种各样的茶吧、茶店如雨后春笋，生意十分兴隆。

二、加拿大的饮食民俗

加拿大是个移民国家，在不同地区可品尝到使用了新鲜材料的各国饭菜。

加拿大人早餐以牛奶和面包为主，加上煎蛋或火腿片。午餐因在工作单位吃，比较简单，一般是一份三明治。晚餐因时间充裕准备得相对丰盛些。晚餐也是一家人一天团聚和交流的机会，因此加拿大人重视晚餐，吃得也最多。一般是荤、素菜至少各一个，如炖牛肉或排骨，素菜是沙拉，还有一个汤；主食是面包、面条或米饭。加拿大人一般晚上12点左右就寝，一些人早上匆忙起床来不及吃早饭；还有些人因为晚上吃得多，所以许多人没有吃早饭的习惯。因此，加拿大人一天的营养主要靠晚餐补充。周末，尤其是天气好的时候，加拿大人愿意在自己的院子里举行亲友聚会吃烧烤。餐桌上放着各种调料、蔬菜。小孩子边吃边玩；大人们喝着啤酒、饮料，交流一些社会和家庭趣闻，十分惬意。

　　加拿大水果品种也很丰富，生吃自是很好，由其制成的果酱也物美价廉，都为加拿大人所喜食。加拿大的枫树果露是非常出名的。那些黏糊糊的呈琥珀色的枫树果露是每年春天由枫树的树液煮制而成的，也可制成砂糖或糖果。超市和礼品店里都汇集了众多大瓶小瓶的枫树露。有的还装在漂亮可爱的器皿里，最适合当做礼品送人。吃的时候可以抹在面包上或加进红茶里，对那些自己做饭及野营的人来讲，准备上一瓶也是非常必要的。

三、巴西的饮食民俗

　　巴西的特色名菜很多，享誉于世。如豆子炖肉就是巴西的一道全民大菜，这道用豆子烹煮而成的菜，虽然没有显赫的出身，但由于风味独特，再加上搭配得当的佐餐饮料，成为巴西家喻户晓的全民大菜，满足了不论贫富的巴西人的口腹之欲，就连外来的游客也很喜欢。烤肉被称为巴西的一品国菜。在巴西任何一个地方，问当地人什么是巴西的风味菜，他们会异口同声地告诉你："硕拉斯科。"汉语就是"烤肉"。当你问到烤肉的味道如何时，多数人都会用手拉拉耳垂，并说一声"口欧"。这一动作连同一声"口欧"，按北京土语就是"盖了冒了"。另外，坑炖羊肉也是异军突起，其特有的烹制方式和乡村风味风靡全国，上至政要巨贾，下至黎民百姓，均以品尝"坑炖羊肉"为乐事。

　　在巴西餐馆用餐使用的餐具有刀、叉、勺、盘、杯、碟等。餐具放在即将就餐的客人面前，叉子放在餐盘的左边，刀放在餐盘的右边，勺摆在刀子的右边。刀叉的数目要与菜的道数相同。使用刀叉由外及里。吃面包不使用刀叉，而用手掰。每道菜吃完，侍者将用过的盘子和刀叉撤去，再换上新的餐盘，以供吃下一道菜时使用。用餐时，右手持刀，左手持叉，用刀将盘内的肉等切成小块儿，再用叉把食品放进口里。

　　巴西人招待普通朋友，一般是到餐馆请客，不轻易邀客人到家用餐。只有知己或亲密朋友，才特殊对待，有到家中做客的资格，这也是给客人的一种最高礼遇。客人应邀出席家宴时，都要带些礼物送给主人，例如鲜花、玩具、书籍等等。

四、墨西哥的饮食民俗

　　墨西哥的菜式均以酸辣为主，辣椒是墨西哥人不可缺少的食品。

　　墨西哥的早餐可以用"醒神"来形容，各式食物都以辣为主。正宗的墨西哥菜，材料多以辣椒和番茄主打，味道有甜、辣和酸等，而酱汁九成以上是辣椒和番茄调制而成。

墨西哥菜分菜、汤类、主菜和甜品，其中汤类较为清淡，用以突出主菜的酸辣特色；墨西哥菜不拘泥于餐桌礼仪，吃时可只用手，充分反映了其民族爽直豪气的特征。粟米是墨西哥人的主粮之一，也是墨西哥菜不可缺少的材料之一，以粟米制成的副食品举不胜举，像粟米袋饼、粟米脆饼等等。

墨式沙律奇特无比，其用料配备了与青瓜口感相近的仙人掌和杂菜等材料，再加橙香的酱汁，入口清爽；若配以墨式鸡尾酒，更是爽在心头。

第六节 非洲及大洋洲各国的饮食民俗

一、埃及的饮食民俗

埃及不仅是阿拉伯文化之都，也是阿拉伯的美食之国。虽受伊斯兰教影响，但其饮食却表现出一种开放型的风俗习惯。

（一）喜尚甜食

埃及人喜欢甜味食品和糖果，一日三餐离不开甜。"巴斯布萨"是埃及著名的甜食。它是用过油的细粉丝、面粉、奶油、果仁混合烤制而成的，出炉后再浇上一层蜜汁。这种点心非常甜。埃及有句俗语，形容姑娘美如"巴斯布萨"。

（二）烧烤肉

埃及人喜食羊肉、鸡肉。做法以烧烤居多，并佐以大量的香料和香草。常使用的调味品有黑胡椒、红辣椒粉、埃及咖喱、藏红花、土茴香等。埃及人最喜欢烤肉串，称为"可巴"。把肉用铁条穿起来，放在火上烧烤，然后搭配香菜——罗勒叶、番茄、洋葱之类的蔬菜，用薄面饼裹着吃。鸡肉在埃及仅次于羊肉，埃及人烤鸡的技术相当高超，味道极佳。

（三）一日三餐

埃及人生活节奏较慢，人们喜欢轻松地吃饭、愉快地交谈。通常的早餐多是面包、煎蛋、牛奶、咖啡或红茶，午餐多是牛油炒饭、牛排、烤鸡、豆汤、牛肉汤，晚餐多是煮、炖、烤、烧的菜肴，大饼、面包、黄油、红茶。每餐必有蔬菜和水果。蔬菜多是切成小片，蘸盐面及各种沙拉酱生吃。

在埃及农村，人们经常吃干饼。每次做出很多，晾干后可以吃很多天。大饼、炖羊肉汤、生菜是埃及农民的家常饭。

（四）饮料

埃及人每天必须饮红茶或咖啡。在咖啡馆或茶馆慢饮、聊天、抽水烟、看报纸，是埃及男人的一种传统的生活。埃及人喝茶只喝红茶。红茶和咖啡必须放糖。牛奶也是埃及人的饮料，爱喝不脱脂的牛奶，认为它保持了牛奶的原汁原味。埃及人不喝开水，平时都饮用冰水。因此，在埃及矿泉水的生意非常火，瓶子也特别大，正在形成一种新的风俗。

二、南非的饮食民俗

南非人的饮食，因种族不同而有不同的饮食习俗。

南非白人的日常饮食基本上以西式食品为主。传统的主食为面包，大块牛排、鸡肉、鸡蛋、炸土豆丝和煮得透的青菜，喝牛奶、咖啡和红茶。意大利的烤饼也是白人经常吃的主食。国都开普敦的菜肴比较有名，有荷兰餐馆、马来西亚餐馆、华人餐馆等。在南非可以吃到鳄鱼、大象、野水牛、长颈鹿、斑马、猴子等动物的肉和鸵鸟、珍珠鸡等飞禽的肉。近年来，由于政府实行保护野生动物的政策，禁止随意猎杀，所以要品尝原来的"南非风味"已经是很不容易的事了。

南非的各黑人部落，多是以玉米、大米、薯类、豆类为主食。他们的饮食都很简单，常常是将玉米面加入一些植物油，制成半糊状的面团，用手抓食。肉类喜食牛肉和羊肉。喝牛奶、羊奶和茶。一般不吃鱼类。居住在南非的印度人，食物中多是加入各种香料，辛辣味很重。

三、澳大利亚的饮食民俗

（一）移民的饮食习俗

移民的饮食基本上是承袭欧洲人的习惯，喜欢肉食、奶食和面包之类，但也有他们独自的特点。

1. 喜食肉乳

从一日三餐来说，早餐和午餐较为简单，晚餐较为丰盛。这与快节奏的工作有关。早餐一般是麦片粥、牛奶、鸡蛋、火腿、面包。中午多数人一般都是吃快餐、炸鱼片、薯条、比萨饼、中国炒饭等。晚餐比较讲究，一般有三道菜：第一道菜为开胃小食，多是浓汤和凉菜；第二道菜是主菜，多是清炖或油炸牛羊肉、鱼块及多种蔬菜；第三道是甜食，有各种糕点、冰淇淋、沙拉。

澳大利亚人的家庭成员，如果吃饭时在同一张桌，就必须要等每个人都吃完才能离开餐桌。

2. 喜在外就餐

澳大利亚是个多种移民的国家，汇集了世界各地风味的餐馆。为了节省做饭的时间，饱享世界各地的风味，现在越来越多的人喜欢在外面的各类餐馆中就餐。澳大利亚人尤其喜欢吃中国菜，中国餐馆随处可见，往往门庭若市。

3. 喜吃烧烤

吃烧烤肉，是澳大利亚人一种颇为流行的饮食习俗。在家宴和各种联谊宴会上，常有烧烤肉。各个家庭每逢周末或节假日，常在自家的院庭中或到野外，支起电烤炉或炭烤炉，烧烤牛排、羊排、鸡翅、各种灌肠等。烧烤的肉类，需要用事先调好的各种调料渗泡，调料不同，烧烤出的各种肉类也各具风味。边吃烧烤，边喝酒，边畅谈欢歌，其乐无穷。

4. 喜食"邓皮饼"

澳大利亚人喜欢吃一种叫"邓皮饼"的面饼。它是以面粉、奶、糖和盐为原料，将面团揉好后，放入铁锅，加盖捂严。将锅放在事先挖好的土坑中，在锅底和四周放上火炭及木材，在坑顶培上一些土捂严实。过一段时间后，扒开土取出锅，饼已好。吃时，在饼上抹一些黄油和糖浆。这种饼带有一种野餐的风味，吃起来自然另有一番情趣。据说"邓皮饼"是17世纪荷兰航海家威廉·邓皮首创。邓皮是早期到澳大利亚的探险者，在他登陆以后，找不到食物，他便把船上剩余的面粉按上述办法制成饼充饥，后人便称它为"邓皮饼"。

5. 喜欢喝酒

澳大利亚人男女老少都喜欢喝酒，但经常喝的主要是啤酒和葡萄酒，很少喝烈性酒。在北方名城达尔文市，主要街道都挂有这样的一块广告牌："请用德士古—阿斯特朗汽油，省下钱来喝啤酒"，饮酒风之盛由此可见一斑。澳大利亚人虽然好喝酒，但从不劝酒。不喝酒的人如果宴请朋友，在请柬上常常注明"酒水自带"，此举绝不会引起朋友不高兴。喝酒的人多数都能自控，喝酒喝得文明，很少有人喝得醉如烂泥。

（二）土著人的饮食习俗

澳大利亚的土著人不懂得耕种粮食和饲养家畜，仍然以采集和狩猎为生。他们以采集山薯、野果和捕杀大袋鼠、灵鼠、鸸鹋、蜥蜴、鱼类为食。通常是摩擦干木取火，烧食各种肉类。野蜂蜜是土著人的美味，或直接捣毁蜂巢取蜜，或捕吃一种以蜂蜜为食的蚂蚁。这种蚂蚁吃了蜜后，肚子胀得像闪闪发亮的珍珠，土著人用手挤出其腹中的蜜吮食，有时连蚂蚁一起吃。

土著人的食量很大。有食物时一次可以吃得很多，没有食物时也可以几天不吃，也不会饿死。这样的饮食习惯，才能适应他们艰辛的生活。

四、新西兰的饮食民俗

（一）移民的饮食习俗

欧裔新西兰人的饮食基本上还是沿袭欧式的进餐方式，始终是左手握叉、右手拿刀。由于新西兰是一个农牧业非常发达的国家，所以面包和牛羊肉是他们主要的食物。在新西兰，四至六口人的畜牧之家，加上他们的狗，一年要吃300只羊。他们最喜欢吃的一种美味是"麦利诺羊肉"。

虽然传统上新西兰人喜欢吃羊肉，但因为羊的数目正在减少，所以鸡肉逐渐成为新西兰人餐桌上最常见的肉食。传统的新西兰餐以一道肉（牛、羊、鸡肉或猪肉）、马铃薯及二至三样蔬菜所构成。吃烧烤也是新西兰人的嗜好。烧烤的晚餐，把肉加蔬菜加油放入烤炉中一起烤。通常是每个周六全家人吃一次。夏季，常在户外烧烤，牛排、鸡、马铃薯、香肠、鱼、贝等都是烧烤的食物。新西兰人的饮食口味较为清淡，每餐之后喜欢吃酪梨、草莓等各种水果。

新西兰人喜欢喝酒，平均每人每年要喝110公斤啤酒，名列世界第五。为了防止酗酒，各餐馆对酒类限制很严。经特许销售酒类的餐馆，也只许卖葡萄酒。可售烈性酒的餐馆，必须买一份正餐，才允许喝一杯。

以前大部分新西兰人喜欢在家中就餐，现在随着大量的家庭式的、廉价的、小型饮食店的兴起，愈来愈多的新西兰人家喜欢在外边用餐。传统的炸鱼、薯条、汉堡包是这种餐馆的经常食品。

（二）毛利人的饮食习俗

早期的毛利人以渔猎为业，因此各种鱼类、贝类和鸟兽之肉为毛利人经常的食物。他们熟食的方法，通常先在地上挖个坑，然后把石头烧红，再将鱼、肉等与石头一起埋在坑里，盖上土，焖两三个小时后，取出而食。

新西兰有地热资源，毛利人还利用地热蒸熟各种食物。通常是在地热喷孔的上面安一些木条，再加上边框，之后再将食物放在上面，称为地热蒸笼。这样蒸熟的食物称为"夯吉"。

毛利人的"毛利饭"是很著名的，使用专门的烤炉来制作。炉中架有几根铁条，上面铺满鹅卵石。烧烤前，将要烤的牛排、鸡、鸭、猪等洗净依次放入专用的铁筐的底部，之上放鱼类，在上面放芋头、南瓜、白薯等蔬菜类，不加任何佐料，用麻布或芋头叶将筐盖严，放在铁架的鹅卵石上。下面烧一种木质坚硬的"塔布"树枝，这种树枝燃烧后发出一种异常馨香，直接渗入到被烤的菜肴里。两个小时后，取出铁筐，往烧红了的鹅卵石上泼水，顿时蒸汽升腾，这时立即再将铁丝筐放入。之后用湿土和稀泥将炉糊得严严实实，经过三四个小时取出，味道清香扑鼻。进餐多是在庭院中，在地上铺一块粗布，大家席地盘膝而坐，洒些盐、胡椒粉等佐料，以手抓取而食。

思考题

1. 名词解释：沙其玛　酥油茶　烤馕　刺参　冷面　巴斯布萨　邓皮饼　夯吉
2. 饮食民俗是怎样形成的？有何社会功能？
3. 汉族饮食民俗有什么特点？简要说明"四大菜系"的基本特色。
4. 简述满族、蒙古族、维吾尔族、藏族饮食民俗及形成原因。
5. 简介日本与韩国的饮食民俗。
6. 俄罗斯人的饮食特点有哪些？
7. 简述法国人的饮酒习俗。
8. 列举巴西的几大特色名菜。
9. 简述澳大利亚的饮食民俗。
10. "毛利饭"是如何制作的？

第八章　居住的民俗

【学习目的】
　　通过本章的学习，了解人类居住民俗的形成与发展，了解我国各民族及世界其他各国居住民俗的基本特点及其文化内涵，认识居住对人类生存与发展的重要意义，通过介绍各种异质文化的居住风俗推动旅游业的发展。

【主要内容】
1. 人类居住民俗的主要类型及其发展演变
2. 我国各民族居住民俗的各种类型及其形成的原因
3. 世界各国居住民俗的特点及其成因

第一节　居住民俗概述

　　居住是人类生存的四大方式之一，住处是人的安身立命之所。在衣食住行四者之中，人类社会经历了百万年的无衣服、无交通工具的时代，但却不可一日无食、一日无居，可见居住之所在人类生存中的重要性。
　　所谓的居住习俗，是指人们用什么样的观念选择居住地点、用什么样的方式建造什么样的居住场所，以及怎样在居住场所内生活的传承习惯。居住习俗是人类物质文化与精神文化的综合体现。

一、居住民俗的形成与发展

　　综观古今中外的历史，居住民俗的形成经历了一个极为漫长的发展过程。它的形成与发展，是在具体的自然环境中，由社会群体的生产力发展水平和具体的生产方式决定的。
　　人类的居住习俗大体上可分为萌芽阶段、始创阶段和不断完善阶段。

（一）萌芽阶段

1. 巢居

原始群的早期，原始人类继承了古猿巢居的方式，在高树上筑巢，以避免其他动物的伤害。如《韩非子·五蠹》所说："上古之世，人民少而禽兽众，人民不胜禽兽虫蛇。有圣人作，构木为巢，以避群害。"

2. 穴居

在原始群中后期，原始人仍然还是利用自然物为居所。在有山洞的地方，天然的洞穴可以御风寒、避燥暑、遮雨雪、防侵害，自然会成为原始人群的首选。50多万年以前的北京猿人就是居住在周口店的山洞中。此外，在湖北郧西县的白龙洞、安徽和县的龙潭洞、辽宁本溪庙后山石洞、辽宁营口金牛山石洞、辽宁喀左鸽子洞等都发现有原始人的遗骸、遗迹。这说明以穴为居确实是人类早期的居住习俗。在生产力极为低下的时期，人类的居住只能是更多地依赖和利用现存的自然条件。值得注意的是，在许多山洞中都有用火的遗迹，特别是在距今二万多年的北京山顶洞人，在其居住的山顶洞中还出现了活人与死人同洞分居的现象。洞的上层为活人，下层为死人。这说明原始人类不仅是有意识地寻找合适的居所，还初步地懂得了怎样利用居所而生活。人类这种能够自觉地寻找和利用居所的阶段是居住民俗的萌芽阶段，居住的形式较为单一。

（二）始创阶段

人类能够使用工具按着自身的需要建造和多方面使用居舍的时期，可视为居住习俗的始创阶段。

在原始社会的后期，随着社会生产力的发展，古人类群体由于所处的自然环境不同而出现生产方式和生活方式的分化，在平原多水地区的人们主要是从事农耕，在草原荒漠地区的人们主要是从事游牧，在山林地区的人们主要是从事射猎，在江河湖海地区的人们主要是从事渔捞。不同地区的不同生产方式，决定了人们选择不同的居住方式。从事农耕者需要固定的居舍，因此他们往往是选择靠山面水的向阳坡地，或是依山挖掘窟穴，或是建造半地穴式的有盖房屋。例如山西石楼岔沟、内蒙古凉城圆子沟等遗址均为窟穴式居所，西安的半坡遗址则是半地穴式的有盖房屋。在草原和山林地区从事游牧、射猎的人们则是选择了移动方便的棚式居舍。用树干或树枝构成框架，四边覆盖树叶、茅草或兽皮之类，用来遮风挡雨。例如我国东北地区鄂伦春族、鄂温克族的"仙人柱"、"撮罗子"，以及美洲的印第安人、非洲的布须曼人的"风篱"等等。蒙古人的帐篷（即"蒙古包"），也是由这类棚式居舍发展而来。而居住在水乡泽国低洼炎热地区从事捕捞的人们，则多是选择巢式居舍，即用粗木构架在空中的巢状木屋。我国傣族的竹楼、泰国木克人的高脚屋，就是古代巢式居舍的遗留。始创阶段的居舍形式多样，因地域不同、职业分工、生产力发展水平而异，它为后来丰富多彩的居住习俗奠定了基础。

（三）不断发展完善阶段

人类社会进入阶级社会以后，由于生产力迅速的发展、阶级的出现、城乡的分野、国家与民族的产生、家族与家庭的变化，人类的居住形式日益发展，呈现出一种不断完善的永无止境的过程。这一阶段人类居住习俗出现了几个较为鲜明的发展趋势：一是人们居住的场所日趋固定化。漂泊迁徙、居无定所的人群或民族日益减少。二是居住习俗日益多样化。因其国家的不同、民族的不同、地域的不同、城乡的不同、阶级地位的不同而有不同的居住习俗，各具特色。三是居舍使用功能的不断完善化。随着社会进步、建筑材料的增多、房屋结构的变化，居舍使用的习俗也在不断地变化，更加适应现实生活的需要。

二、居住民俗的类型

从人类居住史的发展看，人类居住习俗的类型主要有：

（一）洞穴式

洞穴式虽然是人类最古老的居住习俗，但它并不是一个消亡了的习俗。现今我国陕北地区的居民，仍然有许多还住在窑洞之中。西班牙的吉卜赛人居于平地掘建的现代化的穴屋中。在非洲沙漠中，由于气候炎热，许多人居住在建在地下的"房屋"中，有的则建成了"井中旅馆"。随着科学技术的发展，人类转入山洞中、地洞中居住将是一种很好的选择。

（二）巢屋式

它是古人类在树上巢居转化而来的居舍形式。由于它防潮通风，在炎热潮湿地区仍然富有生命力。云南地区的傣族人所居住的竹楼，就是用数十根竹子架起来的房屋。越南胡志明主席生前就曾常年居住在架离地面的小木楼中。

（三）帐篷

它虽然起源简陋，但经过几千年的发展，样式繁多，仍然是十分适于流动人群的简易居舍。蒙古人的"蒙古包"，有的华丽、适用绝不亚于小洋房。

（四）长屋式

它是建筑规模庞大、连于一体，内分小室的集体居舍，深为一些聚族而居的民族所钟爱。福建永定、南靖等地的"圆寨"就是典型的长屋式建筑，数百户同居在一圆寨中。

（五）庭院式

庭院式住宅是由一套或几套独立房舍与一个院落所组成，自成门户。这种庭院式的居舍，由于它的宽敞、独立、肃静、适用而成为世界许多国家最流行的居住形式，特别是适合农村。如北京的四合院、东北的农家大院，等等。

（六）高楼式

多层建筑结构的居舍称为楼。楼式居舍各国古已有之，近代以来，由于建筑技术的提高、建筑设备的改进、建筑材料的更新，各国特别是在城市中，普遍发展高楼式居舍。由于它节省土地、居住集中、设备先进而受到城市居民的喜爱。它的出现与使用，正在改变数千年来古老的居住习俗，一种城市化的新的居住习俗正在形成。

三、居住民俗的表现

居住民俗具体地表现在以下几个方面：

（一）居舍的选址

人类是聚群而生、分家而居的。选择什么地域为群体的生存地、选择什么地点为家庭的居住地，受自然环境的影响，也受人的观念意识的支配，体现着丰富的人文内涵。这种选址惯制是居住习俗的首要内容。我国历代王朝大自国都和重要城市的择地，小到村落和房屋的选址，无不遵循一定的规则与习俗。据《诗经·大雅·公刘》记载，西周王朝的奠基者公刘，就是经过对地理形势周密的考察，选择土地肥美、山环水绕的周原作为民族生存之地和建京师之所的。周人由此兴起，后来终于灭商，建立了强大的周王朝。我国历朝作为国都的西安、洛阳、南京、北京等城市无不是经过慎重的地理、地势选择而定都的。诸多的原则、规定、习俗经过人们的整理，即是所谓"风水学"。

（二）居舍的建筑

按着什么样的程序建筑居舍，如何奠基、如何筑墙、如何上梁、如何开门窗，面向何方等等，各个地区、不同民族皆有相关的要求与规定，世代因袭，久而成俗。

（三）居舍的造型

居舍的外部形状，常常是因地域的不同，各民族的生产、生活方式不同，或宗教信仰不同而呈现出不同的样式。如俄国的建筑、阿拉伯的建筑、印度的建筑与中国的建筑都各不相同，一眼就能分辨出来。在中国，汉族的四合院、大瓦房与苗族的吊脚楼、藏族的碉房显然也都不一样。这些互相间的差别，就是由各自不同的居住习俗造成的。

（四）居舍的结构、使用与陈设

居舍怎样建构、怎样使用、陈设什么样的家具等也是不同民俗的体现。它既包含着不同人群（民族、阶级、职业、国别）的伦理观念、宗教信仰，也体现出不同人群的不同审美情趣。如古代汉族的四合院是按家庭长幼尊卑来分配居室的。

满族的西屋的"万字炕"是供神的。南方的一些少数民族,其主要房间内设有"火塘",是神灵所在地,不能跨越;因其是尊贵之所,所以又是贵客留宿的房屋。

第二节 中国的居住民俗

一、汉族的居住民俗

汉族旧俗认为,人所处之地、所居之室不仅是饮食起居的凭依,还关系到家族、家庭的祸福,子孙的兴旺。因此自先秦以来,在迷信思想的影响下,即有卜居、卜宅之俗,数千年不绝。卜居、卜宅其说非常繁杂,但有个总的原则。据《阳宅撮要》等古籍载:"凡京、省、府、县其基宏大","凡城市地基贵高","凡乡村大屋要河港盘旋,沙头捧","凡宅左有流水,谓之青龙;右有长道,谓之白虎;前有污池,谓之朱雀;后有丘陵,谓之玄武。最为贵地"。就是说无论城市、村落和住宅,都要地势高、宽阔宏大,最好是后有高山,前有流水(或水池),左右有略低砂山环卫。这种"后面有靠、左右有抱、前面有照、照中有泡"的负阴抱阳的金带环绕之地,是风水最佳的宝地。

中国疆域极其辽阔,因所居地域不同、传承不同,各地区汉族的居住习俗也有较大差别。

(一)华北地区民居

居住在我国北方地区的广大汉族民众,虽有贫富的差别,但其居宅的基本结构是相同的,即"四合院"。所谓的四合院即四面有房,当中有院。北京一带的四合院最有代表性。

四合院在结构上的主要特点是方形对称式的布局和封闭式的外观。在院落的布局上是以南北中心线为主轴,左右对称地建造房屋。房屋多是砖墙瓦顶,以青色居多。四合院有小四合院和大四合院之分。平民之家多是居住小四合院。院落北部坐北朝南的房屋称为"正房",多为长辈住。院的东西两侧房屋称为"厢房",多是晚辈居住,或用做书房、餐室。正房两边各有一间较矮的房屋称为"耳房",耳房多为仓库或厨房。院落的南边也是一排房,东数第一间为"门房",供守门者所用;第二间是大门洞,大门开在院落当中的东南角,取"坎宅巽门"的吉利之意;第三间至第五间称为"倒座",门窗面北。进大门对面是影壁,由影壁向西走进至院内。

官僚富豪之家多是居住大四合院。大四合院基本形制与小四合院相同,只是规模更大、更复杂一些，有二进院、三进院和东西跨院，大的还有花园等等，适合四世同堂的大族居住。

四合院房院联合、结构严整、安谧敞亮、主次分明，非常适合汉族宗法制大家族居住，故流行两千年而不衰。只是近数十年来，由于城市改造、农村移俗、家族分散、家庭变小，四合院的家居习俗日渐衰落。现在中原和东北的广大农村盛行坐北朝南的正房、四周有围墙的院落。这实际上是四合院的一种演变形态，只是东西南三面的房舍变成院墙而已。

四合院居舍的房屋，主要是堂室结构。普通人家一般是一堂两室，也有三室、四室者。中间房屋为堂、两侧为室。堂是家庭成员议事、饮食、祭祀、会客的地方。北方的小户人家，常常是在堂门内左右两侧垒厨灶，烟火与隔壁居室内的火炕相通取暖。大约是宋代以后，由女真人将以炕取暖之俗传入中原，所以堂屋逐渐又增加了新功能，成为灶间。但大户人家仍然是有专门的堂屋，不相混杂。

（二）西北地区民居

窑洞主要流行于陕北、陇东、豫西、晋中等黄土高原地区。这些地区黄土层深厚坚实、沟崖纵横，便于挖掘窑洞。按照地形的不同和用材的不同，窑洞分为"靠崖窑"、"地坑窑"两种。

靠崖窑是在天然垂直的土崖面上，开掘窑洞，只能平列，不能围聚成院落。当需要多室时，可向里深挖，分内外室，中间留有窑壁分隔。也可以向左右两侧扩展，数洞相连。也有的窑洞向上下扩展，分为两层，两层中间可以用梯相通，也可以挖成台阶相通。为防止洞内泥土崩塌，常加砌砖券，或在洞外砌成砖墙保护崖面。如崖前面积宽敞，也可以扩展成院和另建房屋，称为"靠崖窑院"。

地坑窑也称天井窑。它是在平坦的岗地上先凿成一个正方形或长方形的深坑，坑深至少要在5米以上，边长少则5~8米，多则15~50米。由此而造成人工崖面，再在坑底的崖面上向旁边凿洞。深坑的面积相当于庭院，俗称"地坑院"或"天井院"。坑院各面，依朝向有主次之分，如同地面的四合院，每面有单孔、双孔、三孔窑洞。一孔为明间，是主室，两侧为稍间或耳房。院内挖地沟或渗井排水。以台阶或梯通往地面。地坑边缘要砌矮墙或作出各种标识防护，免得有人误落坑中。

一般居窑人家，多是挖3~5个窑洞。每个窑洞约长5~7米，宽3~4米，高3~4米。前面是一扇往里开的门，窗子直达窑顶，以朝阳为佳，窑内阳光充足。临窗建炕，锅灶连炕。炕是家人常卧、常坐的地方，也是招待客人的地方。请客上炕坐，是一种亲热的表示。窑洞的正面摆案桌，上置钟表、花瓶、茶具，上面挂年画。窑窗上贴剪纸窗花。炕周围的墙上也贴各种花卉图案或年画，称为"炕围画"，表现出西北地区汉族人家简朴、快乐的祥和景象。

窑洞施工简便，造价低廉；依山崖而建，不浪费耕地；窑内冬暖夏凉，适合居住。当代西北地区有四千多万人口居住窑洞，随着人们收入的提高，窑洞的建筑也越来越美观舒适。

（三）江浙地区民居

江浙是水乡泽国，其居住习俗的突出特点是水与房屋连在一起，交相辉映，独具特色，其中尤以苏州为最。唐代诗人杜荀鹤对其风俗描绘得极其真切："君到姑苏见，人家尽枕河。古宫闲地少，小港水桥多。"过去苏州城内纵横交叉数百条河道，居民的住宅都建造在河岸两边。室内有石阶通往小河，在河边洗菜、淘米、洗衣服。河流如网，小船穿梭，居民出门即上船，如同在街道上乘车。

富贵人家的院落与四合院的以中线为轴不同，是由几条长短不一互相平行的道路为轴线，构成多路多进的庭院组群。以大门所在的一路纵深最长、进层最多。各路院落之间以花墙、假山、水池穿插围合，毗连的各房屋之间还开有一些小天井，形成自由布局的建筑群，宅中有园、园中有宅。直至今日，这些保留下来的园林，仍然是闻名于世的景观，素有"上有天堂，下有苏杭"之称。江浙的民宅，反映了水乡人民崇尚自然，追求淡雅、自由的人生情趣。

（四）福建客家民居

居住闽西的永定，闽南的南靖、漳浦、平和以及闽中的闽清等地的山区的汉族人，被当地人称为"客家人"。他们是晋代永嘉之乱及以后历代战乱时从中原迁来福建的汉人，其独特的民居被联合国教科文组织顾问史蒂文森·安德烈赞誉为"世界上独一无二的生土建筑——神话般的居民住宅"。这种楼被当地人称为"土楼"。

土楼是以竹片、木条为筋骨，以生土、细砂、小卵石、石灰为主要原料，再拌以糯米饭、红糖，经过反复揉、舂、压而夯筑成墙的土木结构的楼房。楼的形状以圆柱形、方形居多，此外还三角形、曲尺形、扇形、五边形、综合形等不同样式。圆形楼最为典型，远看宛如地下冒出的大蘑菇。楼墙厚达一米，坚硬如石。楼高达13～16米，直径多在30～60米，内分3～5层，每层30～50个房间。中间设庞大的天井、环行的走廊、水井及各种生活设置。楼的底层一般是用做畜圈、厨房，第二层为储藏粮食的仓库。一、二层皆无窗。上两层为住房，同族人聚居，可容纳数百户。内侧为走廊，连通各个房间。中心为祀堂，供族人祭祀、婚丧礼仪及其他公共活动。

最大的土楼是平和县芦溪乡芦峰村的叶姓圆楼，建于清代康熙年间。楼的外径77米，底层墙壁厚近2米，分内外两圈。内圈为楼房，高15米、4层，最多时住400户、1800余人。

二、其他民族的居住民俗

(一) 蒙古族的居住民俗

世代以游牧为生的蒙古族,逐水草而居,居无定所。因此,千余年来一直是以半圆形的庐帐为居舍,随时可以安扎和搬迁。满族人把"家"叫做"博",称蒙古人居住的庐帐为"蒙古博",即蒙古人之家。因为"博"与"包"汉语谐音,包字又能形象地体现出庐帐的样式,所以汉字写做"蒙古包"。自清代以来,人们都以满语"蒙古包"称谓蒙古人的居舍。蒙古包通常有两种形式:一种是经常移动的,即"乌尔古格尔";还有一种是固定的,称为"托古尔格尔"。

普通牧民的蒙古包,其外形像一个盖有伞形顶的圆筒。高10～15尺,周围圆形帐壁的骨架,是用直径约一寸左右的柳木杆编成的帘块围合而成,这种帘块蒙语叫做"哈那"。每张"哈那"高5～7尺,长5～7尺,合则成为捆,张则成为帘。每个"包"的大小不同,围壁用的"哈那"多少也就不等。小的用四张,称为"四合包";大的用12张,叫做"十二合包"。用哈那围成圈壁后,再用七尺左右的木杆,一端拴在包顶的交叉架上,另一端连在包壁的"哈那"头上,形成伞形棚顶架。之后,从壁至顶都覆以白色的羊毛毡,用绳拴牢,并固定在地上。包顶开有天窗,用来采光、通烟,门开在包的南面或东南。一望无际的绿色草原,星罗棋布的白色蒙古包,一堆堆的羊群,远远望去如同耀眼的珍珠、滚动的白云,真是一幅绝佳的草原风光画。

蒙古族以右为尊,因此在蒙古包内的坐卧起居必须遵循这一古老的习俗。包内的右侧是长辈或尊者的居位,左边是幼辈或卑者的居位。佛像、神龛都供在西侧。包的中央是火塘或火炉,用来做饭、取暖。地面铺羊毛毡,供坐卧休息。

在蒙古包外,有的用树条木杆围成篱笆,形成临时的庭院。勒勒车多的人家,有的也用车围成庭院。古代蒙古人游牧、征战宿营都是以车为寨,可见这一习俗由来已久。

至今在内蒙古游牧区的牧民,仍然还是居住在蒙古包中。不过,随着时代的发展,有些蒙古包已经改用钢架,更加坚固、方便。包壁有前后窗,包内有床或炕,成为一种现代化的蒙古包,真正的"与时俱进"。在农业区和半牧区的蒙古族,都是定居生活,多是住砖土结合型的平房,有院落,与当地的其他民族无大区别,但其室内的居住习俗还保留着许多本民族的特点。

(二) 藏族的居住民俗

藏族居地广阔,有农区、牧区之分,又有贫富的差别,因而居住习俗各有不同。今择其主要的几种形式予以介绍。

1. 碉房

居住在农业区或城市中的藏族人家多是居住被称为"碉房"的楼房,主要是流行于西藏、四川、青海地区。

碉房方形,下宽上略窄,多是用石块或砖砌成,墙厚3~4尺,平顶,通常高二层,富贵人家三四层。窗小而少,一排数十家,宛如作战的碉堡。相邻碉房之间可以搭木板互相连通。碉房平时居住,战时适合于防守自保,故称之为"碉房"。碉房的底层一般是用做草棚、畜圈,二层是储藏粮食等的仓库,三层为寝居之室、客房、厨房,顶层是佛堂。屋顶插有经幡,屋顶平台可以用做晒场。有的碉房外面还有院落,大的院落四周均有房间,边缘有走廊相连接,中间为天井,一旦有战事,可以互相配合支援。在拉萨,旧时的贵族、领主、大商人多是居住碉房。碉房功能多,冬暖夏凉,适应高原的气候特点。一般平民多居一层平顶土房,房屋平顶,整体如一方盒,是藏族民房的特点。

2. 黑帐房

牧区的牧民,由于是流动放牧,所以夏季多是选择宽广的河谷之地、冬天选择向阳避风之地而居,其居舍是帐房。藏民的帐房比蒙古包还简单,先是将两根柱子在中间加一横木,之后以粗毛绳拉紧,固定在地上形成坡架形,在四周围以黑毛单即成,人称黑帐房。帐房的门向南开,帐顶有缝可以通风。

还有一种半永久性的帐房,四周用草皮垒成矮墙,有的把晒干的牛粪沿着账房垒成墙,以避风力。无论哪一种帐房,都极为简陋,仅能遮风避雨而已,其艰辛的游牧生活可想而知。

改革开放后的二三十年来,一部分先富起来的牧民,其帐房大为改观。外部多为圆形,内部铺有彩色花纹的地毯,还有些日用的家具、电器等等,呈现出一种新气象。

(三)维吾尔族的居住民俗

新疆维吾尔族的旧有居住习俗很有特点,有人概括为:大厚墙,平顶房,壁橱凿,棚开窗,少桌椅,不睡床,屋里暗,院子香。

房屋通常都是用土坯垒墙,因为新疆夏季酷热、冬季严寒,所以其房屋的墙厚达三四尺,夏隔热、冬保暖。屋顶以白杨木或梧桐为檩,再覆以芦苇,抹上泥遂成屋宇。墙壁无窗,在棚顶开天窗一二处,用以采光。屋顶全是平的,可以在上面晒粮食、瓜果、蔬菜等。这种房屋墙厚盖轻,不怕震动,再加上少雨干旱,也无渗漏之忧。

因为夏季炎热,住室多设在北面,住室前有较深的房檐,用于夏季纳凉。室内设有壁炉,上圆下方,用以烧柴做饭和取暖。家家在墙壁上都掏凿壁橱,大小不等,有时还用石膏雕塑成各种美丽的图案,用来放置各种日用品。这样既可以不买或少买箱柜，又不占空间，所以维吾尔族人家一般都没有箱柜桌椅之类的家具，只有一个矮桌供吃饭用。

维吾尔族不睡炕和床，只是用土坯靠三面墙砌成一个大面积的土台，上面铺以厚厚的毡毯，用以隔凉。人们坐卧其上，或闲谈或休息。家中男女老少都住在一个室内，用被子和枕头来区分。

每家都有自己的院落，以住宅为中心，呈方形。维吾尔族人喜爱花草，喜爱美化环境，一般在房前屋后都栽培桃、杏、苹果等树及各种花草，在门前种植葡萄，搭成凉棚。每至鲜花盛开的季节，院内香气飘飘，沁人心脾。维吾尔族不仅是一个能歌善舞的民族，也是一个喜爱鲜花绿叶的爱美的民族。

近半个世纪以来，维吾尔族由于经济发展，一些居住旧俗正在发生变化。改天窗为壁窗，不仅改睡床铺，还添置了许多桌椅等日用家具。维吾尔族人喜爱清洁，现在的一些维吾尔族人家，室内明亮，院子更是美丽芬芳。

（四）傣族的居住民俗

傣族人喜欢傍水而居，多是在大河小溪的两岸、湖沼鱼塘的四周建造竹楼。竹楼一般是由数十根柱子支撑，在离地面2～3米的地方铺以竹篾或木板，在上面以竹篾为墙围成大约10米见方的房室。屋顶成多面坡形，高低不一，错落有致，以茅草编的草排或瓦覆盖。

竹楼下层四周无遮拦，一般用来关牲畜、舂米、堆柴等，楼上供人居住。住屋外有阳台和走廊，阳台置大缸盛水，走廊边沿铺有简易竹台，供乘凉休息。住屋分内屋、外屋。外屋宽大，中间铺以大块竹席，供吃饭、休息和接待客人。竹席旁有火塘，支一个三角形铁架，是做饭炒菜之所，也是进餐和待客的地方。里屋是竹篾或木板隔成的卧室，一家数代分床而宿。室内家具如桌、椅、床、箱等大多都是用竹制成。竹楼坚固牢靠，与地隔离，不潮湿，竹篾墙又有窗，通风良好，即或是在盛夏，楼内也十分风凉。傣家人非常好客，但客人上楼必须脱鞋，更不能进入卧室，也不能坐在门坎上。

竹楼四周有院落，可种植香蕉、柚子等树，形成一家一户的独立生活单位。数十户人家散居在碧水环绕的绿树翠竹之中，组成一个傣族村寨，日耕暮歌，快乐地生活。

三、港澳台的居住民俗

（一）香港、澳门的居住民俗

1. 香港的居住民俗

香港是世界人口最密集的城市之一，近700万人居住在1100平方公里的土地上，其中还有许多山和离岛。因此，高楼大厦是香港民居的突出特点。在香港，通常的居民楼都是十几层、二三十层，最高的有四十多层。所以有的香港人戏称他们是"太空人"。现在，普通居民人家多是二居室或三居室，建筑面积在 46～65 平方米，卧室面积很小，但是功能比较齐全。

2. 澳门的居住民俗

澳门是一个华洋相处、历史悠久的城市。其民居有非常显著的特点：一是建筑物的形式与风格多样化。可以说是东西搀混、古今俱备，有中国传统式的厅堂大屋，也有西式的洋房别墅；有低矮简陋的贫民木房，也有二三十层的现代高楼大厦。二是耀眼的欧式建筑。在半岛的东南部和西南部的居民区，多是依山傍水的西班牙式豪华别墅。有呈拱圆形或三角形的窗户和窗台，外墙的装饰也十分讲究，内部设施豪华。另外还有一些是南欧风格的建筑，外墙多是粉红色。欧式建筑的风格还体现在俗称"骑楼底"的长廊上。在一些老式的马路边，楼房临街的一侧，其底层一般都留有一条宽阔的长廊行人道，上面有房屋的底层为盖。行人走在廊中可以避免雨淋日晒。一些老式建筑，不论是中式还是西式，窗户多是木质的百叶窗，关开方便，防止雨和阳光进入。这些建筑特点，多是南欧式的建筑习俗。三是贫富差别悬殊。与那些洋楼别墅成鲜明对照的是大片的平民区，主要是在河边新街、火船头街等地，众多的居民拥挤在残旧的楼房和简陋的平房中。还有不少的渔民，多是以船为家，住在狭小飘摇的船篷中。

（二）台湾的居住民俗

1. 移民的居住民俗

台湾由于受历史因素的影响，其房屋的样式和室内的装修大体可分中、日、西这三种类型。台湾乡村的住房以中式居多，传承闽南泉州和漳州一带的房屋样式。一般平房分为一条龙、辘轳把、三合院、四合院、三落大厝、五落大厝等。房屋的造型也很别致，如飞跃的燕尾、古朴的马背。台湾南部的村落多是集居型，北部多是散居型，澎湖列岛的乡村亦属集居型，但房屋多是建筑在山凹水隈之处，以避风沙。在城乡中还有些日式房屋，室内铺以"榻榻米"。现在各大中小城市中，多是新建的西式楼房，造型新颖，内部设施完备。台湾居民的住房相对比较宽敞，平均每户约 120 平方米左右，而且住房拥有率也达 4/5 以上。

2. 高山族的居住民俗

高山族的居住民俗因居地不同、族群不同而不尽一致，各有特点。如排湾人的房屋多是建在山腰斜坡上，入口朝低坡方向。房屋主要是用石板建造，称为"板岩屋"，在房屋的周围还建有仓库、猪舍、牛舍等。泰雅人和布浓人习惯居住半地下式的房屋，屋内距地面一米深。而兰屿岛上的雅美人的住宅距地面三四米深，棚盖在地面上仅隆起一米左右。这种房屋完全是出于适应当地的气候和自然环境而建的，可以抵御常见的台风的袭击。阿美人和卑南人的住房是杆栏式建筑，其茅屋建在木桩上，通常距地面一二米高，上下用梯子。房屋的墙壁多是用木桩、木板、竹片建筑，以茅草、树皮为盖。

近些年来，随着新的建筑工艺和建筑材料的出现与使用，高山族人传统的建筑和现代的建筑正呈现出一些交融和变异。

第三节　亚洲其他各国的居住民俗

一、日本的居住民俗

日本的居住民俗颇有民族特点，表现在如下几个方面：

（一）防震的房屋

日本是一个多地震的国家，所以农村传统的房屋多是木体瓦顶房，用隔扇和位窗隔开房间，多用拉门。城市的楼房也很少有高楼大厦，在质料和结构上特别注意防震。

（二）驱邪祈吉的建房习俗

日本民族建造房屋十分讲究风水，要请专人选择吉祥之地。开工前要举行"地镇祭"，即祭祀地神和各种镇邪之神，清除缠附于地基的妖魔鬼怪。在上梁时要举行"上栋祭"，即在房顶设一个祭坛，请神灵驱鬼邪，保佑房屋顺利落成。

（三）坐卧"榻榻米"

日本民族很少有床、炕，多是坐卧在榻榻米上。榻榻米是用蔺草编织的垫子，一般长6尺、宽3尺，铺在地上，防潮、保温。可以在上面走动、坐着休息，晚上在上面睡觉。榻榻米在日本已经有数千年的使用历史，在阶级社会里，身份地位不同，榻榻米的尺寸、颜色、缘饰都有严格的区别。

（四）优美的居住环境

日本民族讲卫生，喜爱美化居住的环境。每家院落都修有样式各异的院墙，院内栽植有各种树木花草，皆修剪成各种形状。院、房清扫干干净净，称得上是"家家住在花园中"。

（五）进屋脱鞋

因为日本民族皆铺榻榻米，室内无桌椅，多是跪式而坐，穿鞋很不方便，也不卫生，所以进屋必须脱鞋，这是自古以来的习俗。

二、韩国的居住民俗

韩国传统的居住习俗有着鲜明的民族特色,反映了农耕民族的生活特点。

(一)村落与房屋

其村落多是选择依山傍水之地,村内房屋的朝向多是朝东南、南或西南,利于采光。过去多是草房,现在基本上都是瓦房。无论是草房还是瓦房,屋顶建筑都是由四个斜面构成,别具一格。根据家庭的经济条件,其房屋有单排房、双排房、直角房、四合房等形式。单排房即是一字形的一排房,四周有院墙,大门在南面;双排房即前后两排房,前排为门房,中间为门洞,左右为客房和仓库或畜舍;后排为主居的正房。前后两排房中间是庭院,两边是院墙。直角房即单排房的旁边又连建一厢房,两房呈直角形;四合房即双排房的左右两侧接连建厢房,形成一个四面围合的院落,这类房屋建筑多是有钱人。

(二)以门代窗,脱鞋上炕

传统的朝鲜族房屋,其正门开三扇或四扇门,门同时也是窗。门槛之内的平地就是炕,一进屋就是上了炕,所以鞋子必须脱在外面。房子里用木板间隔成数个房间,中间的一间最大,是厨房。厨房内一边是锅灶,一边是炕,锅灶与炕相连,中间无间壁,仅有一小矮墙分隔。各个房间之间及与厨房之间都有门道相通,而每个房间又都直接通向房外。其厨房一般情况下男人是不进的,客人更不能轻易进入厨房,否则被认为是一种失礼的行为。这样的房屋结构确实与其他国家各民族不同,称得上是独具特色。

韩国人特别爱清洁,屋子布置得非常美观,即使是贫困人家也很整洁。现代韩国人的居室多为高层建筑和二层小楼,传统的住房逐渐成为历史的遗迹。

三、泰国的居住民俗

泰国的传统居住民俗很有特色,它不仅体现了泰国的自然风貌,也是泰国民众生活和生产方式的反映。

(一)高脚屋

泰国的传统民居是高脚屋。它是由六根或更多根的木柱架撑起来的一种栏杆式的建筑;高脚屋的上层住人,下层为畜圈或仓库,中间用楼梯以通上下。屋顶用茅草、椰树叶、棕榈皮或铁皮为盖,用木板或竹篾为墙。有的房屋是尖顶,利于隔热、防雨。房屋分为正室、过廊和阳台这三个主要部分。阳台是供会客和家庭成员休息的地方,正室是卧室,但无床,是直接在板面睡觉。自家人或客人上楼进屋都必须脱鞋。

（二）水上浮屋

泰国多河流，水边的居民多是从事渔业，所以水上浮屋也是泰国的传统住房。它是在水上立有较粗的木桩，再将木筏拴在木桩上，然后在木筏上建造房屋。以茅草、椰树叶、铁皮等为顶盖，呈人字形；地板用木板或竹片拼成，固定在木筏上。每处浮屋由三间组成，正面朝河，可以开关的竹壁全天开放，以利通风；前面是走廊，走廊上安有护栏，中间是卧室，后面是厨房。水上浮屋可以移动，便于搬迁。水上浮屋曾是泰国的独特景观，但现在大多数人已经搬到陆上定居，只有在中部地区仍不乏见水上村庄。

现在的泰国居民，在城市中多是居住楼房，在乡村中也多是泰式风格的钢筋水泥结构的房屋。

四、新加坡的居住民俗

新加坡全称为新加坡共和国，是位于马来半岛南端的一个城市国家。国土面积714.3平方公里。首都为新加坡。现有人口531万（2012年）。众多民族中，华人占74.1%、马来人占13.4%、印度人占9.2%，此外还有其他族裔。

新加坡国土狭小、民族众多，其居住形式体现出强烈的城市国家特色。

（一）组屋与社区

独立后的新加坡，彻底改造了华人、马来人等民族的旧有居住习俗，推行组屋和社区的居住形式。所谓的组屋即是共居的居民楼，因为楼内居室分成许多单元，所以称为组屋。每幢组屋的第一层，都是由水泥柱支撑起来的空层，没有隔墙，设有石桌、石凳等，是供居民遮荫、避雨、休息、娱乐的公共场所。每幢楼每隔两三层就设一个平台，供老年人户外聊天和观赏景色。每幢楼和社区都有专人管理。

为了保持组屋区的各民族人口的平衡，政府规定，单幢楼房华人不得超过87%，马来人不得超过25%，印度人和其他民族不得超过13%。政府提倡"尊老爱幼"的传统美德，鼓励多代同堂或已婚子女与父母毗邻而居，共享天伦之乐，目前这种状况已达41%左右。

许多幢组屋形成一个社区（600~1000户居民），3000~7000户居民组成一个邻里中心，15万~25万居民组成一个新市镇。新市镇内拥有商店、医院、学校、教堂、娱乐场所等齐备的服务设施。组屋和社区的居住形式，促进了多民族的融合，多代家庭成员的和睦共处，使新加坡形成一个家庭友爱、民族融合、国家和谐的良好社会。

（二）花园城市

新加坡非常重视居住环境的美化，到处是绿树葱茏、芳草如茵、鲜花似锦，环境整洁优美。每个居民小区都如同一个花园,整个新加坡就是一个大花园。

五、以色列的居住民俗

(一)传统民居

犹太人原属游牧民族,在漫长的年代中一直逐水草而居,习惯于住帐篷。公元前13世纪在伽南定居以后,开始出现平顶的住房,多间住房围成一个小院子。直到20世纪初,在阿勒颇和大马士革的犹太人还是几家人合住在一个院子里,房子仍是平顶,很拥挤,但屋内陈设较为豪华。

(二)现代民居

现如今,以色列的许多城镇都是在古老的城镇上发展而来的。它们的特点是一个城市由老城和新城两部分所组成,新城区都是犹太人居住,老城区除犹太人外还有一些阿拉伯人居住。新城区虽然是新建筑,但颜色、样式都非常单调划一,材料多为石头、水泥。

(三)基布兹

在以色列有一种叫做"基布兹"的农业合作社,或集体农庄。其基本原则是它的一切财产和生产资料为全体成员所有,成员之间完全平等,大家一起劳动、共同生活,"各尽所能,各取所需"。基布兹成员所居住的房屋都是按标准图纸建造的,2~3间为一个单位,有客厅、卧室、卫生间,由一个家庭免费居住。基布兹成员的家里一般没有厨房,大家都在集体食堂采取自助餐的方式就餐。基布兹是一个设备齐全的小社会,在社区中有学校、医院、食堂、商店、工厂、养鸡场等各种服务设施。社区环境优美,有树木、花卉、草地,还有较高级的游泳池等。它的居住、生产、生活方式为世人所瞩目。

第四节 欧洲各国的居住民俗

一、俄罗斯的居住民俗

(一)城市民居

莫斯科是俄罗斯的首都,它反映出了俄罗斯城市居民的居住风俗。莫斯科二环以内的老城区,多是建于100多年前达官贵人的邸宅。一栋栋四五层高楼比肩临街而建,明亮鲜艳的色彩如彩虹落地,精美别致的窗框雕饰争奇斗巧,阳台多为大理石立柱或大力神托举,阳台栏杆由黑铁铸成螺旋形花纹图案。每栋楼各具艺术特色，而整条大街却是风格协调、色彩和谐。楼内每层有 5～7 间房，房间较大，可分为主人卧室、孩子卧室、活动室、餐厅、客厅等。各厅室之间有回廊甬道，转折相通。室内宽敞明亮，陈设富丽堂皇：枝形吊灯、瓷釉壁炉、滚边流苏窗帘、浮雕镀金天花板。十月革命后这些贵族邸宅得到较好的保护，有的成为博物馆和纪念馆，有些则分给劳动人民居住。

（二）传统木屋

在俄罗斯的北方，到处可以看到装饰着木窗台的小木屋，这是典型的俄式传统木屋。农舍一宅连着一宅，沿马路两旁伸展。每户一院，由木房、贮藏室、地窖、菜园组成。木房方正敦实，屋顶为人字形斜坡，以便积雪自动下滑。木房地下有半层，约一人多高，既可防潮隔温，又可堆放杂物。迈上四五级台阶，走过长方形门廊，方可进门。屋内宽敞，木板铺地。一般有三四间厅室，分为卧室、餐厅和厨房，面积十几、二十几平方米不等。人们常爱在原木墙外钉上刨光的木条，涂上蓝、绿、黄、紫红等鲜艳色彩，屋檐、窗框用白色镂空花纹装饰。宽大的窗台上摆着令人喜爱的工艺品。正屋外有侧房，可放农具或作仓库；有棚屋，里面堆满劈柴。院子用木栅栏围住，院内菜园翠绿，果树玉立。木屋可冬夏两用，冬天人们住进带小窗的屋子里以抵御严寒，在夏天人们居住的起居室里，避光通风，凉爽宜人。每个起居室都有一个非常美丽的屋角，专门用来招待尊贵的客人。

二、英国的居住民俗

英国人的住房水平在西欧是较高的，他们一般喜欢住带花园的一家一户的小楼。在现有住房中，80%是小楼房，20%是公寓式的单元房。英国的老式的单元房，尤其是在郊外或乡野的别墅式小楼，往往老树成荫、绿茵遍野，颇富田园风光。现今凡是有条件的人家期望能有两处住房，一处在如伦敦那样的大城市，以便于工作；一处在幽静的乡村，以供周末休憩。在不具备这样条件的情况下，人们首选的是住郊区传统式的小楼，而不住城市中心地区的公寓。巨富豪绅大都有自己的豪宅、别墅和庄园，不过能做到这一点的人毕竟只是少数。

战后英国兴建的住宅大都是面积不大而又经济适用的住房。它们一般是带花园的 2～3 层的传统式楼房，适合于 2～4 口之家。公寓单元房则分为一室一厅、二室一厅或三室一厅不等，均有厨房、浴室、厕所等设备。

英国私人拥有住房的比例比较高，特别是近 20 年来，英国政府采取分期付款的政策来鼓励私人买房。据官方统计，1971～1995 年拥有住宅的人数增加了 1/3。1995 年 67%的住房已归居住者所有。在租房者中，56%的人租住的是各级地方政府和房屋互助协会修建的公房。

三、法国的居住民俗

昔日法国的乡间住宅或是草顶泥墙的家舍，或是高大的石砌城堡。现今的法国家庭大多住在一家一套的公寓房。越来越多的家庭希望拥有自己的独院住宅，并且对于住房的兴趣开始由城市转向乡村。他们尽自己所能在乡村或郊区购买一栋"别墅"，即一所环境幽雅的乡间住宅，以供周末、假期消闲之用。这种倾向一来是为了逃避城市的喧闹嘈杂和环境污染，二来也是当今返朴归真、回归自然思潮的具体表现。

法国人住房观念的另一突出特点就是复古怀旧，喜"旧"厌"新"。很多法国人不愿住现代化的高楼大厦，而偏爱古老的旧房子。在许多大城市的翻新重建过程中，仍保留了部分具有代表性的老区。这些颇具古风的老区的旧房子体现着一种"文化"：在古色古香的环境下，呷着陈年佳酿，谈论着左拉、莫奈、德彪西，的确比坐在现代化的高楼里有味、协调得多。

法国人的房屋装修观念与中国有较大的区别，可以用简单、实用、个性化来概括。许多新建房的墙体、地板已经简单装修过，比如刷好了漆，或贴好了壁纸、地面铺好了化纤地毯。住房装修的个性化在法国也是很有特点的，比如家有小孩，给他单独一个房间，屋里的陈设要严格以孩子的爱好为标准。

四、西班牙的居住民俗

西班牙的居住民俗，因地区不同而呈现出不同的特点。

北方农村的住房用石头垒成，坐北朝南。屋顶用石板瓦铺砌，两边的倾斜度很大，以适应雨雪天气。

中部高原地带坐落着中世纪的城堡。拉曼查、安达卢西亚以及东部沿海地区的房屋，外墙均用石灰粉刷成白色，在阳光下显得格外耀眼。拉曼查的一个个村落散布在广阔无垠的庄稼田里，在那里，人们时而可以见到塞万提斯笔下那些风车。典型的安达卢西亚式的住房多半带有庭院，窗栅栏上挂满了花盆，康乃馨、天竺葵争相斗艳。安达卢西亚郊外是一片橄榄园，其间矗立着一幢幢白色的、占地面积十分可观的农家庄园。

东部沿海地区气候温和，人们的活动中心从屋内转向屋外，移到阴凉的葡萄架下。那里的农村，土地肥沃，盛产各种蔬菜瓜果。农家住宅独具一格，是一种用芦竹和泥巴搭成的茅舍。尖尖的屋脊、狭长的窗户、洁白的外墙给茅舍平添了不少情趣。比利牛斯山地的冬天，风雪弥漫，为了抵御严寒，山民们都住得很集中，房子是石头结构，朝南的一面有个大阳台。

第五节　美洲各国的居住民俗

一、美国的居住民俗

美国城市居民的住房，从总体规划与布置到具体的设计与安排，都是比较实用舒适的。在一个小区里除住房外，学校、商店、文体设施、公园、银行、邮局等等都一应俱全。

美国老百姓住房，就一般水平而言，不论楼房或平房也不论几居室，在设计上大致有这样几个特点：一是客厅与餐厅连为一体，比较大。因为家人活动大部分时间在客厅。二是厨房比较大，并且与餐厅相连。厨房里壁橱很多，餐具与食物都放在橱里，看起来很简洁。三是卧室小。但壁橱大而且多，十分实用。一般卧室除了摆一张双人床外，再没有很多空间。所有衣物都挂放在壁橱里。美国人极少用箱子，如遇搬家（比较起来，他们喜欢搬家）就到商店里要几只纸箱。四是洗手间多。一般二间以上卧室的民房都有二间以上的洗手间，而且空间大，设备完善，使用方便。

美国人喜欢经常搬迁，因此便出现了许多独具特色的活动房。这种房子多用木板、铁皮盖成，漆上乳黄、苹果绿等柔和色彩，外观漂亮，里面摆设的家具齐全。这种房子售价比一般房子便宜得多，大概两万美元左右。搬家很方便，一辆特大的载重平板车就可以连同里面摆设的家具一起整个搬走。

二、加拿大的居住民俗

（一）移民的居住民俗

加拿大的住房一般有两大类：别墅式和公寓式。经济条件中等以上的家庭一般都选择别墅式房子住。别墅一般为一座单独的建筑，也有连体别墅，一般有二三层，每层设若干个房间。一层是地下室。地下室是加拿大住房的一大特色，冬暖夏凉，适合北方气候特点。地下室的窗户开在地面以上。它可以住人，也可以供其他的用途，如工作间或儿童活动的地方。别墅前后还有自己的花园和后院。花园一般铺草坪、种花，后院种蔬菜或果树。城市环境部门对住房前面的绿化和卫生条件有规定，如草地发黄或不整齐、门前积雪未及时清扫，要受到警告和被罚款，环境好的会受到表扬和奖励。

公寓一般为老人、大学生、单身职工、年轻夫妇等低收入者居住，或作为临时性住所。公寓可以买也可以租住，但以租住居多。

每个城市都有"富人区"和"贫民区"，前者指中产阶层的生活区，那里的治安、卫生、教育、绿化等环境状况明显好于其他社区；后者通常是印第安人或低收入家庭的居住区。

（二）因纽特人的居住民俗

因纽特人的居住习俗是非常具有特色的。因纽特人居住在终年被冰雪所覆盖的北极地区，他们在别无选择的情况下，雪就是造屋的惟一材料。盖一所简单的雪屋，一个人只要备一把雪刀，用一至两个小时就可完成。他们先把坚硬的积雪切成一块块大雪砖，然后就用这些雪砖砌成螺旋形的雪屋。在雪屋内，他们用坚硬的雪块砌一个平台，再铺上软雪、兽皮。人们在平台上休息、吃饭、睡觉，就如同我国北方农村的睡炕一样。雪屋内必备一盏油脂灯，靠点海豹油取暖、照明和煮兽肉。讲究一点的大雪屋，直径可达4米，高约3米。因纽特人以家庭为单位群居，冬天100多人为一个部落，夏季化整为零，10多个人一个部落。因纽特人的居住习俗为世人展现了一幅北极人古老而奇特的生活图景。

三、巴西的居住民俗

巴西人的住房也多种多样。在大城市，既有高楼大厦，又有大庄园式的传统庭院；在农村，人们住的是用支架支撑起来离地面很高的圆筒形草房。

在巴西的东北部地区，房屋通常是这样盖成的：先用粗点的木头搭成骨架，在木柱之间再用细一点的枝条交叉地编成格棚，然后再在上面糊上粘土。墙壁和盖板的全部木料，一般都取材于当地常见的一种名叫"卡瑙巴"的棕榈树，捆扎用的是藤条和别的纤维植物。这种房屋上面覆盖着当地称为"萨佩"的禾杆、当地称为"乌里库里"或"卡托莱"的棕榈树叶，以及薄木板或瓦。屋内的陈设大都差不多，家具只有席子、当床用的木板和当凳子用的木桩。这种房屋不坚固，也不耐用，房子的主人不得不经常搬迁，另建新居。

在大的河流、湖泊和沼泽沿岸常常能见到建在木桩上的水上房屋，这也是巴西人居住习俗的一大特色。

四、墨西哥的居住民俗

绝大多数墨西哥人住在乡村和小城镇里。它们面积不大，排列紧密。村中央通常是一个广场，有教堂，还会有一个类似街心花园的地方，水井或喷泉也必不可少。另外，在广场上还设有集市。广场附近有乡政机关的房子、学校和最富有人家的房屋。即使在最闭塞和偏僻的乡村也保持着这种布局，不同之处，只是那里更为简陋一些。当然也有别的形式，有些地方，例如在尤卡坦，有分散在森林中的独家院,房屋四周是耕地。小城镇与乡村的区别,只是居民人数的多寡和居民职业的不同,至于这些城镇的外貌、配置、布局,则基本上和乡村一样。乡村的外貌和平面布置都大体相同。

在墨西哥,房屋通常是根据各地的条件用各种材料盖成的(如泥、土坯、石头、木料、树枝、稻草等等)。在尤卡坦,外墙涂泥并粉刷成白色。在热带,屋顶通常是稻草盖的;在温带,则用瓦盖屋顶。有的茅屋根本没有窗户,有的茅屋虽然有窗户,但往往也只是没有玻璃的孔洞。有的茅屋是单间的,陈设极端贫乏。屋内通常没有任何家具,往往用席子作床铺,在南方有时用吊床。最常见的日常用具有:大水壶、谷磨、木制器皿等。通常在屋里有一个供着蜡烛的小祭台。

第六节 非洲及大洋洲各国的居住民俗

一、埃及的居住民俗

埃及人7000多年来一直没有走出尼罗河流域的狭长地带和尼罗河三角洲。人口密集地带所占面积仅为埃及总面积的4%,而96%的地带很少有人居住。这应该是埃及居住习俗的一个重要特点。现在埃及正在开发建设一些新的城市,以分散过于密集的人口。

埃及城市居民的居住习俗是轻外而重内。居民楼外观很粗俗,但是内部却十分讲究,非常注重室内美化。一般的家庭都必有宽敞的客厅、卧室、洗澡间和厨房,其家具非常华丽,卧室如同闺房,是不允许外人进入和参观的。

埃及贫富差别悬殊,贫民窟的居民住在低小的房屋里,拥挤不堪。

二、南非的居住民俗

由于历史的原因,过去的南非不同的人种有不同的居住区,不得混杂。白人居住在自然环境优美的城镇的中心区,黑人和有色人被逼迫居住到环境较差的边远地带。新南非诞生后,虽然彻底废除了种族歧视的法律,但长期的种族主义统治所造成的不同居住环境和不同种族在经济方面的差别,在短时期内是难以消除的。因此,现在的南非,贫富的差别在居住生活方面仍然有着明显的体现。

在城市中心区,多是花园别墅式的住宅,有着私人的网球场、游泳池,生活在这里的仍然是以显贵的白人居多,不同的只是一些黑人和有色人的新贵们可以挤进来。在城市的中心地带还有公寓型住宅,即多户居民共住的楼房。原来多是白人平民的住居，现在许多黑人也都涌居进来。黑人喜欢以白灰抹墙，在墙上绘画色彩鲜艳的壁画。

在城市的近郊多是一些连栋式的住宅，每户约500平方米左右，以平房为主，是现今南非城市居民住宅的主体。有专用的车库，有的还有私家游泳池，基本上是中产阶级的居住区。还有一种介于连栋式住宅和公寓型住宅之间的中档住宅，分为平房式和楼房式两种。平房式住宅邻里都是相互挨着的，但房子间都隔有一定距离，每户都是独立的，有自家的车库。楼房不超过三层，每家都自成单元，但没有院子，车库公用。小区由开发商统一管理。

为数较多的黑人，基本上都是住在贫民区的简陋铁皮屋中。无论是社会地位还是经济条件，都属于两个不同的世界。

三、澳大利亚的居住民俗

（一）移民的居住民俗

澳大利亚是世界上住房条件最好的国家之一。澳大利亚人的住宅多是独立的庭院，每家一幢小楼，多是二层或三层，造型新颖，绝不雷同。一般住宅楼内有四间卧室、一间客厅、一间书房，此外还有厨房、餐厅、卫生间、仓库、车库等等。由于住房宽敞，许多孩子都有自己独立的房间，从小培养孩子的独立、自立的意识。住宅前有草坪、后有花园，有的还有游泳池、网球场。通常每户的面积在700~1000平方米之间。

澳大利亚的房子的朝向多是坐南朝北，这是因为其地处赤道以南，房子的北面向阳，阳光充足。居民住房都有高度限制，不能影响邻居的光照，也必须与整齐的市容、环境相协调。必须要与邻居保持一定的距离，也不许正对邻居的卧室，否则被看做是窥视他人的隐私。

（二）原住民的居住民俗

澳大利亚的土著居民，多是生活在环境恶劣的沙漠中或海滨。许多人都居住在一种叫做"窝尔内"的棚子里。这种棚子很简单，先在地上插一些软树枝，再把树枝捆在一起，然后在上面盖一层带叶子的树枝。一家人就睡在低凹的地方。如果天冷，就大家团聚在一块，用身体互相取暖。有时躺在两堆火中间，黎明时气温低，就卧在温和的灰烬中去。世代艰苦的生活，使他们习以为常。

四、新西兰的居住民俗

（一）移民的居住民俗

新西兰人的生活节奏比较缓慢，生活比较悠闲，绝不愿意住在密集的高楼大厦中。因此，大多数的新西兰人喜欢住在城市郊区或农村，拥有一幢与他人间隔较远的独楼，占地约 1000 平方米左右。每个人都有自己单独的房间，每个住家平均 2.8 人，每个人的住房面积平均为 44 平方米，非常宽敞。他们喜欢自己亲自动手装饰、保养、维修自己的房屋。有的人更喜欢在建筑师的指导下，自己盖房子。在房屋的周围有草地和花园。许多新西兰人会把更多的时间花费在园艺工作中，美化自己所居住的环境，为自己宽敞、美丽的住宅而自豪。

近年来，居住公寓的人越来越多。有将近 1/4 的人住在租来的房子里，尤其是那些低收入的家庭。新西兰有国家住房公司，管理近 7 万所住房，专门为低收入的居民提供服务。

（二）毛利人的居住民俗

毛利人是以部落的形式集体聚居。居住区设有防御围墙，由壕沟、木栅栏和土墙以及挖的陡坡构成。房屋一般呈长方形，多是木房和茅草房。房子的前面有门廊，一门一窗开得很低，屋顶由中间的一根脊檩和几根侧柱支撑。屋内地板上铺着编织的席子，并有用短石板围成的暖壁，用来烧火取暖。

一般而言，首领之宅位于部落中心区。在他们居住的庭院中，往往也是举行部落盛大集会的地方，称为"马雷"，意为"对着会堂的庭院"。会堂是雕刻精美的建筑，是毛利人首领发号施令的地方。

随着社会的变化，毛利人的居住习俗也正在发生变化。

思考题

1. 名词解释：四合院　土楼　榻榻米　组屋　窝尔内
2. 人类居住民俗大体上经历了几个发展阶段？主要类型有哪些？
3. 如何认识汉民族卜居、卜宅的风俗？
4. 蒙古族的"蒙古包"、藏族的"碉房"、傣族的竹楼各有什么特点？
5. 日本的居住民俗有什么特点？
6. 简介泰国的特色民居。
7. 简要描绘俄罗斯北方的传统木屋。
8. 加拿大因纽特人的居住习俗有何特色？
9. 简述澳大利亚的居住民俗。
10. 简述毛利人的居住习俗。

第九章 交通的民俗

【学习目的】
  通过本章的学习，了解交通民俗的产生及主要类型，掌握我国各民族及世界其他各国交通民俗的具体事项，从而认识交通民俗对人类生存及发展的重要意义。
【主要内容】
  1. 交通民俗的产生、主要特征和主要类型
  2. 我国各民族的交通民俗概况
  3. 世界各国交通民俗概况

第一节 交通民俗概述

  "衣食住行"是人们生产、生活的四大基本要素，其中"行"就是交通。交通在人类社会发展和人类文化交流中占有举足轻重的地位，它对于促进经济文化的发展与交流，便利人们的沟通与往来，实现政令的快速传达，维护国家的安全统一，都起着巨大的作用。
  交通民俗是指与交通设施、交通工具的创造和使用相关的民俗事项。如道路和航线的开辟、车船的制造和使用、桥梁的建造、送别与欢迎仪式、交通信仰等。

一、交通民俗的产生及主要特征

  远古时代，人们经常沿着动物的足迹或别人走过的路来行走，结果被经常践踏的地方就成为小径，日复一日，年复一年，小径逐渐发展，最终促成了最基础的交通设施——道路的产生。最初，人们搬运货物完全是依赖人自身的肢体力量，如手提、肩扛、背驮、头顶、脚蹬等。后来，在生产实践中，人们逐渐发现可以借助牛马等动物及外界的器物就能省去"皮肉之苦"，节省劳动力，于是交通工具应运而生。随着人类的进步和社会的发展，最初的交通设施与交通工具逐渐不能适应人们生活和生产的需要，更加多样的交通设施和更为先进的交通工具不断产

生并被广泛使用,交通民俗正是在这一过程中逐渐产生,并随之不断发展的。

交通民俗产生于人类的交通生活之中,又为交通生活的存在与发展服务,这是交通民俗的源泉。从其产生和流行的范围来说,交通民俗具有明显的地域性特征。各种交通设施与工具都是适应当地自然环境的要求而形成的。各地交通民俗都与当地的地貌、气候、水文等条件相适应,在一定程度上取决于当地的地域环境。在云、贵、川的崇山峻岭中马帮穿行,在西北的沙漠上驼队缓缓前行,黄河上羊皮筏浮上浮下,乌苏里江上桦皮船游弋穿梭,这些现象都说明不同的地域环境形成不同的交通民俗。

二、交通民俗的类型

根据交通民俗的载体,即交通的不同存在形式,可以将其分为陆路交通民俗、水路交通民俗和空路交通民俗三种类型,其中陆路交通民俗和水路交通民俗为交通民俗的两大基本类型。

(一)陆路交通民俗

迄今为止,步行是人类最为古老、普遍的交通方式。对这一方式最初的改进就是路。路为人们生产与生活提供了通道,而路也必然随着人们使用的交通工具的变化而呈现出新的形式。在以道路为起点的交通设施和以步行为开始的交通方式的产生和演变过程中,人们在交通生产和生活中,逐渐形成了丰富多彩的陆路交通民俗。

1. 交通设施

道路、桥梁以及建于各重要交叉路口、交通沿线的凉亭、车马店、关塞、货栈、码头等都是交通设施中的重要组成部分,其形式多样,种类繁多,形成了多种各具特色的民俗事项。

2. 交通工具

交通工具是载人载物用于运输的工具,陆路交通工具主要有直接附着于人体的工具。如扁担、背篓等,各种车辆、动物,以及用于冰雪路上的雪橇等,都是交通民俗的重要组成部分。

3. 陆路交通信仰与习惯

由于经济的不断发展和日趋繁荣,传统的交通旅行行业分工也越来越细,在业务方面都有各自的行旅规矩、范围、行话、信仰、禁忌和技艺传承等一系列行业习俗,形成了各自的操作规范。

(二)水路交通民俗

江河湖海,原来是人类交通的阻碍,但当人类使用技术和工具征服它们用来航运的时候,江河湖海便成了陆路以外的重要交通通道。而且,人们逐渐认识到,水路交通的运输量和速度远远超过传统的陆路交通，从而不断地整治江河、开辟航线、挖掘运河、建造舟船，使水路交通的范围日益扩大，交通体系越来越完备，形成了丰富多彩的水路交通民俗。

1. 交通设施

水道，作为主要的水路交通设施，又可以称为航道或航线。按其形成过程，可以分为天然水道和人工水道；按其所处地理位置，可以分为内河水道和海上水道。世界各地都有众多的江河湖海，对其进行开发利用，就构成了交叉分布的航运网道。另外，还有各种类型的运河和水库等人工水道设施。水路中还有很多其他设施和航运有密切的关系，如渡口、港口、船闸、航标等，它们都是民俗风情的重要载体。

2. 交通工具

舟船和筏是最为主要的水路交通工具。船的历史悠久，最原始的就是独木舟，后来随着生产力的提高，逐渐地发展到了现今的通海巨舶。按其材料可分为木船、桦皮船、兽皮船、鱼皮船等。筏是人类最早的水路交通工具之一，大致可以分为竹筏、木筏和皮筏三种。伴随着舟船和筏等交通工具的演变，水路交通民俗也变得更加丰富多彩。

3. 水路交通信仰

水路交通危险性大，因而特别希望得到神灵的保佑，主要表现在信仰的神灵多，禁忌也多。各地民间信奉的神灵形形色色，可以统称为水神。依据他们各自管辖的水域，分别称之为河神、江神、湖神和海神等等。各地禁忌也各有特色，比如江浙一带，船只启行时各船之间必须保持沉默，不打招呼，以防说出不吉利的话影响途中安全；广东潮汕船家规定，女人不准站在船尾，因为船尾舱内供奉妈祖的神位，恐怕玷污了神灵。

第二节　中国的交通民俗

一、汉族的交通民俗

中国疆域辽阔，因自然环境的不同、文化传承的不同，各地区汉族的交通民俗也异彩纷呈，这里仅就其较具特色的几例加以介绍。

（一）栈道

栈道又名阁道，是沿悬崖峭壁修建的一种道路，它是我国陆路交通史上的一大奇迹。人们为了在深山峡谷中通行，便在河水隔绝的悬崖绝壁上用器物开凿一些棱形的孔穴，孔穴内插上石桩或木桩。上面横铺木板或石板，可以行人和通车，这就是栈道。为了防止这些木桩和木板被雨淋变朽而腐烂，又在栈道的顶端建起房亭（亦称廊亭），这就是阁，亦称栈阁。栈道大致分三种，即木栈、石栈和土栈。

我国最著名的栈道是秦、汉时由关中越秦岭至巴蜀的山道险途。其构造方式为先沿石壁开出宽1～2米的石道，上面横铺木梁木板。或在崖壁上横向凿孔，以插入粗木梁，并下架斜撑。梁上再铺厚木板，又于路旁架构铁链或木栏。道宽约5～6米，可容车马并行。其上部亦可建以屋盖。在栈道路面距谷底较近的情况下，梁下斜撑改用直柱支承。这种措施对稳固结构有利，但山洪过大时，易将支柱冲垮。秦人修建的入蜀栈道至东汉末年仍然沿用，如自关中通往汉中的子午道及其以西的傥骆道、褒斜道，均为商旅往来及军事运输的必经之途。可惜的是，像这样的栈道多数都在东汉末年及三国时毁于战火。栈道是中国古代劳动人民的智慧与血汗的结晶，对促进两地的交流起到了重大的作用，也是非常有开发价值的旅游资源。

（二）滑竿

中国江南各地山区特有的一种供人乘坐的传统交通工具。它用竹竿、竹篾条编成，宽两尺左右，长约一丈，类似于今用的担架。乘坐时，人坐在椅中或兜中，可半坐半卧，由两轿夫前后肩抬而行。滑竿在上坡时，人坐得最稳；下坡时，也丝毫没有因倾斜而产生的恐惧感；尤其走平路时，因竹竿有弹性，行走时上下颤动，更能给人以充分的享受。乘坐滑竿的同时，也可以欣赏左右的山水风景，更给人带来心情愉悦的感受。滑竿在中国西南各省山区最为盛行，特别是峨眉山上的竹椅滑竿，流传了几千年。滑竿的意义已不局限于交通工具，更是当地民间习俗的一种体现。

（三）羊皮筏

羊皮筏是一种古老的水上交通工具。制作羊皮筏，需要很高的宰剥技巧，从羊颈部开口，慢慢地将整张皮褪下来，不能划破一点地方。将羊皮脱毛后，吹气使皮胎膨胀，再灌入少量清油、食盐和水，然后把皮胎的头尾和四肢扎紧，经过晾晒的皮胎颜色黄褐透明，看上去像个鼓鼓的圆筒。用麻绳将坚硬的水曲柳木条捆一个方型的木框子，再横向绑上数根木条，把一只只皮筒顺次扎在木条下面，皮筏子就制成了。羊皮筏操纵灵活、搬运轻便，而且吃水线仅十几厘米，不怕搁浅，随时可以靠岸。它最大的优点是不怕触礁碰撞，安全性能极好。旅游用的羊皮筏，不仅充分利用了民间皮筏的所有优点，而且根据需要制作专用大筏，更稳更平，也便于游客在上面活动。

(四) 乌篷船

乌篷船是水乡绍兴特有的交通工具,因篾篷漆成黑色而得名。乌篷船的构造比较讲究。船沿通常较高,船舱铺有一层红漆船板,上铺席子,还备有用竹木精制的枕头。全套船篷,一般有八扇,其中四扇固定,四扇可以开合移动。船篷用竹蔑编织而成,呈拱形,中间夹着箬叶,既可遮阳,又可挡雨,牢固耐用。在第二、四道活动的船篷移开后,两边有"舱沿板"扣在固定的船篷上,就形成船窗,挂上白色的窗帘,黑白相映,更显雅致。因船篷是用烟煤和桐油漆成黑色,乌篷船也因此而得名。乌篷船船身狭小,船底铺以木板,即使有渗漏,船舱也不会沾湿。船板上铺以草席,或坐或卧,可以随便,但不能直立,因船篷低,如直立,便有失去平衡而翻船之险。乌篷船的动力是靠脚蹬桨。划船的人坐在后梢,一手扶着夹在腋下的划楫,两脚踏在桨柄末端,两腿一伸一缩,桨就一上一下地击水推进,时速可达十多公里。船的航向是用手桨来控制的,船行进时,船工脚手并用。乘坐乌篷小船,欣赏着水乡泽国的自然美景,这是绍兴独有的美丽画面。

二、其他民族的交通民俗

(一) 满族的交通民俗

满族是中国最古老的民族之一,其先民长期生活在长白山以东、黑龙江、乌苏里江流域的广阔地区,这就为其交通民俗注入了更加鲜明的地域特色。

1. 雀路与猎道

满族先民在绵延千里的茫茫林海里狩猎,辨方向、明路线是其安全往返的首要条件。鸟儿在林间飞跃,沿途会遗下星星点点的白色粪便,无意中标点出它们的飞行路线,这叫雀路。猎人发现白色的鸟屎,便会欣喜万分。鸟在满族先民的观念中,是能凌空飞翔、晓彻天神意图的灵禽,白鸟屎是"雀书",不仅是吉祥的预兆,也是指路辨向的路标。实际上,鸟的飞行是有规律的,猎人是根据其活动规律找到了"雀路"。猎人还可以根据野兽的踪迹寻找猎道。这种猎道俗称"溜子"。他们在林中踏出猎道,便在这段猎道上做出路标,如在某棵树的显要部位砍掉一块树皮,露出的白茬就是一个易识的路标。众多的路标指明了猎道。

2. "威呼"

"威呼",即独木舟,是满族传统水上交通工具,满语和赫哲语都称之为"威呼",故得名"威呼"。其用整根的大树干砍凿而成,长两丈有余,宽以能坐下一人为度,平口圆底,两头尖并微上翘。船桨长近一丈,中段是手握的桨把,两端是桨叶板,用时左右交替划行。这种船小的只容一人,大的可坐五六人,威呼在清代初年在东北林区就很流行。后来人们也用木板来制作这种长而窄的小船,仍称其为"威呼"。威呼独木舟除单独行驶外,也可以两只用木板并联,称为"对子船",用来在涨水的季节运送车辆和货物,能在江河里比较平稳地行驶。在封冻和冬季,人们把"威呼"搬到岸上,有的还用来做喂马的槽子。

3. 爬犁

爬犁,满语称"法喇",用两根一丈多长的硬杂木杆,前端用火摁成方形,高高翘起。杆上架一副车架子,宽三尺余,长七尺左右,有辕有底,无软毂,靠两根杂木杆在冰雪地上滑行。《柳边记略》载:"爬犁,土人曰'法喇',以木为之,犁而有架,车而无轮。"爬犁用牛、马拉,或用几条狗一起拖拉,行于雪原,或驰于河道冰上,拉人载货,轻捷简便。

4. 交通信仰

满族有句俗语:"妇女产前产后,男人车前车后",意为赶车的常有生命危险。长途行车的前一天,车主和赶车人都要祭拜祖先神,祈祷行车平安。行车中遇崇山峻岭,则焚香祭山神,过大江巨河时则祭河神、江神、船神。行车中不许说不吉利的话,尤其是早饭前,更不准乱说乱骂。赶车人和车主对辕马特别爱护,如辕马死亡,不舍得扒皮吃肉,而是埋葬起来。辕马脖子上经常挂一圈铜铃和红缨,行路时铃声响亮,红缨飘拂,十分威武。出海捕鱼,要举行隆重的海祭。行船时,妇女不许坐船头。摆渡人不许饮酒,从开船、行船到停泊,不许在船上打架骂人,不许说不吉利的话,如"翻"、"沉",都要用其他吉祥名称代替。如携带响器锣鼓或其他乐器,必须先演一番,以娱河神。如遇风险或搁浅,便会祈祷河神,不许大哭大闹。

(二)蒙古族的交通民俗

蒙古族素有"马背上的民族"之称,男女老幼都会骑马,放牧或外出都骑马,搬帐房及其它生活用品用牦牛或骆驼驮运,勒勒车是蒙古族较有特色的交通工具。

1. 马

马是牧民不可缺少的交通工具,凡是放牧、探亲访友、出外办事都需乘马。马的体质结实强健,以忍苦耐劳著称。日行可达一百至一百五十公里。草原牧民无论男女老幼都能骑马。古时,蒙古人从幼儿时就开始训练骑马,而且女子亦善骑,正如《黑鞑事略》所载:"其骑射则孩时绳束以板,络之马上,随母出入。三岁,以索维之鞍,俾手有所执,从众驰骋。四五岁挟小弓短矢,及其长也,四时业田猎"。蒙古族谚语说:"歌是翅膀,马是伴当"。蒙古人无论是在生活中,还是在生产上,与马都有一种特殊的情感。在蒙古族的民间文艺里,有许多是赞颂马或以马做比喻的。

2. 骆驼

骆驼,性情温顺,易驯服,耐饥渴,耐寒暑,善跋涉,能负重。既产乳、肉、绒毛,又可役用,一身兼有四种用途,是其它家畜所不及的。内蒙古西部地区骆驼很多，蒙古语称它为"特莫"，是牧民们不可缺少的交通运输工具，可骑乘，可载货。它身高二三米，腿很长，迈一步可达一米多远，能日行一二百华里。负重力相当大，能载二百公斤货物，相当于一匹骏马和两头犍牛的负重量。骆驼自古就有"沙漠之舟"的美誉，是沙漠地区的货运主力。今天，虽然有了飞机、火车、汽车等现代化交通运输工具，但骆驼仍不失它的特殊使命。在内蒙古西部的库布其、毛乌素等沙漠地带，一队队骆驼常常在这里负重远行，阵阵驼铃不时从沙漠中传出，不失为一道美丽的风景。

3. 勒勒车

勒勒车是蒙古式的牛车，是适应草原上的自然环境和蒙族的生活习惯制造出的一种交通运输工具。"勒勒"是赶车的牧民吆喝的声音。这种车比较简陋，车轮较大，耐磕碰，车体又轻，适宜在草原、沙滩上通行。车身较长，一般在四米以上，车上可带篷，车厢形若船舱，"行则为室，止则为庐"，常常是一家人住在里头。因为车子制作简单，有些家庭有五六辆或十多辆、数十辆勒勒车。不用时围在蒙古包的周围，围成一个圆形的庭院。有的远途进城卖点畜产品，赶车去，卖后把车当柴草卖掉，骑马而归。

（三）藏族的交通民俗

高原地域特点乃是藏族最基本的特点之一，这就决定了藏族的交通民俗也别具特色。

1. 牛帮

牛帮是藏族的交通运输方式，用数十或上百头牦牛结帮驮运盐及毛、皮等畜产品。牦牛是具有独特种性的特种家畜。这是高原高寒气候条件下自然选择的结果。牦牛皮肤厚，全身披毛又长又密又粗，泌汗少，采食量大，而且不择食，所以能耐寒耐饥，能睡卧冰雪而不觉寒冷。牦牛体格矮健，四肢短，蹄宽大，质坚实，所以善行山路沼泽，且负载量大。牦牛的气管短而粗大，胸腔发达，呼吸快而变幅大，血液中红细胞和血红蛋白含量都很高，决定了它在空气稀薄的高山峻岭间也能负重。正因为牦牛具有别的牲畜无可相比的生理特性，所以它能在高寒山区长途负重，昼夜连续行走可达20～30天。史书上对牦牛有这样的赞誉："行冰天雪窖中不畏冷，虽数日无水草，犹驮二百余外，行走不衰，真边地之宝畜也。"直到近代，虽然有了汽车、火车、飞机这样的现代交通运输工具，然而在广阔的藏区，在雪山草地，在登山运动员攀登珠穆朗玛峰的许多活动中，牦牛在驮运物资、代步等方面，仍然发挥着重要作用。

牦牛运输成群集队而行。一群牦牛中，有领头的牛走在前面带路。头牛的颈项上挂着经活佛念过经的珠子，意在祈求神灵保佑平安。有的还要披搭红色的毯子，以示牛的勇敢和劳绩。牛群出发前，赶牛的藏民要默诵藏传佛教的经文，有的还取下头上的红绸打结以卜吉凶。如果打结解不开,说明不吉利,当天就不走了,另择吉日再行。牦牛结队运输,赶牛人一般骑马,手持鞭子,一左一右地吆喝牛群。赶牛人挥动鞭子时能发出清脆的声音,要牛往哪里走,就把鞭子往那里挥。如果牛群不听吆喝乱走,就用石子准确地击向头牛,以示警告。途中休息时,给牛喂点盐巴、糌粑,休息后,赶牛人吹声口哨,牛群又整齐地起步行走。赶牛人的行装很简单,一顶帐篷,一支枪,外加一袋干粮,一座护身佛像。每日行走20公里左右宿营,在宿营地将牛群四散,寻食水草。黄昏来临,赶牛人一声呼哨,牛群自觉归来。地上钉一木桩,将牛绳系于桩上,有的赶牛人没带帐篷,晚上就睡卧在牦牛腹下,借牛的体温取暖、避风雨、御寒。

2. 牛皮船

牛皮船是藏族特有的水上交通工具。牛皮船形似藏传佛教寺院内的大铜锅,口径六尺左右,其构造简单,用牛皮、藤条、树脂胶严密接缝而成。底部为整张牛皮,周围用三至四片牛皮拼接而成,缝合后用胶填缝防水,牛皮船外部还需经常打蜡,以保持船经久耐用。船的骨架是用柏树枝条或一种叫"对节子"的灌木枝条扎接而成,用坚韧的木料做支骨,外面蒙上由数只牛皮缝制而成的皮子即成。小者只坐三五人,大的也不过坐十来人,由一人划船兼掌舵。它吃水浅,牛皮入水,一经泡浸,便发软,有弹性,对水中暗礁等物耐撞击、磨擦。牛皮船轻便灵活,上岸后船夫可将船扛在肩上赶路,十分方便,常作为捕鱼、运输及渡人之用。

乘坐牛皮船有许多讲究。"船钱船钱,过后不言",先交钱后上船是规矩。上船也有讲究,必须与船师面对面而上,这样便于双方搀扶,既安全又保险。上船后,谁坐什么位置,由船师安排。"坐着不要动"这是乘坐牛皮船的戒律。牛皮船不仅具有无与伦比的实用性,而且还有强烈的视觉冲击力,正如清人李心衡诗云:"春水桃花激箭流,截江一叶晓风遒。皮船曾触惊涛险,炊黍时中百里流"。

(四)鄂伦春族的交通民俗

鄂伦春族长期生活在今天的内蒙古东北部和黑龙江北部的大小兴安岭和黑龙江流域等广大地区,被誉为"兴安岭之王"。他们世世代代生活在丛林山谷中,以狩猎为生,间或采集和捕鱼。东北地域的严寒酷暑、风霜雨雪铸就了他们质朴的民风和豪爽刚健的性格,在山高、林密、溪流湍急的交通环境中,他们创造性地运用交通工具,形成了具有本民族特色的交通习俗。

1. 驯鹿

解放前鄂伦春人还处于原始公社阶段,最初使用的交通工具是驯鹿。鄂伦春的名字中就含有"使用驯鹿的人"的意思,这是他们族名来源之一。清代何秋涛《朔方备乘》载有:"今黑龙江所属东北部族,有鄂伦春者,亦使鹿,盖俄伦即鹿名也。"使用驯鹿做交通工具主要是因为鄂伦春人生活的地域山高林密,一年有长达六个月的冰雪期，通行非常不便。聪慧的鄂伦春人发现并使用了驯鹿。驯鹿是寒带体形颇大的动物，背腰平直，蹄子阔大，适于驮载人、物在雪地和崎岖不平的山间林路中行走。由于长期役使驯鹿出入山林，"使用驯鹿的人"就成为鄂伦春人整个民族的代名词了。驯鹿行动迟缓，载货有限，后来慢慢地被马匹取代。

2. "依如达仁"

为适应狩猎生活，鄂伦春人创造了一种称为"依如达仁"的交通工具，汉语名叫"拖着走"。这是鄂伦春人专门为运送伤病员发明出来的。砍两棵三四米长的桦树，树冠并在一起，用皮绳连接起来。树干部分作为车辕，套上驯鹿或马匹拖拉。两棵树的树冠交织在一起，树枝虬曲缠绕，弹性很大，生病者或在狩猎中受伤的人不能骑驯鹿，不能坐颠簸的爬犁（雪橇），但躺在这上面却非常舒适，能够安全地返回家里。使用整棵树来载人，这是一种因地制宜的发明创造，这种工具非常富于民族特色，体现了鄂伦春人的聪明才智。

3. "亭那"

在密林厚雪中，鄂伦春人还使用行走如飞的滑雪板进行狩猎。滑雪板又称"滑子"、"快马子"，鄂伦春人称为"亭那"。滑雪板用轻而坚固的松木为材料，长五六尺，宽五至七寸，前端呈弯状，翘度大而窄，后端呈坡形，翘度小而宽，中间稍厚，有绑脚皮带。猎人穿上滑雪板，行走如飞，很易捕获猎物。滑雪板按用途可分为长短两种，长的速度快，适宜在平坦、酥软的雪地上行走。短的灵活，更适宜在山林中和厚硬的雪地上使用。清人曹廷杰在《西伯利亚东偏纪要》中亦描述说："雪甚则施踏板于足下，宽四寸，长四五尺，底铺鹿皮或堪达翰皮，令毛尖向后，以钉固之，持木篙撑行雪上不陷，上下尤速。"滑雪板是鄂伦春族雪天出行的必备工具，是狩猎、日常生活的重要助手。

4. 桦皮船

桦皮船是鄂伦春族特有的水上交通工具，其长十余尺，宽三尺左右，由桦树皮制作而成。桦树是大小兴安岭的特产，桦树皮经过蒸煮、烘烤处理后非常柔韧，适合制作多种生活用具。桦皮船船体修长，船首像鳄鱼的长嘴又尖又翘。船身宽窄适宜，能坐两三人。制作桦皮船一般应用整张桦树皮，先用长短不同的樟松木条搭起船的龙骨，然后把处理好的桦树皮用马鬃绳缝接起来，包裹在骨架上，再用木钉钉牢，这样船形基本就出来了。而船体接缝和有孔洞的地方均用松树油堵塞，再用铁烙铁溶化后密封，使之密不透水。船桨用樟松木制作，长约一丈，两头削成鸭嘴形，中间削成圆杆，非常利于划水。这样制作出的桦皮船船体非常轻便，"陆行载于马上，遇水用之以渡"。鄂伦春人普遍用它代步、捕鱼、狩猎和驮载。

如今，鄂伦春人使用的交通工具非常丰富和现代了，传统的交通工具成为了古老鄂伦春人交通习俗的一部分。在鄂伦春人的一些娱乐项目中，我们依然可以追寻到它们的影子。划桦皮船、滑雪等体育运动集中体现了鄂伦春族传统交通习俗的传承和深厚的文化内涵。

（五）侗族的交通民俗

侗族现有人口 296 万（2000 年），在我国少数民族人口数量中居第十二位。侗族主要分布在贵州、湖南、广西三省区的交界处。

风雨桥是侗族建筑中最具特色的民间建筑之一，是侗乡人民智慧的结晶。风雨桥又称花桥，是一种木石结构的桥，它不仅连接交通，而且可避风雨，因而得名。

最负盛名的是广西三江侗族自治县的程阳风雨桥，是目前保存最好、规模最大的风雨桥，它是侗寨风雨桥的代表作。桥长 64.4 米，宽 3.4 米，高 10.6 米。桥墩以青石砌成，桥面铺设成排的杉木，上面建有长廊，覆以瓦顶，还建有楼亭五座。楼亭呈方形，多角重檐，共有房檐五层，层层而上，形似宝塔，气势宏伟，桥面通道两侧有栏杆。长廊两旁设有长凳，宛如游廊供行人观赏和休息。长廊和楼亭的瓦檐、柱头都雕花刻画，龙凤花草，秀丽玲珑，蔚为壮观。程阳桥采用的是中国南方特有的穿斗式的组合结构，既有古代百越族干栏式建筑色彩，又有汉族宫殿式的艺术。桥的东西台亭为斜山式，东西东亭和中央亭为钻尖式、亭倚式，集中了侗族传统建筑中三种基本造型于一身，是中国木建筑中的艺术珍品。

风雨桥，这种不费一钉一铆的建筑，凝聚了侗族人民的智慧与汗水。每一座桥，都在讲述它的过去与未来；每一阵流水或蝉鸣声都能让你深切地沉浸于凄离绝美之中。风雨桥也是情侣们幽会密语的好去处。伴随着潺潺流水声并肩坐在桥畔，是侗族青年男女们一种悠远而又别样的浪漫。

三、港澳台地区的交通民俗

（一）香港、澳门的交通民俗

1. 香港的交通民俗

在香港这个国际化大都市中，已逐渐形成一个海上、空中、地面与地下相连接的四通八达的立体交通网络，因而人多地少的香港在交通上却并不拥挤堵塞。在香港，到处可见人行天桥、机动天桥、自行车天桥和立体交叉桥，其上奔驰着各式巴士、小巴等交通工具。因此人们有时把逛大街称为"游车河"，非常形象地道出了香港大小马路每天从早到晚车水马龙的景象。香港私家车很少，停车场也极少，绝大部分人都乘坐公共汽车、地铁、轮渡上下班，交通秩序良好，这也是香港在交通上的一大特色。

香港有轨电车是一道亮丽的风景线。香港的电车既是香港的特殊景致，又是普通游客可以坐得起的交通工具。自 1904 年起，香港电车便在港岛北部沿海岸线运行，穿梭港岛东西，他们见证了香港的兴旺发展，至今电车仍然是香港最具效率及经济实惠的公共运输工具。香港有轨电车还担负着香港的怀旧与文化传承的意义。在香港历史博物馆"香港故事"主题展厅中，便有一辆原始尺寸大小的香港有轨电车，看着周围来来往往的不同时代的人群，默默地告诉大家自己的历史。

2. 澳门的交通民俗

在水路交通方面，澳门很依重水路来与香港和海外联系。澳门半岛西岸的内港码头，是广州沿海等地货运、渔船和渡轮使用的码头。至于外港运输方面，主要是使用港澳码头和九澳港。市内的交通十分方便，有的士，分黑色的士和黄色的士，在整个澳门穿梭来往。

澳门特色的交通工具是三轮车，是一种人力车，大多集中在澳门码头、葡京和海事博物馆。人力三轮车是澳门极富特色的交通工具，也是一种很好的旅游交通工具。乘坐人力三轮车漫游南湾、西湾一带，微风阵阵，风景怡人，令人有尘虑尽消的感觉。

（二）台湾的交通民俗

台湾最流行的交通工具是自行车，近年来，汽车、飞机、轮船、火车的数量大为增加。台湾大部分农村地区交通仍不方便，河流多的地区尚需竹筏、帆船、舢板，山区无路可走，只能沿山攀登跋涉。

台湾最有特色的交通工具是高山族人所使用的吊桥、拱桥、溜索桥等，但最有趣的是雅美人的蟒甲。蟒甲又称尖尾舟，即独木舟。头窄长，尾高翘，大的能坐十数人，小的仅能坐一人。舟身和两头翘起的尖角，形如一支笔架。船上雕刻着许多风格别致、色调新颖的图案花纹，船舷两侧刻一种叫"妈妈奥格"的奇怪人像，一列横排。"人像"上部和下部又缀以细巧的三角形纹样。舟外亦雕刻有精美的花纹，漆白、黑、朱红三色，舳与舻的部分刻太阳式图案作舟的眼睛，十分美观。

第三节 亚洲其他各国的交通民俗

一、印度的交通民俗

印度的火车路网基础很好，也很普遍，基础设施比较齐备，铁路系统的建筑物都比周边的建筑好，大多是红墙白窗的欧式建筑。印度的公路路况都比较差，尤其是跨越邦际的道路，所以汽车只是火车的辅助交通手段。印度的其他交通工具有机动黄包车（即三轮摩托车）、脚踏黄包车，以及古老的牛车、马车等等。

　　印度的公共交通不很发达，但独具特色，公共汽车一般都设有妇女专座。首都新德里市交通公司规定，若有男人抢占妇女专座，不听售票员劝告，拒绝让出座位时，司机有权停止开车，直到男士让出座位为止。为此，印度交通部长还在向议会提交的一份书面发言中郑重宣布，如果哪个售票员不执行上述规定，将要受到处罚。

二、巴基斯坦的交通民俗

　　巴基斯坦的伊斯兰堡，有一种最具民族特色的公共汽车——花车。花车的车头系着美丽的绸缎，绣着一朵朵织锦大花，车身画着鲜艳夺目的图景，有各种各样的奇花、异草、珍禽、异兽，还画有清真寺和喷气客机的装饰画。这些华丽的彩车，都是由专门的绘车厂、经画家艺人精心漆画的，所用的各种染料里，掺有特制的夜光粉，在夜晚，闪闪发光的彩车更加艳丽，堪称世界上最漂亮的交通工具。花车多属私人经营，服务热情周到。在发车站，服务员站在车外，招徕乘客。车开动后，没有固定的车站，只要路边的乘客一招手，车就会立即停下。乘客下车，更是有求必应。个别乘客为观赏市容，可以站在花车门外，双手紧握拦杆，像打秋千似的，还可不时向路人招手致意，因此，花车深受游客喜爱。

三、孟加拉的交通民俗

　　孟加拉国首都达卡交通不发达，三轮车由于方便价廉而成为一般居民生活中不可缺少的普通交通工具。据非官方统计，达卡市的三轮车已超过十万辆，达卡也因之被冠以"三轮车之都"，这也是孟加拉国交通民俗的一大特色。达卡街头的三轮车为脚踏式，可供二人乘坐。车座上装有塑料布制成的装饰华丽的折叠式顶篷，晴天可遮阳，雨天能避雨。三轮车的装饰十分讲究，车把前大都装有铜制的饰品和彩色飘带，顶篷和座架后部绘满了各种图案，五颜六色，绚丽多彩。图案主要描绘一些电影场景、大象头像、飞禽走兽、花草树木、历史名胜、神话故事以及宗教习俗和清真寺。游客常把这些三轮车比作"流动画展"，"轮子上的展览"。

四、新加坡的交通民俗

　　随着经济的高速发展，新加坡的汽车越来越多，已成为全球车辆密度最高的国家之一。虽然如此，但却极少发生交通阻塞的现象，人们看到的是车辆畅通无阻的另一番景象，新加坡秩序井然的交通应归功于合理的交通规则。

　　在新加坡驾车时，很快发现这里的交通标志非常多、密度也很高，如十字路口的红绿灯、单行线标志、不准拐弯标志、准许掉头的提示、提示前方有红外线摄像机等标志随处可见。在每个路口都设有停示灯，行人要通过路口时，需要按动停示灯，路口的红绿灯会以此显示红灯，指示司机停车，这样既避免了不必要的等候时间，也便利了行人的通行。除特殊地点外，道路上的指示牌只限用英文标示，因为专家认为，如果方向牌信息太多，驾车者可能会忽略其中重要的部分，因此规定方向牌最好只用一种语言。

值得一提的是，新加坡的多数路口都标划出醒目的黄色方格，表示"车辆不可停留在黄格内阻碍其他方向出入的车辆通行"，有效地制止了交叉路口出现"我走不了，你也别想通过"的行为。另外，在诸如学校及过往行人比较多的地方，还在路边竖起了一些醒目的牌子，提醒司机注意，同时会在路面设置减速坎，并用黄漆画出长型隔离带，使车辆在这种地段保持适度的间距。

五、泰国的交通民俗

泰国的交通工具极为发达，交通网极为完善，铁路和公路都以曼谷为中心，通往全国各地，往来既方便又便宜。但曼谷市内交通相当拥挤，并且没有地铁，有"塞车世界第一"的"雅号"。泰国的民航业十分发达，各大中城市都有机场，如曼谷的廊曼国际机场，是东南亚主要航空中心之一，国际航线可直飞亚、欧、美及大洋洲三十多个城市。泰国的铁路也很发达，可从曼谷抵达泰国各主要城市。各地长途客运均很发达，如曼谷市有东行、南行和北行三个长途汽车总站，通过发达的长途汽车路线网，可抵达国内各个城市。

值得一提的是，泰国的"双排车"很有名气，它的名字来自货车车厢左右两排长板凳，部分双排车甚至在两排长板凳之间加上第三排长板凳，设有塑料帐篷及窗帘防雨。双排车穿行于乡村与市镇之间，通常采用一组固定路线的票价。但在某些地区（例如泰国北部清迈府），它们被用作出租车。

泰国在交通管理上，奉行"保护生命至上"的原则。泰国交通法规视行人为天然弱势群体，在交通事故的责任认定、损失赔偿等问题上都予以保护。泰国交通法明确规定，机动车行驶期间，无论在任何地方和情况下遇到行人，必须减速避让或鸣笛、打灯向其示意。在泰国，只要机动车和行人发生交通事故，无论事故发生时行人位于道路的哪一个位置，机动车驾驶方均被视为事故责任人，要负责赔偿事故引起的相关损失。这种责任认定适用于机动车和行人之间的所有交通事故。即使一个行人在有过街天桥的繁忙地段违规横穿马路，被正在行驶中的机动车撞伤甚至撞死，机动车驾驶员也仍然应该对这起事故承担责任，并赔偿一切相关损失。

第四节 欧洲各国的交通民俗

一、俄罗斯的交通民俗

俄罗斯幅员辽阔,独特的地理位置使其尤其重视航空业、铁路及公路交通业。以莫斯科为中心,上千条公路干线四通八达。相比较,城市交通的"的士"由于价格较昂贵,少有人问津。而在冬天,公共汽车因冰天雪地路面较滑,行驶速度较慢,且又无暖气设施,故少有人坐而显得冷冷清清。

俄罗斯人至今还保留着一些具有民族特色的交通工具。涅夫赫族每个村庄都养几百条狗,用狗拉车、拉雪橇。狗是涅夫赫人以往日常的运输工具。因纽特人现在基本上使用摩船、机动雪橇、小型摩托车等运输工具,但在某些地方仍有用狗拉雪橇、海豹皮制成的"独木舟"的遗风。汉曼西人传统的运输工具则有独木舟、带篷的平底木船、狗拉雪橇和滑雪板等。科里亚克人在冬季仍然广泛使用鹿拉雪橇和狗拉雪橇来运送货物和客人。另外,涅吉达尔人、埃文克人、那乃人、尼夫赫人等至今仍保留着一种用桦树皮制成的小船,这种船具有轻巧、灵便等特点,非常适于在小河中划行。

二、英国的交通民俗

现代的英国以伦敦为中心织成了一张铁路和公路的交通网,纵横交错,四通八达,同时辅以水上船只及空中的飞机,使伦敦成为世界交通的重要枢纽之一。

在英国发达的交通网络中,最为引人注目的是"青蛙隧道"。英国有一条公路旁兴建了许多新奇的隧道,它们不是用来过行人和疏通车辆,而仅仅是为了方便青蛙。原来每年夏季,到了青蛙的交配期,英国公路两旁的低洼处和水塘边的青蛙便成群结队地爬过公路寻找伴侣,因而不少青蛙难免会成为轮下之鬼。这种情况引发了动物保护者的恻隐之心,他们发起了一场协助青蛙过路运动。在公路上青蛙必经之处插上牌子以引起司机注意,后来经与有关方面商议,又专门修筑了这些专供青蛙通行的"青蛙隧道"。

在英国开车是靠左行驶,所有汽车的方向盘都设在车子的右边,这是与世界上多数国家所不同的。外国人初到英国开车,要有一个小心适应的过程,与车左行相适应的是行人也是左行。这种左行的惯制曾在地球上占统治地位,但以后逐渐变为右行,现在只有英国、日本、爱尔兰、中国香港等一些岛国及地区仍然沿用左行传统。

三、意大利的交通民俗

在意大利的交通民俗方面，最值一提的就是"贡多拉"。"贡多拉"是一种精美的摇橹小船，是水城威尼斯的一景，被誉为"亚得里亚海上的明珠"。这种小船是平底的，轻巧灵活。小船的制作及造型富有象征意义，船头上明亮发光的铁头架是古城威尼斯的象征，它呈弯曲的弧形，意味着威尼斯公爵的号角；里面呈弯弓状，代表阿尔多桥；六个梳状齿代表威尼斯城的行区。十六世纪，威尼斯有一万多条"贡多拉"，如今体面的"贡多拉"只有七百多条了。它们多用于运载河道两岸过往的旅客或外国游客漫游水城之用。在威尼斯人的心目中，"贡多拉"不仅是一种轻便的水上交通工具，而且是人们诞生的摇篮和死后送葬的"灵车"，代表着生命的起始和一生的归宿。

在意大利，历史文化景点禁止开车。当地的交通法规规定，除非获得特殊许可，任何机动车都禁止在历史文化景区行驶。在佛罗伦萨，如果误闯这些地区是会被重罚的。此类行为将会被处以75～100美元的罚款。

四、丹麦的交通民俗

丹麦的交通基础设施非常发达，空中交通网是世界上最稠密的国家之一，机场的数量也是名列前茅，铁路覆盖居住人口超过万人的城镇，公路系统相当完善，路况等级标准高。良好的交通设施为丹麦的交通运输业提供了可靠保证。

丹麦是大力推行公共交通的国家。在丹麦坐公交车需提前出示车票，坐地铁和城市铁路基本没人查票，全凭乘客自觉。在丹麦，公交车上没有人报站名，但每个座位前有个红色的"STOP"按钮，临到站前乘客需要按下按钮，司机听到后会到站停下车。这省去了很多无故停车的时间，可对于刚到丹麦的人来说不是很方便。丹麦城区的交通信号灯比其他国家多安了2个装置：一个是管公共汽车的信号灯，一个是管自行车的小型红绿灯。按照交通规则，在路口公共汽车和自行车享有先行权，其他车辆必须礼让，否则就是违反交通规则。丹麦自行车风靡城乡，丹麦人认为骑自行车既对身体健康有好处，又能节约能源。在伟大的童话作家安徒生的家乡纽堡是看不到汽车的，因为各种年龄的旅行者都骑着自行车。

五、瑞士的交通民俗

瑞士拥有世界上最高效完善的公共交通网络。瑞士人是欧洲最喜欢使用铁路的人群，乘坐火车出行是瑞士人的主要交通选择，瑞士的火车改变了瑞士人的生活方式，使他们的行动和生活更加自如。瑞士火车的整洁是众人皆知的，并以其精准守时、车次频繁而著称。除此之外，瑞士的火车几乎没有污染，噪声也小，只要关上车窗，就听不到车轮碾铁轨的声音。

瑞士有电车王国之称，在汽车产业迅猛发展的时代，各国的大小城市都充斥着形形色色的汽车，唯独瑞士恰恰相反，大量使用电车。由于瑞士不产石油，能源紧张，也由于电力资源比较丰富，还由于瑞士人酷爱整洁，害怕污染，所以瑞士对汽车控制很严，喜用电车。在瑞士，电车设备完善，票价低廉，服务周到，很受市民欢迎。瑞士人乘坐电车完全自动买票上车，无人检查，因为他们已养成遵纪守法、讲求诚信的好习惯。

在瑞士，逃避公路收费会被罚款。在瑞士开车，放弃二级公路选择公路干道的司机可以在加油站或国界线附近买到价值 35 美元的车票。如果幸运的话，你租用车辆的前挡风玻璃上可能事先已被贴上了车票。反之，逃票者将会被罚款 135 美元。

第五节　美洲各国的交通民俗

一、美国的交通民俗

美国交通方便，最基本的交通工具是飞机和汽车，铁路也很发达，一些大城市的地铁四通八达。美国可以说是一个建立在车轮上的国家。在大部分地方没有自己的车真是寸步难行。美国的高速公路纵横交错，遍及各个角落。

公路不仅仅是美国的经济动脉，由此繁衍而生的汽车文化更是渗入美国生活的层层面面。美国的交通法规条款并不多，但条条都是钢铁法规。美国的驾驶习惯与中国一样，都是左舵驾驶，交通法规也大致相同，但部分法规相差很大。城市内及其附近的平交道口都设有"STOP"（停止）标志。车辆到达该处时无论道口是否有其他车辆通过都必须先将车停稳，审视前、左、右三方是否有车通过，确信没有其他车辆接近道口或自己的车离道口最近时，方可继续行驶。基本原则是，先到先行，如果同时到达则右侧车辆先行。这条规则既提高效率，又有利于安全行驶。没有红绿灯，秩序一样井然。美国加里福尼亚州一个城市规定，对皮鞋发出的过大声响的过路人要处以一定数量的罚款。有关人士说，一些皮鞋发出的过响的声音对人的神经系统有很强的刺激作用，丝毫不亚于汽车喇叭发出的噪音。在美国，行人和车辆一律靠右走。他们还将"行人优先、汽车让人"作为交通规则的基本原则。行人只要一走上人行横道，一切大小车辆必须停下来让路。

不少汽车司机在碰到行人要过马路时，常常善意地停下来，挥手示意，请他们先走。在美国，一旦发生交通事故，法律总是对行人更为有利。多数城市还规定，汽车只有在必要时才能鸣喇叭，而不得为开快车鸣喇叭。

二、加拿大的交通民俗

加拿大有着广阔的内陆河道和很长的海岸线，水上货物运输一直保持重要的地位。加拿大最引人注目的水陆运输系统是圣劳伦斯航道，它是始于大西洋的主要通道。加拿大的公路系统在客运和货运上都发挥着至关重要的作用，只有美国人均拥有小轿车的数量多于加拿大。四通八达的公共汽车网负责加拿大城市内、城市与乡镇之间的旅客运送服务。卡车几乎担负了加拿大境内一半的货运任务。加拿大铁路也比较发达，政府拥有的"加拿大全国铁路公司"和私人拥有的"加拿大太平洋铁路公司"承担着国家大部分的货物运输，加拿大 VIA 铁路公司为城市和乡镇提供铁路客运服务。

在加拿大，汽车作为最普通的代步工具，其普及程度非常高。加拿大的交通规则也比较人性化。加拿大的小学校区路边都会有一个给驾驶者警示的标牌，意思是此地为校区，开车要放慢或让人先行。特别是小学生放学时，经过此地的汽车一定要放慢速度或让人先行。在加拿大步行和骑自行车，也有一些成文或不成文的规定。步行原则，在没有红绿灯的路上穿行，严格按照"车让人"行事；在有红绿灯的街区行走，则严格按红灯停绿灯走的原则，但约定俗成的习惯是"车让人"。骑自行车必须戴安全帽，车头车尾要安装反光灯，作为夜行标志。在加拿大，很少有人用自行车来代步，更多的是把它作为运动休闲的工具。所以多数公路设有自行车道。尽管在路上，驾驶汽车的人会永远礼让骑车人，但是出了事故，就不存在这个"礼"了，还是要分清责任。

三、秘鲁的交通民俗

"草做的船筏"是秘鲁交通民俗中的一大特色。居住在秘鲁和玻利维亚接壤的安第斯山脉的崇山峻岭中的乌罗族人，保持着一些古老的生活习俗。他们以捕鱼、打猎为生，湖畔茂密的香蒲草不仅是他们盖房子的主要材料，还是他们造船的材料，他们用香蒲草捆扎成小筏作为水上交通工具。乌罗族人经常驾着这种草船往返于碧波之上，捕鱼、运输，或从事其它水上活动。这些小巧玲珑的草船船体与广阔的湖面形成鲜明的对比，让人更感到它的轻盈灵巧。

四、墨西哥的交通民俗

整体来说，墨西哥交通状况比较顺畅，但只有一个例外，那就是首都墨西哥城。它是墨西哥最大的城市，汽车保有量大，使得墨西哥城跟北京一样，其交通拥堵"闻名世界"。说到墨西哥城的交通，不得不说说它的道路建设。或许是年岁已久的缘故，墨西哥城许多主要道路的路面上都出现了大大小小的坑，这对汽车的行驶会产生一定的影响。而道路的设计也算是很有特点，在这里单行线比较多，许多用很短距离就可以到达的地方却不得不绕道而行。另外，在墨西哥城的老城区还有别具一格的"交叉双行线"，说白了就是一分钟前你还在路的右侧行驶，可过了一个红绿灯，司机就不得不转到左道去行驶。墨西哥司机的素质非常好，哪怕眼前的信号灯已经变绿，只要路上还有行人，这里的司机仍会耐心地踩着刹车等行人过去，"车让行人"的好品德在墨西哥得到了发扬光大。

墨西哥是个联邦制国家，除全国统一的交通法规外，全国三十一个州和首都联邦区还有各自的交通法规。但全国性和地区性交通法规的基本准则都是"以人为本"，无论驾驶人员还是行人，所有自然人都有遵守交通法规的义务，从而保障各类车辆安全行驶，确保驾驶人员、乘客、行人的生命和财产安全。墨西哥交通法规有数百个条款和细则，涉及面非常广泛，对机动车辆、非机动车辆、残疾人车辆、人行道、盲人专用通道等等分别限定，细节详尽。比如，墨西哥交通法规明确规定，年满18岁、生理心理健康的公民享有按照驾照类别驾驶相应汽车的权利；18岁以下未成年人驾驶汽车属于违法行为；对谎报交通事故者将处以罚款甚至刑事处分等。当然，那些违规行为人也有权进行辩护，对交警可能的违规执法行为进行投诉，这样就保证了法律法规的严肃性和公正性。

第六节 非洲及大洋洲各国的交通民俗

一、埃及的交通民俗

作为非洲经济最发达的国家之一和世界知名的旅游国，埃及交通在其国民经济特别是旅游发展中起着不容忽视的作用。当代埃及已经形成了由铁路、公路、航空和水运组成的立体交通网络，连接大西洋和印度洋的世界重要运河——苏伊士运河在世界交通网络中发挥着重要的作用。

很少有人提及埃及的地铁，就像它不曾有地铁一样。其实，埃及不仅有地铁，而且是中东和非洲第一个拥有地铁的国家。在开罗，每个地铁站中都有表现埃及法老时代文明的壁画。地铁中，设有若干节的女士专用车厢为女乘客提供方便，而每个出站口所设有的自动滚梯和上下电梯为行人提供了不少方便。开罗地铁极具人性化，让人们在对开罗交通大失所望之后会有点眼前一亮的感觉。

穿梭于埃及首都开罗大街小巷的小巴，是人们钟爱的交通工具。这些小巴可搭乘十几人，按距离计费，不提供车票。由于不设售票员，车票钱就由坐在前排的乘客主动负责收取，该找零的找零，然后如数交给司机。在高峰期人多时，乘客索性站在车后尾半尺宽的踏板上，双手抓住放行李用的小梯子，因此被戏称为"站票"。当然，车费照样得交，且分文不能少。小巴司机们开起车来非常疯狂。他们喜欢在车内播放喧闹而节奏感很强的埃及音乐，边开车边扭动身体。有的还时不时往嘴里扔点吃的，甚至一只手把方向盘，另一只手捧杯红茶，和身边人谈笑风生。埃及是穆斯林国家，陌生男女非常忌讳身体接触，但在小巴狭小的空间内，男男女女挤在一起却相安无事，其乐融融，似乎大家都"放开了"。

二、尼日利亚的交通民俗

尼日利亚的交通运输以公路为主，水路和铁路运输为辅，总体上交通运输较为紧张。尼日利亚公路分为三级，第一级是联邦政府负责修建的高等级主干道公路，第二级为州政府负责出资修建的公路，第三级为地方政府根据农村发展修建的简易公路。其中第一级公路连接各州首府，路况较好，第二级、第三级路况相对较差。

在尼日利亚中部的贝努族地区，居住着一个只有十二万人口的少数民族——菲蒂族。这个民族比任何民族都爱惜马，骑行是他们的交通民俗。菲蒂人从孩提时就开始学骑马，几乎人人都有一手过硬的本领。他们爱惜马，以至用小米熬成粥，然后在粥里加一些芭蕉或木薯粉末，喂给马吃。在打猎出发之前，他们还给马喝一点野高粱配制成的甜酒。菲蒂人经常参加各种赛马活动，由于他们马上技术高超，夺魁者总是他们。

三、澳大利亚的交通民俗

由于澳大利亚地广人稀，交通运输在其经济基础设施中占有重要地位。汽车是澳大利亚人除住房之外的第二大项支出，也是必备的交通工具。澳大利亚是英联邦成员国，所以其交通规则是沿用英国的，即司机座在右边，车行的是左边道。而澳大利亚的道路标志使用的却是美国的道路标志，巨大的指路牌，绿底白字，警告是黄色的，禁止是红色的，而旅游景点指示牌则一律绛底白字。在澳大利亚，繁忙的行人路口都设立了行人红绿灯，而在非繁忙的地区通行要道没有红绿灯，只设立了斑马线。澳洲的交通规则规定，所有的车辆在驶近斑马线时必须放慢速度，甚至离斑马线还有五十米远，就在地上明显地画上长长的曲线，提醒驾车者放慢速度。只要发现有人刚踏上斑马线过道口，就必须停车，让斑马线上的行人全部过完马路后才能慢慢驶过。行人通过马路有三种状态：其一在市区和商业区等繁华地带，行人过马路要走人行横道，行人根据信号灯的指示过街或停留等候；其二在购物中心等行人较多的地方，只要行人在斑马线上，任何车辆都需停下来让行人通过；其三在居民区等少有行人的地方，行人可观察路况后穿行马路。

四、新西兰的交通民俗

新西兰由北岛、南岛和附近一些小岛组成，连接国内各地的交通非常发达。主要的交通工具有飞机、火车、巴士和渡船。铁路连接南北两岛的主要城市，有些路线仍开行着蒸汽火车头。新西兰各地遍布长距离巴士交通网，国铁巴士和民营路线的巴士很发达，定期行驶，所以当地利用这种交通工具的人很多。巴士都不对号入座，且大都有座位，不必预约，另外，也有连接观光地的观光巴士行驶。

新西兰道路规划得相当科学，道路状况完好，所以利用出租汽车开车兜风是件舒适愉快的事。但需要注意的是，车子是靠左行驶的。新西兰在交通规则方面也比较明确规范，比如，强制要求车内乘客都必须系安全带，否则将被罚款；行车时禁止驾驶员手持移动电话进行通话；驾车时读、写、发短信都是违法的；摩托车白天也要开灯行驶，摩托自行车白天行驶也必须打开车头灯或白天行车灯等等。在新西兰，机动车一定要给行人、非机动车让出足够空间。

思考题

1. 名词解释："咸呼"、滑竿、羊皮筏、乌篷船、风雨桥、勒勒车
2. 交通民俗是怎么产生的？
3. 交通民俗的主要类型有哪些？
4. 满族的交通信仰有哪些？
5. 鄂伦春族的交通民俗有何特色？
6. 藏族特有的水上交通工具是什么？它有何特点？
7. 简述泰国的交通民俗。
8. 简要描述意大利的"贡多拉"。
9. 简述英国"青蛙隧道"的由来。
10. 简述美国的交通民俗。

第十章 信仰禁忌的民俗

【学习目的】
通过本章的学习，了解宗教信仰禁忌民俗的文化内涵及其产生的原因。熟悉我国各民族及世界其他国家的民间宗教信仰情况。掌握相关的宗教知识，认识信仰禁忌在人们的社会生活中的影响，以便为旅游业的健康发展提供保障。

【主要内容】
1. 信仰禁忌的文化内涵、产生、表现形式及其特点
2. 我国各民族的信仰禁忌的表现形式及其产生的原因
3. 世界各国信仰禁忌民俗的特点及其产生的原因

第一节 信仰禁忌民俗概论

一、信仰民俗与禁忌民俗

信仰民俗是人类生活中基于一定的信仰心态所形成的社会风俗。它包括人们的信仰观念、崇拜心理，以及有关信仰的操作仪式和社会习俗。信仰民俗的信仰，归根到底是一种宗教信仰。宗教信仰就形式而言，有寺院宗教信仰和民间信仰。寺院宗教信仰是指在寺院内由专职的神职人员进行有组织、有规则、有固定信仰对象、有经典、有理论的正规宗教活动。而民间信仰则多是无宗教组织（或松散型组织）、无固定信仰对象、无宗教经典、无系统宗教理论，它的突出特点是其信仰活动大多是在民间而不在寺院。信仰民俗主要是民间信仰，但并不排斥寺院宗教信仰。

宗教信仰就自身的发展历程而言，它可以分为原始宗教和形态完备的高层次宗教，如各民族早期发展阶段所存在的"万物有灵"信仰、图腾崇拜等即为宗教的原始形态；后来在此基础上不断发展而形成各种宗教，如佛教、基督教、伊斯兰教则是形态更加完备的高层次宗教。信仰民俗更多地是指原始的宗教信仰。

当然，它也包括高层次的宗教信仰。各种高层次的宗教信仰不仅直接影响信仰习俗，而且通过民间信仰还转换成其他各个方面的社会风俗。从各个民族的婚姻风俗、丧葬习俗、服饰习俗、饮食风俗等都可以看到佛教、基督教、伊斯兰教等各种宗教的影响。

禁忌是出于信仰而禁止、忌讳谈论或接触某种事物，认为违者会招致超自然力量的惩罚。这种世代传承的习俗，称为禁忌民俗。泛而言之，禁忌习俗实际上是信仰习俗的一部分，是从禁忌的角度来强化信仰。

二、信仰民俗的产生

最初的信仰民俗是一种萌芽中的原始宗教形态，其产生的历史是非常古老的。历史学家和考古学家们认为，至迟在旧石器时代的中期，即母系氏族公社的萌芽和形成时期，人类就已经有了宗教信仰的萌芽，它是基于一种"万物有灵"的观念。在古老的洪荒时代，原始人对自身和周围的外部自然环境都是毫无所知的。智力的逐步开化使他们力求去探索，这种探索首先是从对自身的认识开始的。他们不了解自身的结构，不明白做梦的原因，不明白生与死是怎么回事。他们在梦中有时看到自己熟悉的人，那些死去的氏族成员的肉体已经离开了他们，但在梦中却也时常见到；自己本来是在山洞中睡觉，却感觉到自己是在外面捕猎。久而久之，感到好像有一种存于体内又能游离于体外的东西，它是一种看不见、摸不着，有生命力而又能够永存的幻影，人们称它为"灵"或"灵魂"。灵魂仿佛既能助人又能害人，由此人们对它产生了一种幻想、崇敬和恐惧的心理。外部的自然界，风雨雷电、日月星辰、水火山川、鸟兽昆虫等，既是人类生存所必需，又能成灾为害于人。原始人类对自然界的这些利与害，同样不能理解。他们由自身而推及外物，人有灵魂，自然界的万物也应该同样有灵魂。这些灵魂具有惠利于人、为害于人的强大威力，因而人们对它们既有感恩之情，又有恐惧之心。他们把这些自然界的万物之灵称为"神"，诸如风神、雨神、日神、月神、山神、水神、虎神等等。后来把一切具有巨大威力的灵魂包括伟人的灵魂都尊称为"神"，如善战的蚩尤为战神、善耕的周族始祖为农神（即后稷）、善造酒的杜康为酒神、善造器物的鲁班为工匠神等等。人的灵魂则称为"鬼"。《说文解字》云："人所归为鬼。"人死魂气归于天，形骨归于地，亦能归附于人，所以称为鬼。人类对各种鬼神的崇拜世代传承，形成了各种各类的信仰习俗。

三、信仰民俗中的崇拜对象

民俗信仰中的崇拜对象，古今搀杂，种类繁多，大体可以分为以下几类：

（一）对人类灵魂的信仰

它包括对祖先的信仰、游魂的信仰、神灵的信仰等等。

1. 祖先信仰

古代中国是宗法制社会，把尊祖敬宗视为头等大事。祖宗即是本宗族死去的历代前人。在古人看来，祖宗不灭的灵魂世世代代保佑他们的子孙，祭祖的习俗、丧葬的习俗、祖先护佑等等一系列的信仰习俗皆由此而出。

2. 游魂信仰

人死后的灵魂为鬼。无固定之所的游动鬼魂是害人的。健康的人的灵魂与肉体是结合在一起的，一旦灵魂离开肉体长久不归，也会成为游魂，人就会生病或死亡。驱鬼、招魂之类的信仰习俗正是基于这种信仰而产生。

3. 神灵信仰

出于英雄崇拜的心理，人们把那些历史上的英雄及各类杰出的人物都视为神，如佛祖释迦牟尼、道教之祖太上老君李耳、武财神关羽等，比比皆是。他们生前是伟人，死后不灭的灵魂即成为神，仍然会在人间发挥巨大作用。人类所信仰的人物神，绝大多数都是现实社会曾经真实存在过的人物。有些神虽然现实社会未曾真有其人，但也是将现实社会中若干英雄人物或杰出人物综合塑造而成的，如玉皇大帝、王母娘娘、哪吒三太子等。对诸如这些神灵的崇拜，形成了一系列拜神、求佛、请神的信仰习俗。

（二）对自然物灵魂的信仰

古人认为一切自然物都有灵魂，也就都是神。由此形成了祭拜、祈求日神、月神、星神、山神、土地神、石头神、水神、火神、草木之神等一系列的各种信仰习俗。

（三）对动物神灵的信仰

人们认为一切动物也都有灵魂，它们死后的灵魂也称为神；长久与肉体相结合的灵魂永存不灭的则称为"精"或者"仙"。由此而产生一系列对动物崇拜的信仰习俗，如我国民众对狐仙、蛇仙等的信仰；澳洲人对袋鼠神，非洲大陆对鳄鱼、蛇、狮等神的崇拜等等。

四、信仰民俗的特点

人类的信仰民俗，各国、各民族、各地区尽管各有不同，但都具有以下几个主要特点：

（一）神秘性

神秘性是一切信仰习俗产生的基础，同时也是信仰习俗存在的根本特质。神秘性可以更加深化不可知性，甚至达到某种程度的迷信，从而使被信仰物更加神化,增添其无所不能的威力,如萨满请神、念咒、烧符等,造成一种神秘气氛,使人们深信不疑。

(二)功利性

功利性是指信仰习俗在社会传播中表现出一种主体的实用心理。人类的信仰,归根到底,是为了避灾躲祸、求财祈福。或是为了自己,或是为了家族亲友,或是为了一方百姓,信仰是与所追求的功利目的相一致的。

(三)区域性、民族性与播延性

信仰是自然与社会存在的产物。首先是自然存在的影响。生活在海边的人们对海的奥秘、海的威力、海的丰富感受最深,所以产生对海龙王、海神妈祖及其他关于海的各种信仰习俗。而对海毫无所知的生活在山区和沙漠地区的民众则不会产生对海神的信仰习俗,只能产生关于山神、树神、虎神的信仰习俗。可见,不同的地方有不同的信仰习俗。另外,居住在不同地区的不同民族,由于它们不同的民族心理、不同的生活习惯、不同的文化传承,信仰习俗会表现出明显的民族性,如我国的汉族信仰玉皇大帝、太上老君,而阿拉伯民族信奉安拉与穆罕默德,日本大和民族则信奉天照大神。

当然,信仰民俗的地域性与民族性都是相对而言的。同一切民俗事象一样,随着文化交流的扩大化,民族融合的普遍化,一些不同地区、不同民族的信仰习俗也在不断地向外传播和扩延,互相影响,互相融合。如基督教、伊斯兰教、佛教的信仰习俗,早已突破了它们的原生地,传播到世界各地。

(四)禁忌性

禁忌是以信仰为核心的心理民俗,是民俗信仰重要的外在表现。任何一种信仰习俗,实际上都包含两个方面,即应该做什么和不准做什么,不准做的就是禁忌。没有禁忌就没有牢固的信仰。例如信奉海神、水神者,就忌讳在乘船时说带有"翻"音的字眼,这是怕得罪海神、水神,真的造成翻船。不少民族都有禁止踏门坎的习俗,其解说虽然不一,但归根到底都是怕得罪门神。门坎是一家内外的分界,是门神所居、所管之地。踏门坎就是冒犯了门神的尊严,损害了门神的权威,所以无论是踏门坎者还是被踏之家都会招来祸事。可以说,诸如此类的禁忌从反面加强了信仰民俗。

第二节 中国的信仰禁忌民俗

一、汉族的信仰禁忌民俗

汉族是个多神崇拜的民族。与笃信基督教、伊斯兰教的民族比较起来，其信仰不仅偶像是多元的，内涵也是模糊的，祈祷活动更表现为一种明显的功利性。

汉族信仰的神灵非常繁杂，天地万物都各有其神，人死之后灵魂可以成神；没有死的至高无上的皇帝也是神，是天之子，号称天子，是天帝在人间的代表。皇帝所写的字、所赐的物要供奉起来，它不仅是荣誉，也是镇宅兴家之宝。

自古以来，汉族人的信仰都是兼容的，不是排他的。一个人既可以信奉自己的祖先，又可以信奉其他家族"成神"的神灵，还可以信奉天地、日月、山河、鸟兽鱼虫等万物的神灵；既可以信仰汉族人的老子的道教，又可以同时信奉外来的佛教。只要符合自己的需要，可以同时求助于各种各类的神灵。在旧中国，人们往往通过跳大神来驱鬼镇邪，既求狐（狐狸）、黄（黄鼠狼）二仙，又请观音菩萨，还请杨二郎、关老爷，可谓是五花八门。只要有用就信仰、就崇拜，这就是汉族信仰习俗的生动写照。

（一）祖先崇拜的信仰民俗

汉族的先世——古华夏族是带着氏族社会浓厚的血缘关系进入阶级社会的。夏、商、周三代，宗法制的大家族与国家的机构是互为里表的。从夏、商、周三代直到明、清的数千年间，宗法制大家族虽有变迁，但从未解体，血缘关系始终是联结人际关系的重要纽带。自古以来的汉族人就认为，在所有灵魂中，只有祖宗的灵魂最亲，最能护佑自己的子孙后代。在现实社会中，只有一家人、同宗族的人最亲，互相之间才有真诚的帮助。重血亲就必然敬祖宗，因此"尊祖敬宗"是汉族人最重要的信仰习俗。它既可以求得祖宗的保佑，又能增加大家族的血缘认同感，增强凝聚力。

在封建社会中，汉族人每逢年节必须要祭祀祖宗，但祭祀祖宗是分有等级的。天子立有七庙，供奉祭祀从始祖开始的七代祖先；诸侯五庙，供奉祭祀从太祖开始的五代祖先；大夫三庙，供奉祭祀从曾祖开始的三代祖先；士二庙，供奉和祭祀死去的祖父和父亲；庶人无庙，只能在家中供奉和祭祀死去的父亲。庙是专门供奉祖宗的房室。宋代以后，平民也可以祭高祖、曾祖、祖父、父亲四代，而且祭始祖、始迁祖在民间也成为习惯。明代以后平民也可以建家庙。所供奉的历代祖宗的名字写在有座的小木牌上，称为神主。神主按辈分排列，放在神龛之内，接受供奉、祭祀。唐宋时曾流行塑先祖像，明清时曾流行画先祖像，民国以后流行挂先祖照片。在聚族而居的地方，祭祀始祖要由族长主持，在家庙中进行，规模宏大，仪式繁多，极为隆重。汉族人信仰祖宗的习俗是极具民族特色的。近代以来，在此基础上又形成了祭祀中华民族共同祖先——黄帝、炎帝的习俗。全世界的华人都以是炎黄子孙而自豪，"炎黄"成为凝聚中华民族的灵魂。

（二）尊孔敬圣的信仰民俗

在两千多年的封建社会中，儒学与儒家思想居于统治地位，因此儒学的创始人孔子不断地被神化，汉平帝时封其为"褒成宣尼公"，隋文帝封其为"先师尼父"，唐玄宗封其为"文宣王"，宋真宗封其为"至圣文宣王"，元武宗封其为"大成至圣文宣王"，明世宗封其为"至圣先师"，清世祖封其为"大成至圣文宣先师"。他是"德配天地，道冠古今"的"圣人"。

汉族从古至今，无论贵贱，素有信仰"孔圣人"之俗。人们把孔圣人奉为掌握学子、文人命运之神。官私学校每天必须对孔子顶礼膜拜，作为上课的仪式。供奉孔子的庙称为"文庙"，在封建社会的千余年间，特别是明、清二代，文庙遍布全国各地，供人祭拜。近代的五四运动之后，孔子的思想受到冲击，信仰孔子的习俗日衰。但最近二十余年来，孔子关于仁爱、中庸、和谐的思想受到重视，作为我国优秀传统文化的精华，孔子再次受到社会的广泛尊重。

（三）拜佛、拜菩萨的信仰民俗

佛教自西汉末年传入中国之后，经过与中国文化的融合，成为中国化了的佛教。由于历代统治者的大力提倡，两千年来不断发展，成为对中国社会影响最大的宗教。信佛、拜菩萨是汉族人从古至今的信仰习俗。佛教的基本教义，是以"因果报应"、"三世轮回"为基础的，认为现世人生无常，苦海无边，而种种苦难都是前世的罪孽造成的。只有行善、修行，来世才能获得善果，或去极乐世界，或为大福大贵之人；否则就要下地狱，或变成牛马猪狗。而佛与菩萨就是救苦救难、普渡众生的。所以旧时的汉族大众，无论贫富贵贱，都笃信佛祖和菩萨，特别是观音菩萨，最为汉族各阶层民众所信奉。

汉族民众拜佛、拜菩萨或去寺院对佛像烧香许愿、膜拜，或在家内供奉观音菩萨的画像，上供烧香祈祷。拜佛、拜菩萨没有具体的时间规定，可以在佛教重大节日礼拜，也可随时礼拜，总之是"心诚佛知"。

（四）供奉关圣帝的信仰民俗

关圣帝君俗称"关老爷"，千余年来，广大汉族民众对关圣帝的信仰敬奉几乎不亚于观音菩萨。

"关老爷"即三国时期蜀国大将关羽。关羽生前是以忠勇威震华夏，死后被追封为"壮缪侯"。当时人曾在他死处立祠祭祀。后来历代统治者出于巩固统治的需要,逐渐将其神化,关羽因此成为集忠义仁勇于一身的历代楷模。在中国诸神中,关羽的封号是最为显赫的。宋代哲宗皇帝封其为"显烈王",徽宗皇帝封其为"义勇武安王";明代神宗皇帝封其为"协天护国忠义帝"、"三界伏魔大帝神威远震天尊关圣帝君";清代顺治帝封其为"忠义神勇灵佑仁勇显威护国精诚绥靖翊赞宣德关圣大帝"。民间又尊其为"武财神"。

在神班中,关羽原本是籍属道教,但又兼职于佛教,被佛教列为"护法伽蓝"。一身兼二教之神,更是极为罕见。关老爷神职地位高,身为"大帝"、"圣帝",神通广大——三界伏魔、护国保民,神品高尚——集忠义仁勇于一身。总之,三界的神事、人事、鬼事无所不管,是一位万能万灵的神。因此,信奉者极众。

明清时期,全国遍地都有关帝庙,阮葵生《茶余客话》中称"关帝庙遍海寓,一村一庄处处有之。虽塞垣边障,祠宇亦多"。关羽之庙称为"武庙",其庙数之多、香火之盛,远远超过文庙。每年阴历五月十三是专门祭祀"关老爷"的日子,称为"关帝庙会"或"关老爷庙会",规模颇为盛大。许多汉族人在家中也供关帝像,随时祭祀求助。受汉族信仰关圣帝习俗的影响,满族、蒙古族也同样信奉,甚至更为笃诚。

随着弘扬传统文化之风的兴起,信仰"关圣帝"的旧俗又有所复兴。近二十年,在我国各地的酒楼饭店几乎家家都供奉关羽,其主要职能是保佑发财。这是因为在明清之后,关羽在神班中又兼职"武财神"。在经济发展的大潮中,"财神"当然是最受欢迎的了。

(五)五花八门的禁忌民俗

汉族信仰习俗的繁杂,也表现为五花八门的民间禁忌。

1. 人生禁忌

一个人从出生到死亡,衣食住行、婚丧嫁娶、言谈举止,几乎时时处处都有禁忌。例如:婴儿在母腹的孕育期间,母亲不能吃兔子肉,否则生下的孩子三瓣嘴;有些地方的汉族旧俗,妇女不能在家生孩子,不能对门口、窗口生孩子,否则污秽的血光会冲了神灵。婴儿降生三天要洗一次澡,俗称"洗三",洗完后可以给其穿上褂子,但百日之内不能穿裤子,否则长大后腿脚不灵便。小孩长大成人,结婚的禁忌就更多。男女双方配婚,最忌讳生辰八字和属相不和,八字和属相不合就会相克,人不全、家衰败。年老死亡,入土埋葬,必须要选"藏风得水"之地,最忌葬于急水滩头、沟源绝境、孤独山顶、神前庙后,葬地好会子孙兴旺,大富大贵;葬于绝地,会家败人亡。

2. 衣食住行禁忌

穿衣必须衣顺冠正,忌讳反穿衣、反戴冠。女人若反穿衣会克丈夫,"反穿罗裙，另嫁男人"。男人忌反戴帽子，反戴帽是凶相，会招来灾祸。

日常饮食，也有许多禁忌习俗。如吃饭前不能用筷子敲空碗，因为只有乞丐讨食时才敲空碗；不能把筷子横担在碗上，这是供死人的做法，活人仿效活不长久；吃饭时要拿好筷子，忌讳筷子落地；在别人家做客吃鱼，不能主动翻鱼，俗称"客不翻鱼"。鱼与"余"谐音，翻"余"就是"少"，对主人进财不利。

居住最大的禁忌是住宅不能选建在"逆地"，最忌南高北低。"前（南）高后（北）低，主寡妇孤儿，门户必败"。

行旅也有禁忌。汉族旧俗认为，人外出及在行旅中的安全都由各相关的神灵掌管。外出必须择吉日，忌在黑道之日出门。俗忌正月初五，初五俗称"破五"，出门不吉。每月的初五、十五、二十五都不是出门的吉日。俗谚说："要出走，三六九；要回家，二五八"。出门还要看方向，忌冲"黑煞"。无论是乘车还是坐船，都忌讳说"翻"字。

3. 言谈举止禁忌

在言谈话语方面也有各种忌讳。最忌讳的是在喜庆的日子说不吉利、丧气的话，不吉的谐声也犯忌，要想办法避免或换一种说法。比如过春节时，有人来登门卖财神画，如果不想要，不能直接说"不要"、"不买"，要托词说"早已请来了"，以求吉利。日常行为举止的忌讳也很多，如走路不能总回头，旧俗认为回头多了会招来邪鬼；不能踩别人的影子，踩影子会使被踩者丢魂；不能朝庙宇大小便，那会冒犯神灵等。

二、其他民族的信仰禁忌民俗

（一）蒙古族的信仰禁忌民俗

蒙古族也是一个多神崇拜的民族。在蒙古地区有一句流行的俗语："蒙古无处不见庙，祭天祭火祭敖包。"这句俗语真切地概括出了蒙古族信仰习俗的特点。

1. 祭天的民俗

在诸多的神灵中，蒙古人认为天神是最崇高的，蒙古语称天为"腾格里"，其俗最信仰天神。《蒙鞑备录》说："其俗最敬天，每事必称天，闻雷声则恐惧，不敢行师，曰：'天叫也'。"因此，在蒙古族诸多的祭祀中，世世代代最重视的是祭天。《元史》说："元兴朔漠，代有祭天之礼。"

蒙古族祭天一般都是选在四月、八月、十二月。近现代东部蒙古族多是选在七月初七或初八。其祭祀通常要进行三天三夜，规模宏大而又隆重。祭祀之仪：民众集体祭天要由"博"（即萨满）主持，将洁净的肉挂在高竿上，然后洒马乳、谷物等，并对天祷告所企求之事。

各个家庭的祭天活动或是由"博"主持或是由家长主持。祭天分为"白祭"

与"红祭"。白祭的供品是奶与奶制品,红祭是指杀羊血祭。其一般做法是:在院子里按方位插上九色旗(或五色旗),中间摆上供桌,上面放装满粮食的升(称量粮的容器),升里插一面蓝旗。在牧区,则是把供品放在一辆勒勒车上,车辕朝西南方向。主祭的"博"在供桌前摆上一盆牛粪火,之后杀羊,取出羊心放在碗内祭天。作为祭祀牺牲的羊称为"术斯","博"以剑指着"术斯"的各部位,说明献给天神的意愿,呼唤各重天的天神进行祈祷。之后,将"术斯"煮熟,摆上供桌,这时"博"带领众人合唱祭天敬神之歌。歌毕,众人分享供品。

2. 火崇拜民俗

蒙古人崇拜火,传说火是在天地分开时产生的圣物,认为火能够驱邪避恶,赐福降吉,视为家庭的保护神。

蒙古人遇事首先要拜火,进行祭祀。祭火分为年祭、月祭两种。年祭在每年的腊月二十三举行,月祭是初一、初二举行。每家都有火主(火神),大的聚落有共尊的火主。大的祭火仪式由萨满主持,每家的祭火由家长主持。藏传佛教传入蒙古后,往往由藏传佛教僧侣主持,祭祀要念经、祷告,祈求保佑。有专门用来祭火的经文、典籍,称为"祭火经"。

蒙古人素有以火净化万物之俗,以祛除一切不祥。在古代,蒙古的王公们或外国使节拜见可汗时,都必须在两堆火中间通过,其携带的物品也须如此,以便净化。人死以后,死者的帐幕和使用的物品以及他的家属,也都必用火净化。其仪式是:燃起两堆火,在每堆火旁边立一根长矛,用一条绳子拴在两个矛头下,绳上系一些布条,人及各种物品就在这两堆火之间通过。经过圣火的洗礼,就会祛除一切邪气,无害于活人。

圣洁的火也是家庭继承人的象征。按照蒙古人的习俗,继承家产的幼子,在名字之后通常要加上"斡惕赤斤"字样,其意是火灶、火盆,也就是守灶人。可见火在蒙古族信仰中的重要地位。

3. 祭敖包的民俗

蒙古族的祭敖包是多神崇拜信仰习俗的集中体现。"敖包"是蒙古语的音译,含有石堆、土堆、木堆之意。蒙古旧俗认为,敖包是各种神灵的聚居地。在蒙古地区,到处都可以见到敖包。有贵族的敖包,有平民的敖包,有屯敖包,也有乡、旗的敖包。

敖包一般都设在山上或高冈地,或交通要道旁边。建敖包比较简单,由萨满宣布说,神灵选择某某地方的山或丘陵作为自己的居所,人们就在这个地方拣些石头等物积累成堆,内放弓箭、谷物之类即成。

祭祀敖包可以个人随时随地进行。骑马或步行经过敖包时,要拾些石块、土块等放在敖包上,将随身携带的酒、肉,或剪下的马鬃、马尾(代表马)供在敖包旁，祷告祝愿即可。大规模的集体祭祀，一般都是在每年水草旺盛之时举行。祭前要对敖包进行修葺，顶上插以树枝，立杆为柱，柱顶安"嘎如迪"（即凤凰）为冠首，悬挂印有经文的"天马图"经幡，并在许多条下垂的绳弦上系以各种三角形小旗或彩布条。祭祀由最高首领率领众多藏传佛教僧侣，在寺院鼓乐队的引导下，绕敖包念经，众人随行，场面很是壮观热烈。祭毕，所有的人，包括路过的人吃肉粥。在祭祀活动之外，往往还要举行赛马、摔跤、射箭、歌舞等娱乐活动，既是娱神，更是娱人，人神共乐。

4. 信奉藏传佛教的民俗

蒙古人古老的信仰习俗是多神崇拜的萨满教。公元 13 世纪中期，蒙古军队进入西藏，藏传佛教传入蒙古地区。清代时，由于清政府的大力扶植，藏传佛教在蒙古地区广泛传播，寺庙林立。至清末，内蒙古地区有寺庙 1000 多所，卓索图盟土默特旗（今辽宁阜新）就有藏传佛教寺庙 370 多座，藏传佛教僧侣达 50000 余人。蒙古族无论贵族平民，全部信奉藏传佛教，蒙古族的各种信仰习俗几乎无不打上藏传佛教的印记。

5. 禁忌民俗

受长期游牧生活和各种传统习俗影响，蒙古族的衣食住行等皆有禁忌。

蒙古人旧俗不吃鱼，不吃飞禽，不吃马肉。这是因为蒙古人古代时以鱼及鹰之类的飞禽为神物，不敢为食；马是蒙古人游牧、作战最得力的牲畜，与主人有深厚的感情，不忍为食，久而成俗。

蒙古人忌讳打牧民的狗，俗称"打狗还得看主人"。对于射猎的蒙古人，狗是他们的捕猎工具，是保护他们的生命和羊群等财产安全的"朋友"，打狗就是欺侮主人。

烤火时，不得向火盆吐痰，不得用火棍在火盆里乱拨，不得跨越火盆，不得在火盆上烤裤子、脚等不洁物。这是因为蒙古人以火为神，对火神无礼要遭祸殃。不得在衣服、帽子、枕头、锅台、碾石、井口绳子上面跨迈，也不得踩坐门坎。这是因衣冠是人的代表，锅台等地有神灵，不敬人、不重神会招来祸患。

不得在嘛尼杆（神杆）、住宅附近和牛圈、羊圈内大小便。因为这些地方都是各自神灵的所在。

在寺院不能乱摸、乱动，不能大声说话，不能用手指着佛像问话，不能对着佛像打喷嚏、抽烟、吐痰，因为这是对神佛的大不敬。

（二）藏族的信仰禁忌民俗

藏族是一个普遍信仰宗教的民族。藏族先民们信仰的是万物有灵、崇尚巫术的原始宗教——本教，藏语称之为"本曲"，俗称"黑教"。它崇拜的是天空、地上、地下三界的鬼神精灵和自然物。公元 7 世纪初，吐蕃赞普松赞干布开始信仰佛教。佛教在与黑教进行长期的宗教斗争中，吸收和融合了黑教的一些教义和仪式，形成了具有西藏地方色彩的藏传佛教。藏传佛教在当政统治者的支持下，成为广大藏民信奉的宗教。但在西藏的仁布、南木林、藏北地区和藏东芝康、四川阿坝州等一些偏僻地区还有一些藏民信奉吸收了佛教内容的本教。藏族民众无论尊卑贫富，无论哪一个阶层，其信仰习俗都是深受这两种宗教的影响。

1. 自然崇拜的民俗

藏族民众还保留了许多崇拜自然物的信仰习俗。山与石仍是一部分藏族人崇拜的对象。

藏族人有奉祭山神的习俗，藏语称为"拉卜则"（意为山顶、山尖），它是用木杆制成的丛状物，上端削成箭簇形，杆上缠经幡，再挂上羊毛等，置于石堆上，下面用木栅栏或石头固定。祭祀"拉卜则"一般是在农历五、六、七三个月举行。祭祀时各部落率众前来，祭祀形式是往上插箭，边插箭边由藏传佛教僧侣念经文，并对天致祭、敬酒、献哈达。

在四川嘉绒地区的藏族人，以石头堆为山神。他们把白色的石头供在屋顶小塔顶上，在各寨山神的石头堆上也供放白石头。传说是外族入侵时受菩萨指点，曾以白石头打退敌人。

藏族民众世代游牧于高原大山之间，石头是他们用来建造房屋（碉房）的原料和御敌驱兽的原始武器，山的高峻与恩赐、石的宝贵遂使藏族的先民们产生了对大山、对坚石的敬畏和感激，视之为神而信仰，世代相传成俗。

2. 礼佛民俗

藏族人对佛教的虔诚信仰，远远超过其他各个民族。出于对佛的敬奉，又出现了许多相关的习俗。

（1）佩带护身佛

每个藏民几乎都在脖子上挂一个"嘎乌"，即护身佛的小盒。里面装有小佛像，印有经文的绸片，舍利子或由活佛、高僧念过咒语的药丸，及活佛的头发、衣物碎片等。小盒有金、银、绸三种，男用方形，女用圆形。藏民们认为有佛护身就能吉祥免灾。

（2）转经轮

俗称"转右拉"。笃信藏传佛教的藏民识字的极少，不会念佛的经文。传说人手转经轮，每转一圈就相当于念经一遍。所以转经轮就成了藏民们表达真诚信仰的习俗。今在西藏各地，均可见到持转经轮之人，以老年人居多。

（3）悬挂经幡

经幡也叫"祈祷幢"，是用绸绢或布条制成，上面印有经文，系在杆上随风飘动。在藏族居住区，无论是农区还是牧区，都可以看见立于屋顶上或帐篷上的经幡。最初是白色，经过长时期的风吹日晒逐渐变成灰黑色。悬挂经幡是藏族人虔诚信佛的表示。据说挂经幡、转经论和捻佛珠都具有同等的效力。风把经幡吹动一下，就相当于念经一次。

（4）磕长头与等身头

笃信佛教的俗家藏族男女，为了消灾免祸和祈求来世的幸福，常去寺院磕头拜佛。磕长头是指在磕头时，双手高举触额、口、心各一下，然后双膝跪倒、全身伏地、四肢伸直，额头触碰地面。磕头时要心诚，口念六字真言或祈祷之辞，要磕几百、几千、几万次，常将厚厚的木地板磨出深深的沟痕而至穿，几年就得重新一换。可见信徒之多、信仰之诚。

磕等身头是在寺院周围右旋磕头的拜佛礼俗。磕头者每磕一次，用手在磕头的地方划一道横线，下次脚尖齐线，再磕再画线，如此继续下去，俗称"等身头"。磕头的次数以自己的意愿或活佛卜算而定，围绕寺院一周或几周。还有一种磕法，是朝着佛寺的方向向前移动磕头。有的居住在青海、甘肃的藏民一直这样磕到西藏的拉萨，风餐露宿，时间长达数月或数年。为了避免磨破手和膝盖，磕头者常将手掌护以木板，膝盖上包各类坚皮。直至今日，在西藏的一些通往拉萨的路上仍然可以看到这些磕等身头的虔诚的朝圣者。

3. 禁忌民俗

藏族人禁忌习俗主要如下：

藏族人旧时的饮食禁忌，一般是不吃鱼虾、鸡肉、鸡蛋，近些年来在一些地区这一旧俗渐有变化。

凡行人碰到寺庙、宝塔、嘛尼堆和龙树时必须下马，从左边绕行；信本教者则从右边绕行，不得逆行。进入寺院必须肃静，就坐时身子要端正，切忌坐活佛之位。

不得在藏民的牛圈、马圈、羊圈大小便，不得当别人面烤鞋、袜和裤子。不得在别人面前打喷嚏，更不得放屁；不得随便摸他人的帽子和头发；不得用带有藏文的纸当手纸或擦东西，他们认为文字是神圣的。

进入藏民帐篷后，男坐于左侧，女坐于右侧，不得混杂而坐。主人倒茶时，客人不得安坐不动，必须把茶碗向前倾出，以表敬意。不得用单手接递物品。

藏族人家如有人生孩子或有病人，必须要在门口放堆火或挂红布条、插树枝，以表谢绝外人入内。外人见到此标识，也不得入内。

（三）回族的信仰禁忌民俗

同一切信奉伊斯兰教的民族一样，回族人的信仰主要有以下几个方面：

1. "六信"

即六个主要的信仰，包括：

信安拉。认为安拉是独一无二的至上神，安拉创造万物、主宰一切，而且无所不能、无所不知、无所不有。安拉无形象、无方所。

信使者。穆罕默德是安拉派来的使者，治世安民，普慈众生。

信经典。《古兰经》是安拉启示众生的经典。

信天使。天使是安拉的差役，无形无影，神通广大，变幻莫测。

信前定。认为世间的一切都是安拉早已安排好的，应顺其自然，不与所争。

信后世。认为世界终将毁灭，毁灭之后"后世天国"就来临，死去的人到时候会复活，接受审判，善者升天堂，恶者入火狱。

2. "五功"

回族大众的六大信仰主要体现在五个方面的活动中，俗称"五功"：

念功。在举行宗教典礼或平日，要口诵清真之言："除安拉之外，别无神灵，穆罕默德是他的使者。"以此来公开表白自己的信仰，坚定认主从圣的信念。

拜功。即对真主进行礼拜。礼拜时，拜者的衣服、身体、场所都必须清洁，朝圣地麦加方向进行礼拜。礼拜有个人和集体两种形式。个人之拜一天五次，分为晨礼（日出前）、晌礼（中午）、哺礼（日落前）、昏礼（日落后）、宵礼（中夜时）等；集体礼拜每周五举行，七天一次，由伊玛目（首领）率领在教堂举行。

斋功。每年回历九月为斋月。斋月内，每天在天亮前饮食，日出至日落禁止一切饮食和房事。

朝功。按伊斯兰教规定，每个穆斯林凡是身体健康、财力允许者一生中都要去圣地麦加朝觐一次。集体朝拜的时间是在回历每年的十二月初八至十二日。个人也可以随时去单独朝拜。

课功。每个信仰伊斯兰教的穆斯林，每年都要自愿捐助钱财或纳税，用以资助穷人或公益事业。

3. 禁忌民俗

回族民众禁忌较多，主要有：

忌食猪肉与一切自行死亡的动物之肉，还禁食狗、马、骡及一切猛禽之肉。回族人在肉食方面禁忌极严，只吃由阿訇宰杀的牛羊之肉。犯禁要受到鄙视和谴责。

回族人禁止喝酒，也禁止吸烟（有的教派不禁烟）。同时也忌讳别人在自己家喝酒和吸烟，他们认为喝酒、吸烟是对真主的不敬。

吃蒸馍、饼等块状食物时，忌讳囫囵咬啃，必须用手掰开，分成许多小块而食。

回族人极讲卫生，忌讳不洁。饭前便后、性生活前后都必清洗。不许将剩水倒回井中、水塘中或水缸中。不许在井边洗衣服，不许在河边、果树下大小便。

（四）壮族的信仰禁忌民俗

壮族相信万物皆有灵，表现为多神崇拜的信仰习俗。

1. 崇拜祖先的信仰民俗

壮族旧俗认为，祖先与本家族人血脉相连，他们的神灵能够保佑子孙后代得财得福，免遭灾难，所以盛行祭祖之风。广西西部的一些地区的壮族村寨皆建有祠堂，祠堂内陈放列祖列宗的牌位，一年祭祀一次。壮族人家对祖宗非常敬重，在祖台前不准放剩饭、辣椒、狗肉等，认为这是对祖宗的大不敬，不敬祖宗会招来祸患。壮族还有送祖宗的旧俗，即大年三十的夜晚，偷偷地将祭祖的香灰用纸包悄悄地拿到树边的墙上安放，这叫"送祖宗"，让祖宗的灵魂升天安息。

壮族还把历史上本民族英雄视为祖先神加以崇拜。如龙胜龙脊乡有每年两次祭祖先"莫一大王"的习俗。在传说中，莫一大王是一个能呼风唤雨、驱鬼除邪、保寨安民的英雄。哲宁、索乌一带的壮族人家有祭祀娅拜的习俗。据说娅拜是一位女寨主，她曾率领壮族民众打败前来烧杀抢掠的官兵，后来被官家暗害。人们把埋葬她的山称为娅拜山，每年在她遇害那天，各地的壮族民众都自觉来到娅拜山，杀牛宰猪进行祭祀。

2. 修阴功的信仰民俗

受佛教三世轮回思想的影响，壮族民间有"修阴功"的旧俗。旧俗认为一个人生前多做好事，就可以免受地狱之苦，来生会幸福。因此，一些人常常是省吃俭用，将钱用来做修桥、补路、挖井等积德的好事，称为"修阴功"。修阴功时还要请来歌手唱《阴功歌》，祈求活着能延年益寿，死后能来世命好。

3. 图腾崇拜的信仰民俗

壮族先世曾把青蛙、鸟、狗、牛等许多动物视为本氏族的祖先和保护神，这就是历史学家们所说的"图腾崇拜"。直至近现代，一些地方的壮族人家，禁食青蛙、牛肉、狗肉，过祭祀青蛙的"娃婆节"与"牛魂节"。

（1）祭娃婆

广西东兰、凤山一带的壮族民众，每年正月初一，数村民众共聚在一起，在田间寻找青蛙，将最先找到的青蛙与另外一只配一对，敬送到村中的"后稷亭"，祈祷后打死，装入竹筒，由两个青年抬到各户人家，道喜并祝福五谷丰登、六畜兴旺、人口平安。最后择吉日在传统地点隆重安葬。安葬时数村青年男女敬献祭品，铜鼓响起，载歌载舞。大年初一本是祭祖之日，在这一天举行祭祀青蛙，并希望能得到青蛙的保佑，五谷丰登，六畜兴旺，人口平安，这显然是把青蛙视为祖神。不难看出这正是远古时期壮族某些氏族曾以青蛙为"图腾"的遗留。

（2）祭牛魂

居住在桂西北山区的壮族人家，有"祭牛魂"之俗。每年阴历四月初八，各农家杀鸡宰鸭、酿造米酒、蒸五彩饭，全家人到牛栏旁边，将这些食物作为供品摆上，对牛敬拜，祈祷招魂。然后将这些祭品与青草送给牛吃。祭祀时还要请长辈高唱送牛歌。这一天不管多忙，都要让牛休息，并把牛栏打扫干净。壮族农家平时对牛也十分爱护，不许棒打鞭抽，不许大发雷霆。壮族农家对牛的爱护和礼敬，固然是因为牛为耕田种地作出了巨大贡献，但供牛、拜牛、为牛招魂、请牛保佑家业兴旺之俗则有更深的含义。这种习俗说明，在远古时代，牛曾经被某些民族视为祖先和保护神，只不过这种"图腾"因年代久远而早已被湮没在历史的波涛中了。

4. 水崇拜的民俗

水是生命之源，壮族更是把水视为幸福之源、智慧之源，对水的神秘力量有一种特殊的信仰。每年正月初一清晨，鸡叫头遍，壮乡到处都是火把，女人们争相来到水边，挑新年的第一桶水，俗称"取新水"。取水时，先是默默祈祷，然后齐声唱"讨水歌"，回家时也要边走边唱。水挑回家后，众人分喝，据说这样的水能使人健康、眼睛明亮、聪明伶俐，叫做"伶俐水"。人们还在河边捡几块象征牛、马、猪、羊等等的石头，在水中洗净，用绳拴好拉回家中，放在各种牲畜圈中，保佑六畜兴旺。

5. 禁忌习俗

由于壮族是多神崇拜，禁忌习俗很多。

有些地区的壮族人，禁食牛、蛙、狗、蛇等动物之肉。到壮族人家做客，主人给的东西必须得吃，不吃会对主人不利。

妇女不能穿白色的裤子，否则会招灾。

不得拿火出门，否则会有旱灾；做饭时不得吹火，犯者有火灾。清明那一天不准点火，否则会有祸。

每逢初一、十五日之晨，不能去别人家拍门叫人，这样会给人家招来灾祸。谁家有新生婴儿或病人，最忌陌生人进屋。要在屋前或门上挂树枝，以示外人不得入内；否则带来的邪气会使小孩生病，病人的病情加重。

去他人家做客留宿，是夫妻也不准同床而睡，他们认为见人交媾或两蛇缠在一起都是不洁净的，是最大晦气。

壮族人家在播种时，在撒出的那一瞬间必须闭眼，否则会招来鸟雀吃种。

壮族有许多忌日，在忌日或不能外出，或不能劳动、挖土，否则人畜不安。

行商在外，忌讳打碗；新娘出嫁忌讳打雷。

三、港澳台地区的信仰禁忌民俗

（一）香港、澳门的信仰禁忌民俗

1. 香港的信仰禁忌民俗

香港是中西文化交汇、兼收并蓄之地。世界各主要宗教，如佛教、道教、天主教、基督教、伊斯兰教及一些民间多神宗教等在香港都有一席之地。香港的各种宗教活动场所多达1200余处，平均不到一平方公里就有一处，堪称世界之最。因此，香港的民众信仰习俗呈现多元化的状态。佛教在香港传播的历史最久，信徒也最多。目前香港有400多座佛教寺院及数个教山佛堂。香港道教各个教派林立，大小道观120余座，信徒约十万余众。香港的一些民众，不仅信仰佛教中的观音菩萨，还信仰道教仙班中的关圣帝，妈祖以及民间杂神狐仙、黄仙、蛇仙等等。

由于香港长期在英国人的统治下，西方的天主教、基督教在香港都有较多的信徒。天主教的信众仅次于佛教，香港有大小教堂110座。天主教有严密的组织，又兴办教育、慈善等事业，使得天主教在香港日益扩大。基督教在香港共有50个派别、180多个分支机构，有教堂900间，教堂的数量居各教派之首。伊斯兰教在17世纪传入香港，发展较慢，目前有5座清真寺。

香港人的禁忌较多。喜欢听吉利的字眼，忌讳听"落"、"死"之类的字音。喜欢听"恭喜发财"，对"8"字情有独钟，因为"8"字与香港话（实际是广东话）"发"字谐音。忌听"新年快乐"、"节日快乐"、"寿诞快乐"等祝贺语，因为"乐"与"落"谐音，"快落"即是快完蛋的意思。厌恶"4"字，因为"4"与"死"谐音，所以说话中要尽量避免说"4"字。遇到非说不可的，可以"双2"、"两个二"的说法代替。住在4楼4号屋要说是双2楼双2号，否则就成了"死楼死屋"，不吉利，会形成巨大的心理压力。

2. 澳门的信仰禁忌民俗

澳门的信仰习俗的特点与香港类似，体现为中西文化交融、多元共存。澳门华人绝大部分信仰佛教，信徒达澳门宗教信仰者的一半以上，对澳门社会有深刻的影响。在诸佛之中以观音菩萨、四面佛最受尊崇，信众最多。在道教诸神中，以信仰妈祖的人最多，全岛共有9处妈祖庙，其中的"妈祖阁"已经成为澳门的象征。

天主教是葡萄牙人传入的，今已有400多年的历史。信奉者主要是葡萄牙人，还有部分华人和其他欧亚各国人。由于葡萄牙人长期统治澳门，所以天主教在澳门虽然信徒不如佛教多，居第二位，但其宗教势力曾一度处于支配地位，有教堂20多座。基督教传入澳门要比天主教晚200余年，现有信徒5000余人，教堂及布道所 40 多处，其信徒数量居第三位。

澳门的禁忌习俗可以说是"土洋结合"。受西方基督教文化影响，普遍忌讳"13"和"黑色星期五"；受中国传统文化影响，以黑白两色为凶色。行船忌讳说"翻"、"覆"，赌场忌说"输"、"干"之类的字音，数字忌说"4"等等。

（二）台湾的信仰禁忌民俗

1. 移民的信仰民俗

千百年来世世代代的大陆各地居民不断迁居台湾，带去了各自在本土的信仰习俗。大陆各地信奉的佛祖、观音、玉皇、关圣帝、妈祖等神佛纷纷移驾台湾，领受香火，但仍然保留故居地的习俗，是移民信奉的"移神"。这是台湾信仰习俗极为突出的特点。

移民们多信奉佛教，供奉释迦牟尼佛、弥勒佛、观音菩萨、地藏菩萨等。但移民对这些神祇的选择较少有宗教教义的内涵，而较多的是表现对故乡的怀恋。比如，福建泉州有供观音菩萨的龙山寺，于是在泉州籍移民较多的各地都相继建起龙山寺，目前台湾有龙山寺 440 多座，台湾龙山寺就是大陆龙山寺的分支。移民对观音菩萨的信仰不仅是对神佛的崇拜，更是体现着对故乡的眷恋。

台湾民众信奉妈祖之风最盛，妈祖是神通广大的保护渔民安全出海的海上女神。在我国沿海一带，从南至北的各大港口要津，都建有妈祖庙（北方称天妃宫或天后圣母宫），每至农历三月二十三妈祖的生日，渔民们都要停船晾网，虔诚地去当地的妈祖庙礼拜祭祀。其他各行各业的民众也都参加拜祀，信奉妈祖已经突破了行业信仰的习俗，成为全民性的信仰。

受西方文化的影响，台湾民众亦有为数不少的人信仰天主教与基督教。至今台湾有天主教堂 700 余座，信奉者多达数十万人；基督教的信奉者达 40 余万。台湾民众的信仰习俗，反映了中西文化交融的特点。

2. 高山族的信仰民俗

高山族认为万物皆有灵，其信仰习俗表现为多神崇拜，且迷信巫术。

高山族认为人的吉凶都是由各种精灵所致，精灵有善恶的不同，依靠巫术可以求助于善的精灵驱除恶的精灵。施展巫术的女巫将祈求者的目的告于神，求神给予点化，称之为"宣托"。卑南人在宣托时，将头发或竹、草、酒陈列于地上，手摇铜铃，以铃声来判断神意，这有些类似我国北方少数民族的萨满请神。

高山族有占卜之俗。有筷子占、水占、鸟占、梦占等多种占卜形式。泰雅人的筷子占，以两根竹筷子插脚趾间，并在其尖端横置一小管，如竹管不落，则所卜问的事为肯定，否则相反。水占是赛夏人的占卜方式。逢疾病或其他疑难问题时，在盛满清水的碗中投一根草，并在碗中立细竹管一只，听竹管的声音判断吉凶。鸟占是用一种名叫"蛮在"（雀）的鸟进行占卜，其叫声洪亮悠扬为吉兆，宜狩猎或农耕；如叫声微弱，则为凶兆，不宜外出。在路上的行人，以蛮在鸣叫的声音和飞行的方向判断吉凶。如果是主凶声音，其所飞的方向为凶险之兆，要立即折回或马上停止行走。高山族人，很相信梦，根据梦境的情况占卜吉凶，称为梦占。噩梦预示凶险，好梦预示吉祥，以梦占决定去留。

高山族在农耕、狩猎、捕鱼、祭祀及日常的生活中禁忌很多。如：不准与外地人来往，不准擅自踏入他人的田地，打猎时男人不准摸麻，否则会迷路受伤；家中不能断火，打猎时不能将火借给他人，否则会捕不到野兽。女人不能摸猎枪，男人不能摸织布机，否则将招致祸患。以乌鸦为不吉之鸟，遇到乌鸦，走路必须返回，未出门者则不能出门上工。

第三节 亚洲其他各国的信仰禁忌民俗

一、日本的信仰禁忌民俗

（一）信仰

日本是一个信奉多种宗教的国家。神道教是日本本土的宗教，此外还有很多人信奉佛教、基督教。

日本民族自古以来崇拜多神，号称"天地神祇八百万"。其神道教以崇拜象征太阳的"天照大神"为中心，它起源于远古时期的自然神崇拜、祖先崇拜及巫术，到公元4世纪形成完整的宗教体系。神道教宣扬天皇是天照大神的后裔，是天照大神在人间的代表，神权与皇权合一。公元8世纪时，佛教从中国传入日本而逐渐盛行。神道教与佛教相混合，形成了"两个神道"、"真合神道"等。17世纪后，神道教又与儒家思想结合而形成儒家神道。19世纪中叶，明治天皇为了利用神道作为恢复皇室、统一国家的工具，强令神佛分开，建立"祭政一致"的"国家神道"，由国家统一管理。日本的神道教派很多，现在大约有150多个。

神社是祭祀各种神灵的场所。日本的神社多如牛毛，每个村、镇、城市都有各自的神社，如东京大神社等。此外还有各种专门的神社，如日俄战争战胜俄军的乃木希典大将死后被奉为陆军之神，在其东京旧宅旁建有乃木神社。最初的神社只是各村落之民举行共耕仪式、祭神祈求丰收平安的场所。中间是一块清静之地，四周围以树木，称为"神篱"，或中间以石头围成神位，称为"磐境"，又称为"神奈备"，即神所在的森林。后来，逐渐设有神殿，供人祭祀。最初，各种神、佛都供奉在神社中，神社、寺院、神职与僧侣都混杂在一起。明治天皇下令神、佛分离后，神社才成为单独祭神的地方。

　　日本民族的祭祀特别多，每个神社不论大小都举办祭祀，有的一年要举行两次。神社内供奉的神都不同，祭祀活动也各有特点。日本的祭祀分地区、分季节。日本著名的三大祭：青森县的睡猪祭、埼玉县的秩父祭和京都府的祇园祭。神社举行祭祀时，一台台神社的轿子被人们簇拥着前行。抬轿的人，身穿印有"祭"字的无领丐襟褂子，下身穿着短裤，头上围着布巾，脚上穿着特殊的布袜。轿前有人持一写有"祭"字的大团扇为引导，在各主要街道游行。轿子行列中有一彩车，有戴面具者向观众致意、击鼓、跳日本民族舞。轿子到达主办神社后，神主为其驱邪、保护大家健康无恙。除神社祭外，日常生活中还有什么音乐祭、文化祭、豆腐祭等等，多得数不清。人们通过祭祀，加强了人际交流，增添了生活乐趣，可谓人神共乐。

　　（二）禁忌

　　日本人忌讳数字"4"、"9"、因其分别与死、苦同音，"6"是强盗的标记，"13"又是4与9之和，因此也是忌讳的数字；不喜欢紫色，因其是悲伤之色；最忌讳绿色，因其是不祥之色；忌讳荷花图案，因其用于祭奠；常人不得使用菊花图案，因其为皇室专用；探望病人忌送带根的花，因为根与睡同音，是一睡不起的恶兆；忌送夕阳风景国画；与日本人合影不可三人一起，左右被人夹着视为不幸预兆；一般不吃肥肉和猪内脏，忌讳用餐时整理头发，忌讳客人吃一碗饭就够，象征无缘。

二、印度的信仰禁忌民俗

　　（一）信仰

　　印度是一个多宗教信仰的国家，除本土的印度教、佛教、耆那教、锡克教以外，伊斯兰教、基督教、犹太教等在印度也都有信徒。因此，印度民众的信仰禁忌民俗也是五花八门，令人眼花缭乱。

　　印度教是印度最古老、最主要的宗教，又称为"新婆罗门教"。它始源于公元前1500年左右的吠陀教。公元前10世纪至前6世纪，吠陀教演化为婆罗门教。公元4世纪至公元8世纪，婆罗门教吸收了一些佛教和耆那教的内容，几经改革，从而完成了向印度教的过渡。其主要教义是善恶有因果、人生有轮回之说，主张等级分明的种姓制度，其特点是多神的偶像崇拜。在每一个印度教徒的家中，几乎都专设一个角落供奉神像，供家人祈祷。一些教徒喜欢每天早上到河里去洗浴和祈祷，最理想的是在生命之河——恒河。在恒河右岸有个古老的城市——哈德瓦。每隔12年就要在这里举行一次盛大的宗教节日，这一天来自全国各地的数百万印度教徒，在恒河里洗澡，认为可以洗掉一生的罪恶。印度教徒死后都实行火葬，认为灵魂可以随烟火升天。印度教徒不吃牛肉，把牛视为"圣物"，老死也不能宰杀。牛可以上城市的大街上恣意横行、躺卧，人车必须绕道而行。在印度西部的拉加斯坦邦的印度教徒还把老鼠当做神，认为它是圣加尼西神（掌管人间的繁荣与成功）的使者，因而对它备加爱护。在该邦的德萨努克，还专门修了一座老鼠庙，已经有500多年的历史，每天都有大批的信徒来进香，香火极盛。这里每天有两次祈祷和喂鼠的仪式。听到鼓声，老鼠蜂拥出洞，食后又结队回到洞中去。如果有人踩死一只老鼠，须以一只等重量的黄金老鼠作为赔偿，赠与该庙。

锡克教主要流行于印度旁遮普地区。"锡克"为梵文，意为"门徒"，因教徒自称是教主的门徒而得名。其信仰，主张不论什么人，在神的面前都是一律平等的，反对偶像崇拜、烦琐的祭仪和苦行遁世，反对歧视妇女、寡妇殉夫和童婚，提倡简朴、廉洁而有修养的生活。其教徒蓄长发、加发梳、头裹红围巾，衣长至膝，右手腕戴铁镯，配剑。男性教徒的名字前要加"辛格"（狮子），在女性教徒的名字前加"考尔"（公主）。

穆斯林与佛教徒，其信仰与其他国家的信奉伊斯兰教的穆斯林及信奉佛教的教徒大同小异。

（二）禁忌

印度人忌白色，认为白色是象征内心的悲哀；忌黑色，认为黑色是不吉祥的颜色；忌讳弯月的图案；视1、3、7为不吉祥的数字；印度教徒忌讳众人在同一盘中进食，不吃别人碰过的食品；忌讳用左手握手或拿取东西。

三、泰国的信仰禁忌民俗

（一）信仰

佛教（上座部佛教）是泰国的国教，全国有95%的人口信仰佛教。千百年来，泰国僧人遍地，素有"黄袍佛国"之称。佛教文化深深渗入泰国日常生活各个方面，无论是政府还是民间，各种大小典礼，都采用佛教礼仪，都要有僧侣到场诵经祝福，丧葬必须由僧侣诵经超度。泰国的僧侣在国家中享有很高的社会地位。上自国王下至百姓，见到僧人都必须行礼，而僧人不必还礼，可以与国王并坐。

泰国的民众信仰佛教是十分虔诚的，孩子出生以后，要请高僧代取名字。到11岁至15岁时，要请僧人为孩子举行剃发仪式，表明孩子进入了人生的新阶段。泰国的男子，从国王到平民，一生中必须剃度出家一次，此后才能找工作和结婚，否则将会受到人们的蔑视。剃度出家者称为"纳伽"，出家时还要举行隆重的仪式，亲友要载歌载舞游行欢送。穷人的孩子如无力抚养，到六七岁时即可送到寺庙中去做小和尚，小和尚也可以随时还俗。

信仰佛教的泰国人认为，人的一切痛苦都是来自于贪求欲望，而贪欲得不到满足时，就会产生争斗。要断灭产生痛苦的根源，就要灭除贪求欲望，凡是信仰佛教的人都要遵守五戒，即不杀生、不妄语、不偷盗、不淫邪、不饮酒。信佛守戒，即可成正果。民众信佛，遵守佛规戒律，减少了社会矛盾和民族间的隔阂。

（二）禁忌

泰国人忌讳用红色签名或刻字，因为那是用于写亡人姓名；忌用左手服务和进食；忌触摸他人头部、拿东西从别人头上掠过、拍打别人肩膀或用手指人；进门不能踩门槛，坐时不可盘腿或两腿叉开；忌讳赞美别人婴儿，那样会引起恶鬼注意；忌食牛肉、海参，不喜食酱油、红烧菜肴、甜味菜等；不得对佛教、佛像、寺庙和和尚有不敬言行，不得向和尚赠送现金。

四、以色列的信仰禁忌民俗

以色列的犹太人信仰犹太教，它的经典就是《圣经》中的《旧约》，耶和华是犹太教的上帝，其宗教礼仪如下。

（一）日祷

日祷是犹太教徒每天都要进行的祈祷仪式，由晨祷、午祷、晚祷三部分组成。晨祷是最重要的一次。祈祷时男教徒披戴经匣和祈祷巾。晨祷是为了纪念犹太人的始祖亚伯拉罕。仪式从破晓时开始，诵《示玛》、《阿米达》和其他祷词。晨祷可以在家中，也可以去教堂。午祷是为了纪念犹太人先祖以撒而设立的，内容是诵读《阿米达》等。午祷一般是在教堂进行的。晚祷是在天黑后进行，是纪念犹太人的祖先雅各和在晚上睡梦中得到上帝赏赐一事。诵《诗篇》有关章节和《示玛》。犹太教徒通过一日三次的祈祷，表示对上帝的赞美、感激和坚定的信念，同时也表示对美好未来的渴望。

（二）安息日

安息日即是停止工作的休息日。犹太教教义中说，上帝创造世界，在 6 天之内完成，第 7 天休息。故尊该日为"圣日"，名为安息日。犹太人以日落算做一天的开始，第七日指星期五日落至星期六日落。上帝曾与犹太人立约："记住，要谨守神圣的安息日。"（《圣经·十诫》）在以色列，人们非常重视安息日。每逢星期五下午，男人们回到家洗浴后要去教堂祈祷。回家后向妻子和孩子祝祷，然后享用一周中最美的一顿晚餐。

星期六，男人们穿着犹太教服装，带着行过成年礼的儿子去教堂祈祷，回来后全家人吃安息午餐。饭前，主妇先点燃至少两根蜡烛，全家人对着烛光念祷词，之后父亲为孩子做祈祷："我的主会赐福给你们，与你们同在，把他的光荣照亮给你们、给你们平安。"祷毕，全家人通读《卡迪什》，饭后再念专门的祈祷词。

住在耶路撒冷的犹太教徒，安息日早晨常常是去西墙（即哭墙）祈祷。他们头戴小圆帽,身穿礼袍,十个人一排哼着歌走向西墙,一边念诵,一边摇晃着身子,目不斜视,神情严肃,双手频频舞动,完全进入一种狂热虔诚的忘我境界。

第四节 欧洲各国的信仰禁忌民俗

一、俄罗斯的信仰禁忌民俗

(一)信仰

俄罗斯的宗教主要有俄罗斯东正教、伊斯兰教、天主教、新教、犹太教和佛教,西伯利亚北部和远东地区的一些少数民族信仰萨满教。

俄罗斯人对盐十分崇拜,并视盐为珍宝和祭祀用的供品。在他们看来,盐具有驱邪除灾的力量。如果有人不慎打翻了盐罐,或是将盐撒在地上,便认为是家庭不和的预兆。为了摆脱凶兆,他们总习惯将打翻在地的盐拾起来撒在自己的头上。俄罗斯人还非常崇拜马,通常认为马能驱邪,会给人带来好运气;尤其相信马掌是表示祥瑞的物体,认为马掌既代表威力,又具有降妖的魔力。

(二)禁忌

俄罗斯人忌讳"13"这个数字,认为"13"是个凶险和预示灾难的数字。西方人忌讳"13"的原因,按照迷信的说法是:每月的13日这一天,12个巫婆都要举行狂欢夜会,第13个魔鬼撒旦就会在夜会高潮时出现,给人们带来灾难。另一种说法是:耶稣和门徒们一起吃晚饭,第13个门徒犹大将耶稣出卖,致使其被钉死在十字架上,所以西方人把"13"这个数字当做"不幸的象征"。如果13日这一天正好赶上"星期五",则被认为更不吉利,被称为"黑色星期五"。因为夏娃偷吃禁果恰逢星期五,她和亚当在那一天被上帝逐出伊甸园,而且耶稣被钉在十字架上也是星期五。

俄罗斯人有"左主凶右主吉"的传统观念。认为左手握手或左手传递东西及食物等,都属于一种失礼的行为。他们对兔子的印象很坏。认为兔子是一种怯弱的动物,尤其若是兔子从自己眼前跑过,那更是一种不祥的兆头。他们忌讳黑色,认为黑色是丧葬的代表色。因此,他们对黑猫更为厌恶,并视黑猫从自己面前跑走为不幸的象征。

俄罗斯人一般都不吃乌贼、海蜇、海参和木耳等食品;还有些人对虾和鸡蛋不感兴趣,个别人还不吃这两种食品。境内的鞑靼人忌吃猪肉、驴肉和骡子肉。境内的犹太人不吃猪肉,不吃无鳞鱼。伊斯兰教徒禁食猪肉和使用猪制品。

二、英国的信仰禁忌民俗

（一）信仰

圣公会为英国国教会，其次是天主教，两教教徒约占全国人口的70%。

英国人第一次见新月，必鞠躬为礼；流星被认为是报丧的。英国人有个怪俗，他们把新的一年是否吉祥如意，全都寄托在第一个来访的客人身上。认为若是来人善良、快乐、富有，则会交好运；如若一个凶恶或贫穷的人来临，则会倒霉。苏格兰人认为新年来访客人中若是浅黄头发的女人，则会晦气；若是来的男客而又是黑头发的，来年必定会走运。

英国人特别不喜欢大象及其图案，认为大象笨拙，令人生厌。他们对墨绿色很讨厌，认为墨绿色会给人带来懊丧。他们很忌讳黑猫，尤其若是黑猫从面前穿过，更会使人恶心，因为这将预示这个人要遭到不幸。他们忌讳把食盐碰撒，哪怕你是不小心的，也会使人非常懊丧的，认为这是引发口角或与朋友断交的一种预兆。他们忌讳有人打碎玻璃，认为打碎玻璃就预示着家中要死人或起码要有7年的不幸。他们忌讳在餐桌上使水杯任意作响，或无意碰响水杯而又不去中止它作响，认为这样既有失观瞻，又会给人招来不测。

（二）禁忌

英国人很忌讳"13"和"星期五"这些数字与日期。一般都视其为"厄运"和"凶兆"。英国人忌讳百合花，并把百合花看做是死亡的象征。他们忌讳在众人面前相互耳语，认为这是一种失礼的行为。他们忌讳有人用手捂着嘴看着他们笑，认为这是嘲笑人的举止。他们在饮食上不愿意吃带黏汁和过辣的菜肴，忌用味精调味，也不吃狗肉。

三、法国的信仰禁忌民俗

（一）信仰

法国的各种宗教信仰中，天主教是第一大宗教，教徒占人口的85%，其次是新教、东正教、伊斯兰教和犹太教。在法国，各宗教一律平等，国家不介入宗教和精神生活领域，公共服务和公共教育完全世俗化。

法国高卢人至今仍信仰自然之神——地母神。他们认为无论是山峰，还是河流、树木或是泉水，都是有神灵附着的，具有超自然的力量，因而加以崇拜。久而久之，这些山峰、河流、树木、泉水的所在地便成为人们固定的节日联欢会的神地，成为法国民族宗教生活的永久基础之一。这种崇拜自然神的宗教，仅有一些诸如祭祀、求神以及巫术、占卜等宗教仪式。基督教传入高卢若干世纪以后，许多乡村的农民仍将其视为新教，他们依然虔诚地笃信自然之神。

（二）禁忌

法国人忌讳黄色，对墨绿色也极为反感。他们视孔雀为祸鸟，认为仙鹤是蠢汉和淫妇的象征，视菊花为丧花，认为核桃、杜鹃花、纸花也是不吉利的。他们很忌讳"13"这个数字，认为"13"、"星期五"都是不吉利的，甚至是大祸临头的一种预兆。在饮食上，法国人不爱吃无鳞鱼；也不爱吃辣味重的菜肴。

四、德国的信仰禁忌民俗

（一）信仰

德国人主要信奉基督教和天主教，另有少数人信奉东正教和犹太教。现在随着社会的发展，信教的人正在减少，尤其是年轻人。有相当一部分青年人只是在出生后去教堂洗礼，长大成人后很少去教堂做礼拜。对于他们来说，宗教节日就是出门度假的日子。

德国人有一种很特殊的信仰习俗，那就是对烟囱清扫工的崇拜。原民主德国居民楼的烟囱都比较大，因此城市中有一种专门从事清扫烟囱的工人。人们相信，谁要是出门在半路遇见烟囱清扫工，谁一整天都会顺利；如果有人在和烟囱清扫工擦肩而过时在他身上摸一下，他这一天就会交好运。这是为什么呢？原来过去德国人的房子都比较简陋，炉灶、烟道都比较简单，很容易引来火灾，有烟囱工人清扫就会避免这类灾难。这种习惯延续至今，就逐渐演变成了这种吉兆观念，而且烟囱清扫工在众人的心目中也就变成给大家带来幸福的人。

（二）禁忌

德国人忌讳数字"13"，视"13日"、"星期五"为不祥的日子，如"13"与"星期五"在同一日，就更为不吉利；不喜欢红色、红黑相间色及褐色，尤忌墨绿色（纳粹军服色）；忌讳菊花、蔷薇花图案（悼念亡者所用）和蝙蝠图案（象征吸血鬼）；忌讳核桃（不祥之物）。

五、西班牙的信仰禁忌民俗

（一）信仰

除了少数新教徒、犹太教徒和伊斯兰教徒外，绝大多数西班牙人信奉天主教。

西班牙天主教徒一生中的重要时刻都是在教堂度过的，如受洗礼、首次圣餐仪式、婚礼庆典和葬礼。一年中绝大多数节庆日诸如圣诞节、复活节周，均为宗教节日。每个村镇、每个城市甚至每种职业都认有一位圣徒作为守护神。每逢圣日来临，教堂里便举行盛大的弥撒仪式，并同时举行宗教游行。游行时，信徒们抬着圣像，在圣乐伴奏下，穿过城镇的主要街道，然后进入教堂圣殿。

西班牙在日常交谈中经常运用一些宗教语言来表达感情，如"天啊"、"我的上帝",有时已近乎口头禅。父母在为子女取名时,总习惯把"玛丽亚"作为女孩子的首名,把"罗莎里奥"、"康塞普西翁"等其他圣母的名字作为第二名;男孩子以"赫苏斯"(即"耶稣")为名的也很普遍。

(二) 禁忌

西班牙人最忌讳"13"和"星期五",认为这些数字及日期都是很不吉利的,遇其将会有厄运或灾难临头。他们忌讳大丽花和菊花,视这两种花为死亡的象征。他们认为小孩在元旦那天打架骂人和哭啼都是不吉利的,是不祥的征兆。因此,大人们在这天里为了换得孩子的笑颜,一般孩子提什么要求他们都答应。在西班牙,女人上街若不戴耳环,简直就像一个正常的人没有穿衣服一样。

第五节 美洲各国的信仰禁忌民俗

一、美国的信仰禁忌民俗

(一) 信仰

美国人大多信奉新教和天主教,其次为犹太教、东正教、伊斯兰教,印度教和佛教在美国只有少量信徒。

19世纪和20世纪交替时期,随着农村的隔离状态被打破,宗教制度在许多方面受到打击,教会也就逐渐丧失对大众习俗的控制力。越来越多的人对待宗教的态度已发生了变化。在新一代美国人中,举行家庭祈祷和熟谙圣经的人已很少见,宗教戒律对于美国人的生活习俗也不再有约束力。第二次世界大战及其战后时期,美国宗教团体又有显著增长。战争把几百万美国家庭拉进了基督教堂或犹太教堂,为前线的亲人平安归来而祈祷。战争的恐怖和对未来信心的丧失,驱使着千百万人到宗教中去寻找避难所。20世纪50年代结束后,这种宗教信仰热潮大为减退。70年代以来,在一部分美国青年中出现一种新的宗教狂热,他们常常长发披肩,手把念珠,研究圣经,从事福音传道,同时还发明了福音摇滚乐。也许是受到这群人的影响,目前美国各教堂都产生了新的宗教礼拜形式。许多教堂在活动中都利用了社会上流行的爵士乐、摇滚乐、现代舞蹈、当代艺术以及民间音乐、民间舞蹈、诗歌、戏剧、幻灯片和电影等。

今天,与传统的基督教思想彻底决裂的18岁以下(包括18岁)的美国人人数之多,超过以往任何时代的同龄人。一般来说,他们不相信耶稣是人类唯一的救世主,不把《圣经》当做上帝的话来读,不接受绝对道德标准的思想。

（二）禁忌

美国人忌讳"13"、"星期五"和"3"，认为这些数字和日期，都是厄运和灾难的象征。他们讨厌蝙蝠，认为它是吸血鬼和凶神的象征。美国人最喜欢的颜色是白色，认为白色是纯洁的象征；偏爱黄色，认为它是和谐的象征；喜欢蓝色和红色，认为它是吉祥如意的象征；他们喜欢白猫，认为白猫可以给人带来好运气。

二、加拿大的信仰禁忌民俗

（一）信仰

耶酥基督是加拿大人普遍的信仰，从早期的天主教到英国新教教徒，声势十分壮大。各宗教虽然在加拿大互相角力，但是加拿大宗教最明显的特质，乃在于其对民族文化和种族背景的重视。所以在信徒中属于天主教会和各种派别不同的新教会的约各占一半，而新教会里，又以加拿大联合教会及加拿大圣公会最大。其他宗教团体则有犹太教、东正教、乌克兰（希腊）天主教，门诺教派、摩门教及耶和华见证会，但是大体不离耶酥基督的信仰。

（二）禁忌

加拿大人忌讳"13"、"星期五"，认为"13"是厄运的数字，"星期五"是灾难的象征。他们忌讳白色的百合花，认为它会给人带来死亡的气氛，人们习惯用它来悼念死人。他们不喜欢外来人把他们的国家和美国进行比较，尤其是拿美国的优越方面与他们相比，更是令人不能接受。加拿大妇女有美容化妆的习惯，因此他们不欢迎服务员送擦脸香巾。他们在饮食上，忌吃虾酱、鱼露、腐乳和臭豆腐等有怪味、腥味的食物，忌食动物内脏，也不爱吃辣味菜肴。

三、巴西的信仰禁忌民俗

（一）信仰

巴西人大多数信奉天主教，另外也还有少部分人信奉基督教新教、犹太教以及其他宗教。

太阳、月亮和爱神组成的"三位一体"神是巴西印第安人所崇拜的最高神灵。他们认为太阳神是人类的母亲，月亮神是植物创造者，爱神是爱情和生育之神。太阳神的助神有猎神、林神、鱼神和鸟神等，月亮神的助神是植物护神、鬼火、黑夜和水蛇神，爱神则有处女护神、新月和满月神这三个助神。在这些神中，爱神的模样与人一样，居住在云彩中，因为她是保护爱情的，又能善解人们思念之情，所以深受欢迎。猎神是一只火眼白鹿，如果有人胆敢捕捉正在哺乳的动物，猎神的出现就会给他带来黄热病和癫痫。林神有两个，一个是骑在一头肥猪身上的巨猴，能给碰到它的人带来厄运；另一个是脚跟向前、脚趾朝后的丛林印第安人，它会让那些砍树毁林的人迷路。植物护神像塔布亚部落的小印第安人，它的形象是黑皮肤、一条腿、头戴红软帽、嘴叼烟斗。因为植物护神是保护植物的，所以人们很喜欢它。鬼火是一条小火蛇，它可把那些放火毁田的人烧死。

（二）禁忌

巴西人忌讳数字"13"，他们普遍认为"13"为不祥之数，是会给人带来厄运或灾难的数字。因此，人们都忌讳见到、听到"13"。巴西人忌讳紫色，认为紫色是悲伤的色调；忌讳绛紫红花，因为这种花主要用于葬礼上；他们还把人死比喻为黄叶落下，因此，棕黄色代表凶丧之色，很为人们所忌讳。巴西人忌用拇指和食指联成圆圈，并将其余三指向上升开，形成"OK"的手势，认为这是一种极不文明的表示。送礼忌讳送手帕，他们认为送手帕会引起吵嘴和不愉快。巴西人饮食上忌吃奇形怪状的水产品和用两栖动物肉制作的食品，也不爱吃用牛油制作的点心。

四、秘鲁的信仰禁忌民俗

（一）信仰

古代秘鲁印第安人信仰多种多神论和泛神论的宗教。根据印第安人的信仰，太阳、月亮、闪电和高山等自然现象都是膜拜的对象。每一个部落都有自己的神灵，并为他们建造庙宇。但是，所有这一地区的印第安人最重要的神祇是造物主维拉科查和大地女神圣母帕查。

西班牙人的入侵为秘鲁带来了新的宗教信仰。他们向土著人灌输天主教，建立了大量的教堂，为每一个村庄确立守护圣徒，举行宗教节日。现在，90%的秘鲁人信仰天主教，不过，他们并不是十分严格地遵守戒律。而且，当地人把自己的土著信仰融合到天主教中，创造出一种令人着迷的混合宗教体系。20世纪新教的势力在贫苦农民中间的影响逐渐扩大。

（二）禁忌

秘鲁人忌讳"13"和"星期五"，认为这都是不吉利的数字和日期，遇其必将会大难临头；他们忌讳乌鸦，认为乌鸦是一种不祥之鸟，给人以厄运和灾难的印象；他们忌讳以刀剑为礼品，认为送这些东西意味着割断友谊；他们在饮食上忌食海参一类的奇形怪状的食品；秘鲁基巴罗族人视巫师如神明，并对其异常崇敬；秘鲁人特别忌讳"死亡"这个字眼，若以"死亡"来诅咒他人，必定会引起一场大的殴斗。

第六节　非洲及大洋洲各国的信仰禁忌民俗

一、埃及的信仰禁忌民俗

伊斯兰教是埃及的国教，此外还有人信奉基督教。

（一）伊斯兰教信仰

公元 640 年，阿拉伯人征服埃及，伊斯兰教随之传入埃及。其后的几个世纪中，埃及逐渐阿拉伯化和伊斯兰化。埃及的伊斯兰教属于逊尼派，遵奉马立克学派教法，是伊斯兰教徒中人数最多也是较为温和的一派。伊斯兰教苏菲派在埃及的信徒也很多，特别是在农村。"苏菲"一词原意为"羊毛"，因该教派教徒身着粗羊毛布衣而得名。苏菲派是著名的神秘主义教派，奉行内在的修炼和冥思冥想，主张通过禁欲和苦行达到与安拉的合一，以求精神的解脱与升华。

（二）基督教信仰

埃及的基督教属于科普特正派教派，认为基督有异于人类，只是有一个本性——神性。因此，它被视为异端，几个世纪以来屡遭排挤与打击。1952 年，埃及政府对其采取了保护政策。

（三）占卜与薰香

埃及人喜欢占卜与看相，但多数并不迷信它，只是用它来满足预知未来的好奇心而已。埃及人还有薰香的习俗，将燃香的香炉，在某人的头顶上绕几圈，口念咒语，认为这样就会免遭他人的妒嫉和陷害。每当有红白喜事时，埃及人都会借薰香图吉利。在偏远的农村，妇女生病时，有时还请专门的薰香人为之治病。

（四）好恶与禁忌

埃及人不喜欢黄色，认为黄色是叛逆、妒忌、怀疑的标志；喜欢白色和绿色，认为白色象征圣洁，绿色象征生命。埃及人以"5"为吉祥数字，而"7"更备受普遍喜爱。因为真主创造世界万物六天，第七天休息，所以埃及人念咒都念七遍。朝觐归来的人第七天请客，婴儿出生第七天举办"七日庆典"。仙鹤被认为是吉祥鸟，象征吉祥长寿。猫是吉祥物，象征智慧。

受伊斯兰教影响，禁食猪肉和其他自行死亡的动物，不食猫、狗、龟、蛇等奇形怪状的动物。不喝酒，忌讳针，认为针是贫穷、丑陋的象征。

二、肯尼亚的信仰禁忌民俗

肯尼亚是东非重要的多民族国家,是古人类的发源地之一。肯尼亚人主要信仰基督教、伊斯兰教和非洲传统宗教。

(一) 基督教信仰

1884年基督教开始传入肯尼亚,1895年肯尼亚变成英国的"东非保护国"以后,基督教在肯尼亚迅速传播。它是英国殖民统治的产物。肯尼亚独立后,基督教继续保持发展的势头,政府的许多高官和前总统莫伊都是虔诚的教徒。但是肯尼亚的基督教逐渐民族化,一些独立的教派不仅与西方教会脱离了关系,还在教义中融入了本民族传统信仰的许多因素。肯尼亚全国教会理事会是全国最大和最有影响的宗教组织,全国信仰基督教者占全国总人口的66%。

(二) 伊斯兰教信仰

信仰伊斯兰教的教徒占总人口的7%左右。它是11世纪初由阿拉伯人和斯波人传入东非沿海的。11~14世纪,阿拉伯人占据了东非的许多港口和城镇,他们带来了伊斯兰教文化。

(三) 传统宗教信仰

传统宗教的信徒占总人口的26%。肯尼亚有大小43个土著族群,几乎每个族群都有自己的宗教信仰。但总的来说,其共同的特点就是崇拜上帝和祖先以及其他各种神灵。

由于各族群的语言不同,他们所崇拜的上帝的名称也各不相同。他们认为上帝是无处不在、无所不能的,它能给世人降福,也能为人世间降下灾难。所以每年都要举行祭祀。埃尔吉约人祈祷上帝是要通过太阳神,他们在大树下举行祭祀,祷告上帝,分享祭品(羊肉)。然后将羊骨和内脏焚烧,其浓烟升天,被认为是给太阳神报信,由它转达给上帝。南迪人认为要通过死者的灵魂才能接近上帝。

肯尼亚人认为死者都有灵魂,灵魂像活人那样生活在树林中、岩石里、水塘内等地方。这些灵魂仍然关心他们的后代,经常来到人世间看望他们的子孙。因此,肯尼亚人都非常重视按时祭祀祖先,否则祖先震怒,就会惩罚有恶行的子孙。祖先的灵魂常常变成蛾子、蛇等出现,所以肯尼亚人从不加害进入室内的蛇。有些族群还认为灵魂有善恶之分,邪恶的精灵会伤害人。卢西亚人相信邪魔精灵会像黑鸟一样在空中飞来飞去,夜间把孤独的人带走。

三、澳大利亚的信仰禁忌民俗

澳大利亚的白人主要是信仰基督教新教和天主教,其信仰习俗与欧洲各国的信仰习俗基本相同。但澳大利亚的土著居民的信仰习俗与白人截然不同。土著居民在澳大利亚这块土地上已经生活了4万多年。他们的种种信仰与禁忌,都保留了许多氏族社会原始宗教的古老习俗。

(一)图腾崇拜

澳大利亚的土著人认为万物皆有灵魂,灵魂的活动形成了自然界的各种现象。他们的主要信仰是原始的"图腾"崇拜。土著居民所崇拜的图腾多是身边的动物、植物或者是某种自然现象。不同的部落、不同的氏族所崇拜的图腾也各有不同。在沙漠中的氏族,往往是把昆虫视为自己的图腾;在海边的氏族都是把鱼和其他海生动物视为图腾。有的氏族将袋鼠视为图腾,有的氏族把各种鸟类视为图腾,有的氏族把树视为图腾,有的氏族把雾、雨、雷、彩虹等视为图腾。他们对自己的图腾予以保护,认为猎杀和采食图腾将会大祸临头。他们还对图腾进行祭祀,祈求得到保护。如阿兰达部落中的氏族将袋鼠视为图腾,成年男子常聚集在某个地点举行宗教仪式,将自己的血滴在象征袋鼠灵体的一块石头上,口中念祈祷词,祈求袋鼠驱邪除魔,保佑本民族的发达。而信仰雨、虹等为图腾的氏族成员,每当雨过天晴、彩虹悬空的时候,就顶礼膜拜,祈求保佑五谷丰登、人丁兴旺。

(二)巫术

澳大利亚的土著人信巫术。他们将死亡与生病归咎于他们的巫术,如果想加害于自己的仇敌,他们就将一根小棍或一根兽骨指向仇敌所在的方向,口中念咒语。由于土著人非常迷信,一旦知道有人用巫术加害于自己,仿佛受了心理暗示,认为自己在劫难逃,每天都在极度惊恐中度过,不久即郁郁而终。这种状况反过来又加深了土著人对巫术威力的迷信。由于部落的宗教活动比较频繁,所以每个部落都有专门的巫师。巫师被认为是能够通鬼神的,具有超自然的魔力,人们对巫师都非常敬畏。巫师一般是为部落祈求风雨,为人们治疗疾病。由于巫师懂一些草药知识,会一些按摩技术,所以有时治病也会颇有些"灵验"。总之,土著人的信仰还是处在原始宗教的初始阶段。

(三)禁忌

澳大利亚人忌讳数字"13",视"13日"和"星期五"为不祥之日;忌讳兔子及其图案,认为遇见兔子是不吉利的;忌送菊花、杜鹃花、石竹花和黄颜色的花;切忌竖大拇指表示赞扬,视此为下流之举;忌讳对别人眨眼睛;交谈时忌讳询问个人私事;不喜欢辣味,不食海参。

四、新西兰的信仰禁忌民俗

(一)移民的信仰禁忌民俗

欧裔新西兰人绝大部分信仰基督教新教,其信仰与主要移民国英国的信仰基本相同。还有信仰天主教、佛教、伊斯兰教的居民,各自遵循其移民国的信仰习俗。新西兰有充分的宗教信仰自由。在各大城市中，有教堂，有佛庙，有清真寺，不同的宗教信仰者可以到各自的宗教场所进行宗教活动。

（二）毛利人的信仰禁忌民俗

新西兰的原居住者毛利人的信仰习俗有自己的民族特点。毛利人信奉原始的多神教，相信灵魂不灭，相信具有超自然力量的众神。每个家族、家庭都有自己的神和精灵。他们都是由夭折、流产或其他死者的鬼魂变成的。毛利人认为神是肉眼看不见的、形象不定的精灵，他们往往把神与可见的各物或自然现象联系起来加以崇拜，如彩虹、星、蜥蜴、鸟、鱼、树木、石头及刻有图纹的神杖等等。

毛利人特别尊奉祖先的精灵。每年12月都要举行盛大的祭祀，纪念自己的祖先。祭祀地点是在首领所居处的聚会堂，它是全部落人的活动中心。聚会堂是一个神圣的场所，祭祀祖先、送葬、庆祝节日都在这里举行，平时不准外人进入。

毛利人非常信服和敬重巫师。巫师是最有知识的人，通晓部落的历史和谱系，具有呼风唤雨的能力和能够预知、确定、转移灾祸的本领。他们主持一切宗教仪式，权力相当于酋长。

思考题

1. 名词解释：敖包 嘎乌 转经轮 等身头 六信 五功 妈祖 神社 锡克教 安息日 黑色星期五
2. 人类信仰习俗是怎样产生的？其崇拜对象主要表现在哪些方面？
3. 汉族的信仰民俗有何特点？主要有哪些方面的信仰？
4. 简述蒙古族、藏族、回族、壮族的信仰禁忌习俗的特点及其成因。
5. 香港、澳门、台湾有哪些禁忌？原因何在？
6. 简要介绍日本的神道教。
7. 简要说明印度教徒有哪些主要的信仰民俗。
8. 俄罗斯人为什么对盐十分崇拜？
9. 德国人为什么崇拜烟囱清扫工？
10. 为什么西方人忌讳"13"和"星期五"？
11. 加拿大人的日常生活中有何禁忌？

第十一章 人际礼仪的民俗

【学习目的】
通过本章的学习，了解人际礼仪的特点与作用，了解我国各民族和世界其他国家的主要礼仪风俗，掌握礼仪的基本原则，从而能够在各种人际交往场合灵活运用。

【主要内容】
1. 人际礼仪的基本原则、主要特点及其作用
2. 我国各民族礼仪习俗的表现形式
3. 世界各国礼仪习俗的主要特点

第一节 人际礼仪民俗概述

任何一个人都是一个社会的人。人生活在社会中，必须要与他人交往，而交往中都要遵守一些约定俗成的规则。所谓的人际礼仪习俗，就是生活在社会各个领域中的人们，在不同的时间、不同的场合与不同身份的人交往中，所遵循的各种行为规则，沿袭成俗，称为人际礼仪习俗。

我国自古以来就有"礼仪之邦"的美称，中华民族历来以"彬彬有礼"著称于世。我国古代关于讲述礼仪的典籍非常丰富，其中最著名的是《周礼》、《仪礼》、《礼记》，称之为"三礼"。"三礼"是先秦礼仪的汇编，夏、商、周三代古礼基本上记录在其中，当然也会有部分的后人附会。秦汉以后，历代礼俗基本上都是以"三礼"为基础而不断发展与演变的。

一、礼仪与礼仪的演变

何谓"礼"？《管子·五辅》说："上下有义、贵贱有分、长幼有等、贫富有度，凡此八者，礼之经也。"《礼记·哀公问》："非礼，无以节事天地之鬼神也；非礼，无以别君臣、上下、长幼之位也；非礼，无以别男女、父子、兄弟之亲，

昏姻疏数之交也。君子以此之为尊敬然。"综合诸古文献的解释，可知"礼"的内涵在社会生活中就是强调差别，区别等级，使每一个人在社会生活中都固定于一个相应的位置，如君臣、父子、长幼、尊卑，等等。由于有身份的差别，人们之间的关系体现为卑者对尊者、幼者对长者的尊敬与服从，或者相同等级间的互相尊重、平等相待。

何谓"仪"？礼作为一种体现人与人之间的行为规范，它不是空洞的，而是通过具体的体现差别的物（如车、马、服、饰等）、做出的各种仪容动作（如跪、拜、鞠躬、握手等）、所表达的各种语言（如敬称、自谦、婉辞等等）体现出来的。各种体现差别的物、仪容、动作及不同的语言表达方式等即为"仪"。可见，礼是体现差别、表示敬意的规定，仪则是各类差别和敬意的表现形式。概括而言，礼仪就是在人际交往中，根据各自不同的社会地位，在不同的场合，用以表达敬意的行为准则和交往规范。这种得到社会的普遍认同并长久沿用的行为准则和交往规范即为人际礼仪习俗。

礼仪是怎样产生的？古今的一些史学家认为礼仪是源于对神的祭祀。鬼神尊而人卑。祭祀时，人向鬼神敬献祭品，跪拜祈祷。神尊人卑的差别，跪拜祈祷的致敬方式，日久则演变成为礼仪。由敬神而引为敬人，遂成为人际礼仪。其实这种解说是不正确的，是本末倒置。《礼记·礼运》说："夫礼之初，始诸饮食。其燔黍捭豚，污尊而抔饮，蒉桴而土鼓，犹若可以致其敬于鬼神。"这句话的含义有二：一是说最初的礼始于饮食；二是说先民们那种烧黍撕烤肉，在地上挖坑蓄水以手捧当杯而饮，用草棍敲击土块当鼓的简朴生活方式可以用来祭祀鬼神。它明白无误地揭示出了礼仪产生的根源与其发展。礼作为一种体现"贵贱有等、长幼有差"的行为规范，是由社会的物质基础决定的。饮食乃是人生的第一需要，是最基本的物质需求。在人类的原始社会中，人与人最早的社会性差别就是体现在饮食分配上的差别。弱者、卑者、幼者向强者、尊者、长者进献饮食，使强者、尊者、长者先食，以表示敬畏之意。这种在饮食上尊卑长幼有别有序的行为规范就是最早的"礼"。当人类社会出现宗教观念之后，又把这种敬人的"礼仪"用于敬神，于是才有了敬神的礼仪。是人造神，而不是神造人。是先有人间的差别和礼敬，之后才按照人间等级差别创造出天国、地狱中的等级和对其礼敬的形式。进入阶级社会后，产生于原始社会的礼俗进而被改造成为"礼制"。礼制的长久推行，在民间又形成内容更为丰富而又时代化的"礼俗"。人际交往的礼仪习俗与一切礼仪习俗一样，都不是一成不变的，有原始社会的礼仪，有奴隶社会、封建社会、资本主义社会的礼仪，也有社会主义社会的礼仪。它是随着社会的发展而不断地改变其内容与形式的。世界各国人际礼仪的发展演变，尽管千姿百态，但有两点是共同的：一是注重人的尊严，体现人格上的平等。跪礼正在消失，站立礼盛行。二是礼仪由繁文缛节不断走向简化,这是快节奏时代的必然产物。

二、人际礼仪的特点

(一)人际礼仪的普遍性、民族性和国别性

人际礼仪是人类社会文明的表现和象征。世界上任何一个民族、任何一个国家都有自己的传统礼仪,它存在于一切地区的一切人际交往的过程中。这是人际礼仪的普遍性的表现。但由于各个民族的生产方式不同,所处的社会发展阶段不同,信仰、心理素质不同,因而人际间的交往方式也各有不同。如汉族古俗,亲友相见多是行拱手礼;满族则行"打千"礼。礼仪是民族性的重要表现之一。不同国家,基于不同的观念,人际礼仪也有较大的差别。如我国古代臣民对君主、儿子对父亲都要行跪拜叩头之礼,而西方英法等国则只行鞠躬礼。不同的国家有不同的人际礼仪形式。

(二)人际礼仪的阶段性与等级性

在阶级社会中,礼是阶级差别的一种体现,它是以一种习俗的、制度的形式将统治者与被统治者的阶级压迫关系合法化、程序化。在奴隶社会与封建社会的人际交往中,视听言行都必须按着礼的规定去做。违礼,轻者要受到舆论的谴责和人们的讥笑,重者则要受到法律的严厉制裁,以维护统治者尊严,巩固其统治地位。所以其礼仪多是表现出一种尊者地位的神圣、贱者人格上的屈从卑微。如我国古代臣民拜见皇帝的屈膝下跪、伏地叩头等。时至今日,在一些资本主义国家与当代的中国,虽然在法律上确立了人与人之间的关系是平等的,但是各种人际礼仪仍然是以等级为基础的,仍然要体现出下级对上级、年轻者对长辈的礼敬。即或是对待客人,也会因客人的身份不同而予以不同的礼遇。等级是人际礼仪所必须遵循的原则。

三、人际礼仪的作用

(一)礼以致敬、礼以亲和、礼以成事

在人际交往中,礼仪最主要的功能就是向被施礼者表达与之身份地位相适合的敬意,使其享受到一种承认感、尊重感。施礼不仅仅是下级对上级、幼者对长者、主人对客人的礼敬,受礼者也要根据行礼者的不同身份予以不同形式的还礼。所谓"礼尚往来,来而不往非礼也"。通过致礼与答礼,使尊者得到敬崇,使卑微者也受到爱抚,从而沟通关系,亲和感情,有利于达到各自的目的,成就不同的事业。

(二)礼以育人,礼以稳定社会

人际礼仪是一种道德习俗。人际之间如何交往相处?这是每一个生存于社会

的人都要遇到的问题，都必须要学习的事。每个人在其成长过程中，都是自觉或不自觉地接受待人接物习俗的熏陶，或者主动地去接受相关礼仪的教育，逐渐由一个粗俗的人变成一个善于沟通人际关系的知礼之人。良好礼仪的教育与传承，不仅能够完善个人的品格，更能提高整个民族的素质，形成一种美好的国风。

人际关系的礼仪，是规范人们行为的准则。人际礼仪的核心是体现人际之间的敬与和。在人际交往中，以礼待人，互相敬重，互相关爱，就会化解矛盾，减少对抗，增进人与人之间的亲和力，从而造就一个和谐的社会、稳定的社会。

第二节　中国的人际礼仪民俗

一、汉族的人际礼仪民俗

（一）古代汉族人的人际礼仪民俗

古代汉族人相见行礼有站、跪两种基本姿势。站礼主要有趋、拱、揖，跪礼主要有拜、稽首、顿首、稽颡等。

趋。趋礼是卑者、晚辈迎见尊者、长辈，或主人迎宾之礼。其仪姿是低头弯腰、小步快走，表示恭敬。

拱。亦称拱手。其仪姿是身体立正，两臂如抱鼓伸出，一手在内、另一手在外叠合。拱手礼有吉凶之分。行吉礼，男子左手在外，女子则右手在外；行凶丧之礼，男子右手在外，女子则左手在外。男为阳，尚左；女子为阴，尚右。吉事为阳，凶丧之事为阴。故两手叠合有别。拱礼常用于见面或答谢时致敬。既可以用于身份平等的人，也可以用于礼敬长上，尊长者也可以用拱礼作答。

揖。与拱礼相似，也是身体站立，左右两手在胸前一里一外叠合。行拱礼是身体不动，手也不动；揖礼则是由胸前向外推手，略俯身。揖礼是表示轻微敬意之礼。因此，根据施礼的对象身份的不同，揖姿也略有区别。揖身份相等的人，手向前平推，称为"时揖"；揖身份低于自己的人，向前推手稍稍向下，称为"土揖"；揖身份尊于自己者，行"长揖"之礼，即行礼时站立俯身，拱手高举，从上移至最下面。单独对一个人行揖礼，叫做"特揖"；向群众行揖礼，叫"旅揖"；向左右两侧的人行揖礼，叫做"还揖"。揖礼与拱礼是古人最常用的站立礼。

鞠躬。两脚并拢，两手掌下垂于腿两侧，目视受礼者，弯曲上身，表示敬意。一次为一礼，多次鞠躬表敬意的加重。

跪。古代以屈膝表示敬意。古人跪与坐相似，坐是两腿屈膝，两膝着地，臀部抵在两脚跟上。因为古代无桌椅,只有矮腿的几,都是席地而坐,所以多是呈屈膝的姿态。腰挺直,臀部离开两脚跟则为跪,称为"常跪"或"跽"。最初,跪本身还不是一种大礼,只是行拜礼前的一个准备姿势。

拜。其礼姿是跪而拱手与心平,头俯至于手。因为拜礼与拱手礼一样,都是以手姿致敬,只是以头加手而跪,表示敬意程度更深,所以拜又称为"拜手";行拜礼时,头不至于地,而是至于手,因此又称为"空首"。拜礼是男子相见通常的礼仪。身份相等者之间、卑者对尊者、尊者对卑者皆可用。古人席地而坐,可以随时行拜礼。拜礼是礼中示敬较轻的礼仪,所以国君答臣下也常用拜礼。

稽首。其仪姿是屈双膝跪地,继而拱手至于地,手仍不分开,左手按在右手上,俯身,头缓缓至于地,手在膝前,头在手前,头抵地后稍停片刻即抬起。"稽"有"留止"之意,由于行礼时,头在地稽留片刻,因而称为"稽首"。稽首往往是与拜相配行。一拜一稽首称为"拜稽首",二拜一稽首又称为"再拜稽首"。稽首礼是拜礼中最重的礼节。一般用于诸侯拜天子、臣拜国君、子拜父等重要的礼仪场合。身份相等者一般只行拜礼而不行稽首礼。

顿首。后世俗称"叩头"。其仪姿大体与稽首相同。只是稽首是头轻缓至地,稍停即起;而顿首是头快速叩地,叩而即起。顿有"快"意,所以称为"顿首"。顿首多是用于表示哀求或表示谢罪的场合。

稽颡。与顿首礼基本相同,只是不是"顿",而是"稽"。"稽"即以头叩地要停留一段时间。颡者,额也。其叩地的部分是用额,所以叫做"稽颡"。此礼主要是用于居丧期间答拜前来吊丧宾客的礼仪。以额叩地而稽留不起,既体现了失去亲人的极度悲痛,又表达了对吊丧宾客的深深感谢之情。

唱喏与寒暄。古人在施礼时,是只行礼而无声,行礼后说话。东晋以后,人们边施礼边口诵敬辞,如"久仰久仰"、"敬请光临"之类,称为"唱喏"。后来又有问候起居寒暖之类的客套话,称为"寒暄"。

道万福。女子之礼。其行礼仪姿是:双手手指相叩,放在左腰侧,弯腰屈身以示敬意。行礼时,边礼边道"万福",故称"道万福"。

(二)现代汉族人的人际礼仪

推翻清王朝以后,受西方资产阶级思想的影响,孙中山顺应历史潮流,于1912年宣布取消封建主义的跪拜礼,以鞠躬礼为常礼,这使汉族几千年的礼仪习俗发生了根本性的变化。现在汉族的礼仪特点是融传统文化与西方文化于一体的新礼仪。现重点介绍相见礼与宴宾礼。

1. 相见礼仪

(1)握手礼

握手礼是当今汉族人最常见的相见礼,它是从西方传入的。19世纪我国学者辜鸿铭在英国曾这样评价中西方礼节："你们见面拉人家手多别扭，我们中国人见面拉自己的手多斯文。"可见握手礼传入中国最多只有百年。握手礼虽然看似简单，实际上也有许多习俗性的规范。其礼基本上是应用于四种场合：一是用于见面，表示热情欢迎，相互致意；二是用于告别，表示祝愿平安，以后加强联系，增进友谊；三是用于表示感谢；四是用于表示祝贺。

握手的礼姿：面带微笑，目视施礼者的眼睛，两足立正，四指并拢，拇指张开，伸出右手，身体略前倾，端庄大方；握手时手要上下摆动几次，轻重适度，然后松开。

握手的次序：上下级之间，下级要等上级先伸手；晚辈长辈之间，晚辈要等长辈先伸手，以示尊敬。为表示更加尊敬和热情，下级、晚辈可用双手。男女之间，男士要等女士先伸手；如果女士无握手之意，男士点头或鞠躬致意即可。行握手礼需要注意的事项：一是不能东张西望，不能握得太草率，不能戴手套，否则是不尊敬别人的表现；二是不能握得太重、时间太久，特别是异性，否则是粗野的表现。

（2）鞠躬礼

这是对汉族古礼的改造与继承。多是年幼者对长辈、位卑者对尊者的礼仪，或是在隆重场合对国旗、领袖的致敬礼仪。有一鞠躬、二鞠躬、三鞠躬的不同礼数，表示礼敬程度的差异。

（3）举手礼

是从欧洲传入的礼仪，现在主要是军人的见面礼。行礼时身体成立正姿势，右手伸直并拢，上举至帽沿右侧，手掌微向外，右上臂与肩齐，双目注视对方，待受礼者答礼后方可将手放下。

（4）拥抱礼

原是欧洲礼仪，我国的一些少数民族如满族、蒙古族等也有拥抱礼。近些年来汉族中日渐流行。其礼姿是张开双臂，将对方拥抱在怀里。主要是恋人间、夫妻间、父母与子女间，或多年未见的老朋友间，用以表达更加热烈亲近的感情。

此外，在民间尤其是在农村，还沿袭着叩头礼，主要的是晚辈在过春节时向长辈拜年时所行之礼。还有从西方传入的吻礼，主要是恋人、夫妻之间表示热烈感情之礼。

2. 宴宾礼仪

宴请宾客是人际交往中重要的礼敬形式。宴请宾客包括主人招待来访的贵宾和主人主动邀请宾朋宴聚。不论是哪种宴宾，都必须讲究宴饮的礼仪俗规。

首先是桌次与席位座次。桌次的安排主要是根据宴会厅的形状来安排。无论多少桌，先定位主桌。其原则是以右为尊，以里为尊，居中为尊。其他桌次以近主桌为高。主桌的座次：因为正房为坐北朝南，所以方形的八仙桌的北面为主宾。如果是并排坐二人，主宾居右，次宾居左，其他人依次排，主人居末位。如果不以房室的方向定位，则均以迎门一方为首，主人则背门而坐，圆形桌亦然。为了便于在席间交谈，现在通行宾主并坐。主宾坐在右侧，主人坐在左侧。其他人以职位高低、社会声望、长幼辈分灵活安排。不论什么形式的宴会，主人一般都要到门口迎接客人，或是排队迎宾更为隆重。入座时请客人在前，由椅子的左侧入座；客人先坐，主人后坐。

其次是祝词与祝酒。祝词通常是安排在进餐之前。其内容要充分表达对客人的敬意和欢迎之情，以增进友谊为目的，用词要适中得体。在席间主人要向宾客祝酒，碰杯时要略低于客人的酒杯，以示敬重。

最后是送客。宴会结束，赴宴宾客起身离座时，主人要起立，请客人先行，送出门外，握手告别。如果客人坐车，要招手目送车子离去。

二、其他民族的人际礼仪民俗

（一）满族的人际礼仪民俗

满族是一个尊老、敬上、好客的古老民族，非常重视人际礼仪。其相见礼与宴宾礼尤其具有鲜明的民族特点。

1. 相见礼仪

满族的相见礼仪有鞠躬礼、执手礼、抱腰礼、顶头礼、请安礼、抹鬓礼、叩头礼。

（1）鞠躬礼

鞠躬礼与执手礼是平日相见之礼。《宁古塔纪略》载：满洲"无作揖打恭之礼，相见唯执手"。《柳边纪略》又载："满人相见，以曲躬为礼，久别相见则抱腰"。鞠躬礼与汉族鞠躬礼基本相同。

（2）执手礼

施执手礼时，双方各以右手相执，虚拢而不握。年长者垂手引之，年少者仰手迎之，同辈或年纪相仿者则立掌平执。妇女相见，特别是结亲女眷初次会面多行执手礼，以执手为亲。直至现今，农村的满族人多以执手礼迎接亲人或客人。

（3）抱腰礼

抱腰礼要重于执手礼。是故旧亲朋多年不见或新亲家初见的相见礼。其仪：两人相迎先碰左肩，后碰右肩，然后以右臂互相抱腰，左手抚背，交颈贴面，之后再执手问安。清代晚期多以执手礼代替。但特殊场合仍以抱腰抚背为亲。

（4）顶头礼

顶头礼是离别复见的老夫妻所行的相见礼。其仪：老妇迎上前去，用头顶住老夫的胸；老夫轻轻地抚摸一下老妇的脖子，或拍拍后脑勺，以示还礼。

(5) 请安礼

请安礼俗称"打千"，也是满族人日常相见之礼，多是晚辈向长辈、卑者向尊者请安，平辈之间有时也行请安礼。其仪是：男子请安时，凡是穿箭衣的（即缀有"马蹄袖"之袍），先弹袖放下"挖杭"（即马蹄形的袖头），先左袖，后右袖。再将左脚略前移半步，左膝前屈，同时左手手心向下自然垂在左膝盖上；右足后引屈膝，距离地面一寸左右，同时右手下垂；上身稍向前俯，如拾物状，约一呼一吸之间，左腿撤回，恢复立正姿式，施礼完毕。施礼时，一边行礼，一边口说"给某某请安"。受礼者除家中尊长外，亲友、长辈还半揖，或执行礼者之臂，平辈则同样"打千"还礼。

女子也行请安礼。其仪是：上身挺直，两腿并拢，右足略后引，两膝前屈，呈半蹲姿式。同时左手在下、右手在上相迭，搭在两膝上，约一呼一吸之间恢复原状。施礼时必使长衣拂地，拖襟四开，缓而且深，显出高雅气质。

女子请安还行抹鬓礼。其仪是：先成立正姿势，然后右手五指并拢抹摸右鬓，同时口说"给某某请安"。满族贵族人家女子多穿高底的"寸子鞋"，不便前屈下蹲，或乘车时受人请安，不便下车还礼，多行抹鬓礼。

(6) 叩头礼

叩头礼是臣民对君主、下级对官长、晚辈对长辈、奴仆对主人所行的拜见大礼。有三跪九叩、二跪六叩、一跪三叩之分，其仪与汉族叩头礼相同。

2. 宴宾礼仪

满族人家重客，待客礼节隆重，每逢年节必宴请宾客。《柳边纪略》等典籍记载了黑龙江地区的满洲人家宴请宾客旧俗，来客皆请至南炕坐，以示尊重。其礼仪主要有敬烟、献茶、敬酒、进食、歌舞等内容。先是主人向客人双手敬烟，或由儿媳、女儿敬烟；次献奶子茶，然后将酒斟在杯中，用盘托着，向客人敬酒，以尊卑长幼为次。如果是妇女敬酒，客人不沾唇则已，沾唇就须一饮而尽。凡饮酒时不食。饮酒毕，主人将煮熟的猪、羊等陈列在炕桌或"划单"上，以小刀分割而食。酒至酣时，宾主共歌舞。

满族民风古朴，有过路客人，亦尽其所能热情招待。菜肴盘、碗必为双数，以双为上礼。若天晚留宿客人，让客人宿南炕，自家人宿北炕。如有车马，代为看管、饲养，不收客人分文。满族的好客之风使中原人物为之感叹。时至今日，在满族集居区各地，盛情待客之风依然。

(二) 蒙古族的人际礼仪民俗

世代游牧的蒙古族虽然粗犷剽悍，但热情好客却是千百年来一直沿袭的古老风俗。早在成吉思汗时代，就有好客之俗，行路人如果正赶上蒙古人家用餐，可以下马与之共餐。主人家不但不会拒绝，还会热情欢迎。即使主人不在，也可以自己进入蒙古包内用餐。主人归来，如果冷落相待，就为失礼，会受到舆论的谴责。其人际间的交往古朴纯真，毫无伪饰。其礼仪，《蒙古风俗志》等书记载颇详，主要有：

1. 路见礼仪

蒙古人路上相见，彼此都要下马互问"赛拜奴"（你好吗？）或"塔赛拜奴"（您好吗？）。接着互相递上自己的鼻烟壶，互吸鼻烟。然后互相询问最近有些什么见闻，之后各自上路。旧俗，晚辈接烟壶要跪一足接还，长辈稍躬身还礼，右手去接。

2. 进门礼仪

客人来，主人要迎出门外，为客人接缰下马，并嘱咐家人管好狗。主客相见，晚辈要向长辈屈膝请安。客人在主人的陪同下走至门前，主人站在门的西侧，右手放在胸前，俯首微鞠，请客人先进。客人要把马鞭放在门旁，不能提鞭进门。蒙古人之俗"以西为大，以长为尊"。住房屋的蒙古人家，要在西屋待客，住在蒙古包中的蒙古人家则以对着包门的位置为正座，其右方为妇人席，左方为客人席。如果客人比主人辈分高，则请客人坐正座。

3. 敬茶、敬烟礼仪

敬茶、敬烟是蒙古族待客的重要礼俗。客人来必须新沏茶。即或是壶中的茶是刚刚新沏未喝的，也要重新另换，以示重视客人。其他民族有"满杯酒、半杯茶"之俗，蒙古族则是以"满杯茶"为敬。喝茶时，佐以奶皮子、奶豆腐同用。敬茶之后敬烟。主人为客人敬，客人也要回敬。旧时多是敬鼻烟，现在多是敬纸烟。

4. 宴宾礼仪

蒙古人家多是以奶制品和手抓羊肉待客。以全羊席待客为最隆重。客人来后，要现杀羊。杀羊前先请客人看过，允许后再杀，叫做"问客杀羊"，以示尊重。吃羊肉时，先割下羊头、羊尾供佛，然后敬客。主客围桌共食，亲如家人。进餐时，多是由年轻人把第一杯酒献给客人，吃饭吃菜也是要请客人先动筷子或刀子，这叫做"献德吉"。"德吉"即是首杯、先吃的意思。如果客人是年轻人，当他接受献"德吉"之后，也不能自己首先享用，要请主人家的尊长先享用，并要给长者斟酒，这是礼敬长者的美德。宴席上，还要为客人拉马头琴、唱歌，气氛非常热烈亲切。现今内蒙古草原地区的游牧人家仍然是以旧俗待客，体现出浓郁而古朴的草原风情。

5. 献哈达礼仪

受藏传佛教的影响，蒙古族待客也有向尊者、长者献哈达之俗，以表示最崇高的敬意。

（三）藏族的人际礼仪民俗

1. 相见礼仪

藏族旧时的相见礼俗非常繁杂，各类礼仪的阶级特征尤其突出，等级地位森严。每个人都必须按自己所处的社会地位施行各种礼节。旧时平民见到活佛、贵族都要行跪拜礼。农奴在路上见到大小僧官，要恭立道边，脱帽鞠躬，要等他们走后才能移步。平时，农奴见到农奴主，要低头吐舌，战战兢兢，表示敬畏。尊者每说一句，卑者都必须吐一次舌头，应一声"拉索"（是、对）。告辞尊者时，必须要面向尊者倒退至门或很远的地方后，方可转身。民主改革后，虽然废除带有阶级压迫的礼俗，但平民拜见活佛仍然多依旧俗行事。

敬献哈达是藏族人在互相交往中的重要礼节，表示敬意和祝贺。哈达是一种丝织品，白色居多，也有淡黄色和浅蓝色的，是藏族人的必备品。敬献的哈达越宽长，表达敬意越深厚。普通藏民拜谒活佛时，也献哈达，但不能直接递到活佛的手里，只能敬放在活佛前的桌子上。一般妇女拜会藏传佛教僧侣前，必须要用红糖或乳茶涂脸，否则会被视为卖弄风情，要受到处罚。

由于身份地位不同，藏族人在相见礼节上特别注意使用语言。社会上有三种话：普通话、敬语、最敬语。身份相等者或关系非常熟者互用普通话，但习惯上也常用敬语，表示尊重。身份不等者，地位高的用普通话，地位卑下的用敬语；如果地位悬殊，则要用最敬语。

2. 宴宾礼仪

藏族宴宾要按地位的高低，分别坐于不同等级的位置上。宴请地位高的活佛，如果没有与他地位相等的人，就得为他独立设专席，一人独座。在特殊情况下，如果地位高的人宴请地位低的人，虽是一宾一主，客人也必须坐在下首。入席、离席也都按等级依次行动，不得逾越。

（四）维吾尔族的人际礼仪民俗

维吾尔族是热情好客、崇尚礼仪的民族。

维吾尔族人家对那些素不相识的没有吃饭、没有地方住宿的过路人，只要他们说明请求帮助的原因，就会得到殷勤招待。住宿时，客人不能完全拒绝使用主人的被褥，否则被认为是看不起他们。如果客人有自己的被褥，要及早拿出，不要等主人家拿出后再拒绝。

维吾尔族俗敬尊长，走路要让长者走在前面，谈话要让长者先讲，落座时要让长者先坐。老人不论到哪里去做客，年轻人都要为骑马、骑驴的老者卸鞍，饮喂驴、马。离开时要为老人备鞍，扶老人上马。吃饭时，要先送给老人。

无论何时相见，维吾尔族男女老少，同性别人都要互问"色俩目"（意为"平安"、"安康"），行"拿目洒拂哈"礼（意为"握手"）。哪怕是有怨恨的人相见也要行礼，否则要受到社会舆论的谴责。"拿目洒拂哈"的仪姿是：双方均用右手紧紧握住对方的右手心，然后左手握住对方的右手背，轻摇几下，以示问好、致敬。平辈相见，直接互相握手问安；女人相见，先是双手交叉于腹前，略微躬身，互道"色俩目"后握手，问候家人平安；如果是年轻人、晚辈，遇见长者，要连声说"色俩目"，同时躬身后退一步，以右臂抚胸行抚胸礼，鞠躬30度，然后握手。握手毕，双手抚摸自己的脸，名之曰"都瓦"。"都瓦"是阿拉伯语，意为"祈祷"、"祝福您"之意。

在维吾尔还以"接都瓦"为日常相见的礼仪，即祈祷礼。其仪姿是：举起双手，手背朝下，手心向脸，专意向真主祈祷一两分钟，然后把双手放在脸上，自上而下摸一下，谓之"接都瓦"。行"接都瓦"的场合较多，如穆斯林集体或单独做礼拜之后相见、去亲友家吊丧相见、到亲友家做客吃完饭后，都要行"接都瓦"，是一种隆重的为亲友祈祷祝福的礼节。

维吾尔族有尚右的习俗。因此，其待人接物之礼皆以右为尊。施礼时要以右手抚胸，给客递茶、端饭或给其他物品，要以右手为主，左手为辅。进门时，要右脚先迈门槛，甚至睡觉时都以右侧着床，认为左侧着床会做噩梦。尚右的习俗，是人际礼仪中贯彻于一切方面的，违俗就会被认为是不敬。

三、港澳台地区的人际礼仪民俗

（一）香港、澳门的人际礼仪民俗

香港、澳门的人际礼仪与广东、福建汉族人的习俗基本相同，但也有一些特点：

第一，尤其注重外表形象和语言忌讳等礼仪细节。不论在什么场合，都讲究衣着端庄，顾及面子。在相互交谈中，特别注意字音的吉祥歹凶。喜欢听恭喜发财、大顺、高升之类的祝福。对3、6、8等数字情有独钟，因为"3"与"升"、"6"与"禄"、"8"与"发"谐音，巧妙地利用这些数字及其他的一些吉语吉音，即可拉近人际间的距离，增进亲和感。反之对"死"、"四"、"炒"、"落"、"乐"之类的字、音都有反感，因为"4"与"死"谐音，"乐"与"落"谐音，"炒"有"解雇"、"丢饭碗"的意思。忌讳说"祝你快乐（落）"、"四楼"（死楼）之类。如果不小心犯讳，就会使彼此间引起不悦，甚至使互相间的关系蒙上阴影。

第二，受西方文化影响，时间观念强。相见要事先约好时间，不能迟到；如果万一迟到了，要说明原因，表示歉意。

第三，不喜欢家访，注重礼物。香港、澳门习俗，特别注意个人隐私，忌讳别人打听自己的家庭住址，不喜欢别人去家中做客，一般是请到茶楼、酒楼之类的公共场所见面。如果到别人家做客，一定带些水果、糕点之类的礼物。两手空

空登门，被称为"香蕉手"，会受到蔑视。但绝不能送钟和刀剪之类的礼物，因为"钟"与"终"谐音，刀剪象征断绝关系。

第四，社交场合宾主相见，多是行握手礼。亲友间相见，有时也用拥抱礼和贴面颊式的亲吻礼，以示更加亲切。在饭店宴饮，别人给自己倒茶、斟酒时，要行"叩指礼"，又称为"叩手礼"，即把手指弯曲，轻轻叩击桌面，表示感谢。这是由古礼"叩首"谐音"叩手"而来。

（二）台湾的人际礼仪民俗

台湾移民的礼俗，基本上与大陆、香港、澳门相同。相见礼通常是行握手礼、拥抱礼，同时还保留了鞠躬礼、拱手礼、揖礼等中国传统礼仪。互相间的交谈，同样要注意吉凶字眼、谐音等忌讳。注重以名茶待客人，往往主人亲自煮茶，斟茶以七分杯为度，表示对客人的尊重。

高山族的人际礼仪习俗以"擦鼻礼"而具民族特点。当贵客来临时，由一长者手持火把相迎。相见时用自己的鼻子轻轻地擦碰客人的鼻尖，以表示对客人的亲近礼敬，然后再致欢迎辞。

第三节 亚洲其他各国人际礼仪民俗

一、日本的人际礼仪民俗

日本民族是一个强调集体主义、和谐团结、忠职敬业的民族，因此十分重视人际间的礼仪，素有"礼仪之邦"之称。

在日常生活中，日本人相见时极重礼节。通常是脱帽鞠躬，互致问候。问候语多为"您好"、"早安"、"初次见面，请多多关照"等等。如是初次见面，鞠躬问候之后，要自我介绍，互赠名片。一般不握手。分别时必说"失陪了"、"再见"、"晚安"之类的致歉语。

如果他人为自己办了事，即使是母子、父子、兄弟、夫妻之间，也要说"谢谢"、"太感谢了"之类的感谢话。在家庭中，如有客人来访，有的女主人还按旧俗跪下行稽首礼，口里说很长一段欢迎光临的话。"谢谢"是日本人不离口的口头语。路人相逢，虽不相识，也要互相致礼问候。去商店，不管买不买东西，营业人员都会笑脸鞠躬，口说"您好"，表示欢迎；离去亦鞠躬欢送，口说"欢迎下次光临"。

在日本的人际交往中，赠送礼物是必不可少的。赠送的礼物因时、因事不同而无固定,多是食品、茶、工艺品,等等。每年的仲夏和岁尾是赠送礼物最多的月份。

日本人赠送礼物意在加深感情,不一定非常贵重。但十分重视包装,常常是大盒套小盒、一层又一层,礼品不能露在外面,也不能带购货的物价标签,以免被误会是向收礼者要钱。"礼尚往来,来而不往非礼也",接受礼物的人要回赠礼物。如果实在措手不及,哪怕是身边的一件什么普通的东西也可作为礼物回敬。

二、泰国的人际礼仪民俗

泰国是个礼仪之邦,具有浓厚的佛教色彩。

泰国人见面不喜好握手,尤其是男女之间更不握手。受西方文化影响,在知识分子和官员阶层中行握手礼,但不能与僧侣握手。因为在泰国僧侣的地位尊贵,用表示平等的握手礼是一种不尊重的行为。

泰国人一般是按佛教礼仪行"合十礼"。行礼时,低头双手合掌,十指并拢举起,互相问候"萨瓦蒂",即"您好"。行合十礼时,身份不同,要求也不同。小辈或下级对长上行礼时,要双手举之前额;平辈同级行礼时,双手举至与鼻齐;长辈或上级给晚辈或下级行礼时,双手不超过胸部。地位低的人,要先向地位高的人行礼。分别时,也要行合十礼。在接受礼物或感谢别人帮助、请求原谅时都要行合十礼。

在尊贵的人,如国王、王后、王子、公主、高僧、父母、师傅、老师的面前,要行跪拜礼。行礼时,上身挺直,臀部坐在脚跟上,举起双手放在胸前合十,然后双手慢慢放在地上,将前额放在合十双手的拇指上。儿子出家当僧人,父母也要跪拜于地行礼,国王见到高僧也须下跪行礼,这是崇佛的一种表示。

在与他人交谈时,不能用手指着人说话,不能戴墨镜,不能东张西望。从坐着的人身边走过时,不可昂首挺胸,而应略低头以表示歉意。到寺庙拜佛或游览时,必须衣着整洁。进入佛殿或到他人家做客,必须脱鞋。泰国人认为头是神圣的,不能摸他人的头,小孩的头也不例外。只有国王与高僧才能摸别人的头。不能拿东西超过别人的头,如果必须超过时,要表示歉意。

三、新加坡的人际礼仪民俗

新加坡提倡文明礼貌,十分讲究礼节,国家虽小,却是被世界各国称颂的礼仪之国。

新加坡人见面时,通常的礼节是握手,如是熟人,可点头致意。新加坡是个多民族的国家,各个民族可以按自己本民族的礼节行礼。如华人可以行鞠躬礼、揖礼;印度人行双手合十礼;马来人则按伊斯兰教的习俗,双手合在一起,互相之间手面手背轻拍几下，然后把手贴住额角或嘴唇。见面时的称呼，男性一般是称先生，如对方年龄较大，可称老先生或某老；也可称对方的职务，如某总经理、某董事长等。女性通常可称某小姐，对年长女性可称某女士，也可以称职务。

新加坡人认为自己的衣着和外表形象不完全是自己的事，也是对他人的尊重。所以在日常交往中，每个人都非常注重衣着打扮，经常剃须，着装整洁，讲究卫生。从事商务活动或进行其他社交活动，多是穿西装，或是穿衬衫系领带。

新加坡人非常重视社会交往，如果接到他人的邀请函，必须予以书面答复，明确表示去或不去，并表示感谢。如不能赴约，要说明理由。如前往赴约，必须准时到达；如赠送礼品，要注意包装。递送礼物要用右手，除非对方要求，一般不当面打开礼包。本着"礼尚往来"的古训，要回赠同等价值的礼物。

同人谈话时，一定要认真倾听、目视对方，以示尊重，不要随意打断对方说话。有不同意见，不能顶撞，不能当众提出，最好私下讨论。谈话时不能双手贴在臀部，这是发怒的姿势。新加坡受西方文化影响，与人谈话时，尽量不询问婚姻、宗教信仰、年龄、收入等属于个人隐私的情况。新加坡人不喜欢听"恭喜发财"的祝词，因为他们所理解的"发财"是发不义之财。

新加坡宴请客人，一般是在午间或晚间，如果赴宴，可带一束鲜花或巧克力作为礼物。如在主人家做客，饭后要主动帮助收拾餐具。

四、印度的人际礼仪民俗

印度人在人际交往中，盛行传统的礼仪。主要有：

合十礼。佛教礼仪——双手相合的合十礼。亲友相见或告别时，双手合十于胸前，并互致问候和敬意，口说"纳马斯代"（您好）。当参拜神佛之像或见长辈时，双手合十，俯首，以示崇敬；如在公众场合向群众致礼时，在行合十礼时要频频向群众点头，以表示高深的谢意。

嗅礼。是流行于印度西南地区的见面礼。当老朋友久别重逢时，多是行"嗅礼"，双方把嘴和鼻子紧紧相贴在对方的脸上，并用力吸气，同时连声说："嗅一嗅我！"

摸脚礼与吻脚礼。印度教徒之礼。晚辈为了对长辈表示敬仰，在行完合十礼以后，再弯腰去摸一摸对方的脚；如果表示更加崇敬，则吻一吻对方的脚。妻子送丈夫出门的最重要礼节，即摸丈夫的脚跟和吻脚。

敬献花环。在欢迎最尊贵的贵宾时，主人献花环，恭敬地套在贵宾的脖子上。花环大小一般是到客人之胸，贵宾地位愈高，花环愈大，可长过膝。

握手礼和鞠躬礼。受西方礼仪影响，印度人也行握手礼和鞠躬礼，但男人与女人不能行握手礼，行合十礼时，也不能碰女人。

摇头与点头。印度人在交谈中,以摇头或歪头表示肯定、赞同,以点头表示否定或不同意。

五、伊朗的人际礼仪民俗

伊朗的人际礼仪民俗与其他阿拉伯国家一样,深受伊斯兰教义的影响。

伊朗人与他人相见,首先是相互问好、问安。自称"鄙人",称呼对方,不直接称名道姓,而是在名字前加先生、阁下、老爷、夫人、博士、阿訇、依玛目等,以表示对对方的尊敬。传统礼节,还常用"我是您恭顺的仆人"、"愿为您效劳"、"这是我应该做的"之类的语言表示敬从;或说"在你面前的,是你的亲人"、"在你面前摆着的是平坦大道"等,表示亲近的友谊和帮助。在说完这些问候语或表示感情的话之后,再进行交谈。青年或下级,见到尊长,要立即起立。同辈相见,行握手礼。十分亲密的朋友相见,行拥抱礼。行礼时,要相互用祝词祝贺对方。告别时,要说一句"音沙拉",即真主与你同在。

伊朗人喜欢送礼,而且多是重礼,同时他们也希望你能送给他同样价值的礼物。送礼的忌讳:一是不能送酒,因为穆斯林禁酒;二是不能送不值钱的东西,否则会认为你看不起他;三是不能给他的妻子送礼物,否则会怀疑你别有用心。初次见面一般不送礼物,送给孩子礼物会使他们最高兴。

在家中,子女如果在晨祷礼前、午间脱下衣着后、晚间祷礼后进入长辈卧室,必须先征得长辈的同意方可进入。子女必须要敬孝父母,敬孝父母仅次于敬拜安拉。去别人家拜访,必须先打招呼,征得同意后方可入门。所穿衣着必须符合自己的身份。握手、端菜时必须用右手,出门时,要先迈左脚,否则被视为不敬、不礼貌。

第四节 欧洲各国的人际礼仪民俗

一、俄罗斯的人际礼仪民俗

俄罗斯是一个非常注重礼貌的民族。与客人相见,总要相互问好并道"早安"、"日安"或"晚安"。言谈中,"对不起"、"请"、"谢谢"时常挂在嘴边。在待客中,常以"您"字表示尊敬和客气;而对亲友往往则用"你"字相称,认为这样显得随便,同时还表示出对亲友的亲热和友好。

俄罗斯人在社交场合与客人见面时,一般习惯于施握手礼。男女间握手时,一般要等女方先伸手。男方握女方手时要轻，不要用力摇晃对方的手，也不要问女士年龄。拥抱礼也为他们所常施的一种礼节。他们还有施行吻礼的习惯，但对不同人员、在不同场合，所施的吻礼也有一定的区别：朋友之间，或长辈对晚辈，以亲吻面颊为多，一般要吻三下，次序是左、右、左。不过长辈对晚辈以吻额为更亲切和慈爱；长辈亲吻晚辈额头，这一习俗被称为俄罗斯的"三记吻"。男子对特别尊敬的已婚女子，一般多施吻手礼，以示谦恭和崇敬之意。吻唇礼一般只是在夫妇或情侣间流行。

通常情况下，俄罗斯人在寒暄、交谈时，对人的外表、装束、身段和风度都可以夸奖；而对人的身体状况不能恭维，这一习惯正好与中国人不同。在俄罗斯，几乎听不到"你身体真好"、"你真健康，不生毛病"这些恭维的话，因为在俄罗斯人的习惯中，这类话是不准说的，人们觉得说了就会产生相反的效果。俄罗斯人非常喜欢说"你非常年轻"、"你不显得老"这一类的赞美话，人们也乐意恭听。

俄罗斯人对妇女颇为尊敬。"女士优先"在他们的国家里很盛行。凡在公共场所，无论是行走让路，还是乘车让座，他们总要对女士有特殊的优待。

用面包和盐接待客人是俄罗斯人的一个特殊礼仪习俗，是表达最高的敬意和最热烈的欢迎。反映到日常生活中，就是餐桌上一定要有面包，去做客时一定要吃面包。因为面包是耶稣的圣体，吃了面包就意味着基督与自己同在，万事吉祥；而在历史上，匈奴首领阿提拉破坏了盐场，使得盐曾一度奇缺。因此，俄罗斯人逐渐形成了用面包与盐迎接与招待贵宾的习俗。

二、英国的人际礼仪民俗

英国是一个特别讲究礼仪风度的国家。他们认为彬彬有礼、举止得当是绅士、淑女的必备条件。英国人，特别是受过高等教育者谈吐幽默、高雅脱俗，说话声音不高、发音准确。英国人办事墨守成规，往往不愿意做出或看到突然变化。他们安排日程特别准确，赴约准时，晚几分钟可以，但绝不能提前。

英国人初次见面时的礼节是握手问好，一般不行拥抱礼，比较喜欢别人称呼他们的荣誉头衔。

英国人钟爱自己在家里所拥有的不受人干扰的"个人天地"，比如没有什么正当的理由或在不适当的时间给人打电话就属于干扰了别人的"个人天地"。英国人不仅忌讳别人闯进他的生活，而且凡他不愿主动告诉别人的事，也都属"个人天地"，别人不宜打听。如果问了，便是失礼，可能落个没趣。也正因为如此，英国人未经介绍不与陌生人搭讪。

英国人内向而含蓄，个人感情一般不外露，和一个刚刚结识的人天南海北地高谈阔论，会被人看做是失态。所以英国人见面时最普遍的话题便是"谈天气"。

对天气的评论，成了熟人相互致意的客套话。所以有人说，谈论天气是英国民族的主要消闲方式。

在英国，尊重妇女是体现绅士风度的一个重要方面。女士优先是一个人人皆知的行为准则。在通常情况下，英国人总是把女子放在优先考虑的地位。如男女一起进房间，男的要替女士开门；进房间或进餐馆大多是女子在前，除非男的必须在女士的前头去选餐桌、开车门或做其他效劳。诸如此类女士优先的礼节充分说明了英国人对妇女的尊重。

在英国，如果被邀请到英国人家做客，而且只是个社交聚会，早到是不礼貌的。女主人正在作准备，她还没完全准备好你就到了，会使她感到非常尴尬。晚到10分钟最佳。晚到半小时就显得太迟了，需要向主人致歉。离开后的第二天要发一封便函向主人致谢，并随附一件小礼品如一盒巧克力或一些鲜花等。

三、法国的人际礼仪民俗

法国人爱好社交，善于交际。对于法国人来说社交是人生的重要内容，没有社交活动的生活是难以想象的。

在人际交往中，法国人所采取的礼节主要有握手礼、拥抱礼和吻面礼。法国人与交往对象行吻面礼，意在表示亲切友好。为了体现这一点，在行礼的过程中，他们往往要同交往对象彼此在对方双颊上交替互吻三四次，而且还讲究亲吻时一定要连连发出声响。其实，他们这样作犹如表演，并非真的要亲在对方的脸上，而往往只是弄出"空响"即可。

法国人诙谐幽默、天性浪漫。他们在人际交往中大都爽朗热情。他们善于雄辩、高谈阔论，好开玩笑，讨厌不爱讲话的人，对愁眉苦脸者难以接受。法国人渴求自由，纪律较差。在世界上法国人是最著名的"自由主义者"。"自由、平等、博爱"不仅被法国宪法定为本国的国家箴言，而且在国徽上明文写出。他们虽然讲究法制，但是一般纪律较差，不大喜欢集体行动。与法国人打交道，约会必须事先约定，并且准时赴约，但是也要对他们可能的姗姗来迟事先有所准备。

法国人自尊心强，偏爱"国货"。法国的时装、美食和艺术是世人有口皆碑的，在此影响之下，法国人拥有极强的民族自尊心和民族自豪感，在他们看来，世间的一切都是法国最棒。与法国人交谈时，如能讲几句法语，一定会使对方热情有加。

法国人崇尚骑士风度，尊重妇女。所谓骑士风度，指的是流传至今的用以规范骑士举止行为的一系列宫廷礼节。当今，骑士阶层与宫廷在法国早已荡然无存，但是骑士风度依旧为广大法国人所看重。骑士风度的核心是男子对妇女的尊重与保护。在法国人看来，充当"护花使者"是男人的天职与荣幸；做不到这一点，男人就不成其为男人。

四、德国的人际礼仪民俗

德国人是待人诚恳而又非常注意礼节的。他们待人诚恳坦直，如果你在街上向陌生的德意志人打听问路，他们会很热情地为你解答和指引迷津，有的甚至还会不辞辛苦地陪送你找到所要去的地方。

在与德国人交往中称呼是有讲究的。在一般社交场合，他们总乐于在打招呼时对方称呼他们的头衔。一般与陌生人、长者以及关系一般的人交往，通常用尊称"您"；而对私交较深、关系密切者，如同窗好友、共事多年关系不错的同事，往往用"你"来称呼对方。交换称谓的主动权通常在女士和长者手中。称谓的变换，标志着两者之间关系的远近亲疏。

德国人邀请客人，往往提前一周发邀请信或打电话通知被邀请者。如果是打电话，被邀请者可以马上作出口头答复；如果是书面邀请，也可通过电话口头答复。但不管接受与否，回复应尽可能早一点儿，以便主人作准备，迟迟不回复会使主人不知所措。如果不能赴约，应客气地说明理由。既不赴约，又不说明理由是很不礼貌的。接受邀请之后如中途有变不能如约前往，应早日通知主人，以便主人另作安排。如由于临时的原因，迟到 10 分钟以上，也应提前打电话通知一声，因为在德国私人宴请的场合，等候迟到客人的时间一般不超过 15 分钟。客人迟到，要向主人和其他客人表示歉意。宴会用餐席位原则是"以右为上"，一般男人要坐在妇女和职位较高男人的左侧；当女士离开饭桌或回来时，男人一定要站起来，以表示礼貌。

在德国，朋友之间交往，遇有婚丧喜庆、做客赴宴、迎来送往、逢年过节、慰问病人，等等，要送些礼品，这是人之常情。德国人不习惯送重礼，所送礼物多为价钱不贵、但有纪念意义的物品，以此来表示慰问、致贺或感谢之情。去友人家赴宴，客人要带上点儿小礼物，俗话说礼轻情意重，一束鲜花、一盒巧克力糖果或一瓶酒足矣。

第五节 美洲各国的人际礼仪民俗

一、美国的人际礼仪民俗

美国人性格浪漫、为人诚挚。他们在与不相识的人交际时，惯于实事求是、坦率直言。即使是自我介绍，他们也喜欢对自己的情况据实说出，越真实越好。对那些谦虚、客套的表白是看不习惯的。过分的客套对他们来说是一种无能的表现，过头的谦虚可能会被他们误认为你心怀鬼胎。美国人在公共场所就座时，一般都让长者和妇女坐在右边；走路要让长者和妇女走在右边。他们很健谈，喜欢边谈边用手势比划；彼此间乐于保持一定的距离，一般以50公分左右间距为好。

美国人与客人见面时，一般都以握手为礼。按照他们的习惯，手要握得紧，眼要正视对方，微弓身，认为这样才算是有礼貌的举止。美国人都喜欢斯文，一般同女士握手要等女士先伸出手后，男士再伸手相握；如果是同性，通常应年长者先伸手给年轻人、地位高的伸手给地位低的、主人伸手给客人。他们另外一种礼节是亲吻礼，这是在彼此关系很熟的情况下所施的一种礼节。

美国人喜欢自由自在、不受约束。惯于晚睡晚起，有拖拖拉拉的习惯。但美国人时间观念很强，赴约准时，如赴宴则最好迟到几分钟；如果早主人先到，反而失礼。若有紧急状况无法准时赴约，必须电话通知和解释，绝不可无声无息，随意让人空等。

如果应邀参加家庭聚会，可问主人需要什么礼物，即使主人婉谢，届时仍可带瓶酒或一束鲜花，或酌情带一些具特色的小礼物。除非事先言明，一般聚会活动以不带小孩参加为宜。如果聚会性质为野餐烤肉，则大都可全家参加。宴后三四天内别忘记寄一张感谢卡或感谢函给主人，若在主人家过夜通常要将感谢卡寄给女主人。

二、加拿大的人际礼仪民俗

加拿大人朴实、随和、友善、热情、好客。加拿大人在社交场合一般姿态比较庄重，举止优雅。见面一般握手致意，熟人之间用拥抱礼节。分手时也行握手礼。熟人相见，直呼其名。握手时，女士、年长者、职位高者先伸出手。

在交谈时，加拿大人会和颜悦色地看着对方，显示出很自信、有礼貌。交谈要选择众人共同关心的话题，喜欢谈加拿大经济文化发展、天气、体育、旅游、风俗等话题。不能询问年龄、收入、家庭状况、婚姻状况、女士体重等私人生活问题。介绍礼节，是将男士介绍给女士、将年轻人介绍给年长者、将职位低者介绍给职位高者。在介绍朋友时，手的姿势是胳膊往外微伸，手掌向上，手指并拢，不用手指来指人。

在公共场合，加拿大人厌恶那种抢着插嘴、边说话边用手指人的人，他们不喜欢别人老盯着自己。加拿大人从不在人前抠头发、清理手指甲缝里的污垢，如有人在公共场合这样做，就会被人看不起，认为是缺乏教养。加拿大人常用耸肩、两手手指交叉置于桌上等姿态来缓和紧张气氛或掩饰窘态。

加拿大人时间观念强，约会要事先约定，准时赴约。送礼应有目的，不随便送礼，生日、结婚、离别等都要送礼。讲究礼品包装，一般用彩色礼品纸包裹，扎彩带，装饰彩花，礼品上附有签名贺卡。接受礼品者应当面打开并致谢。

加拿大人常以家宴款待客人。上门做客不能提早到达；做客时应带上一瓶酒、一盒糖、一束鲜花等礼物，或送给女主人和孩子一些小礼物。作为礼物的酒，要在宴请时饮用。家宴一般是冷餐会，饮食放在桌上，各人自取，座位自选，或站着进餐，边吃边谈。第二天，客人应写信给女主人，表示感谢。

三、巴西的人际礼仪民俗

巴西人有时较拘礼，有时又十分随和。初次见面或在不太熟识的人之间，人们通常以握手为礼。身份较高的人、年长者、主人或妇女和别人见面时，一般要先伸出手；身份低的人、年轻人、客人等不能抢先伸手，否则会被认为举止不恭。熟人相见，男士之间通行拥抱礼。双方互相拥抱，并拍打后背，以示关系非同一般。女士之间，或女士遇到熟识的男士，则要行亲吻礼，即彼此亲吻面颊，表示亲热。但这种亲吻，不是亲吻嘴唇，而是两人的面颊互贴一下，嘴里还要发出亲吻之声，但嘴不接触脸。恋人见面，方可亲嘴。有时这种贴面礼显得很烦琐，比如几十人相聚，后到的人要依次与在场的每个人贴面颊。即使先到的人已围着桌子坐好了，并正在吃东西，他们也必须站起来，走出去同后到的人行这种贴面礼。

巴西人与别人见面往往不太守时，约定几点见面，通常比约定的时间迟到10分钟或15分钟。

他们在接受别人送礼时，总习惯当着送礼者的面打开礼品包，然后致以谢意。如果他们到什么地方买了礼品，首先要把原来包装的纸剪掉一点。因为他们认为包装纸是管运气的，不要把别人的好运气带走。

从民族性格来讲，巴西人在待人接物上所表现出来的特点主要有二：一是喜欢直来直去，有什么就说什么。二是巴西人在人际交往中大都活泼好动，幽默风趣，爱开玩笑。巴西男人喜爱逗人的笑话，也爱放声大笑，但别谈带有种族意识的笑话，也不要谈论阿根廷。还应回避谈论政治、宗教以及其他有争议的话题。

四、墨西哥的人际礼仪民俗

墨西哥人十分注意礼节风度和言谈举止。他们在公共场合，一般都表现得十分文雅，而且讲究礼貌和热情。他们无论对谁，总愿以笑脸相待。

在墨西哥，熟人见面时所采用的见面礼节，主要是拥抱礼与亲吻礼。在上流社会中，男士们往往还会温文尔雅地向女士们行吻手礼。通常他们最惯于使用的称呼是在交往对象的姓氏之前加上"先生"、"小姐"或"夫人"之类的尊称。

墨西哥人一般不习惯于准时到达约会地点，通常要比双方事先约定的时间晚上15分钟到半个小时左右。在他们看来，这是一种待人的礼貌，也是一种礼节风度。

墨西哥瓦哈卡州一带的印第安人，每当款待尊贵的客人时，总习惯拿出他们最喜爱的高贵食品"油炸蚂蚁"让客人品尝。他们认为这样才能表达自己的心情。他们和朋友告别时，有送一张弓、一支箭或几张代表神灵的剪纸的习惯，以表示他们对朋友的美好祝愿。有些地方的女孩最怕过新年。因为当地习俗如女孩超过17岁找不到对象，就会失去自由恋爱的权利，父母就会将女儿作为新年贺礼送人。

第六节　非洲及大洋洲各国的人际礼仪民俗

一、埃及的人际礼仪民俗

埃及是一个具有古老文明的国家，注重人际之间的礼仪。

埃及人的见面礼主要是握手礼、点头礼、拍手礼、亲吻礼。握手礼是最通行、最广泛的礼仪。与其他国家不同的是，在埃及，朋友之间不论一天见几次面，都要行握手礼。如果是许多人在一起，要一一握到，否则没有与之握手的人会误认为你瞧不起他。与女士握手要慎重，要等她伸出手后，才可与之握手。如果对方无握手之意，可点头致意。因为伊斯兰教规定女人是不能与男人握手的。如果是老朋友见面，既可以握手，也可以互相拍一下手，显得亲切、自然。亲朋好友之间，为了表达更亲密的感情，即使是同性之间也可行亲吻礼。但以女人行亲吻礼居多。女人行亲吻礼是脸贴脸地相亲吻两下，先右后左；男人则是先左后右，而且只亲一下。晚辈亲吻长辈多是亲吻手，长辈亲吻晚辈多是亲吻面颊或额头。

埃及人很爱面子，在人际交往中特别注重自己的外表形象。外出时要梳洗干净，穿戴整齐，浑身上下洒满香水，要尽可能使自己更加体面，表现出温文尔雅的绅士风度。

与其他阿拉伯国家一样，埃及人很注重送礼。礼物有增加了解、增进感情的作用。在埃及社会，在不同的场合要送不同的礼物。如孩子出生七日，多送各类挂饰，上面刻有"真主"、"穆罕默德"等宗教内容的文字；若是应邀去别人家做客，多是带去一束鲜花或香水。中国的精美工艺品是最受欢迎的礼物，在任何场合都是适合的。

二、南非的人际礼仪民俗

对于南非的人际礼仪习俗特点，有人将它概括为"黑白分明"、"英式为主"。所谓的"黑白分明"，即是说在南非黑人与白人所遵循的社交礼仪不同；所谓"英式为主"是说南非由于长期受欧洲殖民主义者的统治，白人掌握南非政权，白人的社交礼仪特别是英国式的社交礼仪广泛流行于南非社会。现在南非人普遍采用的见面礼仪是握手，对男士称"先生"，对女士称"小姐"或"夫人"。

在黑人部落中，尤其是广大农村，基本上还是沿袭古老的风俗。他们热情待客，常常将新挤出的牛奶或羊奶送给客人。客人喝得多，特别是一饮而尽，他们是最高兴的。还有将鸵鸟的羽毛或孔雀的羽毛赠送给客人的习俗。客人收下羽毛后，要将它插在自己的帽子上或头发上，表示对这一珍贵礼物的喜欢与对主人的尊重。南非的黑人非常尊重自己的祖先，特别忌讳他人谈论自己祖先的过失。跟南非黑人交谈，有四个话题不宜提及：一是不能为白人的统治评功摆好，二是不能评论黑人各部落之间的关系与矛盾，三是不能非议黑人古老的习俗，四是不能对对方生男孩表示祝贺。

三、澳大利亚的人际礼仪民俗

（一）移民的人际礼仪民俗

澳大利亚人非常注意说话时语言文雅，文明用语不绝于耳。谈话时轻声细语，很少大声喧哗。他们认为高声叫喊或高声呼唤他人是不礼貌的行为。

澳大利亚人对妇女极为尊重，无论在什么场合，都要女士优先。但不喜欢赞美女士的长相、才气、文雅举止等。

澳大利亚人喜欢交朋友。男人们往往把他们的朋友称为"mate"（伙计）。与朋友偶会于途中或相逢在其他场合，只是习惯说一声"哈罗"的"哈"，有时甚至连"哈"字也不说，只是向对方挤一下左眼，就算打招呼了。他们认为这种比较随意的方式，是一种感情亲密无间的表现。

与宾客相见时，喜欢热烈握手，彼此以名字相称。如果与朋友或客人有约会，最重视准时赴邀。如果应邀吃午饭或晚饭，要给女主人带上一束鲜花或一瓶酒，这是非常受欢迎的。告别时必须对主人的款待表示感谢。

（二）原住居民的人际礼仪民俗

澳大利亚土著人的相见礼仪，也多是以握手为常。但握手不是全指掌相握，而是两人的中指相勾住。这大概是全世界通行的握手礼中的一种特殊的习俗。在告别时，有一种嚼骨告别的风俗。每当亲友告别时，要在口中放一根骨头，并用牙齿使劲地咬嚼它，使它发出"咯咯"的声音。人们以此来互致珍重，盼望重逢。

四、新西兰的人际礼仪民俗

（一）移民的人际礼仪民俗

新西兰人见面和告别均行握手礼。习惯的握手方式是紧紧握手，目光直接接触。如果是与女士握手，要等女士先伸出手来，男士再去握手，否则被认为是一种失礼的行为。

新西兰人见面时，也行鞠躬礼。但行礼时双方都要在鞠躬的同时，昂起头来。忌讳低头，以示保持尊严。初次见面，不论是行握手礼还是行鞠躬礼，都要互致问候。身份相同的人互称姓氏，并加上"先生"、"小姐"、"夫人"等称呼。如果是熟人，互相直呼其名。

新西兰人时间观念很强，约会必须事先商定，准时赴约。客人可以提前几分钟到达，以示对主人的尊重。交谈时适合谈天气、体育运动、国内外政治、旅游等，避免谈个人私事、宗教和种族问题。会客一般在办公室进行。如果应约去家里做客，可以送给男主人一瓶威士忌或一盒巧克力，送给女主人一束鲜花。礼物不可多，不可昂贵。这一点与阿拉伯人正相反。谈话时不可大声，更不可装腔作势，也不能当众嚼口香糖和用牙签，这样的话会被认为是缺乏文明教育的表现。

（二）毛利人的见面礼仪

毛利人待客之礼非常奇特，每当客人到来时，他们都要选一个部落里跑得最快的人，在客人面前做出各种鬼脸，挥舞着手里的长矛或剑，表示欢迎，并把剑扔到地上。这时客人要把它拾起来，恭敬地捧着，直到对方舞毕。这种古老的迎宾礼，是试探客人是朋友还是敌人。然后妇女们高声呼喊，跳起"哈卡舞"。最后部落中德高望重的尊者走向客人，向客人行毛利人崇高的敬礼——碰鼻礼。有的地方碰一次，有的地方碰两次，碰的时间越长，说明礼敬的规格越高。在尊贵的客人来访时，由部落中的最年长者带领全体族众陪同，一起睡在"马雷"（毛利人的会堂）里，吟唱、交谈，通宵达旦。

思考题

1. 名词解释：抱腰礼　哈达　合十礼　嗅礼　三记吻　碰鼻礼
2. 人际礼仪的特点及作用如何？
3. 汉族的主要传统礼仪与现代礼仪有哪些？
4. 简述满族、蒙古族、藏族、维吾尔族的人际礼仪习俗。
5. 日本的礼仪习俗有哪些特点？
6. 简述伊朗的人际礼仪。
7. 俄罗斯人为什么用面包和盐待客？

8. 法国的人际交往礼节主要有哪几种?
9. 简述美国的人际礼仪民俗。
10. 巴西人待人接物的特点是什么?
11. 澳大利亚人际礼仪习俗有什么特点?

第十二章 岁时节庆的民俗

【学习目的】

通过本章的学习，了解我国各民族和世界其他国家主要节日的基本情况，掌握各种节日民俗的主要文化内涵，运用节日文化的各种知识，做好相关的旅游工作。

【主要内容】

1. 节日民俗的形成与作用
2. 我国各民族的主要节日及其欢庆的方式
3. 世界各国的主要节庆活动

第一节 岁时节庆民俗概述

各个国家、各个民族、各个地区的人民大众都有自己不同的节日及其不同的节日活动形式，世代因袭而成俗即为节日民俗。

一、节日与节日民俗的形成

什么是节日？在回答这个问题之前，首先要说明什么是"节"。所谓的"节"，就是将岁月划分为若干个相互衔接的时间段，如同一根长竹的许多"节"。借喻而言称之为"节"，两个时间段的交界日即称为"节日"。世界各国基本上都是以"年"为一个自然循环周期。一年分为365日、12个月、春夏秋冬四季等等，这都是不同的"节"。我国古代根据天象、气象、物象将一年分为立春、春分、立夏、夏至、立秋、秋分、立冬、冬至等"八节"，后来又分为"二十四节"，即民间所说的"二十四节气"。世界其他各国，也有相类似的或不同的划分方法，因此也都有各自不同的"节"。各个节日就分置在各个不同的"节"中。民俗中的节日，概括而言就是以岁时为基础的，具有特定内涵的欢庆日、纪念日或集会日。它是与"平日"相对而言的，是自然的岁时与人文意识相结合的产物。

节日习俗的形成，虽然各个国家、各个民族都有各自的源头，但有五个方面基本上是共同的：

第一，源自于人类的生产活动。生产活动是人类赖以生存与发展的基础。因此，各个国家、各个民族、各个地区的许多节日都是源自于农、林、渔、猎等各种不同的生产方式。我国汉族是一个自古以来就以农业为主的民族，其"二十四节"都是反映农业生产的。如"清明忙种麦，谷雨种大田"之类。最隆重的节日"年"，就是庆祝、祈祷农业大丰收的节日。

第二，源自于各类的宗教信仰。宗教是世界各个民族所具有的普遍性的信仰活动。受科学发展程度的限制，人们认为人的各种活动及其命运都是受天地鬼神支配的。这种宗教信仰必然反映到节日中。各个国家、各个民族的许多古老的传统节日，几乎都有浓重的宗教色彩，有的民俗节日就是由宗教节日直接转化而来。例如，汉族春节的重要内容就是与祭祀天地、诸神、祖宗联系在一起的；中元节（七月十五日）就是与佛教的"盂兰盆节"合而为一的；纳西族的"祭土地节"，藏族的"仙女节"，回族的"开斋节"、"古尔邦节"等都是与宗教信仰相关的节日。欧美国家最盛大的节日——圣诞节，就是基督教纪念耶稣诞辰的宗教节日。人们以节日形式对各类神灵进行祭祀、祈祷，以求消灾赐福，显得更为虔诚、更为隆重，认为会取得更神奇的效果。

第三，源自于对杰出人物、重大事件的纪念。历史上的各类英雄人物、杰出人物，他们曾经对国家、对民族、对本地区的广大民众作出杰出贡献，为后人所景仰，奉为楷模，甚至神化为各种保护神；此外，历史上发生的一些重要事件，在国家治乱、民族兴亡的发展过程中具有重大意义；对这样杰出的历史人物与重大的历史事件，选择一个有特定意义的日子进行纪念，遂成节日。如我国古代汉族的端午节，是纪念屈原的节日；锡伯族的"西迁节"是纪念锡伯族在清代乾隆年间由辽宁沈阳西迁至新疆察布查尔的重大历史事件的节日；"五四青年节"是纪念"五四运动"的节日。英国的"圣帕特里克节"是北爱尔兰纪念已经转化为保护神的帕特里克的节日；法国的国庆节是为了纪念1789年7月法国巴黎人民攻占巴士底狱引发法国资产阶级大革命。

第四，源自于人际交往沟通感情需要的各类集会活动。这类节日如我国苗族的"芦笙节"、壮族及侗族等民族的三月三"歌圩节"，南美洲巴西的"狂欢节"，意大利的"赛马节"等。

第五，源自于国家或社会倡行某种事物而形成的节日。如我国每年3月12日的"植树节"、9月10日的"教师节"，西方各国的"父亲节"、"母亲节"、"情人节"等。

二、节日民俗的基本特点

节日民俗具有以下几个基本特点：

（一）周期性

节日是以岁时为基础的。岁时周而复始，因此节日活动也就呈现出固定的周期性。纵观世界各个国家、各个民族的节日，多是以一年为一个活动周期。当然，也有以几年为一个活动周期的。如苗族的"祭鼓节"以13年为周期、赫哲族的"乌日贡节"是2年举行一次。节日的周期性使其便于记忆，又使得节日的活动井然有序。

（二）特异性

每个节日都有它特殊的含义、特殊的目的。因此，在节日中，人们要穿上不同的节日服装或佩戴特殊的佩饰，要吃特殊的应节食品，要举行特殊的祭祀活动、集会活动及各种娱乐活动，有节日的特殊礼仪，有的节日还要说特殊的语言、使用特殊的工具等等。节日的特异性，不仅是与平日不同，不同的节日也各有不同。诸多的特异性都是节日的性质所决定的。

（三）群众性与民族性

任何节日都是群众性的节日，个别人的带有周期性、特异性的活动是不能成为节日的。节日的群众性表现为两种形式：一是以分散的家庭或个人为单位，在一个共同的日子里，按着传统的习俗举行各种基本相同的活动，如汉族的春节、中秋节；二是在同一个日子里，各地举行群众集会，或者是群众集会与个体活动相合，如壮族的三月三节、蒙古族的那达慕以及世界规模的圣诞节等等。节日不仅是群众性的，也是民族性的，节日是民族经济、民族文化、民族心理、民族信仰等的集中体现。许多节日就是本民族所独有的节日，如藏族的雪顿节、锡伯族的西迁节等。即或是由于文化的交流，许多民族形成了共同的节日，但各个民族在节日活动中，仍然要表现出本民族的特点。春节这一节日原本只是汉族的节日。但各个民族在欢度这一节日时，则各有自己本民族的活动内容。

（四）综合性

民俗学家把节日分为单一性质的节日和综合性质的节日。单一性质的节日是指节日活动的目的、内容形式是单一的，节日的名称往往是直指主题的，如"母亲节"、"植树节"等等。综合性质的节日（又称为复合型节日）是指节日的目的、内容形式是多方面的，如我国的"年"（春节）、清明节等等。其实严格意义上的单一性质的节日是很少的，即使开始时是"单一"的，但在其发展中，其目的、内容、活动方式必然是不断丰富的，不断地吸纳其他方面的内容，逐渐呈现出一种综合型或复合型节日的特点。如西方的圣诞节，最初本是基督教徒纪念耶稣诞生的宗教节日，但现在它已经成为全世界许多国家，包括非基督教徒都过的节日，人们很少去纪念耶稣的诞生，更多地是欢乐聚会、关爱儿童，甚至是商品展销等等。在节日习俗的发展过程中，任何有生命力的节日都是综合性的节日。

（五）庆祝娱乐性

世界各国、各民族形形色色的节日，除极少数之外，都具有庆祝娱乐的性质。什么是"庆祝"呢？"祝"字的古老含义是"以言告神祈福"，"庆"字的含义是由于得福获利而表示欣喜、道贺。因为古老的传统节日都是与宗教信仰相联系的，所以"庆祝"是必不可少的节日内容。而欣喜、道贺的表现形式就是各种形式的娱乐活动。娱乐既是娱神的，也是娱人的，人神共乐，烘托出节日的热烈气氛。近现代以来的一些新节日，虽再无祭神祈福，但仍然还有表示美好祝愿的内容。如在母亲节时，祝妈妈身体健康、万事如意；在植树节时讲希望绿树成荫、万木成材之类的话。这些内容实际上都是由古老的"以言告神祈福"演变而来。

三、节日习俗的功能

节日习俗的功能是多方面的，可以概括为以下几个方面：

（一）对生产与生活的提示功能

由于节日是以岁时为基础的，所以一些传统节日对生产活动是有直接的提示作用的，如汉族的"二十四节"、高山族的"夜渔节"等等。母亲节、父亲节、妇女节、儿童节等则是提示对父母的敬孝，对妇女、儿童的关爱等等。

（二）对心灵的寄慰功能

人的活动是靠精神支配的。人只有生活在希望中，才有动力；人的精神是需要抚慰的，有了抚慰就会产生一种满足感、安全感。人们通过节日的祭祀活动，向神灵祈祷求福，这就是一种希望的表达、精神的寄托。在信念中相信有神的庇护，就会产生安全感，就会增添前进的信心与勇气。节日中人们互相的祝福祝吉，也会在心灵中产生一种成就感、幸福感。这就是节日里人们非常重视祭祀活动，把祭祀典礼搞得盛大、隆重的原因所在。

（三）对人际的沟通和谐功能

节日里，无论是家庭中的团聚，还是社会上大型集会、互相走访、喜庆歌舞、竞技比赛等活动，其根本目的都在于沟通人际关系。节日的特殊环境、特殊氛围，为人们提供了一个互相了解、消除隔阂、增进感情的机会，使良好的社会风气得以推广，有利于造成一个仁爱、和谐的美好社会。

第二节 中国的岁时节庆民俗

一、汉族的岁时节庆民俗

汉族世代以农耕为业，以小农经济为基础的家庭是生产与生活的基本单位。因此，其节日多是与农业生产息息相关，节日的各项活动，也多是在家庭的范围内，以家人团聚、增进亲情为节庆的中心内容。其重要节日主要有：

春节 春节即夏历的正月初一，旧俗称为"元旦"。元即是"一"，我国古代认为一是"万物之始"。元旦是新一年的第一个月的第一天，是新的一年中万物之始，所以格外受到重视，它是汉族最盛大的节日。清王朝灭亡后，我国采用公元纪年，以公历的1月1日为元旦，即现在的新年。因为立春之节多是在旧俗元旦的前后不久，故将原来的"元旦"改称为"春节"。

春节俗称为"年"。年字在商代的甲骨文中像成熟下垂的谷穗。在我国黄河流域以北，谷物多是一年一成熟，所以谷物的一个成熟周期就是"年"。以"年"为节日之名，说明"年"这一节日的最原始内容是庆祝前一年的丰收，祈祷下一年更大丰收。实际上，"年"这一节日不仅是指新一年的第一天——元旦，还包括前一年最后的一天——除日，俗称"大年三十"，其夜称为"除夕"。"过年"即是由旧的一年过到新的一年。所谓"一夜连双岁，五更分二年"。除夕之夜，元旦之日，节庆活动达到高潮，普天同庆，举家欢乐。

除日、除夕的主要节庆活动：

一是祭祖。汉族自古以来就是宗法制大家庭，最重血缘亲情。祖宗是家族之源，是庇护族人的神灵，也是凝聚大家族的旗帜，祭祖是头等大事。

二是要贴春联和各种祝吉条幅。贴春联是由古代的挂桃木符的习俗演变而来。东汉时，人们在过年时常将画有神荼、郁垒神像的桃木板挂在门的两旁。传说二神能捉鬼，用以御鬼避邪。五代以后的千余年间逐渐演变成今日贴在门两旁的春联。春联多是写吉祥祝贺之语，既有传统的驱邪求吉的意思，又增添了节日喜庆气氛。此外还贴有"福"字、"金鸡满架"、"肥猪满圈"、"抬头见喜"之类的大小条幅。

三是吃除夕饭，又称团圆饭。大年三十是举家大团圆之日。外出的人，不论是在千里之外，还是在异国他乡，都要在这一天赶回来，全家团聚。在夜幕降临之后，全家人都围坐在一起聚餐。小辈为长辈敬酒祝寿，长辈为晚辈祈福求吉，体现出浓重的亲情。吃的菜不但要丰盛，更要有吉祥内涵。如必有大碗盛的各种圆子（即丸子），必须有鸡，必须有鱼等，寓意大吉（鸡）大利、年年有余（鱼）、全家大团圆。

四是除夕饭之后全家人要给长辈叩头拜年祝寿，长辈要给小辈压岁钱，以镇邪保平安。

五是要祭神。在子时新旧两年相交之际，在院落中陈列供品，上香、烧纸、放鞭炮，迎接从天上归来的各路神灵；因为财神最受欢迎，所以俗称为接"财神"。之后，全家吃年夜饭，即送旧迎新之饭——饺子。饺子原本称为"扁食"、"角儿"，因其是在子时（晚11点至1点）新旧之交时（12点）必须吃的应节食品，故称"饺子"。饺子即"交子"。

元旦之日主要的节庆活动：

一是要燃放"开门大吉"鞭炮。在天刚微亮时，即燃放红纸包裹的鞭炮，其爆炸后红色碎纸遍地，称为"开门红"，取其大吉大利之义。鞭炮由古代的爆竹演变而来。古代过年在元旦凌晨时，要将竹子放在火中燃烧，发出噼噼啪啪的响声，以驱山妖恶鬼。火药出现后，遂改用纸张包裹，其声更脆更响，更能增加节日的迎新气氛。

二是贺岁。元旦之日，人们很早就走出家门，去亲友尊长家贺岁拜年，互相问候，恭贺新禧发财。拜年是元旦最重要的礼仪，通过拜年，和谐人际关系，以求在新的一年中，互相帮助，共创事业。

元宵节　　正月十五为元宵节。宵者，夜也。元宵节即元月的夜庆节。节日活动主要是在夜晚。

传说元宵节始于西汉。汉高祖刘邦死后，吕后篡权执政。吕后死后，忠于汉室的大臣周勃、陈平等在正月十五这一天晚上，发动政变，扫除诸吕势力，辅佐刘恒为帝，是为汉文帝。汉文帝为了纪念这一汉室复兴的日子，下令解除这一夜的宵禁，张灯结彩，进行庆祝。并且年年在这一天微服出宫，与民同乐。正月十五张灯庆贺遂成风俗，人们称之为"元宵节"或"元夜节"，又称之为"灯节"。唐玄宗时，受佛教影响，曾在都城长安举行盛大灯会，"作灯轮高二十丈……燃灯五万盏，簇之如花树"，又命宫女及长安少女少妇数千人，在灯轮下歌舞三日夜。从此，元宵节点花灯、观花灯的欢庆活动在全国盛行起来。明代太祖皇帝时，曾将放灯时间延至十夜，灯节盛况空前。

元宵节的喜庆活动除张灯、观灯之外，还要吃特殊的应节食品——元宵。元宵是以糖外裹糯米面，形圆如珠，俗称"圆子"。因其是元宵节的应节食品，故称之为"元宵"。元宵夜，家家挂彩灯，户户吃元宵，天上月明，人间灯红。家家团团围坐，吃圆圆的元宵，寓示着生活月月圆满，日子火红，家人团圆。

清明节 清明是二十四节之一,一般是在公历四月五日前后。其时春光明媚,万物萌新,故称之"清明"。"清明忙种麦",它原本是一个播种的节日,后来变成了扫墓祭祖的节日。这中间有一个过渡的节日,即"寒食节"。

相传寒食节是纪念春秋时期贤人介子推的。春秋时晋国公子重耳,因国内政乱流亡国外19年,介子推一直伴随在身边,忠心不二,受尽困苦。后来重耳在秦国的帮助下,返回晋国,当了国君,是为晋文公。晋文公遍赏追随他的功臣,但却忘了介子推。介子推没有前去争功,带着老母隐居绵山之中。后来晋文公得知此事,深悔自己的疏忽,遂数次派人去寻请,但介子推却躲入深山避而不见。晋文公想用放火烧山的办法逼他自己走出来。不料介子推宁肯烧死也不出山,遂葬身火海。晋文公非常难过,下令将介子推的尸体葬于柳树下,改绵山为"介山",并将烧山之日定为禁火之日,人们不能做饭,只能寒食,以示纪念,故称为"寒食节"。其实,据学者考证,早在西周就已经有了禁火寒食之俗。春季风大多火灾,通过禁火寒食提醒人们注意防火,这大概是禁火寒食的根本原因。后来人们将介子推的故事附会在寒食节上,是表达了人们对介子推不居功、不追求名利的崇高品德的敬仰。每逢寒食节,人们头戴柳枝圈,去介子推的墓地扫墓祭祀。寒食节是在清明节的前两天。由于两个节日时间相近,逐渐合而为一。唐代大诗人白居易《寒食野望吟》一诗写道:"乌啼鹊噪昏桥木,清明寒食谁家哭?风吹旷野纸钱飞,古墓累累春草绿。"这说明最晚在唐代这两个节日就已经融合在一起了。人们将为介子推扫墓的习俗又加进了为自己祖先扫墓的内容。后来,由为贤人介子推扫墓又演变成为一切对国家、民族有贡献的杰出人物扫墓的习俗。所以直至今日,每逢清明,全国各地都要去烈士陵园,为有功于国家人民的烈士们扫墓、祭奠。

清明节的习俗,除了扫墓、寒食以外,还有换新火、插柳、踏青等各种活动。

换新火是与寒食联在一起的。由于寒食,火种灭绝,所以清明这一天要重新钻木取火。"新火"二字含义吉祥。唐代时,皇帝常常用钻出的新火点燃柳枝赐给大臣,大臣将传火的柳枝插在门前,以示炫耀。百姓人家将钻取的新火点燃为炊,象征新火燃烧旺运。

清明之日,历代有以柳枝编成柳圈戴在头上,将柳枝插在门上的风俗。民谚说:"清明不戴柳,红颜变皓首"、"清明不插柳,死后变黄狗"。戴柳、插柳之俗一直延续至今。清明戴柳之俗,一说是始于晋文公。埋葬介子推之地的柳树,第二年春枝勃发。晋文公以柳枝编环戴于头上,用以纪念介子推。人们争相仿效,遂成风俗。另一种说法是,柳枝是祛邪致吉的吉祥物。北魏贾思勰《齐民要术》载:"正月旦取柳枝著户上,百鬼不入家。"观音菩萨一手托净水瓶,一手拿柳枝,为人间遍洒甘露,祛邪消灾。戴柳、插柳是源于以柳祛邪佑吉的信仰习俗。

踏青即是去郊外春游,它是将扫墓与娱乐融为一体的节日活动。清明之时,春回大地，风和景明，绿草青青，正是春游的好季节。据文献所载，自魏之后，即有清明踏青之风。上自皇帝，下至百姓，不分男女老幼皆至郊外，到河边洗手洗脸，祛除邪气。之后举行吟诗、歌舞、踢球、荡秋千等各种娱乐活动，尽情尽兴。

端午节 夏历五月初五日为端午节，又称端午、端阳、重午。关于端午节的起源，民间有多种传说，其中以纪念屈原之说流传最广。《荆楚岁时记》载："五月五日竞渡，俗谓屈原投汨罗日，伤其死，故命舟楫以拯之。"据近代学者闻一多先生考证，早在屈原之前就已经有了端午之俗。它是源于古代以龙为图腾的吴越族举行龙崇拜的节日。还有学者认为，端午节是始于"镇恶月恶日"之俗。早在先秦时期，人们就把五月视为"恶月"，五日更是恶月中的"恶日"。据《史记·孟尝君列传》载：孟尝君田文生于五月五日，他的父亲曾经要把他抛弃，认为五月生的孩子，长大"将不利其父母"。汉代古籍《风俗通义》载："俗说五月五日生子，男害父，女害母。"又载："俗云五月到官，至免不迁。"从气候上看，五月进入夏季，各种疾病及蛇、蚊、蝇等有毒有害的各种虫类开始为害。因此，必须要在最恶之月最恶之日的五月五日镇恶，以祛邪、解毒、免灾。前面我们已经作过探讨，节日的特点就是复合的、综合的。从端午节各种活动习俗来看，它就是一个古今各地风俗复合的产物。其节日内容主要有以下几个方面：

第一，禳毒逐疫。从汉代以来，人们就有端午禳毒逐疫之俗。历代多是在臂腕上系五彩丝，称为"长命缕"，驱鬼避瘟，以保长命百岁；在衣襟上佩麻制的小扫帚，表示立马（麻）将邪毒一扫干净；在门上挂桃木剑，在屋檐下插艾蒿或菖蒲棒，祛邪、驱百病；饮雄黄酒，并用雄黄酒在小孩脑门上写一"王"字，象征老虎驱百害。

第二，竞渡龙舟。早在南北朝时，端午节竞赛龙舟就已经流行成俗。是日，人们在江湖中驾龙舟、击飞浪、齐声呐喊，场面极为热烈壮观。传说赛龙舟之举，是表示人能降龙，警示水中巨蛟不许伤害屈原的尸体。

第三，餐食粽子。粽子是端午节的应节食品。家家互赠，人人必食。据南梁吴均《续齐谐记》载：屈原投汨罗江死后，人们悼念他，每年在他的忌日都用竹筒盛米投入江中祭奠他。汉代建武年间，有长沙人欧回，说他见到了一个自称是三闾大夫（屈原之官称）的人对他说，每年投入江的米都被蛟龙所夺。今后再送，可用楝叶包裹，缠以五彩线，蛟龙最怕此二物。于是人们每年用楝叶包粽子，缠以五彩线。既投水祭屈原，人们又自食，遂成风俗。这当然是附会之说，但它体现了汉族人民对爱国者屈原的敬仰之情。

中秋节 夏历八月十五日为中秋节。因为它是在秋季三个月中间，故称为"中秋节"。据学者考证，中秋节是在古代秋分节和月神崇拜的基础上发展而来的。据

《周礼·春官》记载，早在周代就有在中秋之夜击鼓赋诗以"迎寒"的活动。《礼记》等书也记载，每年秋分节都要举行对月神进行祭祀的"夕月"之礼。至晋代有了关于中秋赏月的记载。至唐代时，中秋赏月成为一种遍及社会各界的风俗。宋朝太宗年间，皇帝正式下诏，以八月十五为中秋节。从此，中秋节与春节、端午节成为汉族的三大节日，从古至今，盛庆不衰。

中秋节活动的主要内容：

第一，拜月赏月。祭拜月神是汉族多神崇拜由来已久的传统习俗。中秋之夜，一轮皓月当空，人们在庭院中摆下供桌，以月饼、瓜果等为供品，由女主人主持祭拜。中国传统文化认为"日为阳，月为阴"，故"俗有男不拜月"之说。实际上是男女都拜，只不过是女人先拜而已，求月神保佑全家平安。拜月之后，自然就是赏月了。中秋之际，天高气爽，昼夜等长，月在正东，日在正西，阳光直射在月亮上，所以中秋之夜的月亮最圆最亮，所谓"月到中秋分外明"，圆月中天，清辉如水，触景生情，引起人们无限的遐想。

第二，品食月饼。月饼是中秋节的应节食品。古籍记载，每至中秋节，家家互赠月饼，祭月后家人团聚，共同分享。月饼形圆，馅儿甜，寓义天人圆满，生活甜美。据说中秋节赠月饼、食月饼之俗始于唐太宗。某年八月十五日，大将李靖远征突厥凯旋，唐太宗在夜晚举行盛大宴会庆功。在宴会上，唐太宗接过吐蕃商人所进献的"胡饼"说"应将胡饼邀明月"，之后给大家分食。由此可知，月饼原是少数民族的食品，因是赏月时而食的食品，故称"月饼"。因为中秋节正是五谷丰收的季节，所以人们在月饼上印有"月圆谷丰"、"丰收月饼"等字样，唐太宗的中秋庆功宴又逐渐演变为喜庆丰收的中秋节。

民间传说，中秋节吃月饼是始于元朝末年的杀"鞑子"。据说高邮人张士诚在发动反元起义时，将起义时间写在纸条上并藏于月饼中，纸条上写着"八月十五杀元兵，家家户户齐动手。中秋夜，人们掰开月饼，见到字条后如约起义。后来为纪念这一壮举，年年中秋分食月饼。这一传说固然极有传奇色彩，但实际上是不确切的，因为前面已经说过唐宋时即有食月饼之俗。如果说这一传说还有点真实性的话，最多是利用中秋节吃月饼的习俗暗传信息、发动起义而已。

二、其他民族的岁时节庆民俗

（一）蒙古族的岁时节庆民俗

那达慕大会 蒙古族最具民族特点的节日是那达慕大会。那达慕是蒙古语的音译，意为娱乐、游戏。它是蒙古族传统的群众性盛会。

那达慕没有确切的日期，一般是在天高气爽、牧草茂盛、牛肥马壮的七八月间举行。那达慕是一个综合性的欢乐、交际节日，其活动内容是多方面的：

第一，竞技比赛。蒙古族自古以来就是一个强悍尚武的民族，喜欢骑马、射箭、摔跤，被称为"男儿三艺"。因此，赛马、赛箭、赛摔跤一直是那达慕大会的主要内容。比赛时，赛手们都穿上具有民族特色的赛装，各显奇技。胜利者被誉为"那钦"，即草原上的雄鹰，不仅获得重奖，还特别受到人们的崇敬。

第二，文艺演出。蒙古民族是一个善歌善舞的民族。在那达慕大会上，专业的、业余的文艺爱好者，演出各种活泼欢快的文艺节目。久别重逢的牧民朋友，喝着芬芳的美酒，吃着手把肉，拉起悠扬的马头琴，载歌载舞，在茫茫的草原上，出现一片欢乐的海洋。

第三，商品贸易。游牧的蒙古人，长年分散生活在大草原上，平时很少去城里商店购物。精明的商人们，利用那达慕大会牧民大集会的机会，搭起各式货棚，货品琳琅满目，供牧民们购买。特别是近二十年来，那达慕大会成了内蒙古各地推动改革开放、繁荣经济的一种重要形式。

成吉思汗纪念节 成吉思汗纪念节又称为"成吉思汗祭日"或"祭成陵"，是蒙古族人最隆重的节日之一。成吉思汗名铁木真，是统一、发展、振兴蒙古的伟大人物。长期以来，蒙古族人民把他作为民族发展的"圣主"加以崇拜。

对成吉思汗的祭奠，自元代始，一年四季各祭一次，即农历三月二十日、五月十五日、九月十二日和一月三日，每次祭祀仪式各异。每至祭日，各地的蒙古人纷纷来到成吉思汗陵园。陵园建立在内蒙古鄂尔多斯草原中部伊金霍洛的甘德利敖包上。陵园内有成吉思汗的塑像及他用过的长矛、战刀等遗物。达尔扈特人的祖先是成吉思汗的禁卫军，所以祭奠礼由达尔扈特人主持进行。参加祭奠的人们向成吉思汗的塑像敬献美酒、鲜奶和哈达。解放以后，随着社会的发展，祭典更多地是被其他各种纪念活动所代替，内容更加充实和丰富。在纪念日中，还同时举办那达慕，演出民族歌舞，进行骑马、射箭、摔跤等竞技比赛。成吉思汗纪念节，既是一个敬仰、怀念民族英雄的节日，又是一个民族欢聚的节日。

（二）藏族的岁时节庆民俗

藏族是一个月月过节的民族。除了民俗节日外，还有大量的宗教节日。最具代表性的节日主要有：

甲布罗萨 藏历的新年，是各地藏族民众普遍欢度的传统节日，藏语称为"甲布罗萨"。各地的"年"不尽一致。拉萨地区以正月初一为新年，楚河地区以十二月初一日为新年，昌都地区以十一月初一为新年。各地欢庆新年的形式也有不同。

在拉萨地区，人们在十二月中旬即准备过年。正月初一祭佛是新年的头等大事，家家把插满青稞苗的木盒、麦穗及各类油炸食品摆在佛龛前，预示农业丰收和吉祥富裕。取吉祥水是新年中不能缺少的，新年早晨天未亮时，妇女们即要到河边背吉祥水，全家用它洗漱和饮用。老年人也要去背水，用来饮牲口，寓示一年中人畜平安。之后，全家换上新衣，老少按辈分入座，由长辈拿来"切玛"，即用酥油和糖做的吉祥饭，每人抓食一点。长辈祝晚辈吉祥如意，晚辈祝长辈身体健康。

初二，亲友走访祝贺。客人一进门，向主人道一声"扎西德勒"（吉祥如意），主人迎上前去回敬"扎西德勒"。主人端来"切玛"，招待客人。客人要先按规矩祈敬神灵。之后主人请客人喝酒，为了尊重主人，客人必须先喝三口再将一满杯喝干，即所谓的"三口一杯"。走访活动一般要持续三五天。这期间，藏民们要身着各式民族服装，或在广场或在草地上载歌载舞，或举行赛马、角力、拔河等竞技比赛，一起欢度新年。

雪顿节 藏历六月十三是藏族的雪顿节，它是藏族人民传统的节日。"雪"是藏语酸奶子的意思，"顿"是"宴会"，雪顿节即吃酸奶的节日。后来，雪顿节的活动内容逐渐演变成以演藏戏为主，所以人们又称它为"藏戏节"。

在14世纪末，宗喀巴创建藏传佛教格鲁派，极力强调不杀生。藏历五月中旬以后，气候变暖，各类小虫繁生。藏传佛教格鲁派各寺院为了避免藏传佛教僧人外出踏死那些小生灵，不准他们外出，只准在寺内修炼，直到六月十二日才开禁。藏民们敬佩僧人们的慈悲之心，纷纷拿出酸奶子进行施舍。这一天僧人们也可以尽情欢娱，遂成风俗。清康熙年间，五世达赖正式确定六月十三日为雪顿节。规定过节时不仅要施舍酸奶还要演出藏戏，各类活动由政府统一组织安排。节日期间，政府官员停止办公，要到罗布林卡陪达赖看戏，看戏中间喝酸奶子。拉萨城内的市民及附近的牧民也可以进罗布林卡观看演出。解放后，雪顿节的活动内容更加丰富多彩。这一天，人们都穿上节日盛装，带上酸奶，来到罗布林卡，互致祝福，载歌载舞，演出藏戏和其他各种文艺节目，十分热闹，雪顿节真正成了民族欢庆的节日。

望果节 这是农业区藏民除了藏年以外最热闹的传统节日。一般是在藏历七月中旬至八月举行。其时青稞、小麦等农作物即将开镰收割，所以望果节又称为"丰收节"。据说这一节日最初流行在雅鲁藏布江下游的农业区，已有一千余年的历史。最初是开镰前举行的祭神活动，求神赐福，后来演变为群众性的节日活动。人们选择吉日，穿着节日盛装，带着青稞酒、酥油、糌粑，汇集成群。前面有人举着佛像，背着经书，打着经幡，众人跟随其后，在即将收割的农田中绕行，祈祷神灵保佑顺利收割，获得丰收。之后在田野上举行各种竞技比赛和歌舞表演，人神共娱。

（三）维吾尔族的岁时节庆民俗

受伊斯兰教影响，维吾尔族的许多民俗节日都是与宗教节日合而为一的。

肉孜节 也叫开斋节，时间是在回历十月一日。成年穆斯林每年都要守斋一个月。按照回历,九月是斋月,9月1日至10月1日之间,人们只能在日出前和日落后进食,白天禁止饮食,并禁止房事。封斋期满之日,即十月一日开始恢复正常,故称为"开斋节"。这一天穆斯林们要沐浴净身,穿上节日服装,去清真寺做礼拜,之后向阿訇道安。然后互致"色俩目",即祝安康。礼拜后,由阿訇带领游祖坟,为逝者祈祷。之后,互相登门拜访,互赠食品。节日期间,男女老少都出来游观,节日一般要进行三天。

古尔邦节 肉孜节后的70天左右为古尔邦节,一般是回历十二月十日至十三日,意译为"宰牲节"。这几天是伊斯兰教徒在圣地麦加朝圣的高潮,各地的穆斯林也举行祭祀真主的活动。

古尔邦节的来源与宗教传说有关。据说"先知"易卜拉欣梦见真主安拉的启示,命他杀死爱子作为献祭的牺牲。实际上,这是真主在考验他的真诚。易卜拉欣毅然接受真主的旨意。正在他动手杀子的一瞬间,真主的使者牵来一只羊顶替。从此,阿拉伯人便以此日(十二月十日)为宰牲祭献的节日。伊斯兰教传入中国以后,维吾尔族等一些信奉伊斯兰教的民族接受了这个节日,成为习俗。

节日之前,家家要扫除房屋,制作精美的糕点。节日这一天清晨要沐浴,穿上节日盛装,庄严地去清真寺。由阿訇率领举行礼拜,向麦加方向礼拜,阿訇讲解《古兰经》真义,之后人们互拜,道"色俩目"。然后举行宰牲仪式,将肉分给亲友和送给穷人。礼后,亲友互访,互致"色俩目",主人设宴,招待客人。

诺鲁孜节 诺鲁孜节是维吾尔族的传统节日,据说已有三千余年的历史。维吾尔族的先民们,把晚冬和初春昼夜持平的日子称为"生日"、"年头",并把这个月称为"羊羔月"。这是一个大地回春、草木返青、母羊产子的时节。这时牧民一面欢度节日,一面清点安全越冬的牲畜,准备去草原放牧。后来随着定居生活,由游牧转为农耕,开始为节日增添了更丰富的内容。

在公历的每年3月20日至22日,昼夜时差相等,每天夜晚12点,打击诺鲁孜鼓,宣告天下节日来临。听到鼓声的人们,纷纷来到击鼓的地方,举行庆祝活动,唱歌跳舞,直至天明,这是诺鲁孜节的开幕。第二天,从日落开始至次日日出时为止,人们拉琴、唱歌、跳舞,尽情欢乐。第三天,是互有怨恨的人们相互拜访,谅解和好,甚至一些离异的夫妻协商破镜重圆。早餐后,人们聚集到德高望重的长者家中,商议如何帮助贫困人,家家户户自愿捐款。并且为鸟儿筑巢,以利于他们繁殖。还要全民总动员,造林美化环境。诺鲁孜节充分体现出维吾尔族人民善良助人、关注社会、保护环境、惠及鸟兽的民族精神。

(四)彝族的火把节民俗

彝族是我国西南地区的一个历史悠久的民族,现有人口776万(2000年),是我国第七大少数民族。彝族主要分布在云南、贵州、四川三省及广西西北部。

彝族有许多颇具民族特色的传统节日,尤其以"火把节"最为著名。

火把节是彝族的传统节日,几乎所有彝族人都过这个节日。但各个地区过节的时间、内容与形式不尽一致。在大、小凉山地区,火把节是在六月二十四日或二十五日,贵州地区的火把节是在六月初六。火把节当晚吃完晚饭后,家家在门口点起一个火把,全村寨则在广场上点起一个更高、更大、更粗的火把。集会时,各家将自己的火把放在大火把周围,人们围着火把载歌载舞、饮酒、赛马,并用松脂散火为戏。凉山地区的彝民们,在火把节那一天,外出的家人都要赶回来吃团圆饭。饭前杀鸡祭祖,饭后举行点火把仪式,由家长点火,举火把照亮家中的每一个角落,边照边祈告,要烧跑一切恶鬼保一家平安、五谷丰登、六畜兴旺。并以村为单位手持火把集会,之后在田间绕行,将火把插在田埂上。游巡田间之后,人们围着篝火,弹月琴、吹口琴,边喝酒边唱歌,通宵达旦。

彝族的火把节的来源,有种种传说,其中流传最广的是纪念大力士阿提拉八。据说古代天上有个大力士叫斯热阿比,地上有个大力士叫阿提拉八。天上大力士因比赛败于地上的大力士而怀恨在心,向天神诬告人间的百姓目无天神,触犯天条。天神大怒,散放出许多害虫铺天盖地祸害民众,事情发生在六月二十四日这一天。地上大力士立刻率领民众,人人手握火把烧虫,最后消灭了害虫,保护了人间的庄稼,获得丰收。为了纪念救星阿提拉八,遂把每年的这一天作为"火把节"。实际上火把节的真正源头是彝族的先民们在上古时代的火崇拜。他们把火看成是光明之神、生命之神、族群的保护之神。

(五)壮族的三月三节

三月三节因在夏历三月三日举行而得名,是壮族、侗族、苗族、布依族、水族、仫佬族、毛南族、瑶族等民族的传统节日,其中以壮族的三月三节最为著名。

壮族庆祝三月三节的方式是赶歌圩,即举行盛大的唱歌集会,所以又称为"歌圩节"、"歌婆节"。这天,人们除了蒸五彩米饭、煮红皮鸡蛋,祭祀祖先、招待亲友外,主要活动便是去参加"歌圩"。传说这一节日是始于纪念歌仙刘三姐。人们穿着节日盛装,欢聚圩场。青年男女终日对歌,以歌代言,表达爱情。如情投意合,便定下终身。姑娘们还常常把精心绣制的绣球拿在手中,抛向中意的小伙子。老年人、壮年人也参加对唱,只不过表达的内容不同而已。成百上千的人们聚集在一起,因景生词,随口对唱,此起彼伏,形成一片歌的海洋。

三月三节是一种欢乐的交际节。对那些分散居住在大山中的各族民众,平时很少有机会见面。利用节日,进行快乐的人际交流,并为青年男女创造一个择偶的机会。这种以歌传情择偶的习俗,实际是远古时期族外婚的古老遗风。

三、港澳台的岁时节庆民俗

（一）香港、澳门的岁时节庆民俗

香港、澳门的节日特点是汇集古今中外，五花八门。有传统节日，也有公历节日。传统节日均以农历计，如正月初一的春节（港澳），正月十五的元宵节（港澳），正月二十六的观音开库（港），二月初二的土地诞（澳），三月二十三日天后宝诞（港澳），三月份的清明节（港澳），四月初八的佛诞及谭公（海神）诞、醉龙诞（澳），五月初五的端午节（港澳），六月初六的侯王诞（港），七月初七的乞巧节（港）或七姐诞（澳），七月十四的盂兰节（港澳），八月十五的中秋节（港澳），八月十六的齐天大圣诞（港），八月二十三的黄大仙诞（港），九月初九的重阳节（港澳），十二月三十的大除夕（港澳）。

公历节日有：1月1日的元旦（港澳）、2月14日情人节（港）、2月或3月份苦难耶稣圣像巡游节（澳）、5月1日国际劳动节（港）、5月11日母亲节（港）、5月13日花地玛圣母像巡游节、6月15日父亲节（港）、7月11日回归纪念节（港）、10月1日国庆节（港澳）、10月30日万圣节（港）、12月22日冬至（港）、12月24日平安夜（港澳）、12月25日圣诞节（港澳）。真可谓是节连节、月月有节。

其中最受重视的是新年、春节、元宵节、清明节、端午节、中秋节、复活节、圣诞节。传统节日习俗与大陆基本相同，而"洋节"则基本沿袭西方习俗。

（二）台湾的岁时节庆民俗

1. 移民的节庆民俗

由于各种特殊的原因，台湾保留了大陆已经消失或淡化了的一些节日习俗。今据吕良弼《台湾概览》等书载，择其要予以简单介绍：

做尾牙　台湾民间从腊月十六日开始进入春节的准备阶段。台湾民俗，除正月无做牙之说外，其他每月初二、十六要略备酒菜供神，之后全家大饱口福，叫做"做牙"。腊月十六日是一年中最后一次做牙，故称之为"做尾牙"。这一天要祭全村社的"土地公"（福德正神）和自家的"地基主"（房舍土地神）。旧时各商家在这一天做尾牙犒赏和辞退雇员。做尾牙的主要应节食品是卷春饼。

祭灶　与大陆一些地区腊月二十三祭灶不同，是在二十四日祭灶。将灶王像取下，连同"甲马"（印有车、马、兵器的纸，为送给灶王上天行路的礼物）一起在灶前焚烧。

焚前要用灶糖抹抹灶王的嘴，让他嘴甜，上天多言好事。除夕夜贴上新像，是迎灶王爷归位。其实，此俗是源于古代的火神崇拜。

除日、除夕及元旦　其"辞年"（祭祖、叩谒尊长）、"围炉"（吃团圆饭）之俗与大陆基本相同。唯有在祭祖时要置"长年蔗"，两根甘蔗放在门后，取坚固家运之意。"围炉"时，要吃"长年菜"，即将连根带叶的菠菜不咬断而整吞之，取祝长辈长寿之意。在"围炉"之后，有跳"火囤"（火堆）之俗：在门前或厅内点一堆火，家中男人从长至幼依次从火堆上跳过，女人则往火堆中撒盐，全家念叨吉利话，如"跳火城，输输争到赢"、"跳进来，添丁又发财"之类。正月初一为元旦，拜访亲友，互相贺年，与大陆风俗基本相同。

元宵节 正月十五为元宵节，赏灯、吃元宵与大陆同俗，但台湾元宵夜又有已婚女子"穿灯下、拔竹篱"，未婚女子"偷菜、折花"之俗。在台湾，穿灯与"添丁"谐音、竹篱与"得儿"谐音，已婚女子从灯下穿过，拔竹篱意在求子，添丁得儿。未出嫁的女子在元宵夜"偷菜"或折花枝，意在找好老公。谚云："偷得葱，嫁好公。"

头牙节 腊月十六是尾牙，二月初二是头牙。传说这一天是土地公的诞生日。台湾各境、各区、各村寨、各家各户都有自己的土地神。所以凡是有土地者都要祭各种大小不一的土地公，祭土地神的头牙节风俗非常盛行。

三日节 三月初三为三日节。漳州及同安移民不过清明节，以三月三祭祖扫墓。关于"三日节"，台湾民间传说郑成功入台以后，恶清明节之名"清"在"明"上，遂另立三日节以祭祖。其实，早在唐、宋时期，南人（今广东人）就有三月三祭祖之俗。关于郑成功改清明之俗的传说是后来赋予的新内容。

妈祖生 相传三月二十三日为妈祖的生日。因为妈祖是保护海上安全的女神，所以这一天是极为隆重的节日。这一天，各地民众去妈祖庙进香，人流如潮，十分壮观热闹。

浴佛节 四月初八为浴佛节，此日为佛祖释迦牟尼的生日，所以又叫"佛祖生"。不仅是僧尼，凡是信奉佛教的人都要去各寺院，参加诵经法会，以各种名贵香料浸水洗浴佛像，表达敬佛之诚心。

吕祖生 四月十八为传说中的八仙之一的吕洞宾生日。吕洞宾在台湾被奉为理发行业的保护神。因为吕洞宾乐于仗义救人，所以非理发行业的人也有许多人敬奉吕祖，称之为"孚佑帝君"。

端午节 戴彩丝、吃粽子、赛龙舟，与大陆习俗无异。

半年节 从腊月初一到六月初一，恰为半年，故以六月初一日为半年节。此日有祭祖、祭神、吃半年圆（汤圆）之俗。

七月七 在台湾的岁时节庆中，七月初七是一个特殊的日子。祭祀牛郎织女的"乞巧节"、祭祀儿童保护神的"七娘妈生节"，以及"床母生节"（也是儿童的保护神）、"魁星生节"（保佑读书人科考高中的神）都在这一天。

中元节 七月十五中元节又称为鬼节。这一天举行一些超度亡灵、驱鬼逐灾的活动。在水边的渔民人家，还要进行"送王船"（即制作一些纸船放入海中）、

"放水灯"的祭祀活动，驱鬼邪、请神佑，以求吉祥平安。

中秋节 习俗与大陆基本相同。又有"博状元饼"和"拜椅子姑"之俗。博状元饼是一种节日游戏，将月饼一盒分为秀才饼、举人饼、进士饼、探花饼、榜眼饼、状元饼等几种，饼形由小到大。中秋夜，亲友掷骰子定高低，以四红点为上，按等分食月饼。台湾民俗，中秋夜青年女人们集在庭院中，置竹椅，披女衣，焚香烧纸，俗谓"迓紫姑"。传说，紫姑神来时椅子会动，问以吉凶则答。

重阳节 九月九日为重阳节。《易经》中以"九"为"老阳"，所以九月九日即是"重阳"。重阳节之俗是登高插茱萸以避邪。1953年，台湾当局又以九月九日为"敬老节"，使重阳日又增加了新时代的内容。

冬至节 腊月二十二日前后为冬至。台湾历来有"冬至如大年"的说法。因为从岁时上说，二十四节气以冬至为始，所谓"气始于冬至，周而复始"。冬至之日，外出家人都要赶回，举家团圆、搓圆、煮圆、吃圆，意在全家美满团圆。这一天还要举行祭祀祖神的活动，以预卜丰歉。

2. 高山族的节庆民俗

丰收节 高山族最盛大的传统节日是丰收节。如同其他民族的"年"。多是在农历十月粮食进仓之后，择吉日而定。节前，男人上山打猎，女人在家酿酒，老人在家杀猪宰羊，作好过节的准备。过节之日，各村寨在大坪上举行盛会。各家将酒坛都拿到大坪，有数百坛之多。在酒坛旁放着画有蛇形图案的长形酒具"拉卡嘞"。村寨首领手举双斗"拉卡嘞"，用手沾酒，向天地左右弹酒，祭祀天地鬼神及祖宗，祈求保佑丰收。之后向村寨的英雄人物敬酒。之后与群众互唱、共歌。人们手挽手围成一个大圈，边唱边舞，或举行各种比赛。青年未婚男女，可以利用这样的一个好机会谈情说爱，喜结良缘。

背篓会 是高山族青年男女追求爱情、寻找佳偶的交游节。每年的八月十五日晚，当月亮升起来的时候举行。会前"卡吉达安"（主持人）将姑娘和小伙子们召集到槟榔林中，高诵祝辞，让他们去追求心中的人。祝毕，小伙子长呼一声拥向槟榔林，飞快地爬到树上，愈高愈好，摘下30个槟榔后，装入挂包中滑下来挑选中意的姑娘。背小篓的姑娘们边跑边唱，小伙子们在后面边追边唱，将槟榔投入所相中的姑娘的小篓中。如果姑娘不满意，则将槟榔倒出。如果是自己满意的小伙子，就送给小伙子一个荷包，两人一起来到"卡吉达安"面前接受祝福，之后牵手跑进丛林深处，用优美的歌声向月神表达忠贞不变的爱情。背篓会通宵达旦，在月落日出之际结束。

第三节 亚洲其他各国的岁时节庆民俗

一、日本的岁时节庆民俗

日本的岁时节庆习俗多与中国大体相同，但内容有本民族的特点，且节日时间多采用公历。日本也有一些本民族独特的节日。

新年 新年是日本的大节，又称为"正月"。日本节日多是按公历，以1月1日为元旦，12月31日晚为除夕夜。除夕之夜一家坐在一起守岁。午夜钟声之后新年到来，各家按不同的宗教信仰，或祭神、或祭祖。之后，全家相互贺年。年糕，即糯米制成的黏糕，为节日供神的祭品，也是人们的食品。把年糕烤好后，放入鸡汤、鸡片、笋片、嫩芹菜混煮为羹，对前来贺年的亲友即以糕羹和俗传能驱邪的屠苏酒来招待。初一至十四，每家在户外植双松，树立悬司命索，传说可以避邪和安居乐业。整个元月都是亲友互相贺岁之月，所以又称之为"睦月"。

偶人节 又称为女儿节，时间是公历三月三日。偶人即纸制的玩具人。早在江户时代，日本人家当女儿出生后和出嫁后迎来的第一个三月三日，将偶人放入江河湖海中任其漂走。据说这些偶人能把灾难和厄运带走，以保女儿平安。此俗一直沿袭至今，不过其俗已经随时代的发展而有所变化。在城市中，这一天家长为女儿摆上"坛饰"，上层为玩具娃娃，中层为宫女和吹鼓手，下层为各类玩具。家人与女儿共度节日，吃黏糕，喝米酒，表示祝福。

樱花节 日本民族有爱樱、赏樱之俗，故以每年3月15日～4月15日为樱花节。期间，日本全国各地樱花盛开，男女老少纷纷外出游园赏花，载歌载舞，迎接春天的到来。日本赏樱花之风，始于奈良时代。但最初只是在贵族中盛行，直至300年前德川幕府时代，赏樱花之风才普及于庶民。不过因为樱花花期短，只一周左右，所以日本人家庭院中不栽植樱花，认为对家族的兴旺延续不利。

盂兰盆节 节期是农历七月十五日，公历在8月中旬。此节是源于佛教的节日，从中国传入日本。"盂兰盆"为梵语，意为"解倒悬之苦"。传说佛祖释伽牟尼的弟子目犍连之母死后为众恶鬼所折磨痛苦不堪，求佛祖超度。佛祖令他于七月十五备百味饮食，供养10万僧众，即可解生母之苦。目犍连照佛祖所说而行，解脱了生母之苦。信奉佛教的日本人，非常重视这一节日。镰仓时代举行施舍恶鬼会，后来又转变为"精灵祭"，既而演变成为祭祀死去父母的节日。父母死后的第一个盂兰盆节，称为"初盆"，儿女都要从外地回到老家，祭祀父母的灵魂，这已成为日本民间一大风俗。有的地方，这一天还举行盛大的祭祀会，跳盂兰盆舞，娱鬼娱人，场面非常热闹，可与正月相媲美。现在日本的许多公司和机关团体，在每年的8月13日到15日都放"盂兰盆"节假，不少人回乡度假、祭祖、祭父母，表现了日本民族重亲情的社会风尚。

二、泰国的岁时节庆民俗

泰国有很多传统节日，其中以宋干节、万佛节、春耕节、水灯节、大象节最为隆重和欢乐。泰国的多宗教信仰在节日习俗中都有充分的体现。

宋干节 源于印度婆罗门教的一种仪式，时间为每年公历的4月14日到15日。这一天，人们都到河边洗浴、泼水、嬉戏、放生、堆沙塔。洗去一切污秽和邪恶，放生行善，堆沙塔祈求佛祖保佑平安、五谷丰登。这一天还要行浴佛礼和滴水礼。浴佛礼即为佛像洒水洗尘。滴水礼之仪是小辈和下级先向长辈和上级行合十礼，之后往他们手中滴几滴纯净水，表示祝福；之后长辈或上级用滴过水的手抚摸滴水者的头，祝福他万事吉祥。

宋干节还要举行美女游行，游行的队伍由舞蹈队、佛像彩车、乐队、美女车组成。美女车上坐着四五个身穿五彩民族服装的美丽少女。游行从周一到周日，要进行七天，每天换一套服装。她们的坐骑模型从周一到周日分别为虎、猪、驴、象、水牛、孔雀、金翅鸟。游行结束后，美女进行选美活动。

万佛节 节期是在每年的3月月圆之日，闰年是在4月月圆之日。据说这一天佛陀的弟子及1250名罗汉，不约而同地来到摩揭陀国王舍城竹林园朝觐佛陀，佛陀非常高兴，向他们宣讲经义。节庆之日，泰国各地都举行隆重的纪念仪式，国王也亲自参加。清晨，人们带着鲜花、香烛、施舍品前往附近佛寺拜佛、焚香，点燃1250支蜡烛，撒1250朵茉莉花；在僧人的带领下，绕寺庙三周，然后进佛殿听讲佛经。人们通宵听经、巡烛等，敬佛、礼佛之心十分虔诚。

春耕节 也称春耕仪式，是泰国的传统节日。仪式由国王亲自主持，祭祀天神，祈求风调雨顺、五谷丰登。节日之期是在6月的某一天，每年的具体日期由婆罗门法师星占而定，在元旦前公布。节日分两天进行。

第一天在玉佛寺举行佛教的"吉谷仪式"。国王和王后向佛像和种子膜拜、祈求赐福。春耕大臣向佛像敬献花环，11名和尚念经祈祝。春耕大臣和春耕女跪向国王，国王向他们行滴水礼，表示祝福。

第二天是在曼谷的王家田广场举行春耕礼。国王和王室成员及从全国各地赶来的民众都参加典礼。春耕大臣头戴白尖帽，先膜拜国王，然后拜佛陀及婆罗门诸神。婆罗门祭司将法水滴在他的手中，他将水抹在额上。之后，从一铜盆中摸布，如果是长的，预示干旱，短的预示多雨，中的预示风调雨顺。在广场备有套好犁待耕的耕牛，婆罗门祭司把耕牛和驱牛棍交给春耕大臣。春耕大臣在仪仗队的伴同下在广场赶牛三圈，春耕女播种，法师洒水。春耕大臣再耕一圈，将牛卸下，让牛吃准备好的稻谷、玉米等七种食物；牛吃哪样，意味着哪样作物丰收。仪式结束后，人们纷抢谷种，拿回播种，祈求丰收。

大象节　大象节主要是盛行在泰国西北部的素林府，节期是在每年11月的第三周的星期六和星期日两天。泰国是大象王国，大象节是极富民族特色的节日。节日中，人们身着盛装，载歌载舞，观看数百头大象表演各种节目，还可以骑象观光，享受一种特殊的乐趣。

三、印度的岁时节庆民俗

印度是一个多民族、多宗教的国家，因此其民间的民族节日和宗教节日非常之多，据说有500多个节日，故人们称印度为"节日之国"。这些节日具有浓郁的民族和宗教文化的色彩，共同的主题就是"善胜邪恶"。

难近母节　音译"杜尔伽"节。印历七月初一至初十，公历9～10月。形成于17世纪，是印度西孟加拉邦印度教徒最重要的传统节日，也是全国性的节日之一。难近母是一位具有三重身份的女神，既是印度教三大主神之一的湿婆之妻，又是降魔女神，还是雪山神女的化身。她神勇无比，象征正义战胜邪恶。节日主要是庆祝她降临人世。节日为期10天，政府放假4天，民间庆祝往往达半个月之久。节日的前9天，人们在街市搭起神棚，敬拜难近母的神像。第10天是送神日，人们拥簇神像举行盛大游行，然后将神像投入河中，庆祝活动达到高潮。期间各地举行各种音乐、舞蹈、戏剧的演出活动。在外地的游子们也纷纷赶回故乡与家人团聚。

灯节　印历八月三十日，公历10～11月。它是印度教四大节日之一，又称为胜利节，类似中国的元宵节。全国热烈庆祝五天，农村长达半个月。关于节日的起源，有一种传说是这一天财富女神下凡，目光所及之处，财富立刻降临，所以人们点灯以吸引女神的目光，表达了人们对美好生活的向往。另一种传说是黑天神战胜恶魔阿拉卡苏，将人们拯救出来，人民点灯庆祝。节日来临，人们穿上盛装，白天斋戒，晚间燃灯，向婆罗门及长者施舍食物，然后全家人享用佳肴。彻夜灯火通明，人们载歌载舞，欢庆节日。

洒红节　印历十二月十五日，公历2～3月，是印度教四大节日之一，音译为霍利利。类似中国春节，庆祝旧年年结束、新年开始，故有印度教徒的春节之称。关于这一节日的起源，传说这一天古代暴君西让亚格西亚布要害敬神爱民的王子，将其投入火中。但由于保护之神毗湿奴的保护，王子安然无恙从火中走出；这时人们向他的身上泼洒融有红粉的水，以表示敬意。后来神诛杀了暴君，善战胜恶。

节日前夕，北印度人有点燃篝火进行庆祝的习俗，象征冬去春来，驱除邪恶。节日早晨，人们互相问好、拥抱、互洒红水，祝贺吉祥。

四、巴基斯坦的岁时节庆民俗

巴基斯坦是一个多节日的国家，其民间的传统节日主要有：

巴胜特节 是巴基斯坦传统的迎春节。"巴胜特"为梵语，意为"春天"。节期一般是在公历的 2 月上中旬之交的星期五。放风筝是节日的主要活动。节日当天，人们纷纷爬上屋顶，放飞各种各样的风筝，其中斗风筝最具情趣。人们想办法以自己的风筝绞住对方的风筝，以截断其线，抢去风筝为乐。晚间则彩灯璀璨、焰火腾空，人们跳起各种民间舞蹈，尽情欢乐。

努鲁兹节 "努鲁兹"为波斯语，意为"更新之日"。节日时间为公历的 3 月 21 日，是帕西人即袄教徒的新年节日，也是他们的最大的节日。他们身着盛装，先从神庙中取水洗手，再在祭司的引导下，到圣火前祈祷、诵经。

巴尔蒂斯坦地区的什叶派、努尔巴赫西亚派教徒说，这一天是穆罕默德任命他的侄儿阿里为录事的日子，也把它作为重要节日。这一天，人人都身穿盛装，家家都赞颂阿里，互相拜访，祝贺新年。

全国牛马大会 巴基斯坦独立后，于 1952 年在拉合尔举办了一次大规模的牲畜评比表演活动，推动农牧业的发展。从 1959 年起，巴基斯坦政府每年都在拉合尔举行这种活动，成为全国牛马大会，由此而成为全国性盛大节日，为期一周。每年的大会，国家元首和政府首脑都要出席，有时还邀请外国领导人出席。大会上，农牧民穿着节日盛装，牵着他们精心饲养的各种牲畜来参加评比。评比中优胜者获奖杯、奖牌、奖金。在评比大会上，还演出团体操、彩车游行和各种具有民族特色的节目。总统卫队作古代布阵表演，表演骑马越障、劈刺等各种高超的马术。在欢乐的鼓乐声中，马和骆驼表演各种动作，并踏着鼓乐摇摆起舞，博得人们的喝彩和掌声。晚上的火炬表演，队形变换多端，蜿蜒如龙，使一天的节庆达到高潮。

除拉合尔的全国牛马大会外，其他各地也都有自己的牛马大会。

第四节 欧洲各国的岁时节庆民俗

一、俄罗斯的岁时节庆民俗

俄罗斯的节日五彩缤纷,较为重要的节日有国庆节、劳动节、新年、圣诞节、复活节、莫斯科日、斯拉夫文字和文化节、谢肉节、知识节、大学生节、祖国保卫日、和谐和解日等。其中,新年和谢肉节也被视为非常重要的节日。

新年 在俄罗斯人心目中,新年是最传统的佳节。新年到来前,人们就开始忙碌,沉浸在节日的欢乐气氛之中,家家户户都要打扫卫生,采购精美食品,装饰新年枞树。走在大街上,到处都是五光十色的圣诞树,树上挂着各种饰物,有彩带、彩灯、小礼物等。

新年期间举办"城市之夜"活动已成为许多城市的传统,在城市中心广场安放大型新年枞树,并组织群众性庆祝活动。除夕夜,许多地方还燃放烟花或烧起篝火。

当电视台、电台播放的克里姆林宫的自鸣钟响过12声时,播音员的就向全国人民祝贺新年。此时,所有的人都停止了一切活动,高呼"乌拉",同时相互祝贺,并入席畅饮。饭后,人们围坐在一起观看电视台准备的专门节目,或者举行跳舞、唱歌等各种娱乐活动。有的年轻人甚至上街娱乐,直至次日黎明。

俄罗斯的传统说法是,新年过得不愉快的人要倒霉一年。因此,大家尽兴地玩个通宵。孩子们除了游艺活动之外,还可以得到一份礼物。人们还有互寄贺信或贺卡、发新年贺电、互打电话祝贺新年的习惯,同住一地的亲朋好友则往往相互访问、互赠礼品。

谢肉节 谢肉节是斯拉夫民族古老的传统农业节日,是俄罗斯一年中最热闹的节日之一,亦称"送冬节"、"狂欢节"或"太阳节"。

谢肉节在每年的2月底3月初举行,节期为七天:第一天——迎节日;第二天——始欢日;第三天——大宴狂欢日;第四天——拳赛日;第五天——岳母晚会日;第六天——小姑子聚会日;第七天——送别日。

节日期间,人们一定要吃象征太阳的春饼,以此来欢庆太阳的"复苏"。有的地方把烙制的第一张春饼放在风窗上祭祖;有的地方则把第一张春饼放在田地里,祈求太阳尽快地使大地解冻。除宴饮外,人们还举行各种娱乐活动,如滑雪、乘雪橇、跳假面舞、拳赛以及其他各种群众性游戏。其中乘三套车兜风是人们最喜爱的一个项目。把三匹骏马同时套在一辆车或雪橇上，套法特殊，状似一把打开的扇子，主马在中间驾辕，另两匹马一左一右。马披上彩带，雪橇或雪车铺上厚毯子，装饰华丽。中间的马小跑，两边的马大跑，铃铛清脆，马蹄得得，使人们沉浸于欢快的气氛之中。"送别日"是各地居民同庆的日子。在俄罗斯的农村，年轻人要在"送别日"这天用耙子或雪橇装满木头、禾草，穿过村子把它们运送到村外，堆放在地头或空地上，然后点燃。人们在火花闪耀中放声歌唱，示迎春。青年们还围着篝火，争抢已燃着的木头，一块接一块地向上抛起，或掷到四周野地。同时，把穿着妇女或男人服装的、象征"谢肉节"的稻草人扔进火堆中烧掉，送别的人要向稻草人鞠躬、假哭，欢唱送冬迎春的歌曲。可见，俄罗斯的"谢肉节"反映了人们渴望丰收、追求幸福的美好愿望。

二、英国的岁时节庆民俗

除了欧洲共有的节日外，英国的主要节日还有五朔节、圣大卫节、圣帕特里克节、大学竞舟节、莎翁纪念日、北爱尔兰的"奥兰治节"、威尔士赛诗节、苏格兰艺术节、休战纪念日等。在众多节日中，复活节、五朔节和情人节较具英国特色。

复活节 复活节是为纪念耶稣被钉在十字架死后第三日"复活"而设的节日。每年春分之后第一次满月后的第一个星期日即为复活节，如果月圆正值星期日就顺延至下一个星期日。

在英国，复活节这一天要举行宗教仪式，信奉英国国教的人要到教堂去做礼拜，领取"圣餐"——一块火柴盒大小的面包，蘸上点红葡萄酒，作为纪念耶稣和坚定信念的一种方式。

根据传统，人们在复活节要吃彩蛋，这象征着春天的来临和新生命的诞生。教堂、学校或家庭在这一天把煮熟的鸡蛋藏进树穴、草丛或山石后面，邀请前来聚会的孩子们四处寻找。亲友之间在节日期间赠送的礼物主要也是鸡蛋。滚彩蛋是传统的复活节消遣游戏，通常是在复活节星期日或星期一进行。人们把染成五颜六色的煮鸡蛋滚下坡，直到打破，再由主人吃掉。在一些地方，这是一个竞赛项目，谁的蛋最后打破，谁就是优胜者。

五朔节 5月1日是英国传统的五朔节，它是庆祝春天来临的节日。当寒冬过后，英国人要庆祝太阳又普照大地，并祈求风调雨顺、五谷丰登。

五朔节的传统活动是五月柱活动。那时人们用老牛拉绳，在村庄的草地上树起高高的"五月柱"，上面饰有象征生命与丰收的绿叶。青年们围绕"五月柱"翩翩起舞。姑娘们一早采撷花朵，收集朝露，用露水洗脸，用花编成大花环，抬到街上游行。如今，在英国的有些村庄的"五月柱"，是用挺拔的树干做成，上面漆成五颜六色，顶上挂着花环，花环上拴着长长的彩带。节日里，孩子们手持彩带，围着柱子跳舞。

五朔节期间，英国各地人民举行游园会，欢庆在漫长的寒冬之后阳光普照大地，万物开始生长，期望在这一年获得好收成。五朔节的一项重要活动就是在游园会选出最佳美女，称为"五月王后"，作为春天的象征。当选的"五月王后"通常头戴花环，由游行队伍簇拥着乘车穿过街道，热闹非凡。

情人节　每年的公历 2 月 14 号是西方的情人节，在英国也叫"圣瓦伦丁节"。关于情人节的来源，说法很多。其中流传最广的一种说法是情人节来源于古罗马的牧神节。在牧神节期间，每个青年男子从一只盒子里抽签，盒子里放的是写有青年女子姓名的条子。抽到谁，谁就成为那个青年男子的心上人。后来这个节日改为纪念一位叫瓦伦丁的基督教圣徒。古罗马青年基督教传教士瓦伦丁冒险传播基督教义被捕入狱，感动了老狱吏和他双目失明的女儿，得到他们悉心的照料。临刑前圣瓦伦丁给姑娘写了封信，表明了对姑娘的深情。在他被处死的当天，盲女在他墓前种了一棵开红花的杏树，以寄托自己的情思，这一天就是 2 月 14 日。这就是情人节的来历。

在英国，青年男女在情人节这天互赠礼品，现改为寄"情人卡"。这种卡片只有收信人的名字，并无寄信人的落款，但多半会在收信人的意料之中。信中言辞大多表达爱情的心声。有的则通过赠送一枝红玫瑰来表达情人之间的感情，将一枝半开的红玫瑰作为送给女孩的情人节的最佳礼物，而姑娘则以一盒心形巧克力作为回赠的礼物。现在，这一节日已经成为全世界各国有情人的节日，只不过人们又赋予它更多新的含义罢了。

三、法国的岁时节庆民俗

在法国的众多节日中，圣诞节较为人们所重视，而达拉斯克龙节则独具地方特色。

圣诞节　圣诞节是全世界基督教国家纪念耶稣诞辰的宗教传统节日，在每年 12 月 25 日举行。据说 12 月 25 日原是太阳神诞辰，罗马教皇为了排斥异教的祭祀活动，于公元 336 年正式宣布这一天为耶稣诞辰。

法国和其他基督教国家一样，把圣诞节视为最重大的宗教节日之一，庆祝活动与其他国家大体相同，但又独具特色。从 11 月底开始，街头巷尾、店铺橱窗便呈现出一派节日的气氛。节日前夕，亲朋好友之间还要互相寄赠圣诞贺卡，以表节日的祝贺和问候。

12 月 24 日晚上被称为"平安夜"，到了晚上 11 点左右，天真的孩子们满怀希望地将新袜子放到壁炉前，然后围坐在圣诞树的周围，等待着"圣诞老人"将礼物放到袜子里或是圣诞树下。有些地区的风俗则是孩子们将鞋子放在门口，等待"圣婴"来时把礼物放在鞋里。在阿尔萨斯地区，传说圣诞节那天有两位老人出现：一位是圣·尼古拉，专给表现好的孩子发放礼品；另一位则是专职责打坏孩子的。

12月24日晚上，从城市到乡村，遍布法国的大小教堂都装饰一新，香烟袅袅，所有教徒都要到教堂参加子时弥撒，上至总统，下至平民。午夜子时（12点），大小教堂钟声齐鸣，以贺"圣子"的诞生。在法国，圣诞节当天，人们合家团聚，共进节日盛餐。法国的圣诞节晚餐也很有特色，通常包括烤鹅、烤火鸡、香肠、蛋糕等等，当然香槟酒是无论如何也不可缺少的。可见，法国人对圣诞节是非常重视的。

达拉斯克龙节 法国的地方性节日很多，其中以罗尼河畔的达拉斯克每年6月底举行的"达拉斯克龙节"最为著名。据说在公元初，达拉斯克附近的岩洞中栖居着一种人们称之为达拉斯克龙的怪兽，长期骚扰当地居民，后被《圣经》中的圣女马尔泰制服，从此达拉斯克人皈依基督教。1465年，在达拉斯克的宗教典礼中，第一次出现了达拉斯克龙的模型，从此便成为一年一度的节日。

该节由市政府资助并筹备，从礼拜五到礼拜一，为期四天。节日活动有自行车赛、马赛、小母牛赛、滚球赛，以及焰火、舞会和盛大的宴会。节日的高潮是礼拜天，这天要举行带有浓重民间色彩的盛大游行。上午是仿照法国著名作家都德的小说《达拉斯贡城的达达兰》的情节，举行好汉达达兰从非洲重归达拉斯贡的表演。下午从3时许，一支由达达兰、达拉斯克龙以及大约20个民间乐队组成的队伍开始举行游行。队伍经由主要街道穿过城市，大约一个半小时以后，队伍在市竞技场解散。之后，各种新的、有各行各业参加的游行队伍又相继组成，在游行中表演一些捉弄人的游戏：农民用绳子将观众绊倒，叫做绊绳游戏；给观众灌酒，叫酒壶游戏；脚夫扛大桶，醉汉似地踉踉跄跄，挤撞着观众，叫醉汉游戏；水手们把观众淋得透湿，叫鲟鱼游戏；牧羊人用松油将观众弄脏；脚夫则用他们的保护神圣·克里斯托夫的荨麻扫帚抽打观众。各种游戏和游行队伍接连不断，一直要热闹到下午7时左右。

四、德国的岁时节庆民俗

在德国，较有特色的节日主要有慕尼黑啤酒节、斯图亚特感恩节、巴伐利亚民间服饰节、施特劳宾地区的高博登节、花节、高山放牧返厩节、兰茨胡特婚礼节和埃施韦格水井节、射手节等，其中以慕尼黑啤酒节、兰茨胡特婚礼节和埃施韦格水井节等地方性节日最具特色。

慕尼黑啤酒节 也称十月节，是德国规模最大的民间节日之一。每年举办一次，从 9 月倒数第二个星期六至 10 月的第一个星期日，历时 16 天。慕尼黑啤酒节起源于 1810 年，当时是为庆贺巴伐利亚亲王成婚而举行的活动。

德国的 10 月是大麦和啤酒花丰收的季节，人们欢聚在一起，以表达内心的喜悦。啤酒节有一系列的传统活动，要在特蕾泽广场举行。节日前广场上搭起 8 座顶高 20 米的特大帐篷，每座帐篷可容纳数千人。正午 12 时，12 响礼炮轰鸣。按照传统，慕尼黑市长在一座大帐篷里用一把大槌，将一只铜制的啤酒龙头打入一个容量 200 公升的木制啤酒桶内，然后拧开龙头，把桶内流出的第一杯啤酒敬献给巴伐利亚的总理，然后举起第二杯啤酒与参加盛会的成千上万名游客一起开怀畅饮。欢庆活动持续到 10 月的第一个星期日，深夜 11 时，广场不再售酒，半小时后灯光熄灭，一年一度的啤酒节便宣告结束了。

啤酒节期间除畅饮啤酒外，还举行一系列丰富多彩的娱乐活动，如游戏、演出、音乐会等等，给节日增添了喜庆气氛。人们以种种欢乐的形式喜庆丰收，推动经济发展。这一传统节日一直延续至今，目前它已成为一个世界闻名的节日。

兰茨胡特婚礼节 德国有很多独具特色的地方性节日。值得一提的是兰茨胡特婚礼节。兰茨胡特是巴伐利亚的一座历史名城。1475 年，来自波兰的黑德维希公主与兰茨胡特公爵三子格奥尔格在这里举行婚礼。这场婚礼场面之引人入胜就像一场轻歌剧，传说婚礼前后持续了 23 天，耗费之巨堪称欧洲之最。兰茨胡特市政厅的大厅里至今还保留着这一壮观场面的壁画。为纪念这一历史事件，兰茨胡特人每隔四年的 7 月初都要举行隆重的纪念活动。人们身穿华丽古雅的服饰，从头至尾再现这一壮观的历史场面。届时全城熙熙攘攘，一派热闹非凡的景象。婚礼节启迪人们更加珍爱婚姻，珍爱家庭，珍爱永不衰退的爱情。

埃施韦格水井节 埃施韦格水井节也是德国的一个地方性民俗节日。埃施韦格是坐落在韦拉河谷的一座古城，6 月 24 日是该城的水井节，这一节日距今已有 500 多年的历史。节日持续三天，期间整个城市都沉浸在节日的欢乐气氛中，节日在铿锵有力的铜管乐和威武的骑兵队的马蹄声中拉开序幕，紧随其后的是盛况空前的群众性的庆祝活动。年轻的小伙子喜欢身穿中古时代的服饰，骑在高大的骏马之上，扮成威武雄壮的古骑士。姑娘们则身穿美丽的纱裙，翩翩起舞。民间舞蹈队、杂耍队精彩的节目为古城增添了喜庆的节日气氛。在节日期间，外地游客如潮水般涌来，在饱赏浓郁的民情山景的同时，还可遍尝山乡美酒佳肴。节日的最后一天是孩子们的欢乐日，纯真的孩童欢聚在韦拉河小岛上，尽情地嬉戏取乐，通宵达旦。

第五节　美洲各国的岁时节庆民俗

美洲各国的节日习俗也非常丰富，其中许多习俗大体同于欧洲各国，但也有很多节日习俗又独具美洲特色，为美洲国家所特有。

一、美国的岁时节庆民俗

美国的节日主要有圣诞节、新年、复活节、感恩节、国庆节、劳动节、母亲节、马丁·路德·金纪念日、总统日、哥伦布节、退伍军人节和圣瓦伦丁节等，其中感恩节和母亲节是最具本国特色的节日。

感恩节　在美国，每年 11 月的最后一个星期四是感恩节。1620 年 9 月的一天，满载清教徒的"五月花号"离开英国，驶往北美。在漫无边际的大洋中漂泊了整整 65 天，"五月花号"抵达美国的马萨诸塞州的普利茅斯。他们在病困交加中，得到了当地印第安人的救助，增进了移民同印第安人的友谊。以后每逢移民到达美洲大陆的那一天，所有来自欧洲的白种移民，家家烤火鸡，用南瓜和白薯制作点心招待印第安人，并举行大型联欢活动。年复一年，逐渐形成了一个传统节日。1789 年，美国第一任总统华盛顿宣布感恩节为全国性节日，但未确定节日日期。1941 年，美国国会才将感恩节定在每年的 11 月的最后一个星期四。

感恩节这一天，美国举国上下热闹非常。城乡市镇到处举行化装游行、戏剧表演和体育比赛等，学校和商店也都按规定放假休息。孩子们还模仿当年印第安人的模样穿上离奇古怪的服装，画上脸谱或戴上面具到街上唱歌、吹喇叭。当天教堂里的人也格外多，按习俗人们在这里都要做感恩祈祷。感恩节这天，美国人会力争从天南海北归来，一家人团团围坐在一起，大嚼美味火鸡，畅谈往事。另外，好客的美国人也忘不掉这一天邀请好友、单身汉或远离家乡的人共度佳节。

感恩节的食品极富传统色彩。每逢感恩节，美国人必有肥嫩的火鸡可吃。此外，还有红莓苔子果酱、甜山芋、玉蜀黍、南瓜饼、自己烘烤的面包及各种蔬菜和水果等，这些东西都是感恩节的传统食品。

感恩节宴会后，有些家庭常常做些传统游戏，有些家庭则驱车到乡间去郊游，或是坐飞机出去旅行，特别是当年移民们安家落户的地方——普利茅斯港更是游客们向往的所在。

母亲节　每年 5 月的第二个星期日是美国的民间节日——母亲节，人们在这一天自发地表达对母亲的爱戴、尊敬和感谢。

美国的母亲节始于 1907 年 5 月。发起者是费城安娜·贾维斯，她在教堂中组织活动，同时要求参加者胸前要佩戴白色石竹花来纪念并感谢母亲。第二年，有更多的教堂纷纷组织同样的活动，人们还一致决定将每年 5 月的第二个星期日定为母亲节。从此母亲节便在美国成了一个公认的正式节日。如今，在胸前佩戴石竹花的习俗已有颜色的分别。那些母亲已经去世的人仍然佩戴白色石竹花，而母亲健在的人则佩戴红色石竹花。

母亲节这一天，人们总要想方设法使母亲愉快地度过节日，感谢和补偿她们一年的辛勤劳动。最普通的方式是向母亲赠送母亲节卡片和礼物。节日里，每个母亲都会以满怀喜悦的心情，接受孩子们和丈夫赠送的玫瑰花或其他花束、糖果、书和纪念品，特别是当她们收到小孩子们自己动手制作的上面用蜡笔稚气地写着"妈妈，我爱你"的字样的卡片时，更会感到格外自豪和欣慰。但最珍贵、最优厚的礼物还是把她们从日常的家务劳动中解放出来，轻松地休息一整天。这一天，许多家庭都由丈夫和孩子们把全部家务活包下来，母亲不必做饭，不必洗盘刷碗，也不必洗衣服。不少家庭还有侍候母亲在床上吃早饭的惯例。

二、加拿大的岁时节庆民俗

加拿大较有特色的节日有枫糖节、魁北克冬季狂欢节、夏洛特敦夏日节、郁金香节、牛仔节等，其中以枫糖节和郁金香节最具加拿大特色。

郁金香节 加拿大人最喜欢五彩缤纷的郁金香花。加拿大郁金香节是世界上最为壮观的郁金香盛会，也是加拿大较为隆重的地方性节日。

郁金香节一般是在鲜花盛开的五月，持续两周，届时会邀请世界各国的首都以自己的郁金香参展。节日期间，绚丽多彩的郁金香使首都渥太华成为一片花的海洋，它昭示加拿大是一个鲜花盛开的国度。各参展国的大帐篷、各式各样的花展和园艺展万紫千红、美不胜收，体现了友谊之花开不败。此外，露天的咖啡厅、传统的小吃、街头的艺术家、系列的音乐会，凡此种种，热闹非凡。

渥太华丽都运河的彩船表演是节日的另一个高潮。游船下午一时从道斯湖公园出发，沿运河向国会山方向上溯，船和人都穿上了盛装。表演者沿途吹奏乐曲，表演节目。有整齐的管乐队演奏，也有抱着吉他的小合唱；有中国热闹的龙舟，也有苏格兰传统的短裙和风笛。丽都运河并不宽阔，两岸的观众与游船交流甚恰，掌声欢呼声不绝，船上抛下的糖果也不会落到水中。很多观众自带了折叠椅，有的观众还在河边草地上野餐。更多的观众和游客则乘坐专为节日开出的免费公共汽车，沿河坐一段、走一段，悠闲自得。

枫糖节 枫糖节是加拿大传统的地区性民间节日，于每年三四月间在加拿大的魁北克和安大略举行。

加拿大盛产枫树，素有"枫叶之国"的美称。在加拿大十几个枫叶品种中，最著名的要数"糖枫"。它的树叶香甜如奶，能熬出"枫糖浆"。魁北克和安大略是加拿大最大的生产枫糖的省份，因此，在每年三四月间枫糖丰收的季节，都要举行枫糖节来庆贺。

节日期间，生产枫糖的农场粉饰一新，披上节日的盛装，向来自各地的游客开放。大家在一起品尝大自然送给他们的甜蜜礼品。一些农场还专门保留着旧时印第安人采集枫树液和制作枫糖的器具，在节日里沿用古老的制作方法，为观光游客表演制枫糖的工艺过程，有的还在周末向旅游者免费供应枫糖糕和"太妃糖"，任人品尝。节日里当地居民还热情地为游客们表演各种民间歌舞，带领观光游客去欣赏繁茂美丽的枫林红叶。

三、巴西的岁时节庆民俗

巴西的特色节日主要有狂欢节、海神节、敬牛节、琼尼纳斯节、亚马孙民俗节、布鲁曼瑙的十月节，其中以狂欢节和海神节更具巴西特色。

狂欢节 巴西的狂欢节是世界上最大、也是最奔放的狂欢节，其表演被称为地球上最伟大的表演。

巴西的狂欢节每年吸引国内外游客数百万人。节日期间，狂欢的浪潮席卷巴西全国，男女老少，不分种族、信仰、贫富，都涌向街头，披红戴绿，载歌载舞，人人都仿佛进入了另外一个世界。

在巴西各地的狂欢节中，尤以里约热内卢的盛会为世界上最著名、最令人神往。盛大的桑巴游行是狂欢节的高潮。游行队伍簇拥着自己学校的标志，由学校领导、作曲家和彩车设计者组成的仪仗队走在前头。后面是打扮得花枝招展的马伊亚妇人队。她们身穿宽摆连衣裙，头戴羽毛帽，面带各种奇形怪状的面具。几百人的男子打击乐队前后左右护着她们。队伍的精华部分是彩车队和桑巴舞队。彩车队的"狂欢王"和"狂欢王后"最先映入眼帘，他们是节日象征性"首领"。其后紧跟着头戴面具、脚踩高跷、身着小丑服装的丑角和穿着离奇古怪服装的荒诞剧演员，此外，还有头插羽毛、用各种颜色涂满全身的印第安人舞蹈家……桑巴舞的游行更令人陶醉，他们穿着迷你舞服，剧烈地扭动腰部、腹部和臀部，接连不断地轮番跳着桑巴、伦巴、土风、摇摆等民族舞蹈。巴西狂欢节那艳丽的服饰、强劲的音乐、火辣辣的桑巴舞和风光旖旎的巴西美女总是让人流连忘返。

海神节 在巴西，1月1日的海神节是一个辞旧迎新、供敬海神、祈祷保佑家人来年平安的节日。每年12月31日子夜前夕，海神节的信徒们和来自各地的旅游者聚集在海边，怀抱自制的小船，头顶装满鲜花的陶皿，围绕在女神像前载歌载舞。当新年的钟声敲响，歌颂女神的乐声响起，焰火腾空开放，信徒和游客们鱼贯走到齐腰深的水中，将小船、鲜花和装满献给女神供奉的篮子放入水中，凝视着它们顺水漂去，好似带走对女神的崇仰之情和无限寄托。然后，人们会在水中洗个痛快，将过去一年的污浊洗刷干净，纯洁地迎接新的一年的到来。最隆重的庆祝活动属东部的萨尔瓦多市。

四、墨西哥的岁时节庆民俗

墨西哥比较有特色的节日主要有亡灵节、圣船节、查姆拉人狂欢节、军事狂欢节、饰驴节、克拉克萨节、仙人掌节、辣酱节、乌切布瓜节、塔斯科城银器节和面包节等，其中亡灵节和圣船节的特色较为鲜明。

亡灵节　从10月31日起，墨西哥举国欢度"亡灵节"（也叫"死人节"）。按照民间风俗，11月1日是"幼灵"节，2日"成灵"节。人们在墓地通往村庄或者小镇的路上撒下黄色的花瓣，让亡灵循着芬芳的小路归来。晚间，在家门口点上南瓜灯笼，为亡灵上门引路；在祭坛上摆着玉米羹、巧克力、面包、粽子、辣酱、南瓜、甜食、甜点等供品，让亡灵享用。"亡灵节"祭坛上的面包与平常食用的面包是不同的。不同的形状又有不同的含义。有的做成"人"形，有的"人"形不带"腿"，表示"鬼魂"；被叫做"罗斯凯特"的螺旋状面包，表示生命的轮回；做成千层饼形状、并带有装饰的面包"奥哈尔德拉"，意在欢迎亡灵的归来。祭品中，还有一种奇特的食物，叫"骷髅糖"。在街上，大小、颜色各不相同，每个上面都写着名字，一家人要购买写有与自己先人名字相同的"骷髅糖"，并将其吃掉，以表达对死者的怀念之情。节日里，无分男女老幼，都可以戴着面具，穿上印着白骨的鬼怪衣服，在街上招摇过市，表示亡灵归来。

圣船节　圣船节是墨西哥古老的传统节日，在每年盛夏的某一天举行。节日这天，墨西哥的墨西卡尔滴塔岛要举行一年一度的划船比赛。清晨，人们将圣佩德罗和圣巴勃罗的圣像抬到各自的"圣船"上，向湖中心缓缓驶去。紧随其后的一只大船坐着"圣母"，她代表阿兹特克人。后面的几百只小船分成两路，他们是两位"圣人"各自的乐队和啦啦队。所有的船到湖中心后，便以"圣船"为中心摆成一个小岛。此时歌声、乐声、爆竹声和喊声响成一片。神父在当地官员的陪同下，来到一只大船上为大家做礼拜，他虔诚地向湖水祷告，为当地人民祈求幸福。然后，由大主教宣布划船比赛开始。"圣船"在几百只小船中间向前划去。因为圣佩德罗是当地渔民的象征，所以他所在船总是胜利者。当船抵岸时，人们欢呼祝贺。当地市长走上船头，把节日的名贵纪念品——一条相传了几百年的带有金色大虾的红色绸带戴在圣佩德罗的像上，人们热烈鼓掌、欢呼。晚上，人们纷纷上街秉烛夜游，以庆祝圣佩德罗的胜利。

第六节 非洲及大洋洲各国的岁时节庆民俗

一、埃及的岁时节庆民俗

埃及既有独具民族特色的传统节日,又有浓烈的伊斯兰教节日。

惠风节 惠风节是埃及人传统的民族节日。节期为每年四月月圆之日,这一天全国放假一天。古埃及人认为,这一天标志新年的到来,是新生命的开端。法老、大臣和民众们纷纷在神庙、宫中和尼罗河畔参加各种庆祝活动。这一天是白昼与黑夜等长的一天,也是春天到来的第一天,又称为"踏青节"。

如今,埃及人在这一天都身穿鲜艳的服装,去公园踏青、野餐,打起手鼓唱歌、跳舞,在大自然的怀抱里充分感受与大自然交融的气息,尽情享受大自然美丽的风光。这一天人们吃鸡蛋、圆葱、莴苣、大豆等节日食品。古埃及人认为鸡蛋是生命的本源,预示着生命的复活;莴苣和大豆是送子女神米娜神坛前的供品,能治不孕,保佑多子多孙;圆葱能驱邪治病,人们不仅吃圆葱,还把它穿成串挂在脖子上或挂在门前,视为神奇的吉祥物。

尼罗河忠诚节 尼罗河一年一度的涨水,使两岸变成一片汪洋沼泽,大水退去后就会出现一片肥沃的土地,这一过程为谷物生长提供了丰富的天然肥料。所以埃及人把尼罗河视为生命之源,是赐福于人的神。因此,当每年河水泛滥之际,都要举行隆重的庆祝活动,感谢尼罗河赐予他们的恩惠,由是而逐渐形成节日。

宰牲节 节期是每年的十二月十日。在埃及放假四天。第一天是会礼日。人们去清真寺集体礼拜,随后在清真寺宰杀牛羊。牛羊肉分为三份,一份发给穷人,一份送给亲朋,一份留给自己。此后的三天,亲友互访,郊外野游,尽情享用节日的美味。

圣纪节 又称为"圣忌日",节期为回历三月十二日,是先知穆罕默德的诞生纪念日和逝世的忌日。埃及在圣纪日放假一天,举行各种规模的纪念活动,宣传穆罕默德生平业绩和教导,以使人们世代不忘。这一天人们张灯结彩,准备各种丰盛的节日食品,纪念伟大的先知。

埃及的基督教徒与世界各地的基督教徒一样,每年都要庆祝复活节和圣诞节,只是规模比其他基督教国家要小。节日期间,人们去教堂祈祷,参加各种宗教活动,拜谒圣像,向教堂捐钱,向穷人分发祭品等。

二、索马里的岁时节庆民俗

索马里全称为索马里共和国，位于非洲东部的索马里半岛。国土面积63.7万平方公里。首都为摩加迪沙。现有人口约为1000万（2010年）。主体民族萨马勒族占总人口的82%以上。

索马里最有情趣的节日是棍棒节。棍棒节在索马里已经有数百年的历史。节期是在每年夏季收割完毕之后。节日始源于古代索马里人欢庆丰收。当时在举行庆祝活动时，常常举行战阵厮杀表演，既娱神也娱人。表演时，年轻人都穿上盔甲，布成二军对垒的战阵，然后以木棒为武器进行厮杀，占地多者为胜。这一节庆习俗一直沿袭至今。

今日的"交战"实际上是一场竞技比赛。节庆之日，在大约1000平方米的场地上搭起看台，台前竖起高高的旗杆，悬挂国旗。场地中央划出一条醒目的白线，是"交战"双方的分界线。为了避免造成伤害，交战双方的武器改为树枝。交战前，双方列队相向坐在场地的两端，观看的群众围在四周。警察是裁判官，也是秩序的维持者。

当政府首长和外国来宾登上看台坐定以后，首先是检阅部队。"两军"列队走过看台，向首长致敬。他们在非洲战鼓的伴奏下，高举树枝，跳着雄壮的"伊斯通卡舞"，显示战士的勇猛。

战斗开始前，裁判官走进场地中间，吹两次号角，双方投入战斗，用树枝互相抽打，杀声四起。按规定，能冲过白线、占领对方阵地一方为胜。据说，有时双方厮杀甚为激烈，要动用手持盾牌的警察和高压水龙头的警车才能平息。

晚间，举行民间歌舞表演和化装狂欢舞会。参加演出的男男女女戴着假面具，边歌边舞，尽情欢乐。以升平歌舞冲散厮杀的狂热，企盼未来的一年获得更大的丰收。

三、澳大利亚的岁时节庆民俗

澳大利亚法定节日主要有元旦、复活节、圣诞节、节礼日等；重大的民间节日有玛蒂格拉狂欢节、华兰纳节、蒙巴节、佩思野花节等。

圣诞节 12月25日的澳大利亚正是炎热的盛夏，所以人们多是以去深山老林中避暑，或者去海边冲浪等独特的方式庆贺圣诞。

节礼日 一般是在圣诞日的第二天，如遇星期天则再推迟一天。节日里，按着传统习俗，主人要向雇员、仆人和邮递员赠送盒装的礼品，对他们的辛苦服务表示感谢。

玛蒂格拉狂欢节 这是悉尼最大的民间节日，也是同性恋者的节日。不过它已经从最初（1928 年）单纯的同性恋者游行发展成一个综合性的节日。每年 2 月，来自全球各地的同性恋者都聚会在悉尼，在 2 月最后的一个星期天的晚上进行游行表演。这种光怪陆离的现象使全世界许多好奇的游客都闻风而来，观众可达 40 多万人。这为当地带来了丰厚的旅游收入，所以得到了政府的认可和大力协助。

华兰纳节 "华兰纳"是土著语，意为"蓝天"。从 1961 年起，每年 9 月在布里斯班都要举行"华兰纳节"的庆祝活动，它是一个迎接春天的节日。最初，它旨在宣扬澳大利亚的本土文化，现在逐渐发展成为以传播世界各地文化为主题。每年选择一个国家，介绍它的历史、文化、风土人情。它促进了澳大利亚人对世界的了解，也使世界各国更多地了解澳大利亚，从而促进澳大利亚与世界各国的贸易与文化交流，每年都吸引 100 多万观众来到这里。

蒙巴节 "蒙巴"是土著语，意为"让我们欢聚在一起"。蒙巴节是墨尔本的金秋艺术节。自 1954 年开始举办，从每年的 2 月底到 3 月的第二个星期一，前后 10 天。节日期内，人们进行各种文艺表演，电影周、艺术讲座以及最受欢迎的美女花车游行吸引了大批的观众。

佩思野花节 9 月是澳大利亚的春季，此时，位于西海岸的佩思正是鲜花盛开之时，由此而形成以展览花卉为主要内容的野花节。它是澳大利亚规模最大的园艺展览活动，7000 多种花争奇斗艳，是名副其实的花的世界、花的海洋。

四、新西兰的岁时节庆民俗

新西兰的节日很多，诸如新年、怀坦吉日、复活节、澳新军团日、女王诞辰、节礼日等等。但规模大、最受人们重视的是圣诞节。此外，还有一些文化节也很有特色。

圣诞节 在离节日还有一个月的时候，新西兰人就开始进行一些节庆活动了。11 月 30 日，在奥克兰的皇后大街上，举行圣诞大游行。游行是在下午 2 点开始，但人们在上午 9 时就已经在街道两旁等候了。游行是以单位组成方阵的形式进行。有的方阵有自己的彩车，有的是舞蹈表演，有的是穿着苏格兰裙的乐队。亚洲国家的人们也参加游行，有中国方阵的舞龙和秧歌，也有韩国传统的民间鼓，而日本人穿着和服，拿着筷子一类的东西，跳着只有他们自己才看得懂的民族舞。

游行后的一周，在奥克兰国家公园举行演唱会。新西兰人三五成群，或与家人、朋友围坐在草地上，一边看节目，一边喝啤酒、吃东西，谈笑风生，既尽情放松快乐，又增进亲情与友谊。晚会的高潮时，漫天烟花。

圣诞之日的 12 月 25 日，家家立圣诞树，做圣诞食品，点圣诞蜡，烧圣诞柴，唱圣诞歌，圣诞老人为孩子们分发礼物。但更有人情味的是，这一天已婚的女子都回到父母身边团聚，全家异常欢乐，共享天伦之乐。

奥克兰爵士音乐节 每年4月在奥克兰举行,以爵士乐为主题,展开一连串的庆祝活动。喜爱爵士乐的人们都汇集在这里,彼此切磋,争相献艺。众多的爵士乐爱好者如醉如痴地体味着其中的快乐。

奥克兰国际文化节 每年2月份,为了展现奥克兰多元文化的特色,举办长达一周的文化庆典,每天都有不同的节目,如舞蹈艺术、街头音乐、雕刻艺术以及传统食物的料理艺术等等均在奥克兰各地展开,多姿多彩的多元文化,在这里显示它历史的传承色彩和新鲜的生命力。

思考题

1. 名词解释:那达慕大会 雪顿节 火把节 三月三节 背篓会 难近母节 洒红节 巴胜特节 佩思野花节 情人节 慕尼黑啤酒节 圣诞节 感恩节 枫糖节
2. 何谓节日?节日民俗是怎样形成的?
3. 简述汉族春节、清明节、端午节、中秋节的主要节庆活动。
4. 简述藏族、维吾尔族的节日民俗。
5. 简述台湾移民的岁时节庆民俗。
6. 简述日本偶人节与樱花节的节日习俗。
7. 简述宋干节与万佛节的节日习俗。
8. 俄罗斯的主要节日有哪些?
9. 简要描述巴西狂欢节的盛况。
10. 简要解说埃及的惠风节与尼罗河忠诚节的民俗事象。

第十三章 工艺美术的民俗

【学习目的】
　　通过本章的学习，了解我国各民族及世界各国传统的和当代的工艺美术品的民俗特点，知晓工艺美术民俗的产生、发展及分类，掌握工艺美术民俗的旅游价值，积极推动旅游业中的购物活动的开展。

【主要内容】
1. 工艺美术民俗的文化内涵及其功能
2. 我国各民族著名工艺美术品及其主要工艺特点
3. 世界各国代表性工艺美术品及其主要工艺特点

第一节　工艺美术民俗概述

一、工艺美术民俗的概念与特点

　　什么是工艺美术民俗呢？在定义之前我们首先来明确什么是艺术、什么是美术、什么是工艺美术品。所谓艺术是用形象来反映现实生活而比现实生活更具典型性的技术和技能；所谓美术，就是使人能产生美感的艺术，其产品即称为工艺品、艺术品或工艺美术品。可见，所谓工艺美术民俗，即是民间在加工制造用形象来反映现实生活、使人产生美感的艺术品的过程中所形成的传承模式。

　　工艺美术民俗具有以下几个方面的特点：

　　第一，它是用典型化了的形象来反映现实生活的。如各种雕塑品、铸造品、织绣品、刻凿品、绘画品等，虽然其形象千姿百态，但都是源于现实生活。不过它又不是现实生活的直观写照，而是更加抽象化、典型化、美术化了的作品。

　　第二，工艺美术民俗产品是使用价值与欣赏价值的统一。并不是所有的生活用品都是工艺美术品，只有那些内涵丰富、造型独特，使人产生美感，具有欣赏价值的产品，才能称得上是工艺美术品。如短木棍可以用来当做老年人的拐杖，有使用价值但无欣赏价值。如果将它刻上具有延年益寿内涵的花纹，并装上龙头或凤头，它就成了既具有使用价值又有欣赏价值的工艺品。

第三，工艺美术民俗是流行于民间的艺术，是由广大民众自发创造、享用并传承的艺术和艺术品。它的制造者主要是普通的农民、市民或民间的手工艺匠人，但有些专职艺术家以反映和提高民间工艺美术为创作目的，推动了民间工艺美术的发展，他的作品也应该属于民俗艺术。民间的工艺美术，有很大的自发性，许多工艺美术作品都是普通民众的业余创作，其技艺多是以个体或家族沿袭的方式传承。其质料简单，作品往往呈现出某种稚拙的艺术风貌。过去大多数民间工艺美术品具有自做、自用和自娱的性质，并不过多地追求商品的价值，它们是传统自然经济的产物。当今，这种状况正在发生改变，民俗工艺品正在走向市场。这不是历史的悲哀，而是社会的进步，民俗工艺品并非以是不是商品而作为衡量标准的。

二、工艺美术民俗的产生与发展

工艺美术源于劳动，始于人类有意识的对美的追求。劳动创造了人类，也是人类工艺美术之源。在旧石器早期的猿人阶段，原始人只是一次性地摔砸石块制造石器，没有二次加工的意识，因此不可能产生对制品审美的意识。到旧石器中期的智人阶段，即母系氏族公社的早期，古人类根据需要对石器有了第二次加工，器形多样化，用途定型化。在有意识地加工一些定型专用石器的过程中，无意识地制造了一些具有美感的制品，由千万次无意识的熟见，逐渐产生有意识的美感。如对圆形石器、尖状三角形石器、对称形刃器的欣赏等等。当古人类有了审美观念之后，再去有意识地制造具有美感的制品，这就是萌芽中的最原始的工艺品。至旧石器晚期的新人阶段，即母系氏族公社的中期，已经有器形和用途鲜明的工艺品。如在我国山顶洞人的遗址中出土的成串的小石珠、穿孔的兽牙、经过加工的贝壳，有的还涂上了红色。这些特殊加工的装饰品即是当时高水平的工艺美术品。至新石器的父系氏族公社时期，精美的玉器、器形各异并绘有各种花纹的陶器、岩画等等工艺美术品已经有了长足的发展。进入阶级社会以后，随着生产力的发展，生产工具的不断改进，人们社会生活的日益丰富，各个国家、各个民族、各个地区的工艺美术形态万千，不仅具有时代特点，更体现出不同的国家与民族风格。

三、工艺美术民俗的分类与功能

纵观世界各国民间的工艺美术品，其种类多以万数，可以从不同角度进行分类，今按工艺美术品的制造工艺来分类，大体可分为雕塑、编织、刺绣、剪裁、缝合、印染、绘画、烫烙、打造、浇铸等几大类。随着科学技术的发展，还会出现更多种类的工艺。工艺美术品的功能主要有：

（一）欣赏价值

不论是哪一种工艺的什么样制品，首先是要具有"美"的特质。它包括质地美、造型美、图案美、色彩美，更要有内涵美。不仅能够使人从不同的外表形象感受到美的享受，更能够使人体味出一种深邃的内涵美，美在不言中，回味无穷。

（二）使用价值

工艺美术品的美体现在它的实用性中，如精美的大件玉雕可以放置在博物架上陈列，小件的玉佛等可以挂在胸前作为吉祥的饰物，剪纸可以装饰房间，维吾尔族绣花小帽可以戴，苗族的蜡染服可以穿，精美的藏族小餐刀本身就是餐具。至于一向被人们所喜爱的红木家具，更是集使用、观赏于一身。有更大使用价值的工艺品才更有生命力。

（三）纪念价值与保存价值

许多具有民族性、地方性及极富有人文内涵、民俗味道浓郁的工艺美术品，对旅游者或特殊购买者来说，又是很好的纪念品，能够给人们留下永远难忘的美好回忆。许多精美的工艺美术品具有永久性的保存价值，是传世之品。一些古玉、古瓷、古青铜器等都是价值连城的珍宝。

第二节　中国的工艺美术民俗

一、汉族的工艺美术民俗

数千年来，汉族人民创造了光辉灿烂的物质文明，其中的工艺美术品更是绚丽无比的奇葩。

（一）玉雕

从考古发掘看，我国是世界上著名的产玉国。由于玉质地温润细腻、色泽晶莹洁美，因而受到人们的珍爱。自古华夏族始，汉族及其先民们就把玉视为神秘、珍贵的宝物。其爱玉、用玉的习俗至少有7000年的历史。1976年，在浙江余姚河姆渡的新石器遗址中，就出土了一些玉制的璜、玦、笙、管、珠坠等佩饰，这是迄今发现的最早的玉器雕刻品。进入阶级社会以后，玉不仅是神物，是祭祀天地、祖宗、诸神的必需祭品，同时还是象征权势、财富的圣物。贵族佩玉、用玉是等级身份的标志。玉被誉有君子（统治阶级）的品格。玉是国家间、贵族间交往必不可少的礼物。因此，在古代中国，"玉"成为一切美善事物的代名词。最美好的食物称为"玉食"，最美好的酒称为"玉液"，最美好的衣服称为"玉衣"等等；尊称他人也多冠以"玉"字，如尊称他人之女为"玉女"，他人的书信为"玉札"，他人的言词为"玉音"等等；人间最高统治者皇帝，其印用玉制作，称为"玉玺"；地位最高的神称"玉皇大帝"，简称"玉帝"。可见汉族是一个最爱玉、崇玉的民族。因此，汉族的玉雕工艺品最为精美，最有民族特色。在众多的玉石中，以产于新疆和田县的"和田玉"质地最佳，被誉为"玉中之精英"。尤其是白色的"羊脂玉"，色质洁白，滑润如羊脂，为和田玉之冠。

我国古代的玉雕精品以"和氏璧"最为著名，它产于楚国的荆山，琢璞于楚文王，战国时各国为争夺它而产生了"完璧归赵"的故事。秦始皇统一六国后，将它制成"传国玺"，至后唐时（936年）下落不明，辗转相传约1700年。明清是我国玉雕艺术发展繁荣时期，其工艺水平、品种及产量都超过前代，尤其是乾隆时期，是玉雕史上的高峰。在民间玉雕风俗大兴的基础上，产生了许多玉雕精品，尤其以玉山"大禹治水图"为最。它高224厘米、宽96厘米，重约5300多公斤，历时十余年雕成，为古代玉雕之冠。以汉民族为主的数千年古代玉雕，被世界各国誉为"东方艺术之花"。

（二）陶瓷

陶瓷是汉族从古至今最有代表性的民族工艺。

我国古代的陶器已经有一万年之久的历史。至母系氏族公社时代，制陶业进入快速发展时期，仰韶文化的彩陶、黑陶都堪称是精美的艺术品。唐代的"唐三彩"以优美的造型、靓丽的釉彩、高超的烧制艺术把古代的制陶工艺推向了一个新的高峰。如今这古老的工艺又焕发了青春，琳琅满目的唐三彩工艺品深受中外各界人群的喜爱。

紫砂陶茗壶，是汉族传统名陶中的精品。传说是春秋时期越国的大夫范蠡隐居今江苏宜兴后而创制的，宜兴至今仍被誉为"陶都"。宜兴的紫砂茗壶，不仅造型别致清雅，色泽天然古朴，工艺卓绝，而且具有独特实用价值。泡茶不仅色、香、味俱佳，而且三伏天也隔夜不馊。更奇妙的是，使用的年代越久，壶身越发光润古雅，泡出的茶味道更加浓郁，故自北宋以来就久享盛誉，有"世间茶具称为首"之赞。

我国古代的瓷器闻名于世界，有"瓷之国"之称。瓷器是在陶器的基础上发展起来的。早在商周时期就已经有了原始的瓷器，经秦汉至隋唐进入繁荣时期。唐代的青瓷，尤其是越窑（今浙江余姚县）的产品，最负盛名，畅销国内外。白瓷以邢窑和江西景德镇、四川大邑所产者为上品，有"声如哀玉"，色"胜霜雪"之誉。宋代的瓷器制造业发展更快，出现了独具风格的瓷窑体系。在遍地民窑的基础上又出现了"官窑",专为皇宫烧制精品瓷器。元代以后,景德镇成为全国的瓷器制造中心,有"瓷都"之称。尤其以烧制"青花瓷"著称。

青花瓷始于宋代,成熟于元代,极盛于明代。青花瓷是先在瓷坯上用钴料描绘花纹,再上无色透明釉,然后高温烧制而成。青花瓷颜色稳定,永不褪色。民间的青花瓷器,花纹粗放不羁,清新朴素,自然流畅。其简洁写意式的艺术风格与官窑青花的精细、呆板迥然不同,生气盎然。流行最广的是"青花鱼盘",白底蓝色,线条飞舞,给人以强烈的美感享受。

(三) 织绣

男耕女织是汉族几千年来的生产、生活方式,纺织是每个妇女所必须掌握的技术。因此,织绣是汉族自古以来的传统工艺。绸缎等各种丝织品,不仅是衣料,也是精美的工艺品。我国是丝绸古国,自西汉张骞开辟"丝绸之路"以后,我国历朝历代的丝绸就闻名于世界各地,被各国王公贵族视为珍宝。

汉族的先民们早在父系氏族公社的黄帝时期就已经养蚕织帛。商周时期已能够织出各种几何形图案,并掌握染色技术。战国时期,各国的丝织工艺发展更快,各国皆有自己的风格。所谓"齐纨晋缟"、"冠带衣天下"就是指今天山东一带丝绸工艺的盛况。唐代时,除了官办的"织染署"外,民间作坊遍布全国各地。其丝织工艺与前代相比有重大发展,现实生活中的花卉、鸟兽等成为丝织品的图案。白居易有一首《缭绫》诗,描绘当时丝织品缭绫称:"应似天台山上明月前,四十五尺瀑布泉,中有文章(花纹)又奇绝,地铺白烟花簇雪。"色泽如月光下的瀑布,花色如雪拢烟雾,极白又极轻柔,真切的实物与誉美的诗句,都反映了唐代织工、染工的高超技艺。清代康雍乾时期,纺织工艺又达到一个新的高峰。在松江、上海等县,几乎"家家纺织",无锡竟是"不分男女,全织布纺花,别无他务"。品种达几十种之多,形成南京、杭州、苏州、成都等产地的不同艺术特色。

刺绣工艺是与纺织工艺相伴生的。早在西周时期,周天子用于祭祀的礼服共有日、月等12种图案,其中有六种是彩绘、六种是刺绣,即所谓"衣绘而裳绣",这种礼服一直延续到清末。它是以针引彩线,刺绣各种图案于织物上的一种工艺,是汉族历代妇女的女红之一。唐宋之时,刺绣的技艺盛行,凡花卉翎毛、山水人物均可成绣。杜甫《水至》诗:"刺绣五纹添丝线,吹葭六琯动飞灰"。明清时,刺绣工艺更加普及,创造许多新针法,并开始用于家庭生活用的边饰及各种陈设品。绣品图案多姿多彩,色调鲜艳明快,纹理层次分明。湖南的湘绣、苏州的苏绣、广东的粤绣、四川的蜀绣,各有特点,称为"四大名绣",享有国际盛誉。

(四) 民间绘画与版画

民间绘画的概念是与宫廷绘画、文人画、院体画相对而言的,泛指下层民众自作、自享、自用的美术形式,是典型的民俗画。民间绘画源远流长,原始社会的岩画、陶器上的彩绘是最早的民俗画。民间的民俗画多见于墙头画、家具画、建筑彩画等等。其中尤以年画最具代表性。

年画流行于全国各地，尤其盛行于广大农村，因其在新年（春节）张贴，所以称为年画。年画始源于先秦两汉时期的门神画。《荆楚岁时记》载："正月初一，绘二神，贴户左右，左神荼，右郁垒，俗谓之门神。"门神就是春节张贴的年画。唐代时，因为秦琼、尉迟敬德为唐太宗守门，邪鬼不敢进，所以从此以后，门神画就变成了秦琼、尉迟敬德，流传至今。至迟到北宋时，以木板雕刻、套色印刷的年画就已普遍流行。清代乾隆、嘉庆年间，民间木版年画达到新高峰。天津杨柳青、苏州桃花坞、山东潍坊、河南朱仙镇、陕西凤翔、广东佛山等都是著名的年画产地。杨柳青位于天津市西南，其年画创始于明末崇祯年间。这一带村镇，几乎"家家都会点染，户户都善丹青"，盛风成俗，历三百余年。

各地年画虽然风格不同，但也有许多共同的特点：第一，内容种类比较统一。题材多是以五谷丰登、多子多福、胖娃鲤鱼、百鸟朝凤、鹿鹤同春等吉祥画为主，此外还有历史故事、民间传说，如《杨家将》、《白蛇传》等。其形式有单幅、连环、门神、灶神、斗方、横批等。第二，画技古拙。民间刻板年画无论是人物还是动物，不讲求解剖、比例、结构等写实手法，而多用夸张、变形等方法，突出形象的生动性、典型性，显示民间艺术的朴实美。第三，色彩鲜艳。除用黑线勾勒形象外，几乎全是红、黄、绿、蓝等强烈的对比色，呈现出喜气洋洋的热闹气氛。

（五）剪纸

剪纸古称"剪彩"，俗称"铰花"。它是汉族的传统民间工艺，流行于全国各地，起源很早。据南朝梁宗懔《荆楚岁时记》载："正月七日为人日……剪彩为人，或镂金箔为人，以贴屏风，亦戴之头鬓"。可知最迟在南朝时就已盛行剪纸，不仅用来装饰房屋，还用来做头饰。宋代时，民间剪纸之俗盛行。剪纸作品应用范围很广，礼品点缀，窗花制作，巫师剪"龙虎旗"驱邪，吉州瓷器将剪纸贴印在瓷坯上烧制瓷器。特别是在元宵节时，还将各种剪纸贴在走马灯上，如同一年一度的大型"剪纸展"。各地都有许多技艺卓群的高手。汴梁（今开封市）有个叫俞敬之的，能剪出各家字体的字，酷似逼真。更有一少年，能在袖中剪字及各种花卉，独擅一时之誉。清代时，民间剪纸进入宫廷。皇帝大婚，坤宁宫贴有剪纸的双"喜"字、龙凤花团及各种角花，作为吉祥装饰。陕西延安剪纸历史悠久，许多人都会剪纸之艺。抗日战争时期，延安鲁艺美术家力群、陈叔亮等人深入民间学习剪纸，并且创造出了一批反映解放区人民生产、战斗、生活的新窗花，推动了群众性剪纸的创作与发展，使传统的民间剪纸发生了革命性的变化，使剪纸艺术增添了反映现实生活的内容。建国后，这一古老的民间艺术，得到充分重视，创作更加繁荣。中国剪纸艺术走出国门，赢得了国际声誉。

二、其他民族的工艺美术民俗

（一）藏族的工艺美术民俗

藏族的工艺美术以"唐卡"、酥油花、藏刀为代表，具有鲜明的民族特色和宗教特色。

1. 唐卡

"唐卡"是藏语的音译，是藏族传统的卷轴画，多是由民间艺人、画匠、画师所创作。唐卡兴起于松赞干布时期。唐卡的种类和质地多种多样，多数是绘制在纸上或布面上，还有刺绣、织锦、贴花而成的唐卡。这种唐卡还往往将珍珠、宝石等用金银丝缀于其间，金彩辉煌，主要是贵族、寺院享用。还有的是将画好的唐卡刻成雕版，用墨印在绢或细布上，再着色装裱而成，各有特色。唐卡艺术既受来自尼泊尔的"西天梵像"技法的影响，又吸取了汉族绘画的表现手法，形成了自己别具特色的艺术风格。在藏族人看来，绘制唐卡是一件神圣的事情，不但要选择吉日，绘画画师还要口诵经文。唐卡主要是反映藏传佛教为主体的宗教画，多是表现佛、菩萨的形象和故事。还有一些是以表现藏族历史为题材的绘画，并加以文字说明。唐卡为藏族各阶层人所珍爱，社会上层人物大多都珍藏着价值不菲的唐卡，一般贫民百姓也常常请画师绘制，挂在家中，用以供奉。寺院、僧舍也都悬挂唐卡，也是用以供奉。唐卡不仅仅是宗教画，它更是藏族文化艺术宝库中的珍宝。

2. 酥油花

酥油花是藏族人的一种油雕艺术品。它是用酥油为基本原料，糅合各色石质矿物染料，雕塑成各种花卉、鸟兽、人物、亭台楼阁等。酥油花的创作已有六百多年的历史。据说藏传佛教格鲁派的创始人宗喀巴学佛成功后，为了表达对佛的敬仰，在拉萨给释迦牟尼佛像头献冠、披肩的同时，还同时献了自制的酥油花。因为宗喀巴诞生于青海塔尔寺，酥油花不久就传到了塔尔寺。所以有"酥油花始于拉萨，兴于塔尔寺"之说。塔尔寺的酥油花数百年来名闻遐迩，其雕塑的各种作品形象逼真、栩栩如生、内容丰富，每年正月十五元宵节都要与花灯同时展出。西藏、甘肃、四川及青海各地成千上万的藏族群众及其他的佛教信徒不远千里而来，观赏风姿多彩的酥油花。

3. 藏刀

藏刀是藏族人民生活中不可缺少而且极为普及的用具，其他民族的人对此有着生动的描述："人人揣木碗，个个佩腰刀"。这虽然有些夸张，但基本上反映了大多数藏族民众的习俗。刀对藏族民众来说，既是餐具，吃手把羊肉时用来割、剔；又是工具，用来杀羊、剥皮、割断绳索等等；还可以用做武器，用来对付狼等凶猛野兽。因此，有些藏刀做工十分精致，器形多样，大小直弯，应有尽有。而刀柄、刀鞘则更是精美。刀柄有木制、骨制、角制，现在又有有机玻璃制的，刻有各种具有民族特色的图案，镶嵌松石、宝石或玛瑙；刀鞘有木制、铁皮制或皮制，两端饰以铜箍或银箍。藏刀从上到下、从里到外，十分美观，是令人赞不绝口、爱不释手的精美工艺品。千百年来，藏刀不仅为藏族民众所喜欢，也为其他各民族所珍爱，能收藏一把藏刀是人们的一大快事。

（二）维吾尔族的工艺美术习俗

1. 花毡与地毯

花毡与地毯是维吾尔族人的家庭日用品，也是精美的工艺品，是具有千余年历史的传统工艺。《魏书·西域传》中说康居国出产"锦毡"，锦毡即镶杂色的花毡。唐代诗人李端的《胡腾儿》诗中有"扬眉动月踏花毡"，说明当时的花毡被西域各族人民所广泛使用，已经用做铺垫舞台。唐代以后称为"花毡"，一直沿用至今。花毡是用白色或黑色的羊毛擀制而成，有贴毛、印花、贴布绣花等三大类。贴毛花毡是以白色或黑色羊毛为底毡，加入其他染色的毛或绵构成图案，同时擀制而成；印花毛毡的图案是用木模印制上的；贴布绣花毛毡是将彩布先剪成各式图案，之后摆好缝制而成。花毡的种类花样繁多、工艺精美，常用于宗教圣龛的装饰和家庭装饰。

维吾尔族的地毯是具有悠久历史的传统工艺品。据说一千七百多年前的东汉时期，由和阗一名叫阿克西凡的工匠首创。他将技艺传于后人，遂有织毯习俗。地毯集绘画、雕刻、编制、刺绣、印染等技艺于一体。多是由技艺高超的民间工匠制作，主要原料是优质的新疆细羊毛。

地毯种类繁多、图案富丽、色泽鲜艳、质地细密，毯面平泽光滑，毯板挺直柔和，经久耐用。其图案花纹具有中西合璧的特点，以花纹的不同有各种不同的名称。如主体花纹为石榴树或石榴的称为"石榴地毯"；主体花纹为并列圣龛，周围又有月牙、星星的叫"圣龛图地毯"等等。除地毯之外，还有壁毯，挂在墙上以供欣赏。"圣龛图"常常是壁毯的图案。新疆各地均产地毯，以和田产的最为有名，以其毛质优、工艺好、图案新颖而受到维吾尔族及其他各民族的喜欢。中亚、西方的一些国家对新疆产的地毯、壁毯也非常喜爱，千百年来一直是交易购买的货物。

2. 艾德来斯与镂版单色印花

艾德来斯是维吾尔族民间工匠生产的一种双面丝织品，维吾尔族妇女喜欢用它做裙子。它采用古老的扎经染色工艺，先按图案在经线上扎结进行染色。染色过程中，图案因受染液的渗润，形成自然的色晕，织出的艾德来斯会显出犹如干笔搓刷出的参差不齐的花纹。花纹由深到浅，自然活泼，增加了图案的层次感和色差过渡面，形成色彩绚烂富有变化的图案。传统的艾德来斯因产地的不同而有不同的特点。和田、洛甫产的讲求黑白效果，图案形象粗犷奔放，配色多采用黑底白花或白底黑花；克什、莎车产的以色彩鲜艳而著称。多是采用平行排列的对称条形图案，常用宝石蓝、翠绿、桃红、杏黄等颜色，由于颜色反差较大，显得五彩缤纷、光华夺目。

维吾尔族民间传统的镂版单色印染花布的工艺也非常具有民族特色。它是先将各种图刻成镂版，之后将镂版置于白布之上，用灰浆涂抹，之后去掉镂版。待印在布上的灰浆干后，将布浸在蓝靛草染液中，取出晾干，去掉灰浆，即呈现出蓝白相间的印花来。花布花纹结构严谨，主次分明，色彩协调，是维吾尔族人家喜爱的装饰与实用的工艺品。

3. 美术

维吾尔族的美术形式，是古老的传统图案与伊斯兰教文化的结合与统一。伊斯兰教反对任何偶像崇拜，因此美术只着重于图案方面的发展。无论是家庭装饰还是寺院装饰，其墙壁、屋顶、房檐、廊柱及室内的家具、地毯、饰布等图案多是各种条形花纹、几何花纹、各类花草植物，鲜艳明快，具有强烈感染力。这一美术特点，体现在方方面面的艺术形式之中。

（三）苗族的工艺美术民俗

1. 银器

苗族习俗最喜爱佩戴银饰。据《旧唐书》记载，唐代时苗人首领谢元深入朝进贡时的装束是"金银络额"。唐代刘禹锡诗中有"银钏金钗来灵水"之句，指的就是今湖南一带包括苗族在内的少数民族的服饰。苗人爱饰银之俗至明清时更加盛行。清人爱必达的《黔南识略》中记载镇远府苗族女子："银花饰首，耳垂大环，项戴银圈，以多者为富。"时至今日，苗族喜尚银饰风气仍然不减。苗族妇女有全衣以银为饰的衣服，称为"银衣"；有传统的"银冠"，刻有精美花纹、作为头饰的"银碗"、银发箍、银项圈等等。

银饰是苗族女子平时、节日都不可缺少的饰物。苗族餐具及其他用具也多是以银制作或以银为饰。因此苗族的银器制造是其由来已久的传统工艺。因为银的质地较软，多是用锤、鼓、雕刻、缠包、镶嵌等工艺技术加工而成工艺品，造型美观，常常是配套打造。其佩戴以多者为富，以沉重宽厚为美。

2. 蜡染

苗族的蜡染工艺历史悠久。宋代时苗族人就已经掌握了蜡染工艺。苗族人喜尚蓝色和绿色，所以其蜡染主要色调以蓝色居多。苗族的蜡染古代称为"点蜡幔"，是家庭手工业，妇女几乎人人都会蜡染，只不过技艺高低不同罢了。

蜡染的方法是：先按所构想的图案，用蜡刀（圆形铜片）蘸蜡汁作画于布面，然后放入蓝靛缸中渗泡。之后煮去蜡汁，原来有蜡的地方呈白色，无蜡的地方是蓝色，形成各种蓝底白花的图案。其图案多是各类花、鸟、鱼、蝙蝠或各种几何图形。

蜡染色调和图案古朴，抽象的点、线、块、面变化多端，简便的工艺、神奇的效果，令人惊叹叫绝。其物品有床单、被面、门帘、桌布、衣衫、壁挂等等。现在已经成为那些追求古朴、追求民族特色的国内外人士喜欢的日用品和纪念品。

3. 刺绣与挑花

苗族的刺绣称为"苗绣"，是苗族的传统工艺。其绣法多达十余种，其中的辫绣、绉绣、卷绣是苗族所特有的绣法。其效果浑厚沉重、粗犷古朴，似如浮雕，有立体感。多以鱼、虾、鸟、蛙、蝶、花为图案。其"雄衣"则多是以龙、虎、狮、象等凶猛庞大之兽为图案。苗绣的配色瑰丽多姿，简练概括，独具魅力。

苗族妇女的挑花工艺堪称为一种高超的抽象的工艺。它依据布纹的取向来设计画案，具体操作时要数纱下针，不能错位。构图简练，抽象概括，各种花、鸟、鱼、虫、兽，悉能寥寥数针挑刺而成。挑花一般都用白布或浅蓝色布做底，色调和谐鲜明、朴素大方，是具有民族特色的工艺品。

（四）壮族的工艺美术习俗

壮锦是壮族传统的手工艺织品。早在一千多年前，壮族地区的"葛布"就是向中原王朝进献的贡品。唐代大诗人白居易曾有诗句"桂布白如雪"，赞美当时壮族先民们的"桂布"。壮锦就是在"葛布"、"桂布"的基础上发展起来的。明清以来，壮族妇女以善织壮锦而闻名全国。乾隆时的《归顺直隶州志》记载壮族地区的"土锦"是贡品和家庭日常使用以及嫁奁、节日都不可缺少的饰物。"以本乡人人能织故也。土锦以柳绒为之，配成五色，厚而耐用……未簪之女即学织。"壮锦的织法：以棉纱为经，丝线为纬。经线一般为原色，纬线用红、蓝、青、绿、黑等色，经纬交织成色彩绚丽、纹样精美的织品。传统纹饰有"卍"字形纹，以及花、鸟、兽、云、水波、方格等各种花纹。还有复杂的图案，如狮子滚球、团龙双凤、鱼跃龙门等等。造型别致，寓意深刻，织工精巧，色泽鲜艳，结实耐用。用壮锦制成的腰带、头巾、台布、手提包、被面、窗帘、壁挂等，民间认为是吉祥幸福的象征，日用之外作为礼品互赠。如今的壮锦，制造工艺更加进步，与湘绣、蜀锦一样，在国内外均享有盛誉。

三、港澳台地区的工艺美术民俗

（一）香港、澳门的工艺美术民俗

香港的工艺品种类繁多，其雕刻工艺尤为著名。精美的玉雕、石雕、象牙雕、金属雕、木雕等各类工艺品以形象逼真、工艺细腻著称。香港的仿古红木家具制造闻名中外。红木家具多是采用传统的中式风格，手工精良，雕刻图案仿古而不扣古，极富东方色彩，一向受到华侨和外国人的赞赏。香港的珠宝首饰也是闻名中外的工艺品，其款式融汇中外，揉和古今，物美价适，是中外旅游者常常购买的纪念品。

澳门的工艺美术品以彩瓷、珠绣、玩具、人造花等具有代表性。

（二）台湾的工艺美术民俗

台湾的工艺美术品用琳琅满目、灿烂夺目来形容实不为过。最著名的是玩具、瓷器、石雕、木雕等。

台湾的现代玩具最为著名，以填充玩具、洋娃娃、电动玩具、电子玩具、布制玩具为主，其工艺中西结合，而特具东方特色，畅销世界各地。

台北县的莺歌镇有"台湾景德镇"之称。其陶瓷制造业始于清朝嘉庆年间，由泉州人吴岸等人开创。莺歌镇仅18平方公里，就有400多家陶瓷厂，所产陶瓷器占全台湾的2/3还多。其陶瓷既有生活用品，还有各类创意陶瓷，应有尽有。苗栗县苑里镇的华陶窑的创意陶器以古老的方法烧制，所烧出的陶艺品呈现朴拙的金黄色纹理，名为"相思陶"，其拙中透精的工艺令人赞叹。

台湾的石雕工艺品体现了现代工艺与传统工艺相结合的特点。花莲县是著名的"石艺之乡"。在花莲县人人善雕，处处可以欣赏石雕艺术之美。其博物馆中展出的传统石雕与现代石雕呈现了花莲县石雕艺人们精妙的创意和高超的技艺。南投县埔里镇有一座亚洲首座风格独特的石雕艺术公园。其中所展出的石雕工艺品是台湾石雕艺术的精粹大会聚。

台湾的木雕工艺以苗栗县的三义乡最有特色。三义木雕以樟木为主要材料，此外还有檀香木、桧木、九骨木等名贵木料。其雕刻有奇木瘤雕、原木桌雕刻、屏风壁饰、各类人像、鸟兽鱼虫等一应俱全。其中尤以神像雕刻、原木桌椅、天然奇木为大宗。三义乡水美街就有200多家木雕店。木雕工匠几乎是个个身怀绝技，现场创意雕刻，各种精美的工艺品随手刻出，使观者为之啧啧。三义的木雕工艺品不仅畅销台湾，还外销日本、欧美等世界各地。

高山族人的工艺品，主要是编织、制陶、纺织等。雅美人常常将日用的工具浮雕一些美纹作为装饰。他们还制造金片项链、银盔等，佩戴起来美化自身。

第三节 亚洲其他各国的工艺美术民俗

一、日本的工艺美术民俗

日本有许多有文化修养的人都讲究用工艺美术品来装饰自己的家，最受日本人喜欢的工艺美术品主要有偶人、七宝烧、各类陶瓷器等。

（一）偶人

日本民族自古以来即有喜好偶人的习俗，因此，日本民间传统工艺美术品以"偶人"最为著名。偶人有木制、布绢制、纸制、泥塑等，工艺精湛，最具民族特色。其形象有仕女、儿童、神佛等。特别是以彩绢制成的偶人，制作精致，色调优雅，形象逼真，是家中陈列和赠送他人的精品。

（二）七宝烧

日本的金属工艺品以"七宝烧"最为称著。"七宝烧"是日语对金属珐琅器的称谓。"七宝"原是指佛经所提的七件珍宝，因为这种珐琅器非常珍贵华美，故冠以"七宝"之名。七宝烧以釉色明灿莹润、图案精美闻名于世，它和中国的景泰蓝堪称世界金属珐琅工艺品中的一对姐妹花。

（三）陶瓷器

日本的陶瓷工艺品多是瓶、罐、水壶、酒壶、香炉等等。它们的造型、材质、色彩、图案、纹理的工艺都相当高超，令人爱不释手。现代的日本工艺品制造者善于模仿古代、外国的各种工艺技术，又具有捕捉"现代美"的能力，经他们的综合光大，各种工艺品都具有各自的吸引力，令人欣赏玩味不已。

二、泰国的工艺美术民俗

泰国的传统绘画、雕塑和各种工艺品从总体上反映了泰国工艺美术习俗的概貌。

（一）绘画与雕塑

泰国民间的传统绘画的手法比较简单，画面都是由线条组成，缺乏立体感和透视效果。色彩的应用也较为简单，多是采用赭色和土色。传统画受佛教影响较深，许多都是反映佛教内容的。泰国历代画师的代表性作品多是寺庙里的壁画，有很强的故事性。

泰国的雕塑工艺的特色也是体现在佛像中的。工匠们积累千余年的经验所雕塑的佛像，个个栩栩如生，神采各异，可以称得上是独具匠心。泰国的木雕工艺品非常精美，其雕塑型、高浮雕型、浅浮雕型各色木雕工艺各异，不仅为本国民众所喜欢，也深受各国旅游者的喜爱，被当做珍贵的纪念品。

（二）特色首饰

泰国的红宝石、蓝宝石戒指，各类黄金饰物等都很有特色。鳄鱼皮制作的各式手提包独具国情，为国外旅游者所钟爱。

三、马来西亚的工艺美术民俗

（一）锡器

马来西亚被称为"锡的王国"，因此它的锡器是举世闻名的。各种精美的锡制工艺品堪称一绝。用锡加工制成的茶具、锡盘、花瓶、首饰盒等，造型美观，刻着风景名胜、人物、动物、花卉等各种图案，为世代的马来人所喜爱，常常用做奖品奖励给各类模范人物。锡器也深得国外旅游者的喜欢。马来人常常把各种精美的锡器作为宝贵的礼物赠送给外国友人。

（二）蜡染

马来西亚的蜡染布称为"巴迪"，也是非常漂亮的工艺品，可以作为各种装饰布。用巴迪制成的"巴迪衫"是马来西亚人最喜欢和最流行的上衣。

（三）短剑

马来西亚人有佩戴短剑的习俗。他们的短剑都是精美的工艺品。剑柄多用锡、象牙、兽骨、兽角制作，雕有色彩鲜艳、生动形象的鸟头。剑鞘则饰有各种图案和花纹。有的短剑还饰以宝石、珍珠等，更为华贵。做一把宝剑需要铁匠、各类雕刻匠的合作。

四、印度尼西亚的工艺美术民俗

（一）木雕

印度尼西亚生产贵重木材，木雕工艺是其传统的民族工艺。最具代表性的是巴厘岛的木雕，国内外久负盛名。雕刻艺人非常重视选材和刀工技法。根据不同的工艺品而选择不同的材质，如檀香木、黑檀木、柚木等多是用来雕刻各种神像，显得沉稳贵重。此外，还雕刻有多姿多态、生动可爱的木偶玩具，以及各种实用器物。各类宗教寺院的建筑中，也常常用各种雕刻工艺来进行装饰。

（二）蜡染

蜡染也是印尼的传统工艺。其蜡染工艺不是用"蜡笔"而是用"蜡壶"，其特点是蓄蜡多，突出表现点、线。其图案多是印尼的农村风光、海岛渔村、神话故事等。构思巧妙，色彩鲜艳，具有浓重的民俗气息。

五、伊朗的工艺美术民俗

伊朗的工艺美术民俗在不同的历史阶段存在着较大的变化,极具特色。

(一)细密画

古代波斯盛行细密画,其艺术著称于世。细密画的画家使用极细的画笔作画,据说其画笔有时就是用一根毛发制成的,画面充满着难以描述的精致细腻,表现的人物栩栩如生。但后来由于伊斯兰教在伊朗居于统治地位,其教义不赞成画肖像和各类人物画。所以伊朗无论是朝廷画家还是民间画工,都不应用透视法、凸雕法、光线和阴影法等,画的内容也极端贫乏,绘画几乎全部是书法、花卉和各种几何图案。

(二)铜器

洛雷斯坦的铜器工艺品盛名远播。在20世纪20年代末至30年代,洛雷斯坦的农民发掘出了许多距今3000多年前的精美铜器,其中有一件的铭文表明是国王的御用品。现今的这些铜器工艺品虽然都是仿制品,但也是以它的精美工艺、古老的造型而博得了人们的喜爱。

(三)陶器

伊朗的陶器制造距今有7000年的历史,制陶业一直是伊朗人的民族传统工艺。其陶器上绘有阿拉伯装饰风格的花卉、动植物花纹、古典的中国图案以及各种字体的铭文。使用多彩的、白色的、珐琅色的、青绿色的、粉红色的彩釉或上釉抛光。伊朗的陶器造型之美、质地之好在全世界赢得众多的赞誉。

(四)吹玻璃

伊朗的吹玻璃工艺,已有4000多年的历史传统。现在德黑兰、法尔斯省的麦伊曼德等地的玻璃工艺品最为著名。

(五)地毯

伊朗最为著名的传统工艺是制造地毯,它已有数千年的历史。世界上最精细、最富有装饰性、质地最优美的地毯就是伊朗地毯。伊朗地毯以毛质好、工艺高超、富丽堂皇而著称。不仅有地毯,还有壁毯。人们赞誉它是"一座袖珍波斯园"。现在它是伊朗重要的出口产品之一。

第四节　欧洲各国的工艺美术民俗

一、俄罗斯的工艺美术民俗

（一）套娃

俄罗斯的特色工艺品主要有闻名遐迩的木雕"小套人"，也叫"套娃"或"套偶"，俄语叫做"马特寥什卡"，是俄罗斯最典型最普及的手工艺品之一。用木头制成几个、十几个甚至二十几个按比例大小排列的俄罗斯姑娘形状，用彩色油漆加以描绘，最大的有花瓶那么大，最小的像米粒一样，但是个个栩栩如生、美丽鲜艳。由小到大排列在一起，放在书柜里，十分漂亮。如果把它们一个套一个地装在一起，就是一个美丽端庄的俄罗斯姑娘造型。

（二）木制镀金器

在俄罗斯，还有一种鲜艳的、图案美丽的木制工艺品，以热镀金技术著称。工匠们用画笔在木制器具上描绘不同的图案花纹，变换线条和色彩的组合，然后镀上金，使其金光闪烁。用这种技术制作的工艺品主要有彩绘木碗、木勺、酒具、盘子、镶板和彩蛋等，其中以霍赫洛玛的手工镀金器具最有名。

（三）油画

俄罗斯民族素有喜爱油画的风尚，19世纪以来涌现了巡回展览画派和其他各种画派众多的著名绘画大师。至今，俄罗斯油画市场仍然是一派繁荣景象，有名画复制品，有现代画家作品；有风景画，有静物画；有历史画，有抽象画。小型精细画在俄罗斯也小有名气，画在黑色小首饰盒上面，题材大多是俄罗斯风光、妇女、农村劳动和生活的情景，如轮舞和三套车。首饰盒的形状一般为长方形和椭圆形。

（四）彩蛋

彩蛋也是俄罗斯的特色工艺品之一。彩蛋的绘制始于乌克兰，19世纪在俄罗斯广为流传，现为全世界所知晓。在绚丽多姿的俄罗斯民间工艺品中，彩蛋是最古老、最具传统，也是最受喜爱的工艺品之一。

二、英国的工艺美术民俗

英国的民间艺术非常繁荣，英格兰的陶器、木刻和木画（在农村的房子上、船上、旋转的木马上）、民间木版画都是极具特色、颇受欢迎的；苏格兰以花格布、皮手袋、匕首闻名；威尔士则以橡树雕刻的家具和色彩鲜艳的装饰陶瓷著称。

（一）玻璃器皿

英国传统工艺品以玻璃最为突出，融切割、研磨、粘接技术于一体，完全以抽象的造型、巧妙的空间处理和色彩的搭配所形成的节奏感和韵律感，给人以强烈的美的感受。

（二）骨质瓷

骨质瓷是英国人对世界瓷器的贡献。这种瓷器从 18 世纪中叶诞生就一直在英国流行，它白度高，比重轻，透明度好，瓷质细腻，光泽柔和。

（三）绘画与雕刻

英国人对绘画和雕刻是非常感兴趣的，艺术家们用各种颜色、形状和材料进行探索。除了在中学、大学和艺术俱乐部之外，画家们还在街头以及公园和空房子里举办展览。

三、法国的工艺美术民俗

雕塑在法国是最古老的艺术之一。20 世纪以来，法国的雕塑进入了现代化、多元化时期，除传统的石雕、木雕外，还出现了许许多多以往从未有过的形式，如集合艺术、废品雕塑（即利用废弃物如绳索、瓶塞、金属片等组成的作品）等。玻璃饰品在法国诞生很早，而玻璃工艺又是法国文化雕塑的重头戏之一，从小摆饰发展至今的居家大摆饰，无不体现法国人的浪漫与想象力。

法国人浪漫的个性造就了法国工艺品别具一格的特点。人们看到的许多埃菲尔铁塔模型弯曲得像个欧米加字符，神秘的蒙娜丽莎摇身变成了朴实的村妇，阿尔萨斯的标志鹳鸟往往以童话人物的形象出现，而传统瓷器上的图案却是著名作家圣艾修伯里笔下的"小王子"。

四、德国的工艺美术民俗

德国的工艺品主要有陶瓷、玻璃、木雕等。位于莱比锡和德累斯顿两大都市之间的迈森，自古就以陶瓷闻名于世，尤以独特的白瓷产品和天蓝色的"洋葱花样"瓷器著称。慕尼黑是德国的一个重要的工艺品中心，特色工艺品丰富多样，其中彩绘的蜡烛、木雕手工艺品、登山帽、具民族色彩的服装、玻璃手工艺品和啤酒杯等深受游客的喜爱。

游览德国城市，经常可以看到许多各具手艺和特色的"街头艺人"，他们在城市里的公共场所演奏乐曲、演唱歌曲、即兴表演哑剧以及油画、素描等。目前，德国各大城市中最流行的街头造型艺术是"真人雕塑"。街头艺人穿戴着各自特制的衣帽，涂上厚厚的油彩，几乎一动不动地立在街头，如同一尊人物雕塑艺术品。

与石雕铜铸的名人雕塑不同,他们是五脏俱全活生生的普通人。如果在他们面前放下一枚硬币,无论币值大小,这种"雕塑"就会活过来,向您致谢。

第五节 美洲各国的工艺美术民俗

一、美国的工艺美术民俗

美国人素有热爱雕塑艺术的风气。在美国,雕塑完全是一种个人的表现,它以各种不同的形式出现,而且材料包罗万象。举例来说,德维森是以为名人雕塑栩栩如生的青铜像而出名。史坦其卫兹则是以用金属原料焊接成的雕塑创造出惊人的抽象作品。

发雕用于日常生活的发型装饰上,是美国最有特色的工艺品之一。把发型与雕塑结合起来是美国女艺术家坦莉的一个新颖构思。据说她花了5个小时创作了一种独特的发雕作品。在那高耸的发型上可以看到楼房、街道,建筑用的脚手架等等。为制作这个发型艺术作品,她用了黏土、聚苯乙烯等建筑材料以及一些小机器零件,大可与愤世嫉俗的"朋克艺术"相媲美。此外美国印第安人传统工艺品,如木雕、编织、面具等也颇具特色。

二、加拿大的工艺美术民俗

(一)移民的绘画艺术

加拿大人非常喜爱绘画艺术,因此,绘画艺术在加拿大有其独特的风格。从标志着加拿大绘画艺术开端的考奈路斯·克伊埃高夫的风景画和西奥法尔·海梅尔的肖像画,到米歇尔·斯诺创作的结合多种学科技术的作品,绘画艺术在加拿大经历了许多发展变化,而这些也正是加拿大社会大致经历的发展变化。20世纪60年代,绘画界又出现了一种新的绘画风格,倾向于几何抽象风格,其开创人是加拿大的画家。近年来,一批加拿大画家开创了新的绘画风格,他们在作品中运用了一种新的绘画语言,并使用各种不同的现代技术,如电子和影像技术来表达他们的思想。

(二)原住居民的工艺美术

加拿大印第安人的图腾作品别具特色,雕刻完的图腾有的还需要染色,而颜料是用颜色不同的矿石、泥土、鱼油及鲑鱼子等材料按比例混合而成的。由于印第安人没有文字,所以图腾柱上只有图案而没有文字。图腾柱上美丽的图案可以是单独的，也可以是两组或多组图案的组合。图案内容有人物，也有动物，最常见的是飞鸟、熊、狼、鱼、蛇等。因纽特人的软毛拖鞋，以及被称为皂石的蓝色石头雕成的小摆饰为他们所独有。另外，在加拿大，用翡翠做成的胸饰、坠子和皮革工艺品、金银、饰有各种枫叶图饰的木雕饰品等也是非常有特色的。

三、巴西的工艺美术民俗

巴西的工艺品中，最受欢迎的要数陶瓷和艺术泥塑品了。值得一提的是印第安人陶瓷的制作工艺，他们先制作花瓶胚胎，然后涂上迷宫似的图案，或者在制作的陶缸和骨灰瓮上画许多奇形怪状的动物，特色十足。

在巴西众多的工艺美术画中，有一种非常特别的"沙画"、它既不是用画笔和颜料绘就，也不是用刻刀在物体表面上雕刻，而是用染了颜色的五光十色的沙子在瓶子或器皿上堆砌而成。制作人员通过采集巴西本土野生的150多种植物榨取的汁液，调配制作出150多种颜料后，把沙子染上色彩缤纷的颜色，待干透就可以用来制作沙画。巴西沙画的画面大多是拉美风光，但也有人物、动物、水果和花鸟等等。沙画的风格朴实无华、美观大方，看上去很像油画，具有浓厚的巴西民族特色。

四、墨西哥的工艺美术民俗

在墨西哥，五颜六色的手工艺品，如编织包、藤篮、彩色漆器等到处可见。但最具墨西哥特色的是用玉米皮或玉米秆做成的手工艺品。墨西哥是玉米的故乡，当地人对玉米有着深厚的感情。墨西哥人常说："我们创造了玉米，玉米同时也创造了我们，我们是玉米人"。墨西哥人的智慧不仅体现在对玉米果实的利用上，而且还体现在他们利用玉米皮、玉米秆等制成生动有趣的手工艺品。在墨西哥城的文化市场上，各种以玉米为材料的小玩具随处可见。墨西哥人对玉米的热爱几乎渗透到了他们生活的每个角落。

墨西哥壁画享有世界声誉。在众多精美壁画中，最有名的当属里维拉的巨作"墨西哥历史与未来"。这幅壁画现珍藏于国民宫中央楼梯的回廊上，高约五六米、长达数十米，共有一千多个人物，气势磅礴，全景式地展现了墨西哥沦为西班牙殖民地前的印第安社会到本世纪的全部历史。

骷髅艺术是墨西哥传统民族文化中一个别具魅力的组成部分，从亡灵节的骷髅艺术制品到各种各样骷髅形状糖果随处可见。

第六节　非洲及大洋洲各国的工艺美术民俗

一、埃及的工艺美术民俗

埃及的工艺美术的突出特点是传统的本源艺术与现代艺术的统一。

（一）陶器

埃及的陶器制造工艺是闻名于阿拉伯世界的。最有代表性的是陶艺艺术家达尔维西的艺术品，他大力倡导本土文化特质和民间陶艺的审美观。他创造了不着色而直接用窑烧成自然色的方法。他的陶艺品多为花器与挂盘，图案素雅，充满浓重的浪漫主义色彩。在他的倡导下，埃及的陶器成为具有国家特点、民族特点的工艺品。

（二）纸莎草纸

纸莎草纸是埃及最具有特色的工艺品。纸莎草，阿拉伯音译为"伯尔地"，是生长在尼罗河流域类似芦苇的一种草科植物，其茎富有良好的纤维。古埃及人、希腊人、罗马人以及阿拉伯人都用它来造纸，它是古埃及文明的重要标志。埃及的纸莎草纸以及纸莎草纸画是非常受世界各国旅游者喜欢的纪念品。

（三）吹玻璃与珠宝

埃及的吹制玻璃工艺已有几个世纪的历史，其青绿色、黑褐色的各种工艺品颇有些民族特点。埃及珠宝，大多明显仿照法老时代。伊斯兰主题的珠宝较少反映民众的想象，设计通常沿袭驱邪的手和眼睛，并刻有"安拉"字样。

（四）文身与人体彩绘

埃及人的民间美术，不仅画在纸上，而且画刺在身上。埃及文身艺术从法老时期流传至今，历史悠久，内涵丰富，具有区别部族与血统、显示信仰和表达个人审美情趣的功能。在埃及民间，尤其是埃及南部的努巴族和西奈半岛的男子，文身是不可缺少的妆扮。在身上文刺新月以表示对宗教信仰的忠诚，文刺弓箭而显示男子的勇武，文刺姑娘头像象征对姑娘忠贞的爱等等。对于女人，身上的图画则是彩绘，它是流行于农村的妇女化妆艺术。彩绘用的油是用橄榄油与无花果、薰衣草等植物的汁合成的，主要有青、黑、橘红等色。妇女在家中有喜事或重大的庆祝活动时都要在身上画各种图案。其中最盛行的是由荷花组成的图案，例如在姑娘出嫁时是必须要绘画的。彩绘是在新娘的手臂、脚背、额头等处精心绘画出朵朵绽放的荷花，手指、脚趾绘上紫莎草花，手心绘的是莲蓬。荷花在古埃及被视为爱情之花，绘画上荷花及其他各种吉祥花卉，表示祝福。

二、刚果（布）的工艺美术民俗

刚果（布）全称为刚果共和国，位于非洲中部赤道附近。国土面积34.2万平方公里。首都为布拉柴维尔。现约有人口420万（2007年）。全国共有刚果族（45%）、姆博希族（16%）、太凯族（20%）等56个大小部族。

刚果的工艺美术以雕刻最为著名。雕刻是刚果传统的工艺习俗，历史较久。其雕刻主要有木雕、象牙雕、羊角雕等，以木雕最多和最为著名。木雕以黑檀木雕、铁木木雕、杜卡木雕为主。早在20世纪二三十年代，刚果就已经出现了职业木雕艺人。已故的古瓦·马森戈是刚果历史上第一个木雕艺术家，当代的戈农戈和恩克诺科也是最有影响的雕刻家。在这些雕刻大师的带动和影响下，刚果的木雕工艺蓬勃发展。

刚果的木雕工艺以其镂空的小洞和刀法而著名，分为人像和面具两种。前者多是用硬质木料雕刻，后者多是用软质木料雕刻。其表现手法极具黑人特有气质，作品粗犷夸大，人物造型线条简洁、自然，强调立体感和装饰性，创作形式多种多样。其面具雕刻多是用于祭祀和庆典，有寓意和思想感情，非常具有生气。在刚果，不同民族的雕刻有不同的风格。太凯利人制作的木雕是为了崇拜神和祖先，他们制作了装饰有几何图形的圆形面具；维利族人的木雕和加蓬布努族人的木雕非常相似，人的脸部都染成白色；而巴邦贝族人的微型木雕工艺是其所长。

三、澳大利亚的工艺美术民俗

澳大利亚的工艺品、美术作品在世界各民族的文化中是很引人注目的，特别是其土著居民的工艺美术品，以其原始古拙的风貌而著称。

（一）移民的工艺美术民俗

18世纪初，从欧洲移民澳大利亚的画家对这片土地尚未认识，他们的画基本上是欧洲画的翻版。至18世纪中后期，许多画家已经熟悉了澳大利亚的环境与生活，其画风注重反映现实生活，绘画出移民开拓疆土、土著居民惨遭杀害、美丽的田园风光等内容。从总体来看，澳大利亚白人的美术作品以描绘澳大利亚各地风光的风景画为主流，为人们留下了不同历史时期澳大利亚的风土民情。

（二）原住居民的工艺美术民俗

岩画是原住居民及其先世的艺术创造。远古的岩画在澳大利亚有多处发现。在澳大利亚北端的卡卡杜国家公园里耸立着著名的马兰根格岩石画。岩壁高75英尺，周长1500英尺，是用红、黄等各色赭石颜料所绘制的奇异生物、鱼和其他图形。另一处是有名的尤万加耶岩石画，它绘于高达600英尺的悬崖峭壁之下、长200英尺的岩石之上，有人、精灵、大袋鼠、鹤、针蟅及鱼等各种图形。也有的岩画是刻画在山洞中的石壁上。原住居民的岩画有写实的，也有写意的，直观古朴、怪诞离奇，具有很高艺术价值。卡卡杜岩石画从远古的二三万年前一直延续下来，世代相传，持久不衰，是世界的奇观之一。

原住居民的雕刻艺术具有非常鲜明的地区特色和民族风格。原始风貌和宗教色彩是其工艺美术的共同特征。原住居民具有丰富的想象力和艺术表现能力，他们几乎人人都能绘画雕刻，从而使澳大利亚保存着世界上重要和丰富的旧石器时代的艺术。澳大利亚北部的巴瑟斯特岛和梅尔维尔岛的原住民尤其善于大型木雕刻，他们将花纹和图腾刻在墓地的柱子上，长矛的木柄和飞镖上也都刻有各种花纹，还刻有各类祭祀的偶像，鸟、兽、鱼等各种小动物像。美拉尼西亚群岛的美拉尼西亚人的独木舟，船头、船舷、船尾及船桨都雕刻着图腾花纹。原住居民还善于石雕，主要是雕刻岩画和石立柱式神像，有的神像重达数十吨。

四、新西兰的工艺美术民俗

新西兰人制作的各类工艺品非常具有国家特色和民族特色。

（一）移民的工艺美术民俗

新西兰被称为是"羊背上的国家"。因此，其羊皮、羊毛制品非常精美。从高价位的服饰到各式各样价格便宜的日用品，琳琅满目，是世界上任何一个国家都难以比拟的。

新西兰是个海洋国家，贝类众多，其用贝壳加工的工艺品相当著名。有一种叫"阿宝"的酷似鲍鱼的大贝，经过研磨加工后，会闪现出非常特异的光泽，再加工成各种民俗工艺品，很受人们的喜爱。

新西兰出产一种非常坚硬的绿石，一般称之为新西兰翡翠，有人誉美它为新西兰的"国石"。用它加工的各种饰物如项链，及其他各种工艺品如餐具、盘子等都很有特色。

（三）毛利人的工艺美术民俗

毛利人自古以来就非常擅长雕刻。其居住的房屋的木檐和独木舟、船具都雕刻有各种图腾纹或其他纹饰。在现在毛利人的居住区，都竖着雕刻的木制神像，显现出古老的遗风。毛利人制作的称为"提基"的护身符、当成武器的枪、称为"瓦海卡"的扁木棍，配上巧妙的设计和雕刻，都是具有民族特色的古老工艺品，其精巧的雕刻技术令人叹为观止。

思考题

1. 名词解释：青花瓷　酥油花　花毡　壮锦　洛雷斯坦铜器　发雕　沙画　纸莎草纸
2. 简述工艺美术民俗的特点及功能。
3. 举例说明我国陶瓷与刺绣工艺美术品的主要特点及其价值。
4. "唐卡"是哪一民族的工艺美术品？有什么特点与价值？
5. 苗族以什么工艺美术品最为著名？予以简要说明。
6. 日本以什么工艺美术品最有代表性？有什么特点？
7. 伊朗的什么工艺美术品在世界上享有盛名？有什么特点？
8. 简要介绍俄罗斯代表性的工艺美术品。
9. 简要释说埃及的文身与人体彩绘。

第十四章　游艺的民俗

【学习目的】
　　通过本章的学习，了解人类游艺民俗的起源、分类及其社会功能，知晓我国各民族及世界其他各国游艺民俗的特点，掌握各种游艺民俗的文化内涵，认识各种游艺民俗在旅游文化中的价值，以之积极推动旅游业的繁荣。
【主要内容】
　　1. 游艺民俗的类型、特点及功能
　　2. 我国各民族传统的游艺民俗
　　3. 世界各国最有代表性的游艺民俗

第一节　游艺民俗概述

一、游艺民俗的概念与特点

　　游艺民俗在民族文化中占有重要地位。什么是游艺民俗？顾名思义，"游"是游戏娱乐，"艺"是指游戏娱乐的技术技巧，"民"是与"官府"相对而言的"民间"。它是民间自发形成、世代传承的游戏娱乐形式，不是由国家机构组织的游艺活动。简而言之，游艺民俗就是民间自发形成的、相沿成俗的各种游戏娱乐活动。游艺民俗的特点是非常明显的：
　　（一）娱乐性与竞技性
　　娱乐是游艺民俗最基本的特点。游艺的目的就是为了娱乐身心、调整情绪。各种娱乐都不是静态的，而是通过种种形式的技巧或者竞技产生出来的。如乐器演奏、歌舞、踢毽子、摔跤、讲故事、说书、下棋等等，各种娱乐活动都离不开技巧或竞技。"技"是致乐的手段与形式，"乐"是"技"产生的根源、发展的动力。

（二）群众性、民族性与地域性

游戏娱乐活动是群众性的活动。愉快的心情固然是个人的心理感受，但是它的产生都是社会因素造成的。群体娱乐只有互相感染、互相竞赛，并迸发出激情，才能形成欢乐的海洋，每个人才能从中饱尝最大的快乐。可以说人从幼儿时起就有以各种游戏的方式满足快乐的需求。少年、青年、壮年、老年，男人、女人，不仅都有各自群体中的游戏娱乐活动，还有共同的娱乐活动，也就是参与更加广泛的群众性娱乐活动，因而群众性是游戏娱乐活动的一个重要特点。各个民族，由于他们生存的地域不同、生产与生活方式不同、民族心理不同，因此他们的游艺民俗带有强烈的地方色彩和民族特色。如生活在大草原以游牧为业的蒙古族，其游艺喜尚赛马、摔跤，其歌舞也豪放刚劲。而生活在江南水乡的汉族人，其游艺则是喜欢游泳、赛船，其歌婉转缠绵，其舞婀娜柔美。同是汉民族，陕北的信天游与苏州的评弹、东北的二人转，又是截然不同的。游艺民俗具有浓郁的乡土特色。不同国别、不同民族、不同地区的不同游艺民俗，五彩缤纷，普天同乐。

（三）日常性与节日性

游艺民俗大量存在于日常的生活中。可以说每个人几乎是天天都有不同形式的游乐活动。如打扑克、打麻将、扭秧歌、讲故事、讲笑话等等。即或是一个人独自在家的娱乐活动，如拉二胡、唱小曲等，那也是游艺民俗的体现。此外游艺民俗也常常表现为明显的节日性。许多游艺民俗都是与节日分不开的。如壮族、侗族、苗族、布依族的"三月三"歌圩节，汉族正月十五元宵节的赏花灯、扭秧歌，蒙古族那达慕大会，藏族雪顿节的歌舞演出等等，几乎是每个节日都有与之相应的游艺娱乐活动。节日离不开娱乐，有了娱乐，节日才有生命力。

二、游艺民俗的起源

游艺民俗是怎样产生的？有的学者认为游艺民俗"起源于宗教"，"起源于巫术"，由娱神向娱人过渡，最终演变成民间娱乐项目。这是一种误导。从动物学、人类学方面来探讨，嬉戏娱乐是人类的动物性的生理本能。许多动物如猴子、猩猩、黑熊、猫、狗等都有各种各类的嬉戏活动，如追逐、抢夺、厮咬、翻抱、爬树、跳水等等。由此可以推知，早在原始社会的初期，人类的祖先就已经有了嬉戏活动。通过各种嬉戏活动，增强体力，培养生存技能，快乐情绪，亲和群体，而那个时代根本就没有什么宗教和巫术。劳动创造了人类，同时也使人类远祖动物性生理本能的嬉戏娱乐演变成人类的嬉戏娱乐，由原来的动物自发性的活动变成了一种自觉的、创造性的活动。当原始人群狩猎或采集有所获得时，围着所猎取的野兽或所采集的果实欢呼、蹦跳，这就是最原始的歌舞起源；原始人群飞奔追逐野兽，以弓箭、石矛射击和投刺野兽，就是赛跑、射箭、投标枪等竞技比赛的雏形。今日各民族仍然盛行的丰收舞、采茶舞、骑马叼羊赛等都是与劳动密切相连的。这是自古就沿袭的古老娱乐习俗。宗教产生之后，人们利用娱人的活动娱神，实际上是人神共娱。在娱神的过程中，对神的崇拜激发了丰富的想象，从而进一步发展、创造、升华了各种娱乐形式，反过来又丰富了娱人的游戏娱乐的内容与形式。这才是游艺民俗起源、发展的真实历史。游艺始源于现实的生活，人们在现实的生活中享受游艺的乐趣。

三、游艺民俗的主要类别

对待游艺民俗，从不同的角度出发可以有各种不同的分类。如果从娱人、自娱的娱乐形式来说，大体可以分为说、唱、舞、奏、耍、赛等六大类：

（一）说

在民间有许许多多世代相传的民间故事、笑话、谜语等所谓的"口承文学"作品，它们是通过说、讲等形式来达到娱乐目的的。这些故事、笑话、谜语等是人民大众集体口头创作、并在广大人民群众中广为流传的，反映了人民大众的生活和思想感情，体现了人民大众的审美观念和艺术情趣，所以被人们所喜爱。生动的故事情节、幽默的笑话内容，加上讲述者形象的表情，富有感染力的语言艺术，使听者如醉如痴、笑而忘忧、乐而忘返。

（二）唱

即以唱的形式表达思想、激发感情，达到娱乐的目的，包括唱歌、唱戏等。世界各个国家、各个民族都有大量的民间歌谣、山歌、牧歌、情歌、戏曲等，在不同的场合、不同的人群中流行。如蒙古族的"婚礼歌"、"祝酒歌"，是在婚礼和宴会上唱的祝贺歌；壮族、苗族、布依族的"三月三歌圩"，是在歌场上唱的情歌。歌有独唱、对唱、合唱等多种形式。民间戏曲是有故事情节、有表演动作的唱。如东北地区的"二人转"、安徽的"黄梅戏"等等。

（三）舞

又称为舞蹈，它是通过腿、足、手、臂、腰、头等身体各个部位的跳、屈、扭、摆等不同动作来表达感情、体现快乐的。有无声的舞，但更多的是与歌、乐相结合的，即所谓的"载歌载舞"。如东北的大秧歌、安徽的花鼓、藏族的"热巴"（又称铃鼓舞）等，优美的舞姿、欢快的歌声、有节奏的音乐，最能激发人们的感情，使其进入身心快乐愉悦的状态。

（四）奏

即各种民间乐器的演奏。各种民间乐器可以独奏、合奏，也可以伴奏。各类民间歌舞，都离不开乐器的伴奏。民间乐器，多是通过吹、打、弹、拉等方式使其发出各种不同的声音，达到悦其耳而动其心、激其情而乐其怀的效果。民间乐器种类很多,大体可分为打击乐器,如鼓、钹、锣、磬、钟等;管乐器,如萧、笛、笙等;弦乐器,如二胡、琵琶、筝、三弦、瑟、琴等等。不同民族都有本民族的乐器,有不同的演奏方式,表达不同的情调。如汉族的锣鼓、唢呐,蒙古族的马头琴,哈萨克族的"东不拉"等都极具民族特色。

(五)耍

即各类游戏活动,俗称"玩耍",游戏是游艺民俗中最常见的、最普通的、最有趣味的娱乐活动。它主要流行于少年儿童中间,但成年人中也不乏各种游戏项目。游戏项目有的在室外,有的在户内,可以因地而异。如少年儿童的丢手绢儿、捉迷藏、猜谜语、摆积木、跳房子,老少皆玩的放风筝、抖空竹、踢毽子、耍魔术(俗称变戏法)等等。各种游戏活动,可以一个人玩,也可以大家一起玩,各得其乐。

(六)赛

即竞技比赛。说、唱、舞、奏、耍各种娱乐活动都有技巧,都可以进行比赛。此外还有各种主要是体现竞技的比赛活动。民间的竞赛活动,有赛力、竞技、斗智这三种形式,但又不是截然分开的,往往是综合性的。如汉族的举石担、石锁主要是赛力;蒙古族的摔跤,是一种力、技、智的综合性比赛;赛马、射箭主要是技巧性的比赛;下棋、打麻将主要斗智。比赛是群体性的娱乐活动,追求的是自豪感、光荣感和胜利的喜悦。参观者、助威者也都自得其乐、乐在其中。

四、游艺民俗的功能

游艺民俗是多内容多形式的娱乐活动,在人类社会生活中具有重要的作用:

(一)娱乐功能

娱乐是人的精神食粮。没有娱乐,生活将会像沙漠一样枯燥无味,像凄风愁雨的夜晚一样黯淡无光。各类游艺活动,不仅能够旁听观看,赏心悦目,还能亲身参与,置身其中,尽情地表达自己的能力、思想与感情。各类游艺活动激发感情、调整情绪,使精神紧张、身体劳累的人放松身心、解除疲劳;使哀愁忧伤、悲痛绝望的人化解痛苦、振奋精神;使生活在幸福中的人生活更加充实,精神饱满地去创造更加美好的未来。人生中因为有了娱乐,活着才成为生活。

(二)参与功能

各类游艺活动不是孤立存在的,还广泛参与其他社会生活的方方面面。在许多宗教祭祀活动中,都有各种游艺活动的内容。如汉族的求雨祭祀龙王既有跪、拜、祈祷等宗教仪式,也有敲锣打鼓、唱歌跳舞等娱乐的内容;蒙古族的祭敖包,既有祭祀山川诸神的仪式,又举行赛马、射箭、摔跤等娱乐活动。其实,各类宗教活动中的奏乐、歌舞等等本来就是人神共娱的。无论哪个国家、哪个民族的各类节日，几乎都离不开各种形式的欢庆。没有歌舞等各类游艺娱乐活动的节日是寡淡无味的。至于其他各种类型的庆祝会、纪念会、展销会等也都有各种游艺娱乐内容来烘托气氛、壮大场面。

（三）教育培训功能

各种游艺民俗几乎都具有思想、品德、知识、技能的教育、培养、锻炼功能，对儿童、青少年尤其重要。如人们可以在讲故事、听唱歌、看戏剧中受到前人优秀思想品德的熏陶，可以学到各种历史知识、社会知识；在一些如下棋等游戏中培养智力；在赛马、摔跤等竞技比赛中培养勇敢精神、集体主义思想，锻炼身体，掌握各种技能技巧。游艺民俗是一部百科全书，寓教于乐。只要引导得好，是一个全面提高民族素质的社会大课堂。

第二节 中国的游艺民俗

一、汉族的游艺民俗

汉族历史悠久，人口众多，居地广大，因而其游艺民俗亦多姿多彩。

（一）讲故事与说评书

无论是什么地区都有讲故事的习俗。素称"闲话"、"瞎话"。人们在劳动之余或闲暇的夜晚，常常聚在庭院、火塘边或炕头上，听老年人或知多见广的人讲故事，尤其是少年儿童是最热心的听众。著名的《聊斋》就是收集这类民间故事而成书的。

评书又称为评话、评词，是在田垄、炕头讲故事的基础上发展起来的。唐、宋时称之为"说话"、"讲史"。明末清初以后流行于全国各地，形成各种具有浓厚地方色彩的"评书"、"评话"。如北方评书、苏州评话、四川评书等等。共同的特点是以地方方言说讲，只说不唱，说话多为一人。表演时通常站在一小方桌后，以醒木为道具。内容多以历史故事、武侠故事、神怪故事居多，如《三国》、《七侠五义》、《济公传》之类。清初的柳敬亭、王鸿兴，当代的单田芳、田连元都是著名的评书艺人。

（二）民歌

全国各地都有浓郁地方色彩的民歌、山歌、小调，如东北小调、四川山歌等等。这些民歌或山歌字句浅白、形式短小，曲调爽朗质朴、节奏自由，流行于农村或山区，多是在山野劳动时及休息时独唱或对唱。其中尤其以流行于陕西北部及宁夏、甘肃东部的民歌"信天游"最为著名。信天游又称为"顺天游",多是歌唱者即景生情信口而唱,一般是两句结构,上下句押韵,每句字数不定,以七字居多。它曲调悠扬高昂,粗犷奔放,具有强烈的抒情色彩,体现了西北高原人的豪放性格。

(三)民间歌舞

民间歌舞是唱、舞与音乐相结合的娱乐形式,种类繁多。其中尤以秧歌、舞狮、舞龙灯最具民族特色。

1. 秧歌

秧歌流行于北方各地,有东北秧歌、山东秧歌、陕西秧歌、河北秧歌等等。它是北方各地广大人民群众所喜爱的集体歌舞。每逢春节、元宵节必扭秧歌。参加者组成秧歌队,身穿彩装,手持彩扇,有的还扮演猪八戒、小媳妇、老渔夫、傻柱子等滑稽角色,有的还踩着"高跷",在锣鼓、唢呐等乐器的伴奏下,载歌载舞。在农村中,常常到其他村屯和各家庭院中扭秧歌,祝贺新年,万事吉祥。近年来东北各大中小城市,每至傍晚,在各社区广场上多见一些老头、老太太,身穿秧歌装,手持彩扇,在音响的伴奏下扭大秧歌。有时年轻人或过路人也加入其中,同扭共乐。扭秧歌已经成为一些城市中的新风俗。

2. 舞狮

狮子舞起源于三国,盛行于唐代,千余年来一直风行不衰,流行全国各地。但以广东的舞狮最有特色、最为著名。其狮造型特点是:大头、凸额、勾角,身形饰有斑驳花纹,形象非常可爱。广东舞狮由一人舞狮头,一人舞狮尾。舞狮者上身穿唐装袖衫或背心,下身穿灯笼裤。"狮子郎"头戴笑哈哈的大和尚面具,手执大蒲扇,大腹便便。广东的舞狮特点是以"文狮"为主,所以狮子在舞动中其表演重于表情,动作细腻,柔和稳重;而北方的舞狮则以"武狮"为主,主要表现狮子威武勇猛的性格。每年的春节或其他盛大的节日,广东民间必舞狮。狮为百兽之王,在民俗中被认为是镇邪驱妖、保佑人畜平安的"瑞兽",故被称为"避邪狮子"。春节及各喜庆之日,舞狮队挨家挨户舞狮祝吉,以示消灾除害、预示吉祥。

3. 舞龙灯

舞龙灯又称为"耍龙灯"。舞龙是汉族古老的风俗,早在西汉时期就有舞龙求雨的习俗。随着历代元宵节舞灯的盛行,在舞龙的基础上形成了舞龙灯的欢庆娱乐形式。每逢新春佳节,舞龙队活跃在各地城乡,一边唱着吉利词,一边舞着彩龙,祝贺家家人丁兴旺、五谷丰登。舞龙灯的表演,有"单龙戏珠"、"双龙抢珠"、"群龙呈祥"等多种形式。每条龙一般为9至13节,有十几人多至数十人互相配合,使龙灯忽而起伏、忽而翻旋,变化多端。观舞龙灯是节日里人们最喜欢的娱乐，常常是跟随舞龙灯队一路走去，乐观不疲，兴趣盎然。

（四）游戏

在诸多的游戏中，踢毽子和放风筝最具有普遍性，地无分南北东西皆流行。

毽子是一种把鸡毛插在圆形底座上做成的游戏器具。踢毽子的游戏早在汉代就已经出现，盛行于六朝、隋、唐。《帝京岁时纪胜》记载清代北京踢毽子的情形："踢毽子者，手舞蹈，不少停息，若背若面，若背若胸，团转相击，随其高下，动合机宜，不致坠落。"踢毽子具有高超的技巧，踢法花样极多，可单人踢，也可双人踢、多人踢。踢毽子器具简单，场地不限，极有趣味，是男女老幼都喜欢的健身游戏。河北承德市是著名的"踢毽之乡"，几乎家家有毽、人人会踢，多有高手。在台湾，有的踢毽者能从早上7点踢到下午7点，逾36600多下而毽子不落地。

放风筝是深受人们喜爱的娱乐活动。风筝在我国已经有2500多年的历史，最初称为"鹞"或"鸢"，它是用竹片为骨架，制成各种鸟形或蝴蝶等形状，外面糊以棉纸或薄绢而成。玩时利用线绳牵引，利用风力放入空中，因其在空中似鹞、鸢盘旋而得名。相传是春秋时鲁国人公输般即鲁班发明的；五代时，李邺在纸鸢上装竹笛、置丝舌，风动笛鸣宛如古筝，故始称"风筝"；唐代时放风筝只是宫廷和贵族的娱乐，宋代以后流行于民间。自古以来民间有放风筝"放晦气"的习俗，为了放掉晦气，当风筝飞到高空后，剪断引线，任其飞走，认为这样能够消灾去难。因此，他人也不能拾风筝，以免沾上晦气。

近些年来，各地沿袭古俗，城乡人们玩风筝之俗更盛。风筝的样式千姿百态，北京、天津、潍坊、南通的风筝逐渐形成独自的特色，被誉为中国风筝四大产地。山东潍坊自1984年起，年年举行国际风筝会，欧、亚、美和大洋洲等地区的十几个国家派代表队前来参加表演。如今，中国的风筝已经风靡全球，外国人多以"飞唐"、"飞龙"誉之。

（五）民间竞技

汉族的民间竞技中，角力竞技首推武术，斗智则为象棋、围棋，赌博则为麻将。

1. 武术

中国武艺闻名世界。武术始源于原始社会人与野兽及敌人的搏斗，商周时期人们已经把武术作为一种有目的、有意识、有组织的社会活动。春秋战国时期，由于战争不断，各国皆崇尚武功，因而也推动了民间的武术活动。唐宋以来直至明清，进入持续发展阶段。唐代武则天时，将武术列入科举，开设武举科，使民间的习武之风更加盛行，出现了许多身怀绝技的大侠。宋代时，民间出现了许多如"弓箭社"之类的练武组织，这些习武的民众成为抗金的强大力量。明清之际，民间练武组织的活动更加活跃，新出拳种如雨后春笋，较大的拳系就多达几十个，如武当派、峨眉派、少林派等等，逐渐形成强大的社会力量。如反清的白莲教、反对帝国主义入侵的义和团等等都是在民间练武组织的基础上发展起来的。武术包括徒手的拳腿和刀枪剑棍等器械两大类。器械种类很多，有十八般兵器之称。各地区的武术也各有特点、各有所长。民间有"南拳北腿"之说。南派武术多刚劲有力，讲究小部位动作，巧于拳、掌、擒拿；北派武术则以腿法见长，舒展大方，长于踢、摔、跃扑。武术中除了摔打搏扑的硬功之外，还有气功和轻功，皆有绝技。

武术是很好的健身运动，如太极拳的健身效果，世代为人们所推崇。武术又是竞技性的比赛活动。农村的田间地头、城里的街头巷尾都可随时随地比赛。大规模的则设有擂台，打擂得胜的英雄会受到人们的尊敬和崇拜。近代的霍元甲是著名的武术大师。"中国功夫"已经成为中国的对外形象之一，被称为"国术"。

2. 象棋与围棋

象棋与围棋是年不分老幼、职不分官民都喜欢的益智游艺。象棋古代称为"象弈"，早在战国时期就已经流行。但那时的象棋与现在的象棋有较大的区别，是象棋的雏形阶段。唐代时的"宝应象棋"与现在的象棋已经比较接近。现在的象棋基本上定型于北宋时期，但北宋时尚无将帅、象相、卒兵的区别。至明代时，其象棋与今日的象棋已经完全一样。当时下象棋之风在官府和民间都很盛行。明代时出现了大量的棋谱，从理论上、战略战术上进行研究。清代乾隆时，全国有九大流派，名手辈出。象棋的游戏方法：两人对局，按规定地位，在棋盘上各放棋子十六枚，分将（帅）、士（仕）、象（相）、车、马、炮（砲）、卒（兵），各子走法不同。棋盘由九根横线和十根纵线组成，中间划定楚河、汉界，共有九十个据点，双方各占其半，先后交替走子，把对方"将"死为胜。不分胜负则为和局。

围棋古称"弈"。早在春秋时代就已经成为人们斗智的游戏。因下棋的双方是以棋子布局互相围杀，故称之"围棋"。围棋也有一个不断发展完善的过程。其棋盘，汉代时是纵横各十七道，大约南北朝时发展为十九道，与今制相同。其博弈的基本方法：对局的两人各执黑、白两色棋子，在棋盘的交叉点轮流下子，下子后不准移动。其着法复杂多变，运用做眼、点眼、劫、围、断等多种技术和战术吃子及占有空位，制胜对方。终局时将实有空位和子数相加计算，多者为胜。围棋接近军事艺术，故许多军事家都爱好并擅长下围棋。汉晋时期，弈风日盛，经常举行围棋比赛，并评定棋手等级，共分九等，最高级别为"入神"，即其棋艺已达到"变化不测而能先知，精义入神"之意。中国围棋约在西汉时传入印度，公元500年前后传入日本，成为日本最流行的棋戏，成为"国技"。明清时代是围棋游戏又一高峰，民间围棋赛盛行，形成了"永嘉派"、"新安派"、"京师派"这三个著名流派，并出现了一批著名的围棋谱。时至今日，下围棋之风仍然非常盛行，已经成为国际竞赛的项目。

3. 麻将

玩麻将是一种赌博。中国近代著名学者胡适说:"英国的国戏是板球,美国的国戏是棒球,日本的国戏是相扑,中国的国戏是麻将。"这固然是意存讽刺,但确实说明了人们对麻将游戏的普遍嗜好。据胡适考证,麻将是由明代一种叫"马吊"的纸牌演变而来,盛行于明代末年。马吊是40张牌,打马吊通常三人对一人,故又称为"马吊脚"或"马脚"(即如马四足,三足对一足),马脚的声变成为麻将。麻将经过几个世纪的演变,至19世纪中叶,40张牌的马吊,演变为每种花样4个骨牌,个数也增加到136个,同时加进了四季花卉以及讨口采的牌。牌呈长方块形,多用竹、骨或塑料制成。打麻将时四个人围坐在一张方桌旁,洗牌,摸牌,每人17对,轮流出牌,以"和"(读"胡")为赢。麻将游戏不仅有趣,又因其赌博而更有刺激性。故许多人日夜沉溺在麻将桌上不能自拔,胡适曾把麻将与鸦片、八股、小脚同列为中国四大害。明朝末年,全国上下沉溺于"马吊",荒政废业,清人吴伟业认为打马吊是明朝亡国的重要原因之一。国民党统治大陆时举国若狂打麻将,胡适认为这对一个民族来说是极危险的,是"可以亡国的大害"。新中国建立后,麻将曾销声匿迹,近些年来死灰复燃,亦有成风之势。正常游戏无可厚非,但历史的教训也是不可忘记的。

二、其他民族的游艺民俗

(一)蒙古族的游艺民俗

1. 赛马

蒙古族自古以来就有"马背上的民族"之称。他们不但长于骑马,也善于养马,多有善奔的良马。因此,蒙古族男女老少都喜欢赛马。牧民们在路上或草原上相见,常常是策马加鞭跑上几里,比比谁的骑术高、谁的马匹好。每年的敖包祭和那达慕大会,必有赛马的内容。比赛时,男女老少都可参加,少则几十人,多则上百人。骑手们穿着华丽的民族服装,马尾上系着彩带,在统一的组织下进行比赛。比赛一是比速度,即比骑手的骑技、胆量和马的体力,以先达目的地为胜;二是"压走马",即比赛稳与快,蒙语称为"教饶",要求骑手驭马只能"小跑",不能"失腿"。赛马的胜利者获重奖,得银马鞍或一匹良马,还被人们视为英雄。

2. 摔跤

摔跤是蒙古族民间经常性的竞技娱乐活动。许多人从孩提时代起就开始这种游戏。平时在大草原上,朋友之间即可随时玩耍,互相切磋技艺。每年的敖包祭和那达慕大会必有摔跤比赛。蒙古语称摔跤为"巴林勒都"。摔跤手多是各个部落或村屯选拔出来的。他们有"巨象般的身体"、"雄狮般的力气"、"老虎般的凶猛"。上身穿着无领短袖、坦胸露臂的"昭得勒"（摔跤服），下身穿着肥大的白裤，外面又套有绣着花纹的肥大彩裤，脚穿绣有吉祥饰物的长筒皮靴，威武雄壮。比赛即将开始时，赛手张开双臂，跳跃着入场。双方施礼后开始比赛。比赛不仅赛力气，也赛技巧，只有力技兼佳者才能取胜。比赛时观者如堵，助威声雷动。胜利者被誉为"纳钦"，即"雄鹰"，并得到厚重的奖品。

（二）朝鲜族的游艺民俗

我国境内的朝鲜族是 17 世纪末以来陆续从邻国朝鲜迁徙过来的，现有人口 192 万（2000 年），主要分布在吉林、黑龙江、辽宁三省，以吉林省居多。

1. 歌舞

朝鲜族人民能歌善舞，被称为"歌舞的民族"。每当节日来临，到处可以听到伽倻琴和洞箫的优美乐声和歌声。朝鲜族的歌曲具有旋律流畅、婉转明亮的特点。其舞蹈多是在长鼓的伴奏下，人们踩着节奏高歌，翩翩起舞。歌舞娱乐，不仅青年男女爱好，就连白发苍苍的老年人也常常载歌载舞。朝鲜族人家，就是平日里喝酒至兴奋之时，也会在炕上唱着《桔梗谣》之类的小调，击掌为拍，抖肩曲臂跳起舞来。朝鲜族的传统舞蹈以长鼓舞和农乐舞极具民族特点。

长鼓是朝鲜族传统的民间乐器。长鼓舞多是由女子表演，舞者把长鼓悬挂在身前，右手执细竹鞭击鼓，左手拍鼓面为节奏，边击边舞，姿态优美，节奏感强。农乐舞是在锣和长鼓的伴奏下，舞者手持"法鼓"（小鼓），头戴象帽，帽上系一条长长的象尾（长纸条或绢绸带）。舞至高潮时，一面击鼓一面抖动身体，并甩动头部，使"象尾"绕头、绕身体旋转，全舞由慢至快，欢腾活跃，充满活力，表现出农民劳动和丰收的快乐。

2. 压跳板

压跳板是朝鲜族妇女最喜欢和富有民族特点的竞技游戏。跳板类似跷跷板，用木架支住一块长木板的中心，两人对立两端，轮流用脚踏板，使身体随木板起降上下起落。在节假日里，妇女们身穿彩裙，踏上跳板，在空中表演各种动作，彩裙和飘带随着有节奏的踏跳，如同花朵和彩云上下飘动，极为好看。其比赛有的赛高度，有的赛技巧，以高难度动作获胜。

（三）藏族的游艺民俗

藏族是一个感情奔放的民族，男女老幼、僧官平民都喜欢歌舞娱乐，形式多种多样，其中以"格萨尔仲谐"、"果谐"和"阿吉拉姆"最为闻名。

1. 格萨尔仲谐

藏语"仲"即"讲故事"，"谐"即是"唱歌"。格萨尔是传说中由天神转世能呼风唤雨、降妖除魔、为民除害、威震四方的雄狮大王。英雄史诗《格萨尔王传》

是藏族人民自公元 11 世纪以来创作的民间故事，有 1500 万字，共 36 部，是世界上最长的史诗。近千年来一直在藏族和蒙古族民间以说唱的形式流传，说书艺人边说边唱，讲述英雄的故事，歌颂英雄的业绩。牧民们有时要几年才能听完，同时他们也为其他人讲述。格萨尔是藏族人人皆知的英雄。

2. 果谐

"果谐"为藏语，即"圆圈舞"。藏族的舞蹈很多，圆圈舞几乎是全藏族人都会跳的舞蹈。"果谐"有的地区又叫做"锅庄"。因为它最早是围绕火塘跳舞而得名。跳"果谐"，人数不限、场地不限，不用伴奏，也不用化妆。跳舞时，男人一排、女人一排，手挽手、臂连臂，围成圆圈，以足踏地为拍节，边唱边舞。舞到高潮时，舞者发出"休休休"、"曲曲曲"的呼喊声。往往是绕着火堆从日落跳到天明。"果谐"舞纯朴自然，当是藏族的先民们火崇拜、祭祀火神的歌舞。

3. 阿吉拉姆

藏语，其意为"仙女大姐"，转意为藏戏。据说 15 世纪初，后藏僧人汤东杰布为募捐营造铁索桥，将七个美丽聪明、能歌善舞的姑娘组织起来，自编自导演出一些有故事情节的歌舞剧，到各地演出，进行募捐，就是最初的"藏戏"。它是西藏、四川、青海、云南广大藏族地区普遍流行的戏剧。它的特点是：演出时皆戴面具。有白色的面具、蓝色的面具之分，前者称为"旧派"，后者称为"新派"。从面具的造型、色调上区别人物的善恶忠奸。演员上场时，有打击乐器伴奏，演员随节奏起舞。演唱时，后台演员帮腔，旁边有专人用快板将剧情发展向观众介绍。藏戏唱腔有 20 余种，演出的时间可长可短。传统剧目有《文成公主》、《诺桑王子》、《卓瓦桑姆》等。

（四）维吾尔族的游艺民俗

1. 音乐

渊源于龟兹乐的传统的大型套曲《十二木卡姆》（木卡姆为维吾尔语，意为歌舞），是公元 16 世纪在广泛收集民间歌曲的基础上形成的歌曲舞蹈汇集。包括 170 多首曲牌和 72 乐曲，曲调内容丰富，歌词多为著名的诗歌、民谣、民间叙事诗，被称为维吾尔族人民数个世纪的音乐舞蹈的史诗。

维吾尔族的乐器种类很多，吹奏乐器有"乃依"（木笛）、长喇叭、唢呐、巴拉曼等，拉弦乐器有"萨它尔"、"艾捷克"等，弹拨乐器有"独他尔"、"弹布尔"、"热瓦甫"等，打击乐器有"达甫"（手鼓）、"纳额拉"（铁鼓）、"萨巴依"（撞击乐器）等。维吾尔族的乐器，富有民族特色，在表现维吾尔族人的生活和精神面貌的乐曲中发挥着重要作用。

2. 舞蹈

维吾尔族素以能歌善舞闻名于中原。其民间舞蹈，擅长于头部和手腕的运用。

通过颈部的左右移动、头部的摇摆、丰富多变的手腕动作，再加上昂首、挺胸、立腰、跪腿、旋转等姿态，以及眼神的巧妙配合，使舞蹈轻盈畅快、独具特色。"赛乃姆"是维吾尔族最普遍的一种民间歌舞形式，广泛流行于天山南北的城镇乡村，深受人民的喜爱。"赛乃姆"非常自由活泼，没有固定的程式要求，舞者即兴表演，只要合上音乐拍节即可。可以一人舞、二人舞，也可多人同舞。当音乐舞蹈进入高潮时，人们高声呼喊"凯那！""巴力卡勒拉！"（即"加油""太好了"之意），把歌舞的欢乐气氛推向高潮。

（五）苗族的游艺民俗

苗族是能歌善舞的民族。苗歌有独唱、对唱、合唱等形式。唱歌基本不用道具，不用伴奏，都是以苗族的方言和不同的曲调进行演唱。芦笙与芦笙舞是苗族最具民族特点的乐器歌舞。

芦笙是一种管簧乐器，它的样式较多。一般是由六根竹管组成，每管从外侧开孔，下端安置铜簧，插入一长方形木斗或葫芦内。小芦笙管长八九寸，大芦笙管长一二尺不等。每管一音，构成五声音阶的一组音。芦笙是苗族自古相传的乐器。传说古代苗族有一个乐师名叫赵巴脸，他仿效鸟叫的声音用毛竹造出了苗家第一支芦笙，又将鸟叫的六种声音组合变化，编成120首曲子。芦笙奏出的曲调悠长婉转，极具感染力，苗族人在喜庆的日子里，常常欢跳以芦笙伴奏的芦笙舞。演出时，吹芦笙的小伙子们弯腰拐脚，左右摇晃，奏出动人的笙歌，边走边舞。姑娘们随着铜鼓、木鼓的拍节翩翩起舞，众人可以在旁边助兴，也可以下场随舞。跳舞的姑娘一边跳舞，一边打量吹笙的小伙子们，看中的即走上前去给他系上一条彩带。笙歌吹得好的，往往得到的彩带较多，他可以从中选一个自己最满意的姑娘结成情侣。

三、港澳台的游艺民俗

（一）香港、澳门的游艺民俗

香港、澳门皆为现代化城市，其游艺活动一方面保留了许多民族色彩浓郁的风俗习惯，如香港的端午节龙舟赛、元宵节的彩灯会等竞技、游乐活动；另一方面多是现代的、城市的娱乐活动，如夜总会、各类国际性或区域性的体育比赛活动、文艺演出活动等等。而香港的赛马、澳门的赌博则更有特点。

香港的赛马是一种博彩活动。赛马在赛马场举行，有沙田跑马场和快活谷赛马场。快活谷的赛马已经有160余年的历史。赛马是在每年的9月至第二年的5月，每个周六下午和周三的晚上举行。赛马场的看台可容纳上万名观众。赛马的投注站遍布香港、九龙各地，许多人都热衷于赛马，其兴趣不只是在于赛马的刺激，更为关注的是中彩。

澳门自 20 世纪以来，就逐渐成为世界闻名的赌城，有东方的"蒙地卡罗"之称。最著名的赌场有葡京娱乐场、水上皇宫和赛马车场。葡京娱乐场是一个现代化的赌场。赌场门前有巨幅告示牌："赌博无不胜，轻注好怡情。闲钱来玩耍，保持娱乐性。"世界各国的豪赌之士，在这里一掷万金，赌资如流水。倾家荡产、瞬间暴富，皆在一掷之间，故当地居民称葡京娱乐场的赌场为"虎屋"。

水上皇宫也是著名的赌场，其外形像一艘豪华的巨型轮船，体现了海滨赌城独特的海上情调。因其形似轮船，故当地居民称它为"贼船"。

（二）台湾的游艺民俗

1. 移民的游艺民俗

（1）傀儡戏

又称"加礼戏"，即木偶戏，是明末从福建传入台湾的。它以悬线牵动木偶进行表演，形式多样，动作细腻，饶有趣味，深受人们的喜爱。

（2）南管戏

南管戏是清代时由泉州移民带入台湾的。南管戏的乐器是由五块黑檀板制成的拍板，伴以管弦演奏。其调委婉悠扬，唱曲讲究引腔和转韵。南管戏以司鼓为演出的指挥者节制板眼，指挥伴奏。其传统剧目有《孟姜女》、《王昭君》、《陈三五娘》等。

（3）歌仔戏

歌仔戏是流行于福建泉州、漳州等地的采茶歌、锦歌等民间歌谣与台湾原有的民间小曲糅合在一起，又吸收了大陆传统戏剧的一些演出形式而形成的新戏曲。

（4）车鼓戏

车鼓戏是大陆歌舞与台湾当地歌舞相融合而创新的文娱形式。它的主要乐器有笛、月琴、壳仔弦、二弦、竹板等，通常是由一丑一旦，有时也加一副旦演出。演出时地点不限，演员服装简单。旦角头上戴一朵绸花，腰上系一丝带，一手执扇，一手拿帕；丑角是小麻脸，点一颗黑痣，唇上戴八字胡，手拿船桨道具或四宝（乐器）。表演以对唱为主，伴以夸张、诙谐的舞蹈动作，是台湾民间小型的歌舞喜剧，很受民众的欢迎。

（5）京剧

京剧也是台湾居民非常喜爱的剧种，无论男女老少，无论官民，不但喜欢去剧场观看，也常常独自清唱几句。他们把它视为民族的"精粹"。移民们常常是以观看、歌唱大陆传去的戏曲歌舞来表达怀乡之情。

2. 高山族的游艺民俗

台湾土著的高山族，自古以来就是一个喜歌好舞的民族。唱歌与舞蹈乃是高山族人生活中不可缺少的部分，见景生情、随口而唱是高山族唱歌的特点。

（1）歌谣

高山族农民在山间或田野劳动时常随口唱出各种山歌；渔民在下水捕鱼时边划船边唱歌，渔歌很富有节奏感；舂米是高山族妇女的家常劳动，她们在舂米时，伴着杵在臼中舂米的节奏，唱杵歌；此外，男女恋爱、婚礼酒宴、祭祀、看护孩子等也都有歌，有许多歌都是即兴而唱。其歌唱方式有一边劳动一边吟唱的独唱，有男女青年恋爱中的对唱或一群人与另一群人的对唱，也有一个人领唱众人合唱等多种形式。高山族人的歌朴实率真、风趣乐观，喜欢用比兴，节奏回环复沓，经常使用无意的虚词，如"那鲁湾"、"依鲁湾"等等，富有民族特点。

（2）舞蹈

高山族的舞蹈最大的特点就是与生活广泛密切地联系。家中来客，欢聚共饮，酒至微醉，即随歌起舞。过着猎耕生活的高山族人，无论是出猎前祈愿还是获猎后的欢庆，全都表达在舞中。在进行祭祀活动时，有祭仪歌舞，这类歌舞含有许多宗教意义，如雅美人的祭祀歌舞是由年长者率队围绕火堆而舞，火堆被认为是圣火、通灵火，直至火灭才能停止。

（3）牵手舞

跳舞的众人手牵着手，围成圆圈或排列成队，由人领唱，众人和应，踏着歌曲节奏起舞，形式简单活泼。

（4）甩发舞

甩发舞是妇女常跳的舞蹈。蓄有长发的妇女排成一列，相互挽起臂膊，双手勾在胸前，将长发甩下，边唱边舞，弯下腰去，随着舞曲的加快动作越来越快，挺身直腰将头发急速甩起，使之向上呈倒立之势，继而甩向脑后。美丽的长发随着舞者舞步起伏飘动，如同海面上的波浪起伏，非常好看。

（5）杵舞

杵舞是表现妇女舂粟劳动的舞蹈。舞者多人手持木杵，围绕木臼，伴着音乐的节奏，做出许多舂米的动作，边歌边舞。婉转动听的杵歌，有变幻多姿的舞蹈，散发着浓浓的乡土气息。

（6）竿球

高山族的竞技以竿球最具特色，它是高山族传统的竞技活动。每年秋收后，祭祖、庆丰收时举行。竿球赛以村落为单位进行，其方法是由一人将棕球抛向空中，赛手持尖竹长竿蜂拥而上，以刺中为胜。最后把插有羽毛的球抛向空中，一被刺中即宣告结束。这种竞技简单易行而有趣，所以颇为盛行。

第三节 亚洲其他各国的游艺民俗

一、日本的游艺民俗

日本民族喜好歌舞，爱好体育活动，喜欢智力博赛，由此而形成了具有民族特色的各种游艺习俗。

（一）歌舞伎

歌舞伎是一种大众化的古装戏剧艺术，集音乐、舞蹈、哑剧于一体。唱、念、做、打等表现技艺俱全,画脸谱以区别人物的性格。它出现在江户时代的初期（1603年），已有四百多年的历史。最初的演员多为巫女，女艺人和茶室、澡堂的沦落女子，女扮男装，卖弄风情。幕府认为有伤风化，下令全部改为男演员。几经曲折，至元禄时代进入黄金时代。歌舞伎的特点是演员出场和退场的通道（称为"花道"），它穿过观众席，与舞台成直角，与舞台一样高，是舞台的一部分。离花道近的观众可以摸到演员，当名演员出场时，观众为之叫好捧场，便于沟通观众与演员的感情。舞台左右两边各有一个乐台。左边奏乐，右边解说。早在二百多年前，其舞台改为转台，便于演员换场。后来这种转台为其他各国所效仿。

（二）文乐剧

即木偶戏。是最受日本民众所欢迎的娱乐艺术。木偶戏一般是由三个人操作，每个木偶由三根操纵杆操纵表演。木偶动作滑稽，伴奏的都是传统的民歌，民俗味道浓郁。

（三）卡拉OK

1972年在神户的一家小吃店第一次出现了使用播音机、电视机助唱，名之曰"卡拉OK"。由此，出现了一个"卡拉OK"热潮，风靡全日本。后来，这一新时代的新风俗传到了包括中国在内的世界各地，备受各国人民喜爱。

（四）相扑

相扑是日本从天皇到平民，男女老少都喜欢的竞技，被称为日本的"国技"。它起源于古代的摔跤竞技，是日本农民为祈祷丰收，为神举行的娱乐活动，后来发展为神前相扑。至15世纪成为日本职业性竞技。1909年，日本政府宣布相扑为国技。力士束发梳髻，只系一条兜带，近乎赤身裸体上台。相扑力士体重必须在100公斤以上，比赛时是借助体重稳住自己，用臂力和腕力将对方推出圈外而取胜。相扑力士一般从十五六岁时开始训练，30岁左右退出比赛。训练期间只吃鸡、鱼和蔬菜，绝对不食牛、羊、猪等四脚动物的肉，因为比赛中四肢着地就算输，是为职业性禁忌。

（五）柔道

柔道与相扑一样，同是日本国民最喜欢的竞技。它是由摔跤和武术发展而来的自卫技巧。其技法有摔技、固守技和攻击要害技等三种，主要是利用对手的力量来控制对手。日本的柔道不仅盛行于日本，而且走向了世界。1964年被列为奥运会的正式比赛项目。

（六）围棋

围棋在我国唐代（735年）时传入日本，后来逐渐成为日本人所喜爱的智力博赛。第二次世界大战后，日本的围棋得到广泛普及。现在日本全国围棋爱好者达1000余万人，获得段位者达15万人。日本围棋手的段位最高是十段，还有名人、棋圣等称号。

二、韩国的游艺民俗

韩国人的娱乐与竞技方式多种多样，尤其是在节日和有客人来访时，载歌载舞，增添欢乐的气氛。

（一）音乐

韩国古代的音乐深受中国影响，但仍然具有本民族的特色。其"唐乐"就是从中国传入的民族化了的古典音乐。古代韩国的音乐传入日本，称为"高丽乐"，但这种音乐是属于宫廷音乐，称为"正乐"。还有一类叫"俗乐"，是流传于民间的平民音乐，包括民间的萨满跳神时的伴奏乐——萨满乐，对佛唱赞歌的佛教音乐，称为"梵呗"，现在韩国政府已经把它定为国家文化瑰宝。此外，还有农乐，它是农民最感兴趣的歌舞。其中"散调"是各种民间乐器的演奏曲，"板声"是一种歌剧，有音乐、有动作、有旁白，非常受农民的喜爱。

（二）歌舞

在韩国民间流行古老的面具舞，它是一种舞蹈剧，已经有七八百年的历史。演员头戴不同面具，扮演各种人物、动物或神灵，在音乐的伴奏下，跳出各种姿势的舞蹈，充满幽默和讽刺，借以表达下层民众的心声。韩国舞蹈的特征是，非常重视舞蹈者肩膀和胳膊的旋律，扇、花冠、鼓是不可缺少的道具。扇舞是宫廷舞蹈中最富于变化和最受欢迎的舞蹈。象帽舞演员的帽顶系长达三四米的绸带，舞时头部猛然旋转，绸带翻滚飞舞，其他演员在旁助舞，动作奔放、乐曲明快。民族舞蹈是最受广大民众欢迎的。

（三）跆拳道

韩国民间的体育活动多种多样，如摔跤、跆拳道、足球、荡秋千、跷跷板等，但其中尤以跆拳道、足球是令当代韩国人感到骄傲的竞技。跆拳道古称跆跟、花郎道，起源于古代朝鲜的民间武艺。它是不用任何武器，赤手空拳与对手格斗保护自身的武术技艺。由于它不仅能够锻炼人的健康体魄、磨练人的坚强意志，还能陶冶忠国事孝者的崇高人格，因而受到广大民众的喜爱，习者甚多，是为韩国的国术。现在已经成为奥运会的比赛项目。

三、印度的游艺民俗

印度各民族自古以来即有喜音乐、好歌舞之风，素有"音乐歌舞之邦"的美誉。

（一）音乐

印度人将音乐视为能够将人的灵魂超脱俗世并升华到精神世界的崇高艺术形式。在吠陀时代，维纳琴一类的弦乐器和横笛一类的管乐器就已经被制造出来，与现今的乐器一脉相承。印度的民间音乐十分发达和普遍，人们在劳动之余和喜庆的日子里，都以乐器伴奏歌舞进行庆贺。其旋律优美，微妙细腻，变化多端。印度的音乐在汉代时随佛教一起传入中国，对中国音乐产生了巨大影响。现代印度的音乐仍然为世人所称赞，电影插曲《拉兹之歌》亦风靡一时。

（二）歌舞

印度的先民们十分喜爱歌舞，传说印度教三大主神之一的湿婆就是舞蹈的始祖，据说他会跳108种舞。印度的歌舞多姿多彩，歌舞是印度各民族生活的重要组成部分。南印度的婆罗多舞、卡塔卡利舞，以及北印度的卡塔克舞、曼尼普里舞等，都是起源于民间后来又盛行于敬神的舞蹈，舞蹈姿势优美，娱神而又娱人，神人共乐。更多的民间舞蹈反映了各民族的劳动生活和爱情。每当丰收的季节、喜庆的日子，人们就情不自禁地翩翩起舞，表达欢乐的心情。在素有"舞蹈之乡"美称的曼尼普尔邦，年轻人在月光下一边轻歌曼舞，一边谈情说爱。音乐、歌舞使印度的各个民族的生活充满了情趣。哪怕贫困穷苦的人，也往往是用音乐和歌舞来诉说他们的苦难和对美好生活的向往。

四、泰国的游艺民俗

泰国的游艺习俗丰富多彩，非常具有民族特色。

（一）音乐

泰国的传统音乐与佛教文化有着密切的联系，音乐的乐调和乐器都与佛教的盛典仪式有关。其主要乐器是笛、鼓、排铃、木琴与锣。每逢庆典和传统节日，人们都以传统的音乐来陶冶情感。近代以来，西方音乐传入泰国，一些通俗音乐也在泰国传播，使古老的风情正在发生变化。

（二）舞蹈

泰国民间歌舞也多姿多彩，最具特色和流行最为广泛的民间舞蹈是"南旺"舞。南旺在泰语中是圆舞的意思，人们围成一个圈，伴着击鼓和民族乐曲跳舞。它有固定的舞步和表演程序，每套动作都有相应的歌曲和音乐。人数不限，男女舞姿不同。男舞动作刚硬、洒脱，女舞动作轻盈灵巧。南旺舞是泰国男女老少都喜欢的舞蹈，还传播到周边的其他国家。在泰国的不同地区，民间舞蹈有不同的表现形式。中部地区流行达兰舞、丰收舞、特腾舞。丰收舞表现的是人们劳动的场面，特腾舞是背长鼓的男女相对而舞，达兰舞是男女对唱而舞。这些舞蹈的共同特点是节奏鲜明、欢快，表现了劳动给人们带来的欢乐。

（三）泰拳

泰拳是与中国武术、日本柔道同样闻名于世的体育竞技。泰拳历史悠久，它起源于素可泰王朝时期，是由战争中赤手空拳消灭敌人的格斗演化而来。在泰国，男人学拳、练拳之风遍及全国，泰语俗称"十个男人九个学拳"。拳手们在赛拳前对神灵膜拜，从而振奋精神。他们大多都文身，文刺各种凶猛野兽的图形，头上绘饰佛像，腰扎束带，雄壮威武，大有战胜一切对手的气概。泰拳不仅为泰国人民所喜爱，其魅力也吸引着世界各国的拳击爱好者。

（四）藤球

玩藤球的习俗在泰国已有上千年的历史。藤球由细藤丝编织而成，周长约 42 厘米，重约 100 克。玩藤球不受场地、时间、气候的限制，设备要求也很简单。玩藤球在泰国的城乡都非常盛行。其玩法除不许用手接触外，身体任何部位都可以触球，如头顶、膝顶、脚踢、胸挡等，使球围绕身体旋转而不落地，技艺高超。有过网藤球、入篮藤球、单人藤球等多种玩法。

第四节　欧洲各国的游艺民俗

一、俄罗斯的游艺民俗

（一）歌舞

俄罗斯人能歌善舞，谈起俄罗斯舞蹈，人们马上就会想起芭蕾舞。芭蕾舞起源于民间舞蹈，16 世纪开始形成于意大利和法国等欧洲国家，在俄罗斯起步较晚，但发展很快，既吸取了西欧芭蕾舞剧的长处，又把俄罗斯的民族音乐和舞蹈融合到芭蕾舞中，使之成为俄罗斯民族喜闻乐见的舞蹈艺术。此外，俄罗斯的杂技、马戏、木偶戏也很发达。每个城市都有一个圆顶的杂技院，是儿童们最愿意去的地方之一。

（二）体育

俄罗斯人的娱乐爱好主要有滑冰、滑雪、钓鱼、下棋、打猎和养狗等。滑冰和滑雪是俄罗斯人喜爱的一项娱乐活动，冬季，大人和小孩都在公园里滑雪、滑冰和打冰球，连五六十岁的老妪都喜欢滑雪。垂钓是俄罗斯男人的一大乐趣。在一些江河湖海的岸边，每天都有人垂钓。到了冬天，人们就到冰冻的河面上凿一个小洞，然后把钓钩沉下去，不一会儿就有鱼儿上钩，非常有情趣。国际象棋在俄罗斯非常普及，下棋的水平也很高，在公园散步时经常能看到一些人围在一起下国际象棋。

二、英国的游艺民俗

（一）戏剧

音乐在英国文化生活中占有相当重要的地位。英国不但拥有世界一流的交响乐团和歌剧、舞剧团，而且还有不同层次的业余乐团、唱诗班和歌剧小组。伦敦最早的剧场建于16世纪文艺复兴时期，当时正值英国戏剧的黄金时代，英国人最引以自豪的戏剧大师莎士比亚就是这个时期众多剧作家中的佼佼者，他的剧本在英国和世界各地长演不衰，至今仍拥有众多观众。

（二）足球、板球与橄榄球

英国人酷爱竞技体育是世界闻名的，许多近代竞技体育的发源地就在英国，如橄榄球、板球和高尔夫球。足球是英国最盛行的运动项目，不但观看球赛的人多，业余时间踢足球的人也不少。

橄榄球运动产生于英国的腊格比公学。1823年，在一场足球赛上，一名学生因为球没踢好，情急之下抱起球就往前跑。这种违例的行为开了个先例，以后越来越多的学生仿效，久而久之就形成了一种新规则的足球运动。也许是方便抱球，球形改成了橄榄形，中国因之称其为"橄榄球"。在英国，橄榄球是一项传统的冬季运动，虽然普及程度不如足球，但每逢各大地区之间举行重大比赛时，体育场上也是座无虚席。

板球被称为英格兰的"国球"。据说，这种慢条斯理的夏季球类运动最能代表英格兰的传统精神。板球比赛中，运动员的白色运动服与绿色草地相映成趣，构成独具特色的英格兰乡间运动景色。此外，远足、骑自行车、登山、打猎、钓鱼也是英国人比较喜欢的户外运动。

（三）赌马

赌博在一些国家和地区被认为是颓风败习，属于被禁止的行列。但在英国则不然，英国人将其视做正当消遣方式。在与赌博相关的运动项目中，赛马历史悠久，也是最吸引英国人的一项赌博运动。英国各地都有赛马场，赛季也很长，从3月末一直到11月初，有兴趣赌马的人有足够的机会满足自己的爱好。

三、法国的游艺民俗

在法国这样一个风情浪漫的国度里，娱乐成为人们生活中不可或缺的一部分，娱乐的方式也是多种多样的。

(一) 音乐

令法国人着迷的一种娱乐方式就是音乐。无论是古典音乐还是现代音乐，在法国都有着广泛的听众，新老音乐迷层出不穷。这种对音乐的迷恋，在法国已成为一种时尚。但这种迷恋绝非仅仅局限于听音乐，越来越多的人喜欢自己演奏。音乐伴随着法国人的生活，使法国人的生活更加丰富多彩。

(二) 舞蹈

法国舞蹈主要有古典舞、爵士舞、踢踏舞、迪斯科舞和霹雳舞。舞蹈在法国绝非仅指专业演员在舞台上进行的舞蹈表演，而是变成了为广大群众所喜爱、为广大人民所接受的一种业余爱好。在法国，学习舞蹈的人越来越多，其目的大多是健身。

(三) 环法自行车赛

法国人喜爱运动，其运动项目非常丰富，主要有足球、套车、环法自行车比赛、滑雪、赛马、掷铁片、臂球、登山等，其中前三项运动最受法国人喜爱。

环法自行车赛是一项历史悠久、群众基础深厚的大型赛事之一，如今它也成了法国民众喜爱的项目。环法赛创办于1903年7月1日，除两次世界大战期间中断几次外，每年举行一次。比赛全程最初称为"大圆环"，不超过2500公里，现在实际上平均达4000公里。在为期三周的比赛期间，法国有1500多万人在公路旁观看，他们一边举行家庭野餐，一边为参赛的选手加油，环法赛俨然成了法国的一个盛大的体育节日。

(四) 足球

足球在法国是仅次于环法自行车赛的一项最受欢迎的体育运动。到1977年为止，法国的足球俱乐部就有18000个，会员130多万。每年观看甲级足球锦标赛的观众达400万人次，每有重大的国际比赛电视都要转播，从而进一步促进了法国的足球热。法国足球优异成绩的取得离不开顽强拼搏的足球队员，优异的成绩同时造就了一批为全法国人所崇拜的足球明星，方丹、普拉蒂尼、齐达内等是法国人最为崇拜的足球明星，他们代表着法国足球的骄傲。

（五）套车

套车原本是一项古老的运动项目，但在今日的法国却又为一种时髦。套车，既可以在乡间的路上奔驰，也可在跑马场上追逐，无论哪种形式，参赛者均须备有帽子、手套和护膝毛毯。套车可算是一项非常危险的体育运动，因为拉车的马匹看不见驾车的人，只能听凭驾车人的吆喝，非常容易翻车。目前，在法国经常举行各种套车比赛、锦标赛，而且这项运动还在1988年汉城奥运会上第一次被列入比赛项目。

四、德国的游艺民俗

（一）音乐

德国以音乐闻名于世，是世界上著名的音乐之乡。德意志民族是一个热爱音乐且极具音乐天赋的民族，它在音乐方面的成就无与伦比，世界上几乎没有哪个国家在其历史发展过程中，能像德国一样造就了如此之多的音乐名家。作为贝多芬的故乡，德国的音乐节日丰富多彩，每年举行一次的地方音乐节和地区音乐节远远超过100个，而且不同形式的音乐都能找到自己的知音，也说明了这是一个包容各种音乐形式的国度。人们可以在优雅的音乐厅、豪华的宫殿和修道院、环境优美的公园和花园里欣赏到各种风格的音乐会和芭蕾舞剧；在大小城市的酒吧里很容易就能欣赏到爵士乐、摇滚乐。

（二）足球与划船

德国作为一个体育强国，其运动项目也非常多，除了足球、划船、网球之外，高尔夫球、骑马、骑自行车、滑雪、游泳、徒步漫游等也是深受德国人喜爱的运动项目。

在德国最受欢迎的体育运动当然要数足球。德国足球联合会拥有560多万名会员，是德国会员人数最多的体育联合会。至于业余的足球协会更是数以千计。每一次世界性或欧洲地区的足球比赛，人们或者亲赴比赛现场，或者聚集在电视机前为德国足球队加油呐喊，一向温文尔雅的德国人也常常会失去控制。

在德国，划船运动参与的人多，水平也较高，一旦有赛事，就犹如盛大的节日一般，热闹非凡。1998年世界划船锦标赛在科隆举行，当地市民将此当做头等大事。比赛之时，倾城而出奔赴赛场观看比赛。不仅航道两旁的看台"爆棚"，过道间也挤满了人，每逢运动员冲刺终点，掌声、加油声响彻云天，其"船市"的热闹程度几乎不亚于欧洲重大的足球比赛。

五、西班牙的游艺民俗

（一）歌舞

西班牙各地区民间舞蹈绚丽多彩，深为当地人民所喜爱。安达卢亚独具一格的佛拉门科歌曲和舞蹈世界闻名。

（二）萨苏埃拉剧

戏剧在西班牙颇受欢迎，其中萨苏埃拉是最受青睐的剧种。萨苏埃拉剧是西班牙所独有的说唱剧。它最早出现于17世纪，源自农民的民间说唱，集诙谐、喜剧于一体。据说，当时的费利佩国王喜欢打猎，又酷爱看戏，因此经常在马德里北部的萨苏埃拉宫召集从事这种说唱的演员进行表演，从此它由民间戏剧变为宫廷戏剧。因为它在萨苏埃拉宫演出，所以被人们称为萨苏埃拉剧。其最大的特点是说和唱交替进行，歌词一般令人费解，每当情节达到高潮时才出现音乐和唱段，这也是和产生于意大利并流传欧洲的歌剧所不同的地方。萨苏埃拉剧的韵律和节奏为宫廷和民众所普遍接受，故能流传至今。

（三）体育

西班牙人对体育运动有浓厚的兴趣。无论是足球、橄榄球、篮球，还是曲棍球、回力球、网球，或是爬山、滑雪和狩猎，都有大批爱好者。但是，在所有的项目中，足球的吸引力最强。西班牙几乎每个城市都有足球场，经常举行全国性的足球锦标赛。

（四）斗牛

源于西班牙的最具特色的体育活动——斗牛，在西班牙人的生活中占据相当重要的地位。每年3月至10月是西班牙的斗牛季节，人们欣喜若狂，就好比过什么重大节日一般，在西班牙，斗牛活动素有"国庆节"的美称。西班牙斗牛既是一种独具魅力的艺术表演，也是一种充满激情的群众性体育活动，因而被誉为西班牙的国粹，享誉世界。

第五节　美洲各国的游艺民俗

一、美国的游艺民俗

（一）爵士乐

爵士乐是最早出现的具有美国特色的音乐。与以前所有的音乐不同，爵士乐最基本的特点是演奏者本人往往就是作曲者。所以他一般不表达主题,而是利用主题来表达自己的意图。当今美国的爵士乐影响着各种群众音乐和专业音乐。美国的摇滚乐也较为流行,它实际上是美国青年表示叛逆的一种音乐,由爵士乐派生而来,曲调变化较小,歌声粗犷,伴有节奏强烈的敲击,毫无顾忌地发泄个人的情感,甚至达到如痴如狂的地步。最初的摇滚乐队由青年人自发组成。他们三个一群、五个一伙,手持吉他,四处流浪。表演时,或弹奏吉他,或持话筒,边唱边喊,情绪激昂,具有很强的感染力。每逢这些长发披肩、形同嬉皮士的歌星们登台演唱,场内灯光四射、光怪陆离,崇拜者也达到狂热的程度,被美国人形象地称为"魔鬼的欢腾"。今天,摇滚乐已成为美国人生活中的一个组成部分。可以说它是一面镜子,反映着美国人的心理状态和感情变化。

(二)霹雳舞

舞蹈是美国人喜爱的娱乐之一,不仅仅是舞台上的艺术表现形式,而且也是每个人自娱的方式。美国的舞蹈既有代表现代精神的,也有反映地方特色的。最能代表现代精神的非霹雳舞莫属,最能反映地方特色的要数夏威夷的土风舞。霹雳舞是目前最受美国年轻人青睐的流行舞蹈。它的主要特征是快速旋转。据推算,舞者的最高转速可达每小时170公里。霹雳舞的动作千姿百态、变幻莫测,多达数百种。夏威夷土风舞世界闻名,既有翩翩动人的大溪地舞,也有动作粗犷的萨摩亚舞。土风舞中以草裙舞最负盛名。它是一种用手势和舞步表达思想感情或故事情节的优美舞蹈。有的舞蹈故事是传统故事,也有的是舞蹈者在每次舞蹈时通过特殊手势编造出来的。例如手的动作可以表现飞翔的小鸟,也可以通过手的缓慢转动表现微风吹动的树叶。这一极具地方特色的舞蹈深受美国人喜爱,在世界范围内有极大的影响。

(三)棒球、橄榄球与篮球

美国人非常喜欢体育运动。棒球被称为"国球",是美国男女老幼生活中不可缺少的一部分。不仅大、中学校的校队和职业球队打棒球,就连孩子们也热衷于它。美国的橄榄球,称美式足球,因球形似橄榄,中国人称之为橄榄球。这项运动起源于英国,但经过美国大学生们的改进和创新,已经成为一种新的运动项目。橄榄球是美国最流行的运动之一,几乎所有的主要城市里都有职业橄榄球队。在美国所有的主要运动中,唯有篮球真正起源于美国。它的发明者詹姆斯·奈史密斯是马萨诸塞州斯普林菲尔德基督教青年会国际训练学校的一位教师,他在教授体育课的过程中,发现秋季的橄榄球课和春季的棒球课之间缺乏适当的冬季集体运动项目。于是他在1891年设计出一种在室内进行无身体接触的运动。篮球运动问世后不久就风靡全美,传向世界。目前篮球运动已成为美国三大职业集体运动项目之一。美国的职业篮球队球艺精湛,在世界上是出类拔萃的。

除了棒球、橄榄球和篮球以外，美国人还有很多体育爱好，如高尔夫球、网球、冲浪、牛仔马术、驯牛比赛、滚木比赛、夏威夷铁人三项赛、伊迪塔洛狗拉雪橇赛等在美国都非常受欢迎。

二、加拿大的游艺民俗

（一）音乐

音乐在加拿大人中占有极其重要的地位，它超出了种族和文化的界线，一大批优秀的音乐人才在国际上赢得赞誉。爵士乐在加拿大很受欢迎，在蒙特利尔举办的举世闻名的一年一度的爵士音乐节是所有爵士乐迷的最爱。古典音乐在加拿大也很受欢迎，许多城市都有自己的交响乐团，其中以蒙特利尔交响乐团最为出名，赢得了许多重要奖项和声誉。

（二）舞蹈

在加拿大，现代舞、芭蕾舞、踢踏舞、爵士舞等都是人们喜爱的舞蹈形式，其中现代舞较为时髦，但古典芭蕾舞在加拿大始终受欢迎。经常在国际间巡回演出的三大芭蕾舞团是温尼伯皇家芭蕾舞团、加拿大芭蕾舞团和加拿大国家芭蕾舞团，他们每到一处演出，都会赢得赞誉。

（三）冰上运动

在加拿大，冬天的体育活动最为丰富，主要有滑雪、滑冰、冰壶、摩托雪橇等，其中以冰球、摩托雪橇最受欢迎。冰球是加拿大的国球。加拿大冬季寒冷而漫长，各种各样的冰球场几乎在每个社区里都能找到，因而人们滑冰和滑雪有得天独厚的天然条件。目前全加拿大至少有20万名青年在有组织的冰球队打冰球，还有更多的人在户外冰球场里自娱自乐。摩托雪橇也正成为越来越受欢迎的冬季休闲活动，北部印第安人和因纽特人部落已经用摩托雪橇来取代传统的狗拉雪橇作为冬季主要的交通工具。此外，健行、登山、骑马、钓鱼、狩猎、高尔夫球也是加拿大人比较喜欢的运动项目。

三、巴西的游艺民俗

巴西人最喜欢音乐、舞蹈和足球。

（一）音乐

巴西是天生的音乐王国，有维拉洛博斯古典乐曲，有博萨诺瓦的绵绵之音，也有催人奋进的"桑巴"和"巴图克"。其中"桑巴"曲和"巴图克"曲都是由小型的打击乐队演奏的，其旋律和结构非常奇特，具有黑人音乐的特征。它们起源于黑奴从非洲西部海岸带到巴西来的舞蹈。

（二）舞蹈

巴西形形色色的舞蹈也很著名，其中以桑巴舞和巴图克舞较为流行。桑巴舞是巴西人最喜欢的舞蹈。从 16 世纪起，起源于非洲西海岸的桑巴舞随黑奴传到巴西，它吸收了葡萄牙人和印第安人舞蹈和音乐风格，演变成巴西的桑巴舞。这种舞蹈紧张、欢快、热烈活泼，舞蹈者的每一块肌肉都在抖动，因而不同于一般的轻歌曼舞。随着时间的推移，巴西的狂欢节已离不开桑巴舞，桑巴舞成为巴西狂欢节的代名词。巴西人说"没有桑巴舞，就不存在狂欢节"，甚至说"桑巴舞已渗透到巴西人的血液中"。可见，桑巴舞已经不仅仅是一种舞蹈或运动，而成了巴西民族所特有的一种文化。巴西人酷爱桑巴，桑巴和巴西紧紧相连，想起了桑巴就想起了巴西，想起了巴西就想到了桑巴。另外，还有一种性感的、快节奏的舞蹈——"兰巴舞"也深受巴西人喜爱。

（三）足球

巴西人非常爱好运动，足球、篮球、排球、网球、田径、赛车等运动都有很多爱好者。其中足球是巴西人的最爱，是巴西人生活中不可缺少的一部分。在街头、在沙滩，到处都可以看到各种肤色的青年和孩子们，穿着短裤、背心，甚至赤着脚在踢球、抢球，行人和车辆都要给球让路，这在其他国家是无论如何也见不到的。巴西人对足球的热爱是任何其他民族都无法企及的，每逢重要的足球比赛，即使大雨滂沱，球场上也座无虚席。巴西足球不缺实力、不缺球星、不缺激情，他们在绿茵场上所展现出来的桑巴艺术，令人回味无穷。

四、墨西哥的游艺民俗

墨西哥音乐和舞蹈的形式丰富多样，其中以"马里亚契"民间乐队和"哈拉贝"舞较具特色。

（一）"马里亚契"民间乐队

在墨西哥城的市中心，有一个马里亚契广场。其实"马里亚契"并非这个广场的本来名字，只是由于每天晚上都有数十支"马里亚契"民间乐队在这里表演，久而久之，人们就忘记了这个广场本来的名字而称之为马里亚契广场。这里的表演非常精彩，而且极富墨西哥民族特色。一到晚上，广场上就会聚集数千人，不管刮风下雨，围观的人和乐师都一样狂热。乐队一般由 3 到 12 名乐师组成，他们头戴草帽，身穿富有民族特色的服装"恰罗"，手拿提琴、吉他、笛子、喇叭和小鼓等乐器，边演奏边歌唱。乐曲抑扬顿挫，韵味十足。整个晚上，广场都充满欢乐气氛，直至凌晨，人们才依依不舍地散去。

（二）"哈拉贝"舞

"哈拉贝"舞的风格别具特色，是墨西哥的最有代表性的舞蹈形式，在全国各个地区都有它的变体。现代形式的"哈拉贝"舞产生于18世纪的墨西哥，其前身可能是西班牙的"塞吉迪利亚"舞和"波莱罗"舞。在墨西哥，无论老少都喜欢跳"哈拉贝"舞，一对对在吉他的伴奏下边唱边跳，有时有"马里亚契"乐队伴奏。舞蹈的旋律很复杂，在每一种花样之后都要更换。舞蹈者用脚踏出这些旋律图样，而手几乎是不动的。

（三）面具舞

另外，面具舞是墨西哥印第安人所喜爱的舞蹈形式。在墨西哥印第安部落，一旦遇到喜庆节日，尤其是宗教节日，人们就会戴着各种各样的面具，跳起面具舞庆祝。通常，男子身穿勇士服，头戴羽饰帽，身披拖地披肩，一手持盾牌，一手拿摇铃，脚上戴着哗哗作响的脚镯。女子则身穿袋式的宽大衣裙，裙底绣着太阳、月亮、水、火、农作物等图案；她们手捧香炉，臂挂黄、绿、红、蓝色的花环，向神明致意，然后将香炉中的火熄灭，与男人们双双结伴跳舞。舞蹈时，神态严肃，风度翩翩，表达他们对路过家门的神灵的尊敬和虔诚。除了宗教仪式中跳面具舞外，民间节日娱乐时也常见各种面具舞，像亡灵节中人们头戴各种骷髅面具舞蹈、狂欢节里人们头戴各种动物面具狂歌曼舞。墨西哥人的面具舞不仅为各种节日增添了欢乐气氛，而且还以此表达了他们对美好生活的追求以及对周围事物的理解、认识和向往。

（四）斗牛

墨西哥人喜欢观看斗牛，他们把斗牛看做是一项表现自我的娱乐活动。在墨西哥，如果一个人从来没有看过一场斗牛，那会被认为是他一生中最大的憾事。可见，墨西哥人热衷于斗牛，并不亚于西班牙和葡萄牙人。世界上最大的斗牛场墨西哥城，可容纳8万观众。每逢节假日，斗牛场总是人满为患。每年11月到下一年3月是墨西哥的斗牛季节，许多外国人都赶在这个时候去墨西哥，为的是一睹墨西哥斗牛士的风采。

第六节　非洲及大洋洲各国的游艺民俗

一、埃及的游艺民俗

埃及人民能歌善舞，视歌舞为不可缺少的精神食粮。

（一）音乐

埃及的音乐旋律优美、节奏强烈、激荡人心。它时而低沉忧郁充满深情，时而高亢兴奋令人闻乐起舞。埃及的民间乐器有唢呐、笛子、阿拉伯鼓、手鼓、铃鼓、响铃、竖琴、阿拉伯冬不拉等等。埃及竖琴是法老时代流传至今的古乐器。埃及的民乐演奏是原汁原味的民间音乐，有的是由农民演奏，尤其为广大民众所喜欢。

(二) 舞蹈

埃及人酷爱舞蹈，其舞蹈的特点是舞者即兴发挥，全身抖动，以扭胯、扭腰来配合音乐的节奏，它以一种柔感、媚感和舞蹈功底来吸引观众。埃及的民间舞蹈代表着不同的地域文化和风情，主要有南部贝都因人的"棍舞"，努巴人的"斗篷舞"、"手鼓舞"，西奈半岛的"踏歌舞"、"马舞"和东部的"草席舞"、"渔夫舞"等；还有反映宗教内容与庆典活动的"旋转的裙子"、"烛台舞"等等。埃及每年都举行各种各样的艺术节，大部分都是民间歌舞。独具魅力的音乐、歌舞深为世代埃及民众所喜爱，成为埃及传统文化的艺术灵魂。

(三) 足球

在埃及，人们对足球有着特殊的爱好，足球堪称埃及的国球，多次获得非洲足球俱乐部大赛的冠军。此外，排球、乒乓球也都为广大的埃及青少年所喜欢，举行各种类型的比赛蔚然成风，埃及人的体育竞技水平在阿拉伯世界位居第一。

二、坦桑尼亚的游艺民俗

(一) 歌舞

坦桑尼亚人常以歌舞来表达他们的生活、斗争、劳动、爱情与民俗。猎手们远行出猎，部族人就围聚在一起，以歌舞为之送行；每当丰收的季节，人们就伴着鼓声欢快歌舞，喜庆丰收；当天旱的时候，人们就来到祖先墓地，击鼓致意，跳舞求雨；当青年人被选拔为战士的时候，人们就跳起雄壮的"利潘戈舞"，为之壮威；当妇女第一次怀孕时，女伴们为她祈祷上苍保佑平安分娩，就跳起典雅的"基阿米洛舞"。当男女青年寻求伴侣时，还有独特的舞蹈，姑娘轻轻耸动双肩，表示自己舞技高超，小伙子们则尽力用舞蹈来表现自己的勇敢精神。当小伙子选中某个姑娘时，就用双手扶住她的头顶。姑娘如果也钟情于他，就双双离队，比肩而舞。在坦桑尼亚，不会跳舞的姑娘找不到好丈夫，不会跳舞的小伙子找也不到好妻子。

坦桑尼亚人的舞蹈有着浓郁的非洲色彩：腰围兽皮，脚系铃铛，激扬的鼓点、强烈的节奏、急速豪放的舞步、剧烈摆动的身躯，刚劲清新，充分地表现出坦桑尼亚人的民族性格。

坦桑尼亚人不仅擅长跳舞，更喜爱唱歌，特别喜欢合唱。不论是婚嫁喜庆，还是喜度佳节，坦桑尼亚人总是纵情歌唱。若有群众集会，更是歌声如潮。

（二）耍蛇

耍蛇是坦桑尼亚人最为喜闻乐见的民间游艺。在坦桑尼亚的苏库马族中，有许多以耍蛇为职业的民间艺人。经过训练的耍蛇人能够赤手空拳捕捉各类蛇。捕到之后，拔去毒牙，进行训练。在耍蛇表演时，在乐鼓的伴奏下，耍蛇人舞动毒蛇，姿势优美。各种大小不等的蛇，在耍蛇艺人的指点下，和着乐鼓，点头弯腰，左右盘旋，翩翩起舞，十分有趣。这种耍蛇舞蹈，当地人称为"伍耶耶"。耍蛇人不仅卖艺，还救死扶伤，行医治病，对贫苦的穷人，分文不取。所以耍蛇游艺为广大民众所喜欢，而耍蛇艺人更受到人们的尊敬。为此，坦桑尼亚政府对耍蛇这项民间技艺也给予赞助与支持。

三、澳大利亚的游艺民俗

澳大利亚人的游艺习俗，早期主要是受欧洲文化影响，后来逐渐形成了澳洲风格。

（一）音乐

早期阶段，风行于上层社会的主要是沙龙和家庭舞会，用钢琴演奏古典音乐，跳欧洲的传统舞蹈；下层劳动者则主要是通过民歌来抒发感情，反映人们恶劣的生活环境及牧场生活、丛林生活、开掘金矿的艰辛，表达他们离愁别绪和蔑视权贵的情怀。由于殖民地早期男女比例严重失衡，因此出现了许多赞美女性和渴望爱情的歌曲。这些民歌歌词通俗，旋律简单，节奏感强，易于歌唱，适于跳舞。

为了淡化欧洲音乐的影响，形成澳洲独立的音乐，从19世纪早期起，一些音乐师开始搜集和整理土著音乐，反映土著神话和土著社会的传统。1946年约翰·安提尔成功地运用土著音乐进行创作，土著人咚咚敲击的梭拉棒和呼呼作响的牛吼器以及各种长笛短笛等都被吸收到他的新的音乐中。此外，还吸收一些亚洲的音乐成分，逐渐形成了具有本土特色的"新澳之声"，受到了澳大利亚人的喜爱。

在音乐本土化的风气中，出现了乡村音乐，它主要是反映农村的生活，多是在农村演唱。因此，乡村音乐在澳大利亚的乡村中因相当受欢迎而广为流行。

（二）水上运动

澳大利亚人平时有很多休闲时间，喜欢投身于大自然的怀抱，从事各种户外运动。澳大利亚四周环海，因而游泳是澳大利亚人最为喜欢的水上运动，男女老少都喜欢在水中寻求健身之乐。全国80%的人都会游泳，不会游泳的人在澳大利亚会受到人们的嘲笑。每当周末，风光旖旎的海滨，就有成百上千身穿五颜六色泳衣的人投入大海的怀抱，搏击海浪，嬉戏欢闹。因此，在世界水上运动比赛中，澳大利亚运动员多次刷新世界纪录。此外，冲浪、快艇、帆船等也为澳大利亚人所爱好，赛艇运动在澳大利亚已有 200 年的历史，很受人们欢迎。

（三）网球

澳大利亚人也非常喜欢玩网球，很多人家都有自己的网球场。澳大利亚的网球竞技在世界大赛中也多次获得冠军。

（四）赛马

澳大利亚人非常喜欢集竞技、赌博和娱乐于一体的赛马。澳大利亚最早的赛马是 1810 年 10 月在悉尼举行的，已有近 200 年的历史。现今，赛马已经成为澳大利亚国民三大爱好之一，是澳大利亚文化的重要组成部分。全国有 800 多个赛马俱乐部，赛马场遍及每一个城镇，每年组织的赛马活动多达 3800 场。全国有许多人以养马、驯马、赛马为生。澳大利亚赛马的盛名为世界所熟知，许多国家的赛马爱好者都来澳大利亚参加竞赛活动。

四、新西兰的游艺民俗

新西兰的游艺民俗以毛利人的歌舞最有特点。毛利人喜爱歌舞，用歌舞来表达喜怒哀乐。毛利人的歌唱得非常动听，令人陶醉。男人跳的舞为"哈卡舞"，女人跳的舞为"波依舞"。跳舞时，女人穿黑白红相间的上衣，胸前是三种颜色编织成的菱形或其他几何形的装饰，下身穿着亚麻和芦苇编织成的草裙，手拿两个拴着线的小球，有节奏地敲打自己的身体，边歌边舞，摇曳生姿，极为动人，洋溢着热烈欢快的情感；男人上身全裸，个个粗壮强悍，脸上或下巴刺有青色花纹，下身穿着草裙，有时围块黑布。

毛利人英勇好斗，他们的战舞很有特色，猛烈地扭动身躯，以足顿地，嘣嘣作响，并且瞪着大眼睛，频频吐舌，像是在发泄渴望战斗的激情。据说在古老的岁月里，这样的舞姿是为了吓退野兽和敌人，而现在已经成了友好的表示。

毛利人的乐器，主要有响板、笛子和号角。现在古老的"圣歌"已经少见，代之而起的是现代乐器以及体现欧洲风格和现代表现手法的音乐。

思考题

1. 名词解释：象棋　围棋　压跳板　格萨尔仲谐　甩发舞　竿球　歌舞伎　卡拉OK　跆拳道　藤球　橄榄球　套车　爵士乐　桑巴舞　"哈拉贝"舞　耍蛇
2. 简述游艺民俗的类型、特点及其功能。
3. 简要释说汉族的秧歌舞、龙灯舞、狮子舞等民俗事象。
4. 蒙古族以哪些游艺民俗最具有民族特点？
5. 维吾尔族的舞蹈有何特点？
6. 简述香港、澳门的游艺民俗的特点。

7. 比较说明中国的武术、日本的相扑的各自特点。
8. 泰国的游艺民俗中以什么活动最为著名？简要说明。
9. 美国人所喜爱的竞技项目有哪些？
10. 澳大利亚最为著名的竞技是什么？简要予以说明。
11. 为什么说在坦桑尼亚歌舞是其人民生活不可缺少的技能？

主要参考文献

乌炳安：《中国民俗学》，辽宁大学出版社，1985年版。
钟敬文：《民俗学概论》，上海文艺出版社，1998年版。
石应平：《中外民俗概论》，四川大学出版社，2002年版。
吴忠军、王丽华：《中外民俗》，东北财经大学出版社，2001年版。
刘秀梅、高照明等：《中外民俗》，郑州大学出版社，2006年版。
穆子尧：《中外传统习俗1001》，中国青年出版社，1997年版。
叶大兵、乌炳安：《中国风俗辞典》，上海辞书出版社，1990年版。
傅美林等：《中国风俗大辞典》，中国和平出版社，1991年版。
林新乃：《中国风俗大观》，上海文艺出版社，1991年版。
胡申生：《社会风俗三百题》，上海古籍出版社，1992年版。
完颜绍元：《中国风俗之谜》，上海辞书出版社，2000年版。
秦永洲：《中国社会风俗史》，山东人民出版社，2004年版。
仲富兰：《中国民俗文化学导论》，浙江人民出版社，1998年版。
徐杰舜、周耀明：《汉族风俗文化史纲》，广西人民出版社，2001年版。
赵东玉：《中华传统节庆文化研究》，人民出版社，2002年版。
张岱年：《中国文史百科》，浙江人民出版社，1998年版。
丁巍、付元清：《中国文化小百科》，中国物资出版社，1999年版。
上海古籍出版社：《中国文化史三百题》，上海古籍出版社，1987年版。
杨英杰：《中国历史文化》，南开大学出版社，2005年版。
谢春山：《旅游文化论》，吉林人民出版社，2002年版。
李天元：《旅游文化学》，南开大学出版社，2000年版。
谢贵安、华国梁：《旅游文化学》，高等教育出版社，1999年版。
王景琳、徐陶：《中国民间信仰风俗辞典》，中国文联出版公司，1992年版。
任聘：《中国民间禁忌》，作家出版社，1990年版。
郝军、焦宏昌：《大众礼节礼仪全书》，中国国际广播出版社，1991年版。
李道魁：《现代礼仪教程》，西南财经大学出版社，2002年版。
陶汉军：《涉外礼俗必读》，上海财经大学出版社，2008年版。

唐祈、彭维金：《中国民族风俗辞典》，江西教育出版社，1988年版。
王迅、苏赫巴普：《蒙古族风俗志》，中央民族学院出版社，1990年版。
徐万邦、祈庆富：《中国少数民族文化通论》，中央民族大学出版社，1996年版。
李德洙：《中国少数民族文化史》，辽宁人民出版社，1994年版。
范玉梅等：《中国少数民族风情录》，四川民族出版社，1987年版。
赵朕、赵叶、鲁保中、吴瑞云：《少数民族风情》，中国旅游出版社，2006年版。
杜若甫：《中国少数民族姓氏》，民族出版社，2011年版。
陶凤玲：《少数民族奇俗荟萃》，农村读物出版社，1991年版。
胡有鸣、马欣来：《台湾文化》，辽宁教育出版社，1998年版。
吕良弼、汪毅夫：《台湾文化概观》，福建教育出版社，1993年版。
夏学英：《中国主要旅游客源国（地区）概况》，辽宁师范大学出版社，2001年版。
庄维汉、陈理：《世界风情大观》，北京出版社，1992年版。
李树藩、王德林：《最新各国概况》，长春出版社，2005年版。
俞松华、章汝荣、曹宠：《异国风情录》，科学技术文化出版社，1984年版。
郭泽民、许高瑜：《色彩斑斓的外国节日》，四川人民出版社，1990年版。
沙女：《中外节日纪念日》，中国青年出版社，1996年版。
范作申：《日本》，世界知识出版社，1998年版。
李荣标：《旅日见闻》，世界知识出版社，1983年版。
徐绍丽、利国、张训常：《越南》，社会科学文献出版社，2005年版。
张家祥、于培玲：《越南》，重庆出版社，2004年版。
王林昌：《韩国》，世界知识出版社，2006年版。
陈鹏：《东南亚各国民族与文化》，民族出版社，1991年版。
戚盛中：《泰国》，世界知识出版社，1996年版。
田禾、周方冶编著：《泰国》，社会科学文献出版社，2005年版。
鲁虎：《新加坡》，社会科学文献出版社，2004年版。
李家禄、严其玉：《马来西亚》，重庆出版社，2004年版。
武文侠、陆春林：《印度尼西亚》，世界知识出版社，2001年版。
孙世海、葛维钧：《印度》，社会科学文献出版社，2003年版。
陆水林：《巴基斯坦》，重庆出版社，2004年版。
[伊朗]法劳马勒齐：《伊朗旅游指南》，世界知识出版社，2003年版。
张正达、张喧、蒋加明：《以色列国》，重庆出版社，2004年版。
王宪举、陈艳：《俄罗斯》，重庆出版社，2004年版。
张焕文、邱莉莉、杨绍澄：《俄罗斯》，世界知识出版社，1999年版。

王振华编著：《英国》，社会科学文献出版社，2003年版。
王虹：《当代英国社会与文化》，上海外语教育出版社，2003年版。
李念培、孙正达：《英国》，世界知识出版社，1988年版。
杨祖功、王燕阁、晓宾、彭殊一：《法国》，重庆出版社，2004年版。
杨海燕、罗国祥：《法国社会与文化》，武汉大学出版社，2003年版。
潘小漪：《法国》，世界知识出版社，1993年版。
姚宝、过文英：《当代德国社会与文化》，上海外语教育出版社，2001年版。
张暄：《德国》，世界知识出版社，1999年版。
廉美瑾：《西班牙文化概况》，上海外语教育出版社，1991年版。
王士雄：《西班牙》，世界知识出版社，1998年版。
杨会军：《美国》，社会科学文献出版社，2003年版。
杨叙：《美国》，世界知识出版社，1989年版。
刘军：《加拿大》，社会科学文献出版社，2005年版。
邹德浩、李玫：《加拿大》，重庆出版社，2004年版。
吕银春、周俊南：《巴西》，社会科学文献出版社，2004年版。
焦震衡、王锡华：《巴西》，世界知识出版社，2000年版。
徐世澄：《墨西哥》，世界知识出版社，2000年版。
郑品刚：《拉美五国之旅》，汕头大学出版社，2005年版。
[苏联] A. B. 叶菲莫夫、C. A. 托卡列夫主编，李毅夫等译：《拉丁美洲各族人民》，生活·读书·新知三联书店，1978年版。
吴德成、王湘瑛：《埃及》，世界知识出版社，1999年版。
叶兴增：《南非》，重庆出版社，2004年版。
雅菲：《非洲地区》，世界知识出版社，1993年版。
高京：《澳大利亚》，世界知识出版社，1997年版。
陈文照：《新西兰》，世界知识出版社，2002年版。

主要参考网站：

龙之行，http//www.longzx.com
金羊网：http//www.ycwb.com
安庆网：http//www.aqok.com
光影时空网：http://www.gysk.com
邯郸之窗网：http://www.hdzc.net
出国手册：http://country.9c9c.com.cn
外语教育网：http://www.for68.com

美国网摘：http://america.calsunshine.info
中国翻译网：http://www.chinatranslation.org
网易：http://www.163.com
百度网：http://www.163.com
出国在线：http://www.chuguo.org.cn
中国通用旅游网：http://www.51766.com
广西礼仪网：http://www.gxliyi.com
行游中华网 http://www.gogocn.com
神州旅游信息港：http://www.zhongguook.com
人民网：http://www.peopledaily.com.cn

南开大学出版社网址：http://www.nkup.com.cn

投稿电话及邮箱：　022-23504636　　QQ：1760493289
　　　　　　　　　　　　　　　　　　QQ：2046170045(对外合作)
邮购部：　　　　　022-23507092
发行部：　　　　　022-23508339　　Fax：022-23508542

南开教育云：http://www.nkcloud.org

App：南开书店 app

　　南开教育云由南开大学出版社、国家数字出版基地、天津市多媒体教育技术研究会共同开发，主要包括数字出版、数字书店、数字图书馆、数字课堂及数字虚拟校园等内容平台。数字书店提供图书、电子音像产品的在线销售；虚拟校园提供 360 校园实景；数字课堂提供网络多媒体课程及课件、远程双向互动教室和网络会议系统。在线购书可免费使用学习平台，视频教室等扩展功能。